Psychologie ur

Viola Balz · Lisa Malich
(Hrsg.)

Psychologie und Kritik

Formen der Psychologisierung nach 1945

Springer

Hrsg.
Viola Balz
Klinische Psychologie und psychosoziale Beratung
Evangelische Hochschule Dresden
Dresden, Deutschland

Lisa Malich
Institut für Medizingeschichte und Wissenschaftsforschung
Universität zu Lübeck
Lübeck, Deutschland

ISBN 978-3-658-29485-4 ISBN 978-3-658-29486-1 (eBook)
https://doi.org/10.1007/978-3-658-29486-1

Die Deutsche Nationalbibliothek verzeichnet diese Publikation in der Deutschen Nationalbibliografie; detaillierte bibliografische Daten sind im Internet über http://dnb.d-nb.de abrufbar.

Springer ist ein Imprint der eingetragenen Gesellschaft Springer Fachmedien Wiesbaden GmbH und ist ein Teil von Springer Nature.
Die Anschrift der Gesellschaft ist: Abraham-Lincoln-Str. 46, 65189 Wiesbaden, Germany

Inhaltsverzeichnis / Table of contents

III Psychologisierung, Psychotherapie und psychische Störungen / Psychologization, psychotherapy and mental disorders

IV Feministische und postkoloniale Kritiken der Psychologie / Feminist and postcolonial criticism of psychology

Einleitung
–
Introduction

Psychologie und Kritik – Formen der Psychologisierung nach 1945: Eine Einleitung

Lisa Malich und Viola Balz

Die aktuelle Psychologie sei in der Hölle angekommen – so konstatieren einige Stimmen aus der Disziplin selbst, die öffentlichkeitswirksam im kritischen Wissenschaftsblog Neuroskeptic (2012) ein Forum finden. Grund für diese infernale Verortung ist die Replikationskrise, welche die Psychologie 2011 erfasste und seitdem zu immer weiter reichenden Kontroversen über psychologische Forschungsmethoden führt. Nicht weniger dramatisch klingt eine weitere aktuelle Kritik der Psychologie, die jedoch eine ganz andere Stoßrichtung hat: Psychologie, das sei das „moderne Opium des Volkes", argumentieren außerdisziplinäre Kritiker wie der Rechts- und Sozialwissenschaftler Albert Krölls (2016). Die Psychologie sei heute so verbreitet wie es zu Marx' Zeiten die Religion war – und wie Letztere führe sie ebenso zu einer sedierenden Anpassung von Individuen an politische Machtverhältnisse. Krölls skizziert dabei die herrschaftlichen Ansprüche, die mit einer Ausweitung des psychologischen Wissens und einer Psychologisierung der Lebensweisen einhergehen. Seine fundamentale Kritik ist historisch nicht die erste ihrer Art. Schon 1969 rief auf dem Kongress „Kritische und Oppositionelle Psychologie" eine studentische Gruppe zur Zerschlagung der Psychologie auf, da alle psychologischen Ansätze sich als „unpolitisches Gewurstel" erwiesen hätten (Mattes, 1998, S. 293). Vor diesem Hintergrund stellt sich die Frage, seit wann und mit welchen Effekten die Psychologie eigentlich Gegenstand von Kritik ist. In was für einem Verhältnis steht die Kritik dabei zu dem massiven Popularisierungsschub, den die Psychologie in den letzten Jahrzehnten erfuhr? Und vor allem: Welche Bedeutung haben kritische Perspektiven für die Psychologie heute?

V. Balz und L. Malich (Hrsg.), *Psychologie und Kritik*,
https://doi.org/10.1007/978-3-658-29486-1_1

Der vorliegende Sammelband möchte aus einer interdisziplinären Perspektive dem Verhältnis von Psychologie und Kritik nachgehen.[1] Konzeptuell steht der historische Transformationsprozess der Psychologisierung im Vordergrund, der in der Zeit nach dem Zweiten Weltkrieg einsetzte. Dabei liegt der Schwerpunkt auf Entwicklungen im US-amerikanischen und deutschsprachigen Kontext, die in der Vergangenheit oft eng miteinander verflochten waren und die starken Einfluss auf Psychologisierungsprozesse hatten. Die Psychologisierung umfasst dabei nicht nur den sogenannten Psychoboom, also die Popularisierung psychologischen Wissens und die Verbreitung psychotherapeutischer Praktiken in der Alltagswelt. Sondern die Psychologisierung markiert auch eine Ausweitung der akademischen Disziplin Psychologie, die mit einer Wende hin zur Dominanz quantitativer Modelle sowie einer Marginalisierung theoriezentrierter Ansätze einhergeht. Schon in ihrer Formationszeit waren beide Psychologisierungsprozesse von lautstarker Kritik begleitet. Dieses paradoxe Verhältnis zwischen dem Aufstieg der Psychologie einerseits und der zeitgleichen Kritik an ihr andererseits soll im vorliegenden Band historisiert und theoretisiert werden.

Zugleich wird so auch das Verhältnis der Psychologisierung zu anderen Prozessen der ‚-ierung' evaluiert, die im Verlauf des 20. Jahrhunderts an Fahrt aufnahmen: zum einen zur Medikalisierung, also der zunehmenden Integration verschiedenster Lebensbereiche in medizinische (einschließlich psychiatrischer) Denk- und Handlungsmodelle (Conrad, 2007; Illich, 1995); zum anderen zur (Psycho-)Therapeutisierung, also der Ausbreitung von psychotherapeutischen Konzepten und Praktiken, die auf die Behebung oder Linderung psychischen Leidens abzielen und zunehmend zur ‚Arbeit am Selbst' eingesetzt werden (Eitler & Elberfeld, 2015; Hitzer, 2011; Illouz, 2008). Beide Prozesse stehen in einem konstitutiven Spannungsverhältnis zur Psychologisierung. Dabei überlappen und verstärken sich manche ihrer Strömungen. Andere konkurrieren miteinander und zeichnen sich durch eine Beziehung gegenseitiger Kritik aus.

1 Beim vorliegenden Band handelt es sich um peer reviewte Proceedings der Tagung „Territories of Critique in Psychology", die 2017 an der Universität zu Lübeck stattfand.

Akademische Psychologisierung und Kritik

Die Disziplin Psychologie definiert sich heute selbst als die Wissenschaft vom Erleben und Verhalten des Menschen. Psychologisches Wissen wird aktuell meist mit quantitativen Methoden erhoben, die sich an naturwissenschaftlichen, biomedizinischen und neuropsychologischen Modellen orientieren. Es wird etwa in kognitiv-behavioralen Ansätzen erfasst oder in bildgebenden Verfahren als neuronale Aktivität visualisiert. Die heutige Begrenzung psychologischer Thematik und Methodik ist allerdings schon als Ergebnis einer historischen ‚Reinigungsarbeit' (Latour, 2008) zu betrachten. Zu den Instrumenten solch einer Reinigung gehörten dabei stets auch Praktiken und Diskurse der Kritik (Teo, 2005). Diese manifestieren sich bereits in einem der ambivalenten Gründungsmomente der Disziplin Psychologie im ausgehenden 18. Jahrhundert, nämlich Immanuel Kants klassischer Kritik, nach der die zeitgenössische empirische Psychologie niemals den Rang einer echten Wissenschaft für sich beanspruchen könne. Mit dieser fundamentalen Kritik integrierte Kant die Psychologie in die aufklärerische Debattenkultur, in Erkenntnistheorie und wissenschaftliche Diskurse.

Auf einer übergeordneten Ebene kann Kants Beschäftigung mit der Psychologie auch noch anders gelesen werden: als Eintritt der Psychologie in den Bereich der Gouvernementalität – also jenen von Foucault (2005) beschriebenen neuzeitlichen Macht- und Regierungstechniken, die auf der Ebene menschlicher Subjektivität wirksam sind. In der Aufklärung verknüpfte sich die Gouvernementalität mit Subjektentwürfen des vernünftigen, sich selbst reflektierenden und regulierenden Menschen. Dazu gehörte eine kritische Haltung gegenüber bestehenden Wissensansprüchen ebenso wie gegenüber sich selbst, der eigenen Wahrnehmung, den eigenen Gefühlen und Vorannahmen. So etablierte sich eine Subjektkultur der Distanz und der Spaltung, in der sich das Selbst zunächst evaluierte, um sich anschließend den als vernünftig erkannten Maßstäben anzupassen und unterzuordnen. Auf diese Weise unterwarf und regierte sich das aufgeklärte Subjekt nun selbst. Foucault zufolge bildete sich der gouvernementale Machttypus nicht trotz, sondern gerade wegen seiner Verbindung zu Praktiken der Kritik heraus, die parallel dazu an Bedeutung gewannen. Die kritische Haltung ist hier „Gegenstück zu den Regierungskünsten, gleichzeitig ihre Partnerin und Widersacherin“ (Foucault, 1992, S. 12).

Als Produkt der Aufklärung und der westlichen Moderne partizipierte die Psychologie grundlegend an den umstrittenen Bestimmungen des Menschen, die wohl nie ganz unabhängig von seiner Regulierung waren. Bei Versuchen, die vermeintlich wahre Natur seiner Seele freizulegen, beschritt die sich formierende Psychologie vielfältige Wege (Lück & Guski-Leinwand, 2014; Smith, 2013). Dies beinhaltete im 19. Jahrhundert etwa die metaphysische Psychologie Johann Friedrich Herbarts, die Psychophysik Gustav Theodor Fechners sowie, damit verbunden, die an naturwissenschaftlichen Methoden ausgerichtete Wahrnehmungsphysiologie Wilhelm Wundts, die Massenpsychologie eines Gustave Le Bons oder frühe Versuche der Psychometrie durch Protagonisten wie Alfred Binet. Wenig überraschend und teilweise durchaus nach kantischem Vorbild war das Verhältnis dieser unterschiedlichen Zugänge zur menschlichen Psyche von gegenseitiger Kritik geprägt. Im frühen 20. Jahrhundert kamen neue Ansätze hinzu, die von der Gestaltpsychologie über psychodynamische Schulen, wie der klassischen Psychoanalyse nach Sigmund Freud oder den später mit ihr konkurrierenden Objektbeziehungstheorien, bis hin zur klassischen Konditionierung und zum Behaviorismus reichten. Dieser heterogene Zugriff auf den Menschen ging mit einer voranschreitenden Verankerung der akademischen Psychologie an Universitäten einher. Zugleich war er von einer Vielzahl von Grenzziehungen und Zerwürfnissen geprägt. Symptomatisch für die sich verbreitenden kritischen Debatten sind die vielgestaltigen Ausrufungen einer ‚Krise der Psychologie‘, an denen in diesem Zeitraum Kritiker wie Rudolf Willy (1899) oder Karl Bühler (1927) immer wieder – und dies durchaus öffentlichkeitswirksam – beteiligt waren.

Die beiden Weltkriege führten sowohl in den USA als auch in Deutschland zur Institutionalisierung und Etablierung der Psychologie (Capshew, 1999; Ash & Geuter, 1985). In der Zeit nach 1945 folgte eine massive Vergrößerung der universitären Psychologie, mit steigenden Studierendenzahlen, Lehrstühlen und Fachrichtungen. Dieser quantitative Anstieg war mit veränderten Methoden und Ansätzen verbunden. So war der logische Empirismus seit den 1940er Jahren zur dominanten Wissenschaftsphilosophie in der amerikanischen Psychologie geworden (Ash, 1983). Im deutschsprachigen Raum wurde quantitative empirische Forschung spätestens nach den Methodenstreitigkeiten der 1950er und 1960er Jahre endgültig hegemonial (Métraux, 1985). Entsprechend ging hier die Bedeutung psychodynamischer, gestaltpsychologischer und phänomenologischer Ansätze zurück, wohingegen sich die disziplinäre Psychologie zunehmend an US-amerikanischen Entwicklungen orientierte. Ab den späten 1960er Jahren setzte im angloamerikanischen Raum schließlich der Siegeszug kognitiver Ansätze ein, welche die dort zuvor dominanten behavioralen Konzepte zum kognitiv-behavioralen Modell erweiterten (Hollon & DiGiuseppe, 2011). Da in den deutschsprachigen Ländern oft erst in den 1960er und 1970er Jahren behaviorale Modelle überhaupt Eingang in die Psychologie fanden, erfolgte hier diese Transformation zu kognitiv-behavioralen Ansätzen sehr viel schneller (Lück & Guski-Leinwand, 2014). Bereits in den folgenden Jahren wurde der Wandlungsprozess innerhalb der Psychologie vom Behaviorismus zum Kognitivismus reflektiert und – unter Bezugnahme auf Thomas Kuhn (1962) – als Paradigmenwechsel oder gar als wissenschaftliche Revolution diskutiert (Briskman, 1972; Palermo, 1971; Weimer & Palermo, 1973). In den historischen Analysen wurden allerdings fast ausschließlich innerdisziplinäre Faktoren als mögliche Gründe fokussiert (Gardner, 1987; Leahey, 1992; Miller, 2003); die soziokulturellen und ökonomischen Kontexte dieses Wandels fanden dagegen ebenso wenig Beachtung wie seine gesellschaftlichen Folgen. Der vorliegende Sammelband soll einige dieser Leerstellen füllen, indem gerade die in der Nachkriegszeit relevant werdenden Psychologisierungsprozesse, emanzipativen Bewegungen und gesellschaftskritischen Diskurse in die Historiographien einbezogen werden. Schließlich waren die 1960er und 1970er Jahre in vielen westlichen Staaten Jahrzehnte der Kritik: von den Protesten gegen ungesühnte Kriegsverbrechen und neue Kriege über den Widerstand gegen das Patriarchat und den Kolonialismus bis hin zur Antipsychiatriebewegung.

Die zeitgeschichtliche Beschäftigung mit Kritik erscheint umso wichtiger, als die Kritik der Psychologie diese nicht nur seit ihrer Gründung als Disziplin begleitet hatte, sondern die Psychologie nach dem Zweiten Weltkrieg auch besonders auszeichnete. Doch welche verschiedenen Formen kann das Verhältnis von Kritik und Psychologie nehmen? Historisch lassen sich in dieser Phase vier verschiedene Kulturen von Kritik in der Psychologie identifizieren: (1) Kulturen der Kritik naturwissenschaftlicher Psychologie, (2) Kulturen kritischer psychologischer Ansätze, (3) die destruktive Kultur der Kritik an der Psychologie und (4) die Kultur der kritischen Psychologisierung.

In den sich ausdrücklich auf die akademische Psychologie beziehenden *Kulturen der Kritik naturwissenschaftlicher Psychologie* finden kritische Positionen meist als Methodenkritik oder Verweise auf konkurrierende Studienergebnisse ihren Ausdruck finden. Derartige Diskurse sind in der Disziplin derzeit am weitesten verbreitet und finden sich in vielfältigen Fachdebatten ebenso wie in den aktuellen Kontroversen um die Replikationskrise. Die Anfänge dieser Kulturen der Kritik lassen sich bis hin zu naturwissenschaftlichen Positionen der Psychologie des 18. und 19. Jahrhunderts zurückverfolgen. In der Nachkriegszeit nahmen diese kritischen Artikulationsformen zu. Denn die Psychologie wuchs nun nicht nur insgesamt und orientierte sich auch international zunehmend an experimentellen bzw. statistisch-quantitativen Methoden, sondern gerade auch wissenschaftliche Ereignisse wie die ‚kognitive Wende' sorgten für zusätzliche Debatten. Parallel dazu erfolgte nun eine disziplinären ‚Grenzarbeit', durch die die naturwissenschaftlichen Psychologie ihr ‚Außen' zu definieren versuchte (Gieryn, 1983). In der Nachkriegszeit erfolgte diese Grenzarbeit zunächst über massive Kritik an psychoanalytischen Modellen, denen fehlende Wissenschaftlichkeit vorgeworfen wurde (z.B. Eysenck, 1952; Perrez, 1979); heute hat sie sich diversifiziert und richtet sich oft gegen ideologisch-politische Positionen oder spezifische Forschungspraktiken.

Darüber hinaus entstanden ab Ende der 1960er Jahre vermehrt Psychologien, die sich explizit – und ebenfalls auf die akademische Psychologie bezogen – als kritisch verstanden und als Alternative zur hegemonialen naturwissenschaftlich orientierten Psychologie entwarfen. Hatten solche alternativen psychologischen Ansätze bereits Vorläufer in Projekten wie der verstehenden Psychologie oder der kulturhistorischen Schule zu Beginn des 20. Jahrhunderts, so kamen nun heterogene und dezidiert politische Ansätze hinzu: etwa die marxistisch orientierte Berliner Schule der Kritischen Psychologie, die eine qualitative Forschungsausrichtung vertrat (Holzkamp, 1983; Markard, 2009), oder verschiedene postkoloniale oder feministische Psychologien (z.B. Moane & Sonn, 2014; Rutherford et al., 2011; Sieben & Scholz, 2012; Teo, 2005). Diese sollen hier als *Kulturen kritischer psychologischer Ansätze* definiert werden, die sich innerhalb der Disziplin bewegen und diese herausfordern.

Die verschiedenen Kulturen der akademischen Psychologien und ihr Verhältnis zu Kritik sollen in diesem Band skizziert und historisiert werden, wobei insbesondere folgende Fragen von Interesse sein werden: Wie interagierten diese Kulturen der Kritik untereinander? Welchen Einfluss hatte der soziale Kontext der Gesellschaftskritik, hatten Feminismus, Student_innenbewegung und postkoloniale Bewegungen auf Psychologien der Nachkriegszeit? Lassen sich auch in Ansätzen der (natur-)wissenschaftlich und neutral orientierten Psychologie implizite kritische Positionen finden, etwa in Bezug auf feministische Inhalte? Welche Rolle spielen kritische Ansätze in den Neurowissenschaften? Und auf welche Weise reagierte die Disziplin Psychologie auf gesellschaftliche Kritik, etwa an der problematischen Rolle psychologischen Wissens in der NS-Zeit oder in der DDR? Dies wird ergänzt durch theoretisch-konzeptionelle Diskussionen von Kritik in der Psychologie: Welche Kulturen der Kritik sind aneinander anschlussfähig? Und was für alternative Psychologien haben zum gegenwärtigen Zeitpunkt transformatives Potential?

Psychologisierung der Alltagswelt und Kritik

Die Ausweitung der universitären Psychologie war Vehikel und Symptom einer allgemeineren Form der Psychologisierung in den 1960er und 1970er Jahren. Dabei wird Psychologisierung verstanden als Individualisierung und Durchdringung der Alltagswelt vor allem der westlichen Gesellschaften mit psychologischen Kategorien, Denk- und Handlungsweisen (De Vos, 2014). Die zunehmende Verbreitung von Psychowissen stieß schon früh auf Kritik. Eine Gegenbewegung zur Psychologisierung war relativ einfach: ihre strikte Ablehnung. Entsprechend forderten Teile der Student_innenbewegung in den späten 1960er Jahren, wie erwähnt, nicht weniger als die totale Zerschlagung der Disziplin, weil sie diese als reines Herrschaftsinstrument betrachteten. Ihr radikaler Gestus, der sich gegen die gesamte Psychologie richtete und nicht zwischen einzelnen Ansätzen differenzierte, steht für die dritte Kultur, die wir als *destruktive Kultur der Kritik an der Psychologie* bezeichnen. Hierbei handelt es sich um eine Kritikform, die historisch in den politischen Bewegungen der zweiten Hälfte des 20 Jahrhunderts bedeutsamer wurde. Derzeit äußert sich diese Form der Kritik etwa auch in Krölls (2016) Ablehnung der Psychologie als Instrument des Neoliberalismus. Ebenso spiegelt sie sich in der Verweigerung gegenüber verschiedenen therapeutischen Praktiken und Positionen wie ‚Mindfulness' oder ‚Positive Thinking' aufgrund deren entpolitisierender und individualisierender Effekte (Cederström & Spicer, 2015; King, 2015). Allerdings, so unsere These, existiert auch noch ein komplexeres Verhältnis zwischen Psychologisierung und Kritik, das sich jenseits einer polarisierenden Ablehnung bewegt.

In diesem Sammelband soll an ausgewählten Fällen gerade dem Wechselverhältnis zwischen der alltagsweltlichen Psychologisierung und ihrer Kritik nachgegangen werden. Denn, wie Françoise Castel, Robert Castel und Anne Lovell (1982) am Beispiel der Psychiatrisierung des Alltags herausgearbeitet haben, waren es zum Teil gerade die kritischen Gegenbewegungen zur gängigen Anstaltspsychiatrie wie die *free clinics* und Selbsthilfegruppen ehemaliger Patient_innen, die ein Eindringen psychiatrischen Wissens in vormals private Bereiche ermöglichten.

Aber lässt sich die hier festgestellte Ausweitung psychiatrischer Macht durch alternative Bewegungen auch auf das Verhältnis von kritischen Bewegungen innerhalb der Psychologie und einer einsetzenden Psychologisierung übertragen? Castel et al. legen dies nahe, wenn sie beispielsweise ein Vordringen der Psychologie in immer neue Sphären, etwa die Soziale Arbeit über die sogenannte Einzelfallarbeit, konstatieren. Darüber hinaus setzte, wie Maasen et al. (2015) in ihrem Sammelband zum beratenen Selbst herausarbeiten, insbesondere in den langen 1970er Jahren auch in Deutschland eine Therapeutisierung des Sozialen ein. Eingehender mit diesem ‚therapeutischen Jahrzehnt' hat sich Maik Tändler (2016) für die BRD beschäftigt. Er betont das Ineinandergreifen von sich verbreitendem ‚Psychowissen', psychotherapeutischen Praktiken und politischen Bewegungen, die an der Entstehung eines therapeutischen Selbst beteiligt waren. Dabei verweist auch Tändler auf die enge zeitgenössische Verflechtung der Psychologisierung mit ihrer Kritik: So geht z.B. der primär im deutschsprachigen

Raum bekannte Begriff ‚Psychoboom' auf den Titel eines gleichnamigen populären Buches zurück, das 1976 von zwei Psychotherapeuten veröffentlicht wurde. Wie schon der Untertitel dieses Buches – „Wege und Abwege der modernen Therapie" – andeutet, stand es gerade Psychologisierungs- und Therapeutisierungsbewegungen kritisch gegenüber. Zugleich wurde es aber von Protagonisten ebenjener Bewegungen veröffentlicht und diente letztlich der eigenen Legitimation und Popularität.

Auch die psychotherapeutischen Gruppen der Student_innenbewegung zeigten ein paradoxes Verhältnis zu Psychologisierung: Einerseits übten sie Kritik an der Autorität psychologischen Expertenwissens, andererseits nutzten sie jedoch gerade dieses Wissen für ihre Selbsterfahrungen. Vor diesem Hintergrund ließe sich eine vierte Kultur der Kritik konstatieren, welche die drei anderen bereits erwähnten Kulturen der Kritik – die kritischen Debatten innerhalb der naturwissenschaftlich orientierten Psychologie, die alternativen kritischen Psychologien und die pauschale Ablehnung – ergänzt. Diese vierte Kultur, die *Kultur der kritischen Psychologisierung*, betrifft die Lebenswelten politischer Bewegungen und besteht größtenteils aus professionellen wie nicht-professionellen Partizipant_innen, die Teile eines allgemeinen ‚Psychowissens' für gesellschaftskritische Praktiken, Emanzipationsbewegungen und alternative Subkulturen nutzen. Sei es, indem sie Ergebnisse der akademischen Psychologie verwenden, um damit politische Diskurse zu beeinflussen, oder sei es durch den Einsatz psychotherapeutischer Techniken zur Stabilisierung des Selbst oder zur allgemeinen Lebensbewältigung. In einer Verteidigung therapeutischer Selbstsorge zitiert etwa die Aktivistin Laurie Penny (2016) die berühmten Worte Audre Lordes: „Um mich selbst besorgt zu sein ist nicht Selbstverwöhnung, es ist Selbsterhaltung, und das ist ein Akt politischer Kriegsführung" (Lorde, 1988, S. 196).

In den historischen und soziologischen Analysen der Therapeutisierung und eines sich neu konstituierenden Selbst bleibt die Rolle der Psychologie und des dezidiert psychologischen Wissens bislang kaum untersucht. Welchen Einfluss hatten alternative Bewegungen auf die Psychologisierung? Und welche Rolle spielte die Psychologie – beispielsweise in Form von psychologischen Entwicklungsmodellen oder Gefühlskonzepten – bei der Konstitution und beim Verstehen neuer Aspekte des Selbst? Wie drang psychologische Expertise in immer neue Felder der angewandten Pädagogik, Medizin oder Verwaltung ein und wie veränderte dieses Wissen deren Praxis? Wie wurde psychologisches Wissen in populären Medien verbreitet und wie veränderte solch eine Durchdringung die alltägliche Lebensführung? Lässt sich die zunehmende Psychologisierung als Gouvernementalitätsstrategie liberaler Staaten beschreiben, wie von Nikolas Rose (1998) zugespitzt? Was folgt aus dieser Erkenntnis für die zunehmende Bedeutung psychologischen Wissens z.B. im sozialistischen Gesellschaftsentwurf der DDR? Insbesondere möchte der vorliegende Band auch nach der Rolle der Kritik in diesem Zusammenhang fragen: Welche Möglichkeiten eröffneten kritische Bewegungen, um die Begrenztheit der traditionellen Psychologie zu überwinden? Welche alternativen Formen des Selbstverhältnisses wurden durch die Integration von Psychowissen in kritische Bewegungen möglich? Wo blieben diese affirmativ bzw. inwieweit ermöglichten diese Bewegungen eine Ausweitung psychologischer Expertise in immer neue Sphären? Und wo eröffnete Kritik im Sinne von Foucault (1992) die Möglichkeit, weniger (oder zumindest anders) regiert zu werden?

Insgesamt widmet sich der Sammelband somit der Frage, wie in einer sich nach 1945 reorganisierenden Psychologie kritische Ansätze, akademische Wissensproduktion und neue Formen der Psychologisierung ineinandergegriffen haben – und bis heute ineinandergreifen.

Zu den einzelnen Beiträgen

Der Sammelband ist in vier Abschnitte untergliedert. Um die Interaktion der vier verschiedenen Kulturen der Kritik zu verdeutlichen, geben diese nicht Gliederung vor, sondern fließen quer zu den einzelnen Gliederungspunkten in die Inhalte ein. Am Anfang des Bandes steht eine theoretische und teilweise ethische Auseinandersetzung mit der *Kritik der Psychologisierung*. Hierbei intervenieren die Beiträge kritisch sowohl in Kulturen der naturwissenschaftlich orientierten Psychologie als auch in alternative psychologische Entwürfe.

Zunächst gehen hier Susannah Mulvale und Thomas Teo der Frage nach, wie eine kritische Psychologie die bisher lediglich negativen Konnotationen der

Psychologisierung und des Psychologismus infrage stellen kann. Aus Sicht der Autor_innen wäre jedes kritische Projekt einer neuen Psychologie ein Ding der Unmöglichkeit, wenn Psychologisierung nicht positiv zu besetzen wäre. Dazu diskutieren die Autor_innen unterschiedliche Positionen im Verhältnis von Psychologie und Kritik, etwa die von Nikolas Rose oder Jan De Vos, um schließlich unter Bezugnahme auf die kulturhistorische Schule, die deutsche Kritische Psychologie und Konzepte wie die ‚epistemische Gewalt' neue Formen kritischer Psychologien zu skizzieren.

Auch Morten Nissen konstatiert in seinem daran anschließenden Beitrag, dass eine Kritik der Psychologie nicht bei deren Negation stehen bleiben kann. Seiner Ansicht nach ist Kritik als performative und affirmative Kraft neu zu denken. Er plädiert in seinem Beitrag in Anlehnung an postmoderne Theorien für eine kritische Psychologie als Post-Psychologie, die die Unsicherheit dieses neuen Status des Wissens deutlich machen soll. Dies illustriert er am Beispiel der motivationspsychologischen Technik des *Motivational Interviewing*, die zwar durchaus aus neoliberalen Dispositiven herrührt, deren kritisches Potential der Autor aber – reinterpretiert – als „poetics of practice" charakterisiert.

Lisa Malich und David Keller fragen in ihrem Beitrag wiederum, welche Rolle Kritik bei der Genese, Weiterentwicklung und Vermittlung psychologischer Praktiken und psychologischen Wissens einnahm und einnehmen sollte. Wie die Autor_innen herausarbeiten, machen die gewachsenen Einflussmöglichkeiten der Psychologie ebenso wie die damit verbundenen Probleme eine eingehende Reflexion der Psychologie notwendig, die in der Praxis jedoch kaum existiert. Sie fordern deshalb eine Einführung der ‚Psychological Humanities'. Entsprechend dem Lübecker Modell verfolgt dieser neue Ansatz einerseits das Ziel, einen geistes- und kulturwissenschaftlichen Blick auf die Psychologie, ihre historische Formation und ihren gesellschaftlichen Kontext zu werfen. Andererseits soll der Ansatz die Auseinandersetzung mit theoretischen und ethischen Fragestellungen innerhalb der Psychologie fördern, die sich hinsichtlich der psychologischen Forschung und Praxis ergeben. Damit sind die Psychological Humanities sowohl ein Resultat der Psychologisierung als auch eine produktive Kritik an der Psychologisierung.

Alle drei Beiträge wenden sich letztlich gegen eine destruktive Kultur der Kritik, gegen ein einseitiges Verständnis von Kritik als Ablehnung von Psychologie und Psychologisierung. Vielmehr beschäftigen sie sich intensiv mit der Frage, wie eine Psychologiekritik im Sinne von Foucault die Möglichkeit, weniger (oder zumindest anders) regiert zu werden, eröffnen kann.

Der zweite Abschnitt zur *Epistemologie der Kritik der Psychologie* läutet den psychologiegeschichtlichen Schwerpunkt des Sammelbandes ein, indem er nach den historischen Ursprüngen der psychologischen Wissensobjekte und der Rolle der Kritik in ihrem Entstehungsprozess fragt. Hierbei beschäftigen sich die Beiträge vor allem mit Kulturen der Kritik in der empirischen oder (natur-)wissenschaftlich ausgerichteten akademischen Psychologie. Wie das Kritisierte bei dem Versuch, etwas Neues zu entwickeln, aufgenommen wird, zeichnet Carola Oßmer anhand der Entwicklung der Developmental Schedules Arnold Lucius Gesells nach, die in den 1920er Jahren entstanden und gerade ab den 1940er Jahren starke Verbreitung erfuhren. Diese Schedules bauten auf der systematischen Auswertung individueller klinischer Fälle auf und wurden in Abgrenzung zu den psychometrischen Tests der Zeit konzipiert. Im Verlauf ihrer Anwendung verkehrten die Entwicklungspläne sich jedoch von beschreibenden naturalistischen Zeitplänen normaler Kindheit in Formierungsmodelle für eine normale Kindheit nach Zeitplan. Die Schedules wurden aufgrund ihrer zunehmenden Standardisierung im Lauf ihrer Entwicklung auch von Gesells Kritiker_innen immer wohlwollender aufgenommen. In die Geschichte der Psychologie sind die Developmental Schedules schließlich paradoxerweise trotz ihres kritischen Ursprungs als Gegenmodelle zu Intelligenztests und festen Entwicklungsnormen selbst als Form der Intelligenztests und als Definition von Entwicklungsnormen eingegangen.

Beschäftigten sich die bisher geschilderten Ansätze vor allem mit Kritik, widmet sich Martin Wieser in seinem hieran anschließenden Beitrag einer Genealogie ihres Gegenstücks: der Rechtfertigung in der Geschichte der Psychologie. Wie der Autor konstatiert, sind Rechtfertigungsstrategien nachträglich konstruierte Narrative, die etwas legitimieren sollen, was in die Kritik geraten ist. Diese Strategien werden von Wieser an zwei Beispielen nachgezeichnet. Zum einen werden die Legitimationsversuche von Psychologiedozent_innen in der

Nachwendezeit untersucht, die zu DDR-Zeiten für das Ministerium für Staatssicherheit in der Ausbildung von Stasi-Mitarbeiter_innen tätig waren. Zum anderen skizziert Wieser, wie ehemalige Wehrmachtspsychologen die Angemessenheit ihrer Tätigkeit im Nachhinein (vor allem in den 1970er und 1980er Jahren) zu erklären versuchten. Dabei erzählen die Rechtfertigungen nicht nur von der Vergangenheit, sondern auch von der Gegenwart der Psychologie, von den Versuchen, sie institutionell zu stabilisieren und trotz einer problematisch gewordenen Vergangenheit zu legitimieren.

Mit Antworten der Psychologie auf Fragen psychischer Gesundheit und Krankheit setzt sich der dritte Abschnitt *Psychologisierung, Psychotherapie und psychische Störungen* auseinander. Viola Balz untersucht dabei in ihrem Beitrag am Beispiel der Alkoholpräventionsfilme des Deutschen Hygiene-Museums Dresden, welche Rolle die aus dem Psychoboom folgende Psychologisierung in einem sozialistischen Gesellschaftssystem spielte und welchen Einfluss der Disziplin Psychologie dabei zukam. Nachgezeichnet werden die verschiedenen, in den Filmen präsentierten Subjektivierungsstrategien. Dabei geht die Autorin der Frage nach, wie diese zu beschreiben sind, wenn man – Nikolas Rose folgend – die zunehmende Psychologisierung als Gouvernementalitätsstrategie liberaler Staaten begreift. Roses Gedanken erweiternd, zeigt sie auf, wie in den 1980er Jahren auch in der DDR zunehmend eine neue Innerlichkeit propagiert wurde und psychische Prozesse sowie psychologische Geständnispraktiken als neue Form des Regierens prominent wurden. Es wäre also zu kurz gegriffen, Psychologisierungsprozesse allein als Folge von Liberalisierungstendenzen und kapitalistischer Wirtschaftssysteme zu begreifen.

Jens Elberfeld zeichnet im folgenden Beitrag anhand der Geschichte der Psychiatriekritik im 20. Jahrhundert und dem daraus entstehenden psychosozialen Erklärungsmodell, das in der BRD der 1970er Jahre an Bedeutung gewann, die ambivalenten Effekte einer Entpathologisierung psychischer Störungen nach. Diese ‚Entkrankung', die durch die kritischen Positionen antipsychiatrischer Bewegungen hervorgebrachte wurde, ermöglichte jedoch nicht nur einen humaneren Umgang mit den Betroffenen, sondern auch eine enorme Verbreitung des Psychowissens. Dabei fragt der Autor, inwieweit die Ausweitung des psychosozialen Modells und der Familientherapie zu einer Ausweitung der eigenen Pathologisierung bzw. Selbstkontrolle geführt hat. Die beschriebene Bewegung ähnelt dabei den Beobachtungen von Castel et al. (1982) zum Eindringen des Psychowissens in immer neue Bereiche durch die Interventionen kritischer Gegenbewegungen. Elberfeld zeigt, dass diese jedoch weit über das Feld der psychosozialen Arbeitsfelder hinaus bis in die Bereiche Beratung und Coaching reichten. So führte die Kritik an Medikalisierungsprozessen zu einer intensivierten Psychologisierung und Therapeutisierung.

Lotta Fiedel nimmt anschließend eine besondere Form aktueller Subjektivierungspraktiken im Bereich der professionellen Psychotherapie in den Blick. Anhand einer Auswertung von Interviews von psychologischen Therapeut_innen über ihre (unerwünschten) Gefühle im Therapieprozess und den Versuch, diese zu kontrollieren, beschreibt Fiedel die Besonderheiten der therapeutischen Subjektivierung im Psychotherapieprozess. Denn gerade aufgrund des Machtverhältnisses in der Therapie ist eine selbstkontrollierende Reflektion und somit eine Form der Selbstkritik unabdingbar. Dabei stellt sie die Frage, mit welchen gespaltenen Subjektivitäten die Therapeut_innen in der Therapie arbeiten und welches therapeutische Selbst dabei hergestellt wird, und skizziert ferner die eigene Logik dieser Gefühlsthematisierungen. Wie die Autorin herausarbeitet, ist die Fähigkeit, aus einem diffusen ‚Stimmungsmeer' Gefühle zu machen – also dieses Stimmungsmeer gemäß eines modernen psychologischen Modells zu eigenen, inneren Gefühlen zu formen – und sie gemäß praktikenspezifischer Anforderungen zu problematisieren und zu kontrollieren, konstitutiv für ein Modell moderner Subjektivität.

David Keller beschäftigt sich in seinem, den dritten Abschnitt beschließenden Beitrag mit der Analogisierung von Psychopharmaka und Psychotherapie, indem er einen kritischen Diskursstrang innerhalb der deutsch- und englischsprachigen Psychotherapieforschung untersucht, der fordert, die Nebenwirkungen von Psychotherapie ebenso zu thematisieren wie die von Medikation. Während Elberfeld und Fiedel sich stärker mit den Kulturen kritischer Psychologisierung beschäftigen, befasst Keller sich mit Kulturen der Kritik in der naturwissenschaftlich orientierten Psychologie. Dazu geht der Autor den historischen Dimensionen der *drug metaphor* nach, die ab den 1960er und 1970er Jahren Verbreitung erfuhr und in den 1980er Jahren schließlich mit der Methodik eines randomisiert-kontrollierten Studiendesigns verbunden wurde. Auf diese Weise wurden gemäß Keller psychotherapeutische Prozesse zunehmend innerhalb eines biomedizinischen Rahmens situiert. Damit kann der Autor in seinem Beitrag zeigen, dass die Therapeutisierung keineswegs zwangsläufig mit einer zunehmenden Psychologisierung einherging, sondern sich in einigen Bereichen vielmehr stark mit Medikalisierungsprozessen verknüpfte. Keller schließt mit einer kritischen Reflexion, die vor den gesellschaftlichen Nebenwirkungen des Nebenwirkungsdiskurses warnt.

Das Wechselspiel zwischen kritischen Bewegungen und psychologischen Inhalten zeigt auch der vierte Sammelbandabschnitt *Feministische und postkoloniale Kritiken der Psychologie* auf. Nora Ruck, Vera Luckgei, Lisa Wanner und Elisabeth Parzer untersuchen hier zunächst die Gründung von feministischen Beratungs- und Therapiezentren durch psychologisch geschulte Aktivist_innen am Beispiel der österreichischen Frauenbewegungen ab den späten 1970er Jahren. Damit beschäftigen sie sich schwerpunktmäßig mit außeruniversitären und alternativen Kulturen der Kritik, die jedoch immer wieder in Wechselbeziehungen zu akademischem psychologischen Wissen standen. Denn die Aktivist_innen nutzten nicht nur psychologisches Wissen für aktivistische Techniken wie das aus dem US-amerikanischen Kontext stammende *consciousness-raising*, sondern hielten später als freie Dozent_innen auch einige Seminare an Wiener Universitäten ab. In der Folge fragen die Autor_innen, wie feministische Psycholog_innen auf Grundlage des von ihnen kritisierten sozialen Status quo neues psychologisches Wissen produzierten. Gleichzeitig zeigen sie auf, dass durch die neuen Beratungs- und Therapiezentren auch prekäre Arbeitsbedingungen geschaffen wurden, die wohl an keinem anderen Arbeitsplatz von den Frauen toleriert worden wären. Mit dem Erstarken feministischer Psychologien wurden Ruck, Luckgei, Wanner und Parzer zufolge in Österreich durch die alternativen Bewegungen auch neue, alternative Formen der Psychologisierung ermöglicht, die mit sozialen Transformationen einhergingen.

Während Ruck und ihrer Mitautor_innen den Schwerpunkt auf aktivistische und außeruniversitären Kulturen feministischer psychologischer Kritik legen, richtet der hieran anschließende Beitrag Alexandra Rutherfords den Blick noch stärker auf deren Wechselwirkung mit Kulturen der Kritik in der universitären und wissenschaftlich orientierten Psychologie. Rutherford fragt danach, wie, wo, in welcher Form und mit welchen Konsequenzen Feminismus und Psychologie in der nordamerikanischen Nachkriegsgesellschaft aufeinander trafen. Das besondere Potential dieses Zusammentreffens zeigte sich dabei, so Rutherford, gerade immer dann, wenn feministische Positionen akademischen Grenzen übertraten, aber zugleich produktiv mit der akademischen Disziplin Psychologie interagierten. Dabei arbeitet sie am Beispiel von Marie Jahodas Forschungsarbeiten zu Weiblichkeit aus den 1950er Jahren und den populärpsychologischen Publikationen Joyce Brothers' der späten 1950er bis 1990er Jahre heraus, wie und zu welchem Zeitpunkt eine Kritik an den psychischen Problemen arbeitender Frauen artikuliert werden konnte. Abschließend wählt sie den rezenten Fall des 2008 etablierten Programms „The Girl Effect", um zu zeigen, wie dieses half, mittels einer feministischen und psychologischen Rhetorik ein *empowerment* von Frauen zu etablieren und diese zugleich in eine neoliberale Logik einzupassen. Hier wird insbesondere die Behauptung problematisiert, dass Psychologisierung nur eindimensional Einfluss auf das Leben in den USA hatte. Vielmehr hebt Rutherford hervor, dass Feminismus zwar häufig von der Psychologisierung kooptiert wurde, gleichzeitig Psycholog_innen aber gestattete, die strukturellen Bedingungen aufzuzeigen, die Frauen ein psychisches Wohlbefinden ermöglichte.

Wie sich Geschlecht und Kultur verbinden und in einen wissenschaftlichen Gegenstand eingeschrieben werden, zeigen schließlich Banafsche Sayyad und Sören Krach in ihrem Beitrag zu ‚Gender' und ‚Race' in den Cultural Neurosciences auf. Wie die Autor_innen herausarbeiten, werden Begriffe, Kategorien und normative Inhalte aus dem Umfeld übernommen und fließen auf der Ebene der Hypothesengenerierung und Dateninterpretation oft unreflektiert in die Forschung ein, die anschließend Geschlechter- und Kulturunterschiede affirmativ reproduziert, was wiederum als Beleg für diese Unterschiede gilt. Diese zirkuläre Bestätigung und die damit einhergehende Verfestigung von Geschlechter- und kulturalistisch gewendeten ‚Rasse'-Kategorien führen so schlussendlich zu einer Naturalisierung und Psychologisierung der beobachteten Merkmale und Verhaltensweisen. Ihr Beitrag reflektiert so, ähnlich wie Ian Hackings (1995) Konzept der ‚looping effects', Kreislaufprozesse zwischen wissenschaftlichen Klassifikationen und Klassifizierten. Damit intervenieren Sayyad und Krach in Kulturen der Kritik der naturwissenschaftlich geprägten Psychologie.

Abschließend versucht Wade Pickren, der Psychologie einen Weg aus ihrer kolonialisierenden Geschichte aufzuzeigen. Dazu gehört Pickren zufolge das Infragestellen einheitlicher Ontologien und Epistemologien, die aus der westlichen Aufklärung entstanden sind, zugunsten der Annahme eines *pluriverse*. Hierbei umreißt Pickren unterschiedliche postkoloniale Kritiken an einer euroamerikanisch zentrierten Psychologie, insbesondere die Befreiungspsychologie des lateinamerikanischen Theoretikers und Aktivisten Ignacio Martín-Baró. Anschließend skizziert der Autor Ansätze indigener Kulturen, ihre eigenen Psychologien nachzuzeichnen, etwa am Beispiel des vielstimmigen Narrativs des Nta'tugwaqanminene der in Kanada lebenden Gemeinschaft der Mi'gmaq. Sein Beitrag überschreitet damit die geographischen Grenzziehungen des Sammelbandes und unterwirft implizit auch dessen Ausrichtung auf englisch- und deutschsprachigen Kontexte einer produktiven Kritik.

Die vier Abschnitte des Sammelbandes, deren Struktur teilweise den theoretischen Perspektiven und teilweise den konkreten Themensetzungen der Einzelbeiträge folgt, zeigen das breite Spektrum im Verhältnis zwischen Psychologisierung und Kritik auf. Dieses Spektrum umfasst sowohl akademische und außeruniversitäre Psychologisierungsprozesse als auch die vier Kulturen der Kritik in der Psychologie – die Kritik in der naturwissenschaftlich ausgerichteten Psychologie, die alternativen kritischen Psychologien, die radikale Ablehnung des Psychologischen und die kritische Psychologisierung im politischen Aktivismus. Dabei machen die verschiedenen Einzelbeiträge deutlich, dass es sich bei der Psychologisierung nicht um einen singulären Prozess handelt. Vielmehr variieren Psychologisierungsprozesse je nach sozialem und politischem Kontext und interagieren unterschiedlich mit den parallelen Tendenzen der Medikalisierung und Therapeutisierung. Insgesamt zeichnet sich ab, dass weder das Objektivitätsideal der naturwissenschaftlichen Psychologie noch der von Mattes eingangs zitierte Vorwurf des ‚unpolitischen Gewurstels' zutrifft. Die Psychologisierung war stets mit politischen Programmen und kritischen Standpunkten verbunden – das birgt zwar Gefahren, zeitigt aber auch ein großes Potential.

Literatur

Ash, M. G. (1983). The self-presentation of a discipline: History of psychology in the United States between pedagogy and scholarship. In L. Graham, W. Lepenies & P. Weingart (Hrsg.), *Functions and Uses of Disciplinary Histories* (S. 143–189). Dordrecht: Springer.

Ash, M. G., & Geuter, U. (Hrsg.) (1985). *Geschichte der deutschen Psychologie im 20. Jahrhundert. Ein Überblick.* Opladen: Westdeutscher Verlag.

Briskman, L. B. (1972). Is a Kuhnian analysis applicable to psychology? *Social Studies of Science*, *2*(1), 87–97. https://doi.org/10.1177/030631277200200103.

Bühler, K. (1927). *Die Krise der Psychologie*. Jena: Gustav Fischer.

Capshew, J. H. (1999). *Psychologists on the March: Science, Practice, and Professional Identity in America, 1929–1969*. Cambridge, UK: Cambridge University Press.

Castel, R., Castel, F., & Lovell, A. (1982). *Psychiatrisierung des Alltags. Produktion und Vermarktung der Psychowaren in den USA*. Frankfurt a.M.: Suhrkamp.

Cederström, C., & Spicer, A. (2015). *The Wellness Syndrome*. Cambridge, UK: Polity.

Conrad, P. (2007). *The Medicalization of Society: On the Transformation of Human Conditions into Treatable Disorders*. Baltimore: Johns Hopkins University Press.

De Vos, J. (2014). Psychologization. In T. Teo (Hrsg.), *Encyclopedia of Critical Psychology*. New York: Springer. https://doi.org/10.1007/978-1-4614-5583-7_247.

Eitler, P., & Elberfeld, J. (2015). Von der Gesellschaftsgeschichte zur Zeitgeschichte des Selbst – und zurück. In P. Eitler & J. Elberfeld (Hrsg.), *Zeitgeschichte des Selbst. Therapeutisierung, Politisierung, Emotionalisierung* (S. 7–30). Bielefeld: Transcript.

Eysenck, H. J. (1952). The effects of psychotherapy: An evaluation. *Journal of Consulting Psychology*, *16*(5), 319–324.

Foucault, M. (1992). *Was ist Kritik?* Berlin: Merve.

Foucault, M. (2005). *Analytik der Macht*. Frankfurt a.M.: Suhrkamp.

Gardner, H. (1987). *The Mind's New Science: A History of the Cognitive Revolution*. New York: Basic Books.

Gieryn, T. F. (1983). Boundary-work and the demarcation of science from non-science: Strains and interests in professional ideologies of scientists. *American Sociological Review*, *48*(6), 781–795.

Hacking, I. (1995). The looping effect of human kinds. In D. Sperber, D. Premack & A. J. Premack (Hrsg.), *Symposia of the Fyssen Foundation. Causal Cognition: A Multidisciplinary Debate* (S. 351–394). Oxford, New York: Clarendon Press.

Hitzer, B. (2011). Die Therapeutisierung der Gefühle. Eine Geschichte aus dem 20. Jahrhundert. *Der Mensch. Zeitschrift für Salutogenese und anthropologische Medizin*, *42/43*(1/2), 17–20.

Hollon, S. D., & DiGiuseppe, R. (2011). Cognitive theories of psychotherapy. In J. C. Norcross, G. R. VandenBos & D. K. Freedheim (Hrsg.), *History of Psychotherapy: Continuity and Change* (S. 203–241). Washington, D.C.: American Psychological Association.

Holzkamp, K. (1983). *Grundlegung der Psychologie*. Frankfurt a.M.: Campus.

Illich, I. (1995). *Die Nemesis der Medizin. Die Kritik der Medikalisierung des Lebens* (4. Aufl.). München: Beck.

Illouz, E. (2008). *Saving the Modern Soul: Therapy, Emotions, and the Culture of Self-Help*. Berkeley: University of California Press.

King, C. (2015). The dangers of radical self-love. *openDemocracy*, https://www.opendemocracy.net/en/transformation/dangers-of-radical-selflove/.

Krölls, A. (2016). *Kritik der Psychologie. Das moderne Opium des Volkes* (3. Aufl.). Hamburg: VSA-Verlag.

Kuhn, T. S. (1962). *The Structure of Scientific Revolution*. Chicago: University of Chicago Press.

Latour, B. (2008). *Wir sind nie modern gewesen. Versuch einer symmetrischen Anthropologie.* Frankfurt a.M.: Suhrkamp.
Leahey, T. H. (1992). The mythical revolutions of American psychology. *American Psychologist, 47*(2), 308–318.
Lorde, A. (1988). *Lichtflut. Neue Texte* (M. Längsfeld, Übers.). Berlin: Orlanda-Frauenverlag.
Lück, H. E., & Guski-Leinwand, S. (2014). *Geschichte der Psychologie. Strömungen, Schulen, Entwicklungen* (7. Aufl.). Stuttgart: Kohlhammer.
Maasen, S., Elberfeld, J., Eitler, P., & Tändler, M. (Hrsg.) (2011). *Das beratene Selbst. Zur Genealogie der Therapeutisierung in den ‚langen' Siebzigern.* Bielefeld: Transcript.
Markard, M. (2009). *Einführung in die Kritische Psychologie.* Hamburg: Argument Verlag.
Mattes, P. (1998). Kritische Psychologie. In S. Grubitzsch & K. Weber (Hrsg.), *Psychologische Grundbegriffe. Ein Handbuch* (S. 292–297). Reinbek: Rowohlt.
Métraux, A. (1985). Der Methodenstreit und die Amerikanisierung der Psychologie in der Bundesrepublik 1950–1970. In M. G. Ash & U. Geuter (Hrsg.), *Geschichte der Psychologie im 20. Jahrhundert. Ein Überblick* (S. 225–251). Opladen: Westdeutscher Verlag.
Miller, G. A. (2003). The cognitive revolution: A historical perspective. *Trends in Cognitive Sciences, 7*(3), 141–144.
Moane, G., & Sonn, C. (2014). Postcolonial psychology. In T. Teo (Hrsg.), *Encyclopedia of Critical Psychology.* New York: Springer. https://doi.org/10.1007/978-1-4614-5583-7.
Neuroskeptic (2012). The nine circles of scientific hell. *Perspectives of Psychological Sciences, 7*(6), 643–644. https://doi.org/10.1177/1745691612459519.
Palermo, D. S. (1971). Is a scientific revolution taking place in psychology? *Social Studies of Science, 1*(2), 135–155. https://doi.org/10.1177/030631277100100202.
Penny, L. (2016). Life-hacks of the poor and aimless. *The Baffler*, https://thebaffler.com/war-of-nerves/laurie-penny-self-care.
Perrez, M. (1979). *Ist die Psychoanalyse eine Wissenschaft?* (2. Aufl.). Bern, Stuttgart, Wien: Huber.
Rose, N. (1998). *Inventing Our Selves: Psychology, Power, and Personhood.* Cambridge, UK, New York: Cambridge University Press.
Rutherford, A., Capdevila, R., Undurti, V., & Palmary, I. (Hrsg.) (2011). *Handbook of International Feminisms: Perspectives on Psychology, Women, Culture, and Rights.* New York: Springer SBM.
Sieben, A., & Scholz, J. (2012). *(Queer-)Feministische Psychologien. Eine Einführung.* Gießen: Psychosozial-Verlag.
Smith, R. (2013). *Between Mind and Nature: A History of Psychology.* London: Reaktion Books.
Tändler, M. (2016). *Das therapeutische Jahrzehnt. Der Psychoboom in den siebziger Jahren.* Göttingen: Wallstein.
Teo, T. (2005). *The Critique of Psychology: From Kant to Postcolonial Theory.* New York: Springer.
Weimer, W. B., & Palermo, D. S. (1973). Paradigms and normal science in psychology. *Social Studies of Science, 3*(3), 211–244. https://doi.org/10.1177/030631277300300301.
Willy, R. (1899). *Die Krisis in der Psychologie.* Leipzig: O.R. Reisland.

Psychology and critique – forms of psychologization after 1945: An introduction

Lisa Malich and Viola Balz

Current psychology has gone to hell – according to some critical voices from within the discipline, which find a forum in the critical science blog Neuroskeptic (2012). The reason for this infernal location is the replication crisis that seized psychology in 2011 and which has since then led to ever more far-reaching controversies about psychological research methods. No less dramatic is another current critique of psychology which takes a completely different direction: Critics such as the German legal expert and social scientist Albert Krölls (2016) currently argue that psychology is the 'modern opium of the people'. According to his argumentation, psychology is as widespread today as religion was during Marx' time – and like the latter, also leads to a sedating adaptation of individuals to political power relations. In doing so, Krölls (2016) outlines the problems associated with an expansion of psychological knowledge and a psychologization of lifestyles. This fundamental interjection, however, is historically not the first. At a conference on critical and oppositional psychology in 1969, a group of participating students called for the smashing of psychology because in their opinion, all psychological approaches had thus far proved to be 'apolitical babble' (Mattes 1998, p. 293). Since when and with what effects has psychology been the subject of criticism? What is the relationship between critique and the massive popularization that psychology has experienced in recent decades? And what significance do critical perspectives have for psychology today?

This anthology aims to answer some of these questions by exploring the relationship between psychology and critique from an interdisciplinary perspective.[1] Focusing mainly on developments in American and German-speaking

1 The present volume is a peer-reviewed proceedings of the conference "Territories of Critique in Psychology: Lübeck Colloquium on Psychological Humanities," which took place at the University of Lübeck in 2017.

V. Balz und L. Malich (Hrsg.), *Psychologie und Kritik*,
https://doi.org/10.1007/978-3-658-29486-1_2

contexts, the emphasis is on the historical process of psychologization, which began in the post-war period. Psychologization not only includes the so-called psycho-boom, i.e. the popularization of psychological knowledge and the spread of psychotherapeutic practices in everyday life. Rather, psychologization also marks an expansion of the academic discipline of psychology, which goes hand in hand with a shift towards natural sciences, the dominance of quantitative models, and the marginalization of theory-centered approaches. Both psychologization processes – the academic and the popular one – were accompanied by loud criticism, even in their formation period. The paradoxical relationship between the rise of psychology and its parallel critique is to be historicized and theorized in this anthology.

At the same time, the anthology evaluates the relationship of psychologization with two other processes of '-ization' which took place during the course of the 20th century. The first one is medicalization, i.e. the increasing integration of the diverse areas of everyday life into medical (including psychiatric) models of thought and action (Conrad, 2007; Illich, 1976). The second one is (psycho-)therapeuticization, i.e. the spread of psychotherapeutic concepts and practices that aim to remedy or alleviate mental suffering and which are also increasingly used for optimizing 'work on the self' (Eitler & Elberfeld, 2015; Hitzer, 2011; Illouz, 2008). Both processes are in a constitutive tension with psychologization, in which some tendencies of psychologization, medicalization, and psychotherapeutization overlap and reinforce each other; others compete with each other and are in a relationship of mutual criticism.

Academic psychologization and critique

Psychology today defines itself as the science of human behavior and experience. Because of its strong orientation towards the natural sciences, psychological knowledge is mainly collected using quantitative methods based on natural-scientific, biomedical and neuropsychological models. Thus, mental processes and behavior are recorded in cognitive-behavioral approaches or visualized as neuronal activity in imaging procedures. Today's limitations of psychological themes and methods can, however, already be seen as the result of a historical "purification" process (Latour, 1993, pp. 10–11) Practices and discourses of critique have always been among the instruments of this purification, specifically in psychology (Teo, 2005). These criticism techniques were already evident in one of the ambivalent founding moments of the discipline of psychology in the late 18th century, namely Immanuel Kant's classical critique, according to which contemporary empirical psychology would never assume the rank of a genuine science.

With this fundamental critique, Kant integrated psychology not only into the debate culture and epistemology of the Enlightenment, but his critique can also be read as the entry of psychology into the realm of governmentality – that is, the modern techniques of power described by Foucault (2007). These techniques are associated with the willing participation of the governed and are thus effective at the level of human subjectivity. In the Enlightenment, governmentality was linked with concepts of the rational, self-reflecting and self-regulating human being. This concept of subjectivity included a critical attitude towards existing claims to knowledge, as well as towards oneself, one's own perception, one's own feelings and assumptions. Thus, a subject culture of distance and division was established, in which the self at first evaluated itself in order to then adapt and subordinate itself to the standards recognized as reasonable. In this way, the enlightened subject began to subjugate and rule him- or herself. According to Foucault, governmental power did not emerge despite but precisely because of its connection to practices of critique: the "critical attitude" is "both partner and adversary to the arts of government" (Foucault, 2007, p. 44).

As an object of discourse during the Enlightenment and the product of Western modernity, psychology fundamentally participated in the controversial determinations of man, which were never completely independent of his control. In attempting to uncover the supposedly true nature of the soul, emerging psychology took a variety of paths (Lück & Guski-Leinwand, 2014; Smith, 2013; Vidal, 2011). In the 19th century, these paths included Johann Friedrich Herbart's metaphysical psychology, the orientation towards natural-scientific methods of Gustav Fechner's psychophysics or Wilhelm Wundt's physiology of perception, the mass psychology of Gustave Le Bon or early attempts at psychometry by protagonists such as Alfred Binet. Not surprisingly, and following Kant's example, the relationship of these psychologists to one another were often marked by criticism. In the early 20th century, more heterogeneous psychological approaches emerged, ranging from Gestalt psychology to psychodynamic schools, from classical psychoanalysis according to Sigmund Freud (and the object relationship theories later competing with it), to classical conditioning and behaviorism. This heterogeneous access to the human mind and behavior was accompanied by a rising institutionalization of academic psychology at universities. At the same time, the different psychological approaches entailed a multitude of conflicts, demarcations and divisions. Symptomatic of the spread of critical debates are the manifold proclamations of a 'crisis of psychology', repeatedly brought forward by outspoken critics such as Rudolf Willy (1899) or Karl Bühler (1927).

University psychology massively expanded during the two world wars and particularly in the period after 1945, both in Germany and the USA (Ash & Geuter, 1985; Capshew, 1999; Geuter, 2008). During this period, the number of students, chairs and psychological sub-disciplines increased. This increase was associated with changes in methods and approaches. Logical empiricism had already become the dominant philosophy of science in American psychology, beginning in the 1940s (Ash, 1983). In German-speaking countries, quantitative empirical research finally became hegemonic at the latest after the methodological disputes of the 1950s and 1960s (Métraux, 1985). Accordingly, the significance of psychodynamic, gestalt psychological and phenomenological approaches declined, whereas disciplinary psychology was increasingly oriented towards US-American developments.

In the Anglo-American countries, the triumphal march of cognitive approaches finally began in the 1960s, expanding the previously dominant behavioral models into cognitive-behavioral approaches (Hollon & DiGiuseppe, 2011). Since in German-speaking countries behavioral models only found their way into psychology in the 1960s and 1970s, the transformation to cognitive-behavioral approaches took place much faster and more casually (Lück & Guski-Leinwand, 2014). Accordingly, the significance of psychodynamic theories, Gestalt psychology and phenomenological approaches in disciplinary psychology declined sharply. Already during the following years, the process of change from behaviorism to cognitive approaches within psychology was reflected upon and, with reference to Thomas Kuhn (1962), discussed as a paradigm shift or even as a scientific revolution (Briskman, 1972; Palermo, 1971; Weimer & Palermo, 1973).

However, the historical analyses focused almost exclusively on internal disciplinary factors as possible reasons for this shift (Gardner, 1987; Leahey, 1992; Miller, 2003), while the socio-cultural and economic context of this change, as well as its social consequences, received little attention. This anthology intends to fill some of these gaps by incorporating the psychologization processes, socio-critical discourses and emancipative movements that became relevant in the period after World War II into the historiographies. After all, the 1960s and 1970s were decades of criticism in many Western countries, from protests against unpunished war crimes and new wars to resistance against patriarchy and colonialism to the anti-psychiatric movement. Thus, grappling with the contemporary history of critique is important because a critique of psychology has not only accompanied the discipline since its foundation but has characterized it, especially since the end of the Second World War. But what kind of forms can the relationship between critique and psychology take?

Inspired by the conceptual ideas of Rutherford and Pettit (2015), we propose a quadripartite framework for the various relationships between psychology and critique and define four different cultures of critique: (1) the culture of critique within scientific psychology, (2) the culture of critical psychologies, (3) the destructive culture of the critique of psychology, (4) the culture of psychologized critique.

The first two cultures of critique relate to academic psychology. We call the first one *culture of critique within scientific psychology*, where criticism is usually expressed as an attack on methods or as a reference to competing study results. Such discursive practices are currently the most widespread in the discipline and can be found in a wide variety of psychological debates as well as in current controversies about the replication crisis. The beginnings of these cultures of critique can be traced back to the scientific positions of psychology in the 18th and 19th centuries. In the post-war period, the critical forms of articulation increased because not only did psychology grow overall and increasingly orient itself internationally towards experimental or statistical-quantitative methods, but scientific events such as the cognitive turn also provided for additional debates. Parallel to this, a disciplinary 'boundary work' took place, through which scientific psychology demarcated its 'outside' (Gieryn, 1983). In the postwar era, boundary work took the form of a massive criticism of psychoanalytical models which were accused of lacking scientific character (e.g. Eysenck, 1952; Perrez, 1979). Today, boundary work has diversified and is often directed against ideological-political positions or specific research practices.

Secondly, from the end of the 1960s onwards, psychologies emerged which were explicitly understood as critical and designed as alternatives to hegemonic scientific psychology. Such alternative psychologies already had forerunners in approaches such as Leontiev's cultural historical tradition in psychology at the beginning of the 20th century. Now, heterogeneous and decidedly political approaches emerged: They included such approaches as the Marxist-oriented Berlin School of Critical Psychology, which represented a qualitative research orientation (Holzkamp, 1983; Markard, 2009), as well as various postcolonial or feminist psychologies (e.g. Moane & Sonn, 2014; Rutherford et al., 2011; Sieben & Scholz, 2012; Teo, 2005). These perspectives can be defined as *cultures of critical psychologies*.

The different cultures of academic psychologies and their relationship to critique will be outlined and historicized in this anthology. How did these cultures of critique interact with each other? What influence did the social context of social critique, feminism, the student movement and postcolonial movements have on postwar psychologies? Can implicit critical positions also be found in (natural-)scientifically and neutrally oriented psychology approaches, for example with regard to feminist contents? What role do critical approaches play in the neurosciences? And in what way did psychology react to social criticism, for example to the problematic role of psychological knowledge in National Socialism or in the communist German Democratic Republic (GDR)? Topics like these are complemented by theoretical-conceptual discussions of critique in psychology. Which cultures of critique are productive? And which alternative psychologies currently have transformative potential?

Psychologization of the everyday world and critique

The expansion of university psychology in the decades after the Second World War was the vehicle and symptom of a general form of psychologization (De Vos, 2014). By this means, we understand psychologization as an individualization and penetration of the everyday world, especially of Western societies, with psychological categories, ways of thinking, and acting. The process of psychologization already began in the first decades of the 20th century, but achieved its full potential during the 1970s. The increasing spread of psycho-knowledge was met with criticism early on. A counter-movement to psychologization was relatively simple: its strict rejection. Accordingly, in the late 1960s, parts of the German student movement as previously mentioned demanded nothing less than the total smashing of discipline, because they regarded it as a pure instrument of power. Such a radical gesture directed against psychology as a whole and which does not differentiate between individual approaches is what we call the *destructive culture of the critique of psychology*. This is a form of critique that became historically more significant in the political movements of the second half of the 20th century. At present, this form of critique is also expressed in Krölls's (2016) rejection of psychology as an instrument of neoliberalism. It is also reflected in the rejection of various therapeutic practices such as 'mindfulness' or 'positive thinking' due to their depoliticizing and individualizing effects (Cederström & Spicer, 2015; King, 2015). However, we argue that there is also a more complex relationship between psychologization and critique that moves beyond polarizing rejection.

In this anthology, the interrelation between the psychologization of everyday life and its critique will be examined in selected cases. As Françoise Castel, Robert Castel und Anne Lovell (1982) have shown in their analysis of the psychiatryzation of everyday life, it was in part precisely the critical counter-movements to psychiatric institutions such as free clinics and self-help groups composed of former patients that made it possible for psychiatric knowledge to spread into private areas.

Can the expansion of psychiatric power through alternative movements be transferred to the relationship between critical movements within psychology and an incipient psychologization? Castel et al. suggest this when, for example, they state that psychology is entering ever new spheres, such as social work, through so-called casework. In addition, as Maasen et al. (2015) describe in their anthology on self-constitution through counselling, that there was a therapeutization of social questions during the 1970s in Germany. Maik Tändler (2016) has dealt more closely with this 'therapeutic decade' for West Germany. He emphasizes the intertwining of 'psycho-knowledge' with self-formation, psychotherapeutic practices and political movements. Tändler also refers to the close contemporary interweaving of psychologization with its critique: for example, the term 'psycho-boom', primarily known in German-speaking countries, refers to the title of a popular book of the same name published in 1976 by two psychotherapists. As the subtitle of this book – 'paths and detours in modern therapy' ("Wege und Abwege der modernen Therapie") suggests, it was particularly critical of psychologization and therapy movements. At the same time, however, it was published by protagonists of those very movements and used for their own legitimation. The psychotherapy groups of the student movement also showed a paradoxical relationship to psychologization: on the one hand, they criticized psychological expert knowledge but on the other hand, they used precisely this knowledge for their self-experience. Against this background, a fourth culture of critique can be observed, which complements the other three cultures of critique previously mentioned (first, critical debates within scientifically oriented psychology, second, alternative critical psychologies and third, rejection of psychology). This fourth *culture of psychologized critique* moves beyond academic psychology and consists largely of non-professional participants who use parts of a general 'psycho-knowledge' for political activism and alternative subcultures. In so doing, activists use results of academic psychology to influence political discourses, or they use psychotherapeutic techniques to stabilize themselves and to cope with problems. In a defense of therapeutic practices, for example, activist Laurie Penny (2016) quotes Audre Lorde's famous words: "Caring for myself is not self-indulgence, it is self-preservation and that is an act of political warfare" (Lorde, 2017, p. 130).

So far, the role of psychology and decidedly psychological knowledge in the general processes of therapeutization and self-constitution remains little investigated. What influence did alternative movements have on psychologization? And what role did psychology – such as psychological development models or emotional concepts – play in the constitution and understanding of new aspects of the self? How did psychological expertise penetrate ever new fields of applied pedagogy, medicine or administration and how did this knowledge change their practice? How has psychological knowledge been disseminated in popular media and how has such penetration changed everyday life? Can we understand the increasing psychologization as a governmentality strategy of liberal states, as Nikolas Rose (1998) characterizes the role of the psy-disciplines (psychiatry, psychology)? What kind of impact does this have on the increasing importance of psychological knowledge, e.g. on the East German model of socialist society?

In particular, the anthology would also like to question the role of critique in this context: What possibilities did critical movements generate to overcome the limitations of traditional psychology? What alternative forms of self-relationship became possible by integrating psycho-knowledge into critical movements? Where were these corroborative or to what extent did these movements allow an expansion of psychological expertise into ever new spheres? And where did criticism in the sense of Foucault (2007) open up the possibility of being governed less – or at least differently?

Overall, the anthology addresses the question of how critical approaches, academic knowledge production and new forms of psychologization interact in a psychology reorganizing itself after 1945.

About the individual contributions

The anthology is divided into four sections. In order to illustrate the interaction of the four different cultures of critique, they do not provide the structure for the section but flow crosswise into the contents. The anthology begins with a theoretical and ethical examination of the *Critique of psychologization*. The contributions intervene critically both in cultures of academic-empirical psychology and in alternative psychological designs.

In the first text of this chapter, Susannah Mulvale and Thomas Teo address the question of how critical psychology can question the previously only negative connotations of psychologization and psychologism. From the authors' point of view, any critical project of a new psychology would be impossible without any positive or productive aspects of psychologization. To this end, the authors first discuss different positions in the relationship between psychology and critique, such as those of Nikolas Rose or Jan De Vos. With reference to the school of cultural history, German Critical Psychology, and concepts such as 'epistemic violence', they finally outline new forms of critical psychology.

Morten Nissen also states that a critique of psychology cannot stop at its negation. According to his view, critique as a performative and affirmative force must be rethought. In Nissen's contribution, which refers to postmodern theory, he pleas for critical psychology as a post-psychology that should make clear the uncertainty of this new status of knowledge. He illustrates this by way of the motivational-psychological technique of motivational interviewing, which indeed comes from neoliberal dispositives but whose critical potential the author emphasizes through his reinterpretation as "poetics of practice".

Lisa Malich and David Keller ask what role critique played and should play in the genesis, further development, and communication of psychological practices and psychological knowledge. As the authors state, the increased influence of psychology as well as the problems associated with it make a thorough reflection of psychology necessary, which, however, hardly exists in practice. They therefore call for the introduction of 'Psychological Humanities' as a new approach. According to the Lübeck Model, this approach aims on the one hand to take a humanities and cultural studies look at psychology, its historical formation and its social context. On the other hand, the approach is intended to promote the discussion of theoretical and ethical questions within psychology which arises with regard to psychological research and practice. Thus, the Psychological Humanities is both a result of psychologization and a productive critique of psychologization.

All three contributions dismiss the culture of destructive critique of psychology, that is a one-sided understanding of critique as a rejection of psychology and psychologization. Instead, they deal intensively with the question of how a critique of psychology in the sense of Foucault can open up the possibility of being governed less – or at least differently.

The second section on the *Epistemology of critique* emphasizes the anthology's focus on the history of psychology by questioning the historical origins of psychological objects of knowledge and the role of critique in their development. The contributions deal primarily with cultures of critique in empirical or (natural) scientifically oriented academic psychology. Carola Oßmer traces how the areas of criticism were received and incorporated into the attempt to develop something new by reproducing the Developmental Schedules of Arnold Lucius Gesell, which were created in the 1920s and became widespread from the 1940s onwards. These schedules are based on the systematic evaluation of individual clinical cases and were designed to distinguish them from the psychometric tests of the time. In the course of their application, however, the development plans reversed from descriptive naturalistic timetables of normal childhood to formation models for a normal childhood according to schedule. Due to their increasing standardization during the course of their development, the schedules were also received more and more favorably by Gesell's critics. In the history of psychology, the Developmental Schedules retained their place as intelligence tests, despite their origin as counter-model to intelligence tests.

While the approaches described thus far have focused mainly on critique, Martin Wieser devotes himself to a genealogy of the counterpart of critique: justification in the history of psychology. As the author states, justification strategies are narratives constructed retrospectively to legitimize something that has come under criticism. These strategies are traced using two examples: First, the legitimation attempts of psychology lecturers in the post-reunification period who trained security employees for the GDR's Ministry for State Security are examined. Second, Wieser outlines how former Wehrmacht psychologists tried to explain the appropriateness of their activities following the war (especially in the 1970s and 1980s). The justifications describe a psychology not only of the past but also of the present, of attempts to stabilize it institutionally and to legitimize it despite its problematic history.

The third section *Psychologization, psychotherapy and mental disorders* deals with the question of the changing role of psychology in mental health and illness. In her contribution, Viola Balz examines the role of psychologization in a socialist society and the influence of psychology on it by using the alcohol prevention films of the Deutsches Hygiene-Museum Dresden as an example. The various subjectivation strategies produced by the films are traced and in doing so, the author explores the question of how these can be described if, as according to Nikolas Rose, the increasing psychologization is understood as a governmentality strategy of liberal strategies. In an extension of Rose's ideas, she shows how in the 1980s, the GDR increasingly propagated a new inner self and how psychological processes and psychological confession practices became prominent as a new form of governance. It would therefore be too short-sighted to understand psychologization processes solely as a consequence of liberalization tendencies and capitalist economic systems.

Jens Elberfeld traces the ambivalent effects of a depathologization of mental disorders on the basis of the history of psychiatric criticism in the 20th century and the resulting psychosocial explanatory model, which gained importance in Germany in the 1970s. This model, which was also caused by the criticism of anti-psychiatric movements, not only enabled a more humane treatment of those affected, but also an enormous spread of psycho-knowledge. The author asks to what extent the expansion of the psychosocial model and family therapy has led to an expansion of one's own pathologization and self-control. The movement described resembles the observations of Castel et al. (1982) of the penetration of psycho-knowledge into ever new areas through the interventions of critical counter-movements. Elberfeld shows, however, that these extended far beyond the field of psycho-social work to counselling and coaching. The criticism of medicalization processes led to an intensification of psychologization and therapy.

Lotta Fiedel then looks at a special form of current subjectivation practice in the field of professional psychological psychotherapy. Based on an analysis of interviews with German therapists about their (undesired) feelings in the therapy process and the attempt to control them, Fiedel describes the peculiarities of therapeutic subjectivation in the psychotherapy process. Because a self-controlling reflection and therefore a form of self-criticism is indispensable precisely because of the balance of power in therapy. She asks which split subjectivities the therapists use and which therapeutic self is produced, and outlines the own logic of these emotional themes. As the author elaborates, the ability to make feelings out of a diffuse 'sea of moods' – i.e. to shape this sea of moods according to a modern psychological model as one's own inner feelings – and to problematize and control it according to practice-specific requirements – is constitutive for a model of modern subjectivity.

In his contribution, David Keller deals with the analogization of psychotropic drugs and psychotherapy by examining a critical strand of discourse within German- and English-language psychotherapy research that calls for the side effects of psychotherapy to be addressed. While Elberfeld and Fiedel focused on cultures of critical psychologization, Keller deals with cultures of critique within scientific psychology. To this end, the author explores the historical dimensions of the 'drug metaphor', which spread from the 1960s and 1970s onwards and was finally combined with the methodology of a randomized controlled study design in the 1980s. In this way, according to Keller, psychotherapeutic processes were increasingly situated within a biomedical framework. Thus, the author can show in his contribution that psychotherapy was by no means necessarily accompanied by an increasing psychologization, but that in some areas it was strongly linked to medicalization processes. Keller concludes with a critical reflection that warns of the adverse social consequences of the discourse on side effects.

The fourth section *Feminist and postcolonial criticism of psychology* also shows the interplay between self-relations, critical movements and possible contents generated from critique. Nora Ruck, Vera Luckgei, Lisa Wanner and Elisabeth Parzer investigate the founding of feminist counselling and therapy centers by psychologically trained activists using the example of Austrian women's movements from the late 1970s onwards. They focus on non-university and alternative cultures of critique, which, however, have always been interrelated with academic psychological knowledge. The activists not only used psychological knowledge for activist techniques such as 'consciousness raising,' but later, as freelance lecturers, also held several seminars at Viennese universities. The authors then ask how feminist psychologists produced new psychological knowledge on the basis of the social status quo they criticized. At the same time, they show that the new counselling and therapy centers have also created precarious working conditions that women would probably not have tolerated in any other workplace. With the rise of feminist psychologies in Austria, new, alternative forms of psychologization were made possible by the alternative movements, which went hand in hand with social transformations, following Ruck, Luckgei, Wanner and Parzer.

While these authors' contribution focuses on activist and non-university cultures of feminist psychological criticism, Alexandra Rutherford's text concentrates even more on their interaction with cultures of criticism in academic and scientifically oriented psychology. In her contribution, she asks how, where, in what form and with what consequences feminism and psychology met in postwar North American society. Rutherford highlights the potential of this encounter precisely when it transcended academic boundaries but at the same time productively interacted with the academic discipline of psychology. Using Marie Jahoda's research on femininity from the 1950s and Joyce Brothers's popular psychological publications from the 1950s to the 1990s as examples, she shows how and at what point a critique of the psychological problems of working women could be articulated. Finally, she chooses the recent case of the program "The Girl Effect", founded in 2008, to show how it helped to establish an empowerment of women by means of feminist and psychological rhetoric and at the same time to fit them into a neoliberal logic. In particular, the assertion that psychologization had only a one-dimensional influence on life in America is problematized here. In fact, Rutherford emphasizes that although feminism was often coopted by psychologization, it also helped psychologists to identify the structural conditions that allowed women to feel psychologically well.

In their contribution to notions of gender and race in cultural neuroscience, Banafsche Sayyad and Sören Krach show how cultural stereotypes are inscribed in a scientific object. As the authors demonstrate, concepts, categories and normative contents are taken from the environment and often flow unthinkingly into research at the level of hypothesis generation and data interpretation, which then affirmatively reproduce gender and cultural differences, which in turn is considered evidence of these differences. This cycle of confirmation and the accompanying consolidation of gender and culturalistically applied 'race' categories lead to a naturalization and psychologization of the observed characteristics and behaviors. Similar to Ian Hacking's (1995) concept of 'looping effects', their contribution reflects the circular interaction between classification and classified. At the same time, Sayyad and Krach intervene directly in the culture of critique in scientific psychology.

Finally, Wade Pickren shows psychology a way out of its colonializing history. According to him, this includes questioning uniform ontologies and epistemologies which emerged from the Western Enlightenment in favor of the assumption of a 'pluriverse'. Here, Pickren outlines various postcolonial critiques of a Euro-American-centered psychology, especially the liberation psychology of the Latin American theorist and activist Ignacio Martín-Baró. The author then outlines approaches by indigenous cultures to trace their own psychologies, using the polyphonic narrative of the Nta'tugwaqanminene of the Mi'gmaq community living in modern Canada as an example. His contribution thus transcends the geographical boundaries of the anthology and implicitly subjects its focus on English- and German-speaking contexts to a productive critique.

The four chapters of the anthology, whose structure partly follows theoretical perspectives and partly concrete themes of the individual contributions, show the broad spectrum in the relationship between psychologization and critique. This spectrum encompasses both academic and non-academic psychologization processes, as well as the four cultures of critique in psychology – critique in scientific psychologies, alternative psychologies, rejection of psychology and psychologically oriented political activism. The various individual contributions demonstrate that psychologization is not a singular process. Rather, psychologization processes vary according to the social and political context, and interact differently with the parallel tendencies of medicalization and therapeutization. All in all, it can be seen that neither the ideal of objectivity within scientific psychology nor the accusation of 'apolitical babble' by the students quoted in the beginning is correct (Mattes, 1998). Psychologization has always been associated with political programs and critical points of view – which, while they contain dangers, also have great potential.

References

Ash, M. G. (1983). The self-presentation of a discipline: History of psychology in the United States between pedagogy and scholarship. In L. Graham, W. Lepenies & P. Weingart (Eds.), *Functions and Uses of Disciplinary Histories* (pp. 143–189). Dordrecht: Springer.

Ash, M., & Geuter, U. (Eds.) (1985). *Geschichte der deutschen Psychologie im 20. Jahrhundert.* Opladen: Westdeutscher Verlag.

Briskman, L. B. (1972). Is a Kuhnian analysis applicable to psychology? *Social Studies of Science, 2*(1), 87–97. https://doi.org/10.1177/030631277200200103.

Bühler, K. (1927). *Die Krise der Psychologie*. Jena: Gustav Fischer.

Capshew, J. H. (1999). *Psychologists on the March: Science, Practice, and Professional Identity in America, 1929–1969*. Cambridge, UK: Cambridge University Press.

Castel, R., Castel, F., & Lovell, A. (1982). *Psychiatrisierung des Alltags. Produktion und Vermarktung der Psychowaren in den USA*. Frankfurt a.M.: Suhrkamp.

Cederström, C., & Spicer, A. (2015). *The Wellness Syndrome*. Cambridge, UK: Polity.

Conrad, P. (2007). *The Medicalization of Society: On the Transformation of Human Conditions into Treatable Disorders*. Baltimore: Johns Hopkins University Press.

De Vos, J. (2014). Psychologization. In T. Teo (Ed.), *Encyclopedia of Critical Psychology*. New York: Springer. https://doi.org/10.1007/978-1-4614-5583-7_247.

Eitler, P., & Elberfeld, J. (2015). Von der Gesellschaftsgeschichte zur Zeitgeschichte des Selbst – und zurück. In P. Eitler & J. Elberfeld (Eds.), *Zeitgeschichte des Selbst: Therapeutisierung, Politisierung, Emotionalisierung* (pp. 7–30). Bielefeld: Transcript.

Eysenck, H. J. (1952). The effects of psychotherapy: An evaluation. *Journal of Consulting Psychology, 16*(5), 319–324.

Foucault, M. (2007). *The Politics of Truth*. Cambridge, MA, London: MIT Press.

Gardner, H. (1987). *The Mind's New Science: A History of the Cognitive Revolution*. New York: Basic Books.

Geuter, U. (2008). *The Professionalization of Psychology in Nazi Germany*. Cambridge, UK: Cambridge University Press.

Gieryn, T. F. (1983). Boundary-work and the demarcation of science from non-science: Strains and interests in professional ideologies of scientists. *American Sociological Review, 48*(6), 781–795.

Hacking, I. (1995). The looping effect of human kinds. In D. Sperber, D. Premack & A. J. Premack (Eds.), *Symposia of the Fyssen Foundation. Causal Cognition: A Multidisciplinary Debate* (pp. 351–394). Oxford, New York: Clarendon Press.

Hitzer, B. (2011). Die Therapeutisierung der Gefühle. Eine Geschichte aus dem 20. Jahrhundert. *Der Mensch. Zeitschrift für Salutogenese und anthropologische Medizin*, 42/43(1+2), 17–20.

Hollon, S. D., & DiGiuseppe, R. (2011). Cognitive theories of psychotherapy. In J. C. Norcross, G. R. VandenBos & D. K. Freedheim (Eds.), *History of Psychotherapy: Continuity and Change* (pp. 203–241). Washington, D.C.: American Psychological Association.

Holzkamp, K. (1983). *Grundlegung der Psychologie*. Frankfurt a.M.: Campus.

Illich, I. (1976). *Limits to Medicine: Medical Nemesis – The Expropriation of Health*. London: Marion Boyars.

Illouz, E. (2008). *Saving the Modern Soul: Therapy, Emotions, and the Culture of Self-Help*. Berkeley: University of California Press.

King, C. (2015). The dangers of radical self-love. *openDemocracy*, https://www.opendemocracy.net/en/transformation/dangers-of-radical-selflove/.

Krölls, A. (2016): *Kritik der Psychologie. Das moderne Opium des Volkes* (3rd ed.). VSA-Verlag.

Kuhn, T. S. (1962). *The Structure of Scientific Revolution*. Chicago: University of Chicago Press.

Latour, B. (1993). *We Have Never Been Modern*. Boston: Harvard University Press.

Leahey, T. H. (1992). The mythical revolutions of American psychology. *American Psychologist, 47*(2), 308–318.
Lorde, A. (2017). *A Burst of Light: And Other Essays*. Mineola, New York: Ixia.
Lück, H. E., & Guski-Leinwand, S. (2014). *Geschichte der Psychologie: Strömungen, Schulen, Entwicklungen* (7th ed.). Stuttgart: Kohlhammer.
Maasen, S., Elberfeld, J., Eitler, P., & Tändler, M. (Eds.) (2011): *Das beratene Selbst. Zur Genealogie der Therapeutisierung in den ‚langen' Siebzigern*. Bielefeld: Transcript.
Markard, M. (2009). *Einführung in die Kritische Psychologie*. Hamburg: Argument Verlag.
Mattes, P. (1998). Kritische Psychologie. In S. Grubitzsch & K. Weber (Ed.), *Psychologische Grundbegriffe. Ein Handbuch* (pp. 292–297). Reinbek: Rowohlt.
Métraux, A. (1985). Der Methodenstreit und die Amerikanisierung der Psychologie in der Bundesrepublik 1950–1970. In M. Ash & U. Geuter (Eds.), *Geschichte der Psychologie im 20. Jahrhundert. Ein Überblick* (pp. 225–251). Opladen: Westdeutscher Verlag.
Miller, G. A. (2003). The cognitive revolution: A historical perspective. *Trends in Cognitive Sciences, 7*(3), 141–144.
Moane, G., & Sonn, C. (2014). Postcolonial psychology. In T. Teo (Ed.), *Encyclopedia of Critical Psychology*. New York: Springer. https://doi.org/10.1007/978-1-4614-5583-7.
Neuroskeptic (2012). The nine circles of scientific hell. *Perspectives of Psychological Sciences, 7*(6), 643–644. https://doi.org/10.1177/1745691612459519.
Palermo, D. S. (1971). Is a scientific revolution taking place in psychology? *Social Studies of Science, 1*(2), 135–155. https://doi.org/10.1177/030631277100100202.
Penny, L. (2016). Life-hacks of the poor and aimless. *The Baffler*, https://thebaffler.com/war-of-nerves/laurie-penny-self-care.
Perrez, M. (1979). *Ist die Psychoanalyse eine Wissenschaft?* (2nd ed.). Bern, Stuttgart, Vienna: Huber.
Rose, N. (1998). *Inventing Our Selves: Psychology, Power, and Personhood*. Cambridge, UK, New York: Cambridge University Press.
Rutherford, A., Capdevila, R., Undurti, V., & Palmary, I. (Eds.) (2011). *Handbook of International Feminisms: Perspectives on Psychology, Women, Culture, and Rights*. New York: Springer SBM.
Rutherford, A., & Pettit, M. (2015). Feminism and/in/as psychology: The public sciences of sex and gender. *History of Psychology, 18*(3), 223–237.
Sieben, A., & Scholz, J. (2012). *(Queer-)Feministische Psychologien. Eine Einführung*. Gießen: Psychosozial Verlag.
Smith, R. (2013). *Between Mind and Nature: A History of Psychology*. London: Reaktion Books.
Tändler, M. (2016). *Das therapeutische Jahrzehnt. Der Psychoboom in den siebziger Jahren*. Göttingen: Wallstein.
Teo, T. (2005). *The Critique of Psychology: From Kant to Postcolonial Theory*. New York: Springer.
Vidal, F. (2011). *The Sciences of the Soul: The Early Modern Origins of Psychology*. Chicago: University of Chicago Press.
Weimer, W. B., & Palermo, D. S. (1973). Paradigms and normal science in psychology. *Social Studies of Science, 3*(3), 211–244. https://doi.org/10.1177/030631277300300301.
Willy, R. (1899). *Die Krisis in der Psychologie*. Leipzig: O.R. Reisland.

I

Kritik der Psychologisierung
–
Critique of psychologization

Psychologization and its vicissitudes[1]

Susannah Mulvale and Thomas Teo

Abstract

Psychologism and psychologization refer to the ways in which psychological thinking oversteps disciplinary boundaries and permeates other areas of study, as well as how we understand ourselves and act in the world. Critiques of psychologism and psychologization have been put forth since the beginning of the 20th century by philosophers and sociologists, who have unilaterally depicted it as a negative phenomenon. Discussed here are claims that psychology neglects the pre-scientific lifeworld and requires a philosophical foundation (Husserl), that the social sciences adhere too strictly to methodological empiricism and fail to theorize the relationship between the individual and society (Mills), that the psydisciplines are involved in power relations, as psychological discourse and practice constitutes subjects in individualized ways (Rose), that psychologization is so pervasive that even the critiques themselves end up falling back into psychological vocabulary that reifies ideas of an individualized subject (De Vos). Given that psychologization is ubiquitous the questions arise as to whether a critical psychology is possible, and if there is a way in which psychologization can be directed in a positive and constructive manner. Following Norbert Elias and Charles Taylor we show both the difficulty and undesirability of returning to a pre-psychological state. Rather than attempting to move beyond psychologization, then, there is a need for critical psychologists to derive better concepts that capture the relationship between the individual and society. Such concepts have been provided in German critical psychology and in the cultural-historical school. Methodologically, counter-concepts have also been developed in psychological thought including "repressive tolerance", "circuits of dispossession" and "epistemological violence." Given the inevitability of psychologization as a historical outcome, traditional psychological concepts should be dialectically overturned to form new concepts that align with those of the kind suggested here. Critical concepts that capture the societal dimension of human being can be used by psychologists in the development of counter-narratives that avoid individualizing psychologization.

* * *

Psychologisierung und ihre Unbeständigkeiten

Die Begriffe Psychologismus und Psychologisierung beziehen sich auf die Art und Weise, in der psychologisches Denken disziplinäre Grenzen überschreitet und andere Forschungsbereiche durchdringt, sowie darauf, wie wir uns selbst verstehen und in der Welt handeln. Die Kritik des Psychologismus und der Psychologisierung wurde seit Beginn des 20. Jahrhunderts von Philosophen und Soziologen entwickelt und einseitig als negatives Phänomen dargestellt. Diskutiert werden in diesem Kapitel die Behauptungen, dass die Psychologie die vorwissenschaftliche Lebenswelt vernachlässige und ein philosophisches Fundament benötige (Husserl), dass die Sozialwissenschaften sich zu streng

1 This research was supported by the Social Sciences and Humanities Research Council of Canada.

V. Balz und L. Malich (Hrsg.), *Psychologie und Kritik*,
https://doi.org/10.1007/978-3-658-29486-1_3

an den methodologische Empirizismus halten und die Beziehung zwischen Individuum und Gesellschaft missverstehen (Mills), dass die Psy-Disziplinen in Machtbeziehungen verwickelt seien, da psychologische Diskurse und psychologische Praxis auf individualisierende Weise Subjekte produzieren (Rose), und dass die Psychologisierung so weit verbreitet sei, dass selbst die Kritik in ein psychologisches Vokabular zurückfalle, welches die Ideen eines individualisierten Subjekts reifiziere (De Vos). Angesichts der Tatsache, dass Psychologisierung in der Tat allgegenwärtig ist, stellt sich die Frage, ob eine kritische Psychologie überhaupt möglich ist und ob es die Chance gibt, Psychologisierung positiv und konstruktiv zu lenken. Im Anschluss an Norbert Elias und Charles Taylor zeigen wir sowohl die Schwierigkeit als auch die Unerwünschtheit auf, in einen vorpsychologischen Zustand zurückzukehren. Statt zu versuchen, über die Psychologisierung hinauszugehen, sollten kritische Psycholog_innen bessere Konzepte ableiten, die die Beziehung zwischen Individuum und Gesellschaft erfassen. Solche Konzepte wurden in der deutschen kritischen Psychologie und in der kulturhistorischen Schule entwickelt. Methodisch wurden auch im kritischen psychologischen Gedankengut Gegenkonzepte entwickelt, darunter die „repressive Toleranz", die „Kreisläufe der Enteignung" und die „epistemische Gewalt". Angesichts der Unvermeidlichkeit der Psychologisierung als historisches Ergebnis sollten traditionelle psychologische Konzepte dialektisch aufgehoben werden, um neue Konzepte zu bilden, die die hier vorgeschlagenen Beispiele weiterführen. Kritische Konzepte, die die gesellschaftliche Dimension des menschlichen Seins erfassen und eine individualisierende Psychologisierung vermeiden, sollten von Psycholog_innen in der Entwicklung von Gegenbegriffen verwendet werden.

* * *

Introduction

The critique of psychology has taken on many forms and has been expressed by research programs such as feminism, postcolonial thought, Marxism or social-constructionism, focusing on topical problems rooted in ontological, epistemological, ethical, or practical inquiry (Teo, 2005, 2018a). Reflections on *psychologism*, or to use the more current term, *psychologization*, is a stream of critique that challenges the tendency for psychological thinking and practice to overstep the boundaries of the academic discipline and to permeate into other areas of study, as well as into everyday life, the ways in which we understand ourselves, and how we act in the world. In short, psychologization refers to the spread of psychological thinking into other disciplines, the public, and into the self.

Critiques of *psychologism* and *psychologization* have been waged from philosophical and sociological lenses since the inception of psychology as an academic discipline in the late 19th century. The most important challenges have come from thinkers outside the discipline who are critical of the overarching aims, assumptions, norms, and implications of psychological thinking. *Psychologism* refers to the problem of reducing philosophy and other sciences to matters of empirical psychology, while psycholog*ization* refers to the spread of psychological thinking to societal structures, practices, and everyday understandings of ourselves (see De Vos, 2014; Herman, 2003; Gordo & De Vos, 2010). Both types of critique denote the tendency for social scientists and the general population to adopt a psychological understanding of human experience. Critics such as Edmund Husserl (1859–1938), Charles Wright Mills (1916–1962), Nikolas Rose (1996), and Jan De Vos (2012) have unilaterally taken *negative* stances toward the phenomenon of psychologization, arguing that the individualism and methodologism that characterizes psychologization as an intellectual and cultural process precludes important philosophical, social, and critical perspectives on subjectivity.

We agree in principle with this negative framing of psychologization, but in this chapter we ask how critical psychology is possible if psychologization applies to it as well, and whether something constructive might emerge from these critiques. Possibilities for constructive theories of subjectivity arising from Husserl's and Mills' critiques of psychologism are evidenced in their ensuing arguments about phenomenology and the sociological imagination. Rose's and De Vos' critiques of psychologization reveal the impossibility of circumventing the process, while simultaneously highlighting the sociohistorical contingency of psychological knowledge, and opening up possibilities for resistance through the creation of critical psychosocial concepts. If psychologization were only negative, any critical project focused on psychology would be anathema. Yet, we argue that psychology has a place in understanding the nexus between mental life and larger contexts.

Psychologization and its discontents

As the field of psychology was separating from philosophy in order to become its own academic discipline in the late 19th century, important thinkers were proponents of the idea that the new scientific psychology could provide an epistemological foundation for logic, philosophy, and the other sciences. This view, called *psychologism*, held that the truth of logical or scientific claims was grounded in their concrete and particular instantiations, and that foundational truths were located in the real, empirical, mental acts that constituted scientific and logical thinking (see Kusch, 1995). Edmund Husserl was one of the most vocal critics of this controversial idea. He argued that psychology in the guise of a foundational science impinged upon the disciplinary territory of philosophy. In *Logical Investigations*, Husserl (1970/2001) claimed that because psychology was merely an empirical discipline based in probabilities and fallible mental acts, it could not usurp philosophy's place as the ground for a priori logical truths. Psychology required the examination not just of empirical mental acts, but of the ideal, abstract truths and meanings that constituted these acts, and this would be the role of phenomenology.

Debates about foundationalism and psychologism abated within the first decades of the 20th century, and Husserl's thought shifted to a critique of psychology itself in *The Crisis of the European Sciences and Transcendental Phenomenology*. Husserl (1970) argued that psychology in its new scientific form neglected the *lifeworld* in which all of psychological experience is based. The lifeworld consists of pre-scientific sensible qualities – it is the everyday world in which we are immediately immersed and from which objective meaning is derived. Although the lifeworld was the precursor to scientific knowledge, Husserl was concerned that psychology passed over this primary experiential realm, and thus had a misconceived notion of subjectivity. The shift from a critique of psychologism to a critique of psychology was a prefiguration of later critiques of psychologization (De Vos, 2014).

Charles Wright Mills, the American sociologist, was critical of the psychologistic tendency in mid-century social science research. In *The Sociological Imagination*, Mills (1959/2000) derided the social sciences for explaining social phenomena by way of studying individuals and their particular milieus, rather than by considering the reality of social structures in themselves. Although the social sciences were meant to address questions concerning human meaning and the influence of larger social structures on individual lives, these disciplines by and large adhered to positivist methodologies that focused only on individuals.

An adequate analysis of social problems would require that social scientists "consider the economic and political institutions of the society, and not merely the personal situation and character of a scatter of individuals" (Mills, 1959/2000, p. 9). Mills saw this limited positivist and individualist approach as a kind of *methodolatry* (for the worship of method in psychology see Bakan, 1961/1967) and referred to it as *abstracted empiricism.*

In order to understand society, Mills argued, social scientists need to exercise the sociological imagination, which involves detaching procedural rigidity and fetishism of method, and building the capacity to shift between various theoretical and methodological perspectives. The sociological imagination would allow social scientists to understand, analyze, and synthesize ideas and observations in new and productive ways. Mills was hopeful that this expansion of perspective would permeate our self-understandings as well, so that individuals would be able to see the connections between the personal and political, and become more socially engaged and aware. Mills' arguments against psychologism and methodolatry in the social sciences did not persuade most mainstream sociologists, and many prominent thinkers of the time expressed negative reactions to his ideas (see Gane & Back, 2012). The critiques espoused by Mills are still invoked today as they relate to the tasks of connecting empirical methods to everyday life (Brinkmann, 2015), and of addressing the importance of moving beyond psychology to gain an understanding of the connection between individual lives and political structures (Madsen, 2014).

In contrast to critiques of psychologism that focus on psychology's overextended role as an academic discipline, critiques of psychologization are concerned with how, throughout the 20th century, psychological thinking has come to imbue the very ways in which we understand and conduct ourselves. These critiques are based in Michel Foucault's (1926–1984) work on *subjectification*, referring to the process whereby individuals govern themselves according to the norms and values of the dominant societal discourses and practices. Foucault (1982) asked how human beings are involved in the *power relations* that constitute subjectivity in particular ways. Power is not only implemented in a top-down, unidirectional manner, as something held by the state and used to control individual thought and conduct. Rather, individuals are active participants in power relations, as modes of subjectification and governance are internalized, and individuals feel as though they are autonomous selves. Through technologies of the self that are inscribed into our conduct through various pastoral, therapeutic, and tutelary authorities, individuals govern themselves according to the particular values and norms required by the political economy. Although power is pervasive and inescapable, it is also always relational and never absolute, as individuals always maintain the possibility of exercising agency and engaging in acts of resistance. It was resistance to, rather than liberation from, subjectifying power relations that was the goal for Foucault. Liberation implies being free from power systems, but if power relations are everywhere, then freedom and autonomy in an absolute sense is not possible.

Foucault's conception of power showed the sociohistorical constitution of subjectivity and overturned the modern philosophical and phenomenological notions of an a priori subject. Yet Foucault was criticized for failing to get beyond the universalizing philosophical tendencies that he denounced by making power into a transcendental signifier. Moreover, if power is everywhere, then the question arises as to how agency and resistance are possible. Foucault (1985) argued that agency and resistance could be effectively exercised through the aestheticization of one's life, but this idea was criticized for falling back into psychologizing discourse (De Vos, 2014), and for being elitist and impractical when dealing with issues of structural inequality (Teo, 2018a).

Sociologist Nikolas Rose (1996) expanded on Foucault's thought and was interested in the role the *psydisciplines* (psychology, psychiatry, psychotherapy, and psychoanalysis) in particular played in processes of subjectification that create the experience of an autonomous self. Psychological discourse and practice infuse how we understand ourselves and others, and permeate into social domains extraneous to the academic discipline. The vocabulary, techniques, and norms of psychology are inflected in societal apparatuses that constitute areas such as law, education, medicine, and industry. The therapeutic ethos enters our personal lives as well, framing how we think about and conduct ourselves in regard to our sexuality, marital relations, family life, and leisure. Alongside the aims of therapeutic practice, we strive to better ourselves, to be fully autonomous, and to maximize our quality of life with the help of psychological techniques and vocabulary. Psychology, under Rose's (1996) analysis, is not just a body of knowledge, texts, ideas, and studies, but has a real influence on our thought and action; in alignment with the neoliberal paradigm, psychology shapes and regulates our conduct according to values of individual freedom, choice, and autonomy.

More recently, Jan De Vos (2012; 2014) has argued that psychologization and its critiques are ubiquitous, and that it may be difficult or even impossible to get beyond psychologization, even from a critical standpoint, because the process arguably constitutes the backbone of psychology itself. When the scientific gaze is turned inward and directed at human mental life, it inevitably becomes all-encompassing; it is no longer aimed at particular objects in the world, but at the subjective realm in which all of experience is constituted. According to De Vos (2012), there is no "zero-level" of subjectivity from which to theorize the psychological, which can itself be kept free from psychological discourse. Even critiques of psychologization tend to emulate the process, as they often include alternate theories about human mental life that continue to reify subjectivity. The question remains as to how we can keep critical psychology free from psychologization, if that is indeed possible. Any attempt at this would, at least, require a historical dialectical approach that accounts for the relations between the individual and history, society, and culture (see Teo, 2018a).

Can psychologization be critical?

The critics of psychologism and psychologization depict the process negatively insofar as it is all-encompassing and encroaches upon other possibilities for understanding subjectivity. In the interest of developing a constructive, rather than an essentially negative project for critical psychology, how might arguments about psychologization be dialectically overturned to reveal a positive dimension to the process? Husserl's (1913/2001, 1970) critiques of psychologism and psychology are productive insofar as they draw attention to the domain of first-person subjective experience, which up until then had been neglected in Western philosophy and the sciences, and was considered an impediment to objective truth.

The phenomenological approach is meant to capture this experiential realm, emerging from Husserl's argument about psychology's failure to do so, while simultaneously claiming to be the primary authority on the matter of subjectivity. The phenomenological turn to the study of subjectivity itself, of reality as it appears in first-person experience – although later criticized for being essentialist, individualist, and ultimately psychologizing – was a significant moment in the history of philosophy and had implications for subsequent postmodern and feminist critiques of philosophy's privileging of objectivity and its erasure of the epistemological value of subjective experience. In addition, neither Husserl nor Heidegger (1962) included any meaningful analysis of society in their reflections.

Similar to the way in which Husserl's critique of psychologism lent itself to the development of new approaches to understanding human experience, Mills' (1959/2000) critique of abstracted empiricism and psychologism in the social sciences gave way to his idea of the sociological imagination. His argument illuminated the need for a diversity of methods in the social sciences and for a better understanding of the inherent relationship between the personal and the political. Although his arguments did not gain significant traction at the time, the sentiment of the sociological imagination is still evoked today in contemporary social theory and critiques of psychologization. For instance, Gane and Back (2012) argue that the ability to switch between perspectives and understand the relationship between personal experiences and wider social forces is even more pressing in today's neoliberal society, which increasingly tries to separate these two realms and disconnect personal failure from collective causes and remedies.

In his book on therapeutic culture, Madsen (2014) invokes Mills, highlighting the need for psychology to expand its purview beyond the realm of the objective and value-neutral sciences and grapple with its political and social ramifications. It is clear that methodolatry continues to operate in psychology, as quantitative methods by and large prevail over qualitative, and empirical rather than theoretically driven work is the norm. Psychological thinking continues to inflect all of the social sciences and beyond, and Mills' argument remains a pertinent reminder of the need to see individual lives in fundamental relation to the society in which they are embedded.

Rose's (1996) critique of psychologization is negative in that it shows the complicity of psychology in processes of subjectification. Yet this critique also highlights that psychological concepts are not stable and immutable, as a paradigm of objectivity would consider them to be. Rather, critical histories of psychologization reveal the contingency of psychological knowledge and open space to imagine and create new concepts and ways of understanding ourselves as subjects. Rose shows that, although psychologization is pervasive in society and our everyday understandings, and although it may be a necessary process as De Vos (2014) argues, the categories and practices the discipline employs can and do change across history and culture. The contingency of psychological knowledge revealed through critical histories means that alternative concepts and counter-concepts can be developed that encapsulate the relationship between the individual and society, enable resistance, and aim at systemic change.

De Vos's (2014) argument may appear to be especially negative, as he claims that even the tools of critical psychology themselves are psychologized, and that psychologization is an inescapable consequence of modern psychological thinking. However, Madsen and Brinkmann (2010) argue that, rather than admitting defeat and merely accepting that everything is psychologized, doing critical psychology becomes an even more pressing, albeit more difficult task. Although rendering subjectivity scientifically knowable is presumed to enable improvements in well-being and the alleviation of suffering, psychologization also demystifies experience; it encapsulates meaning and morality, and detracts from the idea that there is something beyond ourselves that cannot be known through scientific inquiry. This is a viewpoint that subverts individuals from engagement with spirituality, curiosity, and the unknown, and can thus lead to greater suffering and depression rather than alleviate it (Madsen & Brinkmann, 2010).

De Vos's argument about the ubiquity and all-encompassing nature of psychological thinking is helpful, rather than merely defeatist, because it allows critical psychologists to recognize their blind spots when putting forth alternative theories of subjectivity that attempt to evade psychologization. It signifies the need for a critical psychology that is reflexive, theoretically open, and wide-ranging, such that it takes "dialectical historical, social, (sub)cultural, and individual meanings and relationships into account" (Teo, 2018a, p. 230).

Tasks for the critical psychological humanities

If we take those critiques seriously, then it is difficult to imagine how a critical psychology that is able to avoid the problems of psychologization is possible, particularly when emancipatory projects benefited from and inspired, for instance, the psycho-boom in West Germany in the 1970s (see Tändler, 2016). Yet, we can reframe the problem and learn from the theoreticians and historians that psychologization need not only be seen as negative. Norbert Elias (1978) urged social scientists to consider the process of civilization as one of the interiorization of restraint, showing how, historically, the maintenance of one's social position required vigilant self-control. Although the interiorization of restraint may seem problematic from an emancipatory point of view, one can also understand that, for example, reducing reactions of anger in response to frustrations is socially beneficial, and could be understood as civic progress. Admittedly, this argument has limitations, being based on a psychoanalytic concept of human nature that understands society and the individual as opposed, and because it can easily be turned against legitimate anger.

Minorities and marginalized or oppressed groups fighting for social, economic, or environmental justice, engendered by frustration or anger, could be asked within this logic to be more "civilized," encouraging therapy instead of political action. Delegitimizing anger as a psychosocial response to injustice can be a technique of psychological manipulation known as "gaslighting," in which marginalized or oppressed persons are told by those in positions of power that their emotional reactions to injustice are extreme and incongruous with reality. The difficulty for critical psychologists is to establish when and where it is better to call for resistance and when it is appropriate to express this anger in dialog. Even positioning this alternative is a submission to the logic of psydiscourses, insofar as it hypostatizes an appropriate way to regulate one's individualized emotions in response to social forces.

Elias did not develop critical concepts for psychology. Nor did Charles Taylor (1989), who outlined the idea that the self is nourished by moral guides, and that the emergence of modern identity is the result of those processes of turning inward that he reconstructed in the writings of Western philosophers. His reflections on the sources of the self are not based on an extensive psychologized language and he draws on philosophical terminology, which is probably one reason why the book did not have a larger impact in the discipline of psychology. The important issue is that these thinkers point to the difficulty of going back to a pre-inward state or a pre-civilization context. Once psychology became the dominant discipline to talk about those topics, it is also difficult, if not impossible, to go back to a pre-psychological state, whereby it should be clear, from the perspective of hindsight, that such a state is not more desirable. From historiography is should also be evident that it does not make sense to call such a state more natural, authentic or more liberated. The unavoidability of psychological concepts and the reality of psychologization as a social process itself, engenders the necessity to think about better psychological categories. We understand that the notion of *better concepts* in psychology is fraught with problems of legitimacy. However, it is crucial to provide concepts that capture the relationship between individual and society more adequately.

Of course, conceptualizing the relationship between persons and contexts has been accomplished in German critical psychology with the concept of a societal nature of human beings (Holzkamp, 1983). It has been done in the context of the cultural-historical school and Vygotsky's ideas on the zone of proximal development (Wygotski, 1987) that emphasizes the relational nature of human beings and human activity. Critical traditions in the psychological humanities have provided psychological terms that are not just individualizing but take society into account and capture the social and psychological together. For example, Marcuse's (1965) concept of *repressive tolerance* (where being tolerant turns dialectically into its opposite, namely repression; an example would be free speech that promotes hate) is not just a feature of individuals, but primarily a feature of society, and more specifically, the characteristic of advanced industrial societies in the 1960s. Although not intended by Marcuse, the concept can be applied to oneself, when one realizes how one's own tolerance (of unjust realities) is repressive, and status-quo maintaining at the same time.

A methodological counter-concept was developed by Fine and Ruglis (2009): *Circuits of dispossession* captures the reality that human behavior, and especially the actions of marginalized individuals, cannot be understood through single or multiple conditions or factors but only through an analysis of how structural inequalities are looped into social dynamics and individual psychological states such that oppressed individuals are confined to the margins. A behavior that appears problematic and individualized from a mainstream perspective may very well be the outcome of circuits of dispossession that include poverty, its consequences on housing and health, access to public institutions, and law enforcement with its differential norms and practices, etc. What needs to be understood is the relation between individuals and concrete social institutions and practices that systematically disadvantage certain persons and groups. The effects of various forms of dispossession, beginning with those induced by policies and practices related to the political economy, need to be analyzed in order to understand individual behaviors.

Even traditional statistical methodology can make a point about the limitations of individual psychologization. The epidemiologists Wilkinson and Pickett (2009) demonstrate quantitatively that individual mental health is connected and even caused by income inequality, permeating and increasing in current societies. In works on *epistemological violence* (Teo, 2008), it is suggested that violence is not only a feature of individuals who exercise physical violence or a structural phenomenon, but also a feature of knowledge claims, when empirical differences between groups, for instance, are interpreted in terms of the inferiority of one group. This interpretation is not determined by the results, but by a hermeneutic process that is embedded in historical, cultural, and social processes, practices, and traditions. Epistemological violence is a violence committed by research programs and scientists in the process of interpreting data, because data do not speak for themselves. This hermeneutic surplus is then turned into the claim of knowledge about groups. Although not intended for everyday life, individuals can ask themselves to which degree a difference they notice or imagine between people and groups of people is based on an interpretation that does not do justice to the people or is underdetermined by "data."

Holzkamp (1983) provided a unique view on psychological core categories in emphasizing psychosocial alternatives within, for instance, agency. In our reading, agency that is conceptualized in a traditional way needs to be given a name that shows its limitations. What is usually understood as agency in our societies is in fact a type of *restrictive agency*, in contrast to the possibility of a generalizable agency that is collective, long-term, and not instrumental. In so doing, Holzkamp transcends the individual dimension and takes the societal dimension of agency into account, avoiding psychologization by focusing on the potential for collective social change. However, an individual could appropriate even these terms in an individualized, personalized, and interiorized manner, by arguing "I am more on the side of restrictive agency and internal compulsion." We believe that his exposition on agency has not been sufficiently advanced since his writings. The ideas that we can accept or reject certain forms of action, and that we have the ability to change our society as part of our human nature (see also Stetsenko, 2016, with her ideas about our transformative agency), need to be recognized as important within a possible catalog of psychosocial concepts.

Many critical analyses have remained within a Marxian production paradigm. Although one should not neglect labor as central in human existence just because it is absent in mainstream psychology and even philosophical psychology, critical psychologists can draw on the interaction paradigm with its emphasis on recognition, communication, and dialog (see Habermas, 1981; Honneth, 1986). Critical psychologists do not need to choose between redistribution or recognition (Fraser & Honneth, 2003); they can demand both and give them equal relevance in a theory of subjectivity. Importantly, many concepts have been developed in the interaction paradigm, which concern issues relevant to minorities, and have been appropriated by the psychological humanities.

Butler's (1990) concept of the performativity of gender describes a process of establishing queer identity better than many traditional-critical concepts. There is no need to exclude from the canon of critical psychological concepts those that seek recognition. Concepts emerging from critical LGBTQ studies that focus on identity politics, or from critical disability studies that include notions of the posthuman (Goodley, Lawthom, & Cole, 2014), have been useful for critical reflection. Even Bourdieu's (1984) concept of *habitus* has a psychological import that helps us to understand an individual's conduct of life in current societies. *Forms of subjectivity* may be a better concept to understand the conduct of life than personality (Teo, 2018b). What critical psychologists need is a full set of terms that incorporate the psychological and social/cultural/historical, and a language of critical concepts that is not only psychologizing, but takes the societal dimension of the psychological equally into account.

Conclusion

Psychologization is most often a problematic process that hinders an understanding of the nexus of the individual with larger contexts, but it is inevitable if we understand this process as a historical outcome that cannot be easily reversed. What we can do is to acknowledge existing psychological concepts and dialectically sublate them into new concepts that have emerged from critical theories and from the psychological humanities, as long as they keep the societal dimension in mind (rather than privileging the humanities, which can be just as individualizing as psychology). A systematic network of critical concepts is lacking. Yet, it is not clear whether the lack of systematicity is a problem or not. It is less a problem when one considers the humanities to be more important in generating counter-concepts than the sciences.

In the meantime, one can enumerate many more of these psychosocial concepts than discussed here, or turn against traditional concepts: When psychologists attempt to involve us in discussions about traits, nature versus nurture, etc. we can answer that we do not think about psychological issues in that way. Instead of traits we are talking about forms of subjectivity; instead of nature versus nurture, we talk about them as not opposed, etc. If a psychologist talks about group differences, we talk about the hermeneutic surplus, and when we are asked to name independent and dependent variables, we talk about circuits of dispossessions. When they talk about scientific clinical categories, we talk about financial conflicts of interest. In the end, critical counter-narratives depend on the development of counter-concepts that avoid any individualizing psychologization.

References

Bakan, D. (1967). Idolatry in religion and science. In D. Bakan (Ed.), *On Method: Toward a Reconstruction of Psychological Investigation* (pp. 150–159). San Francisco: Jossey-Bass. (Original work published in 1961.)

Bourdieu, P. (1984). *Distinction: A Social Critique of the Judgement of Taste*. London: Routledge & Kegan. (Original work published in 1979.)

Brinkmann, S. (2015). Empirical philosophy. In J. Martin, J. Sugarman & K. L. Slaney (Eds.), *The Wiley Handbook of Theoretical and Philosophical Psychology: Methods, Approaches, and New Directions for Social Sciences*. Malden, MA: Wiley Blackwell.

Butler, J. (1990). *Gender Trouble: Feminism and the Subversion of Identity*. New York: Routledge.

De Vos, J. (2012). *Psychologisation in Times of Globalisation*. New York: Routledge.

De Vos, J. (2014). Psychologization. In *Encyclopedia of Critical Psychology* (pp. 1547–1551). New York: Springer.

Elias, N. (1978). *The Civilizing Process*. New York: Urizen Books.

Fine, M., & Ruglis, J. (2009). Circuits and consequences of dispossession: The racialized realignment of the public sphere for U.S. youth. *Transforming Anthropology*, *17*(1), 20–33.

Foucault, M. (1982). Afterword: The subject and power. In H. L. Dreyfus & P. Rabinow (Eds.), *Michel Foucault: Beyond Structuralism and Hermeneutics* (2nd ed., pp. 208–226). Chicago: The University of Chicago Press.

Foucault, M. (1988). Technologies of the self. In L. H. Martin, H. Gutman & P. H. Hutton (Eds.), *Technologies of the Self: A Seminar with Michel Foucault* (pp. 16–49). Amherst: The University of Massachusetts Press.

Foucault, M. (1990). *The History of Sexuality*. New York: Vintage Books. (Original work published in 1976.)

Fraser, N., & Honneth, A. (2003). *Redistribution or Recognition? A Political-Philosophcial Exchange*. London: Verso.

Gane, N., & Back, L. (2012). C. Wright Mills 50 years on: The promise and craft of sociology revisited. *Theory, Culture & Society*, *29*(7–8), 399–421.

Goodley, D., Lawthom, R., & Cole, K. R. (2014). Posthuman disability studies. *Subjectivity*, *7*(4), 342–361.

Gordo, Á., & De Vos, J. (2010). Psychologism, psychologising, and de-psychologisation. *Annual Review of Critical Psychology (8)*, 3–7.

Habermas, J. (1981). *Theorie des kommunikativen Handelns* (2 vols.). Frankfurt a.M.: Suhrkamp.

Heidegger, M. (1962). *Being and Time*. New York: Harper. (Original work published in 1927.)

Holzkamp, K. (1983). *Grundlegung der Psychologie*. Frankfurt a.M.: Campus.

Honneth, A. (1991). *The Critique of Power: Reflective Stages in a Critical Theory of Society* (K. Bayneds, transl.). Cambridge, MA: MIT Press.

Husserl, E. (1970). *The Crisis of the European Sciences and Transcendental Phenomenology*. Evanston, IL: Northwestern University Press.

Husserl, E. (1970/2001). *Logical Investigations*, vol. 1 (J. N. Findlay, transl.). New York: Routledge.

Kusch, M. (1995). *Psychologism: A Case Study in the Sociology of Philosophical Knowledge*. New York: Routledge.

Madsen, O. J. (2014). *The Therapeutic Turn: How Psychology Altered Western Culture*. New York: Routledge.

Madsen, O. J., & Brinkmann, S. (2010). The disappearance of psychologization? *Annual Review of Critical Psychology (8)*, 179–199.

Marcuse, H. (1965). Repressive tolerance. Retrieved from http://ada.evergreen.edu/~arunc/texts/frankfurt/marcuse/tolerance.pdf.

Mills, C. W. (1959/2000). *The Sociological Imagination*. New York: Oxford University Press.

Rose, N. (1996). *Inventing Our Selves: Psychology, Power, and Personhood*. New York: Cambridge University Press.

Stetsenko, A. (2016). *The Transformative Mind: Expanding Vygotsky's Approach to Development and Education*. Cambridge, UK: Cambridge University Press.

Tändler, M. (2016). *Das therapeutische Jahrzehnt: Der Psychoboom in den siebziger Jahren*. Göttingen: Wallstein.

Taylor, C. (1989). *Sources of the Self: The Making of the Modern Identity*. Cambridge, MA: Harvard University Press.

Teo, T. (2005). *The Critique of Psychology: From Kant to Postcolonial Theory*. New York: Springer.

Teo, T. (2008). From speculation to epistemological violence in psychology: A critical-hermeneutic reconstruction. *Theory & Psychology*, *18*(1), 47–67.

Teo, T. (2015). Critical psychology: A geography of intellectual engagement and resistance. *American Psychologist*, *70*(3), 243–254.

Teo, T. (2018a). *Outline of Theoretical Psychology: Critical Investigations*. London: Palgrave Macmillan.

Teo, T. (2018b). Homo neoliberalus: From personality to forms of subjectivity. *Theory & Psychology*, *28*(5), 581–599. https://doi.org/10.1177/0959354318794899.

Wilkinson, R., & Pickett, K. (2009). *The Spirit Level: Why Greater Equality Makes Societies Stronger*. New York: Bloomsbury Press.

Wygotski, L. (1987). *Ausgewählte Schriften*, vol. 2. Cologne: Pahl-Rugenstein.

Critical Psychology: The most recent version (soon to be replaced), illustrated by the problem of motivation[1]

Morten Nissen

Abstract

Critical Psychology (CP) cannot be defined as only critical in the classical, Enlightenment meaning: as a systematically reflective alternative to traditional ways of thinking, relevant to a changing society, since psychology, as I will argue, is already this. Rather, CP is critical in the sense of continuing the tradition of declaring a crisis of psychology and implying a need for refoundation, even as the mainstream sought to institutionalize psychology as an established science, at a time when institutions demanded psy knowledge and only a radically revised psychology could address the need for their transformation. CP cannot overcome the hope of a new psychology by rejecting psychology, nor by institutionalizing itself. This calls for rethinking the critical as performative, affirmative and immanent – and it could be called post-psychology as a way of flagging the uncertainty of its status. This general approach is demonstrated through the psychology of motivation. As *the* science of "why we do things," psychology ignores other disciplines, defers the subjectivity it anyway implies to address, and stabilizes its object by formalizing standardized activities through which motives can be shaped. CP would protest these moves, and in the first phase seek to continue the movement toward expanding the needs recognized to motivate, taking up needs for social transformation; but psychology dodged the challenge mostly by pragmatically bracketing "needs" in favor of operationalizing formal self-regulation. The final section takes up Motivational Interviewing as a case of this pragmatics, which can be seen as neo-conservative and neo-liberal, but which might also be rearticulated as a "poetics of practice," a production of motives that can be imagined to transcend the narrow standard of counseling. In conclusion, it is hoped that such rearticulations seek to address social problems of our own time, even if they do not add up to a grand strategy for a revolution.

* * *

Kritische Psychologie: Die neueste Version (bald wieder zu ersetzen), veranschaulicht durch das Problem der Motivation.

Im vorliegenden Beitrag geht es um eine Redefinition von kritischer Psychologie (kP) und die Frage nach dem Kritikbegriff. Die Argumentation des Beitrags folgt drei Überlegungen. Erstens kann die kP nicht nur im klassischen Sinne der Aufklärung als kritisch definiert werden, also als eine systematisch reflektierende Alternative zu traditionellen Denkweisen, die für eine sich verändernde Gesellschaft relevant ist. Denn, wie ich argumentieren werde, folgt die Psychologie bereits solch einem aufklärerischen Kritikbegriff. Vielmehr ist kP kritisch in dem Sinne, dass sie die Tradition fortsetzt, eine Krise der Psychologie zu postulieren und eine Notwendigkeit der Neugründung zu fordern. Dieser kritische Impetus der kP bleibt bestehen, obwohl der Mainstream versucht hat, die Psycholo-

1 The author wishes to thank Dorthe Staunæs for co-authoring earlier versions of this text.

V. Balz und L. Malich (Hrsg.), *Psychologie und Kritik*,
https://doi.org/10.1007/978-3-658-29486-1_4

gie als etablierte Wissenschaft zu institutionalisieren, zu einer Zeit, als viele Institutionen Psy-Wissen verlangten und nur eine radikal überarbeitete Psychologie die Notwendigkeit ihrer Transformation bedienen konnte. Doch die kP kann die Hoffnung auf eine neue Psychologie nicht überwinden, indem sie die Psychologie entweder ablehnt oder sich selbst institutionalisiert. Vielmehr erfordert eine neue Version der kP – die auch als Post-Psychologie bezeichnet werden könnte – ein Umdenken des Kritischen als performativ, affirmativ und immanent. Zweitens illustriert der vorliegende Beitrag den allgemeinen Ansatz der kP anhand der Psychologie der Motivation. Als Wissenschaft des „Warum wir Dinge tun“ ignoriert die Motivationspsychologie andere Disziplinen, verschiebt die Subjektivität und stabilisiert ihr Erkenntnisobjekt, indem sie standardisierte Aktivitäten formalisiert, durch die Motive gestaltet werden können. Die kP würde gegen diese Schritte protestieren und in der ersten Phase versuchen, die Wahrnehmungsbewegung von subjektiven Bedürfnissen fortzusetzen und zu erweitern, um so auch Bedürfnisse nach sozialer Transformation zu motivieren. Bislang wich die Psychologie dieser Herausforderung aus, indem sie spezifische ‚Bedürfnisse‘ zugunsten der Operationalisierung der formalen Selbstregulierung ausklammerte. Der dritte Abschnitt des Beitrags greift die Technik des *Motivational Interviewing* als einen Aspekt der Motivationspsychologie intensiver auf. Diese Technik kann zwar als neo-konservativ und neoliberal angesehen werden, sie kann aber auch als ‚Poetik der Praxis‘ neu interpretiert werden, durch die verschiedenste Motivationen aktiviert werden können, die den engen Standard der psychologischen Beratung überschreiten. Insgesamt bildet solch eine Reartikulation der kP zwar nicht die Blaupause für eine Revolution, sie hat aber durchaus das Potential, zentrale soziale Probleme unserer Zeit anzugehen.

* * *

General aims

This chapter is an attempt to define and characterize “critical psychology” (CP) anew. CP is a term used in the academic everyday, it is one that has been used much to characterize what I and my closest collaborators do, and I have used it more or less extensively myself. Even so, I see a couple of obstacles standing in the way of a straightforward definition and exposition of CP. These could be described as “theoretical” – and so, characterizing CP becomes a work of theoretical rearticulation.

I aim to practice as I preach: To perform CP as a performative practice of preaching, that is, of espousing approaches and recommending terms that I hope will make differences. After attempting a re-foundation – which is a key trope of CP itself – I unfold and explore the CP thus arrived at, since this is one of its first implications. I do this by rearticulating an issue that is central to psychology, and thus to CP: *Motivation*, both as an academic concept and as a form of practice. In the end, this rearticulation alone could affirm the promises both of motivation and of CP.

This way, the obstacles that necessitate a theoretical reflection and rearticulation will prove indispensable to the project of CP itself. In fact, CP can always only be reawakened through a process of deconstruction of what is mostly taken for granted.

Some readers, even of theoretical texts like this, will spontaneously think of the term CP as a name that points "idiographically" to a "school" or tradition carried by scholars who refer to each other, typically with one (male) professor at the center. Thus, in Scandinavia and Germany, CP is commonly taken to refer to an interconnected group of texts, practices and academics signaled with the name Holzkamp. I know this tradition well enough to remind such readers that Klaus Holzkamp himself was keen to reject this idea of a "school" and repeatedly argued that the CP he worked for was a collective project (e.g. in Holzkamp, 1983). I could also throw in a bunch of other names (of women) such as Frigga Haug, Ute Osterkamp, Charlotte Højholt or Line Lerche Mørck. And I could inform them that the term CP in other places and by other readerships is taken to refer to other traditions, with the names of other scholars.[2] In international academia, CP is a broad term for a quite diverse set of theories and practices.

But it is important to recognize the aims of this text as theoretical. This means that it is not primarily exegetic with reference to any singular person, text or tradition as already given and fixed. Rather, it seeks to conceptualize what kind of endeavor we could reasonably call CP. Of course, that conceptualization must learn from such persons, texts and traditions; and it is written in the hope of being taken up and referenced by other persons, texts and traditions in the future. No theory ever quite loses its indexicality; but it does inevitably reconfigure it, if it is worth reading. Whenever an academic field is invoked and characterized, this is performative. It is an act of – small or large, more or less successful – refoundation of the field. This is itself a key trope in CP, as mentioned, and as I shall attempt to demonstrate below.

2 This is easily confirmed by taking a glance at the *Annual Review of Critical Psychology*, see https://discourseunit.com/annual-review/.

Does this already imply a psychologization? No doubt, although "critical," CP still maintains and reasserts "psychology" as an academic field worth struggling over. Maybe that is already giving psychology too much. An alternative strategy could be to counter psychologization rather by engaging in transdisciplinary fields such as science studies or cultural-historical activity theory. Especially at a time when "critical psychologists" are being purged from psychology departments and find our jobs instead in education, communication, cultural or gender studies, etc. etc. That is indeed a viable route, whether forced or voluntary. Nevertheless, my claim here is that this should not imply ignoring psychology – that is, to neglect problematizing psychology, or psychologization (nor even "the psyche" – as we shall see, these are different sides of the same coin). The relevance of psychology, for better and for worse, is strong enough that such neglect leads back to naive reassertions – perhaps in new terminologies – rather than reflected transformations. Behavioral economics is a case in point, as is some of the enthusiasm with "affectivity" in social theory. I follow Stenner's proposition (2018) that transdisciplinarity requires a reflection of disciplines.

Deconstructing Critical Psychology

CP is already a strange term because critique was always inherent to psychology as such (cf. Teo, 2006). Psychology, as a science, was always – and is still, repeatedly – *constituted as different* from other ways of knowing and controlling human minds and actions (ways such as religions, arts, and, first of all, an assumed spontaneous self-consciousness). This distinction is achieved by positing empirical objects and establishing procedures of investigation that would allow for a critical understanding – in the sense of an explicit, retraceable and systematic judgement of propositions regarding the object, unfolded as logical argument and debate referring to data at public venues. It should be recognized that this classical, Enlightenment form of critique, when deployed as scientific discipline, implies procedures that are sometimes viewed as specific to CP: a) establishing a constitutive difference to existing knowledge which is presented as given, taken for granted, commonsense, and perhaps devalued as bias, prejudice, ideology, etc.; b) disciplined self-reflection, performed collectively and individually, between texts as well as within each published text; c) intervention in practical matters with political implications, in the service of what is understood to be modern and progressive; d) finally, describing its social relevance in terms of some institutional, social or cultural crisis which necessitates breaking with common assumptions, applying rigorous standards of evidence, and reshaping practices to base on that evidence. In sum, psychology shares with other sciences the ideal of being an institutionalized practice of critique that disciplines itself to form part of the Modern process of relentless sociocultural transformation.

In addition, psychology has its own special critical legacy. Already in the second generation of scientific psychologists (e.g. James, Lewin, Bühler, Vygotsky), the trope of identifying and diagnosing a crisis of psychology itself, as a way of arguing the relevance of renewed theoretical work, was established. The general argument was that, after the first enthusiastic wave of gathering data, it was now necessary to rethink the discipline's conceptual structure, thus to provide a firmer foundation. Thus, Vygotsky claims in 1927:

> "The various psychological disciplines have obviously reached a turning point in the development of their investigations, the gathering of factual material, the systematisation of knowledge, and the statement of basic positions and laws. Further advance along a straight line, the simple continuation of the same work, the gradual accumulation of material, are proving fruitless or even impossible. In order to go further we must choose a path. Out of such a methodological crisis, from the conscious need for guidance in different disciplines, from the necessity – on a certain level of knowledge – to critically coordinate heterogeneous data, to order uncoordinated laws into a system, to interpret and verify the results, to cleanse the methods and basic concepts, to create the fundamental principles, in a word, to pull the beginnings and ends of our knowledge together, out of all this, a general science is born" (Vygotsky, 1997, p. 233).

Most contemporary textbook reconstructions of the history of the discipline concur with this by regarding these crises as caused by certain limitations in the conceptual foundations of the science; but now typically *in retrospect*, as problems that belong to the past.

And, in fact, this could be a first way to distinguish a CP from psychology in general: From a certain point on – around the mid-20th century – general psychologies would begin to consider the times of internal crisis to be over. A mixture of unquestioned positivism with pragmatic concessions to the complex nature of the psyche – defining the scientific basis as behavioral experiments and standardized surveys – would be portrayed as the mature consensus of a young, but no longer rogue discipline. The mainstream textbook narrative would be one of an established science with a history of theoretical dispute (e.g. Schunk, Meece, & Pintrich 2014). Some renderings would include an acknowledgement of theoretical outsiders still existing on the fringes. On those fringes, there were those who would continue the old tradition of identifying crisis and suggesting remedies through theoretical re-foundations. These traditionalists, these enthusiasts of perpetual crisis and theory (e.g. Gibson, Leontiev, Cole) were to serve as anchor points within the discipline to what became known as CP from around 1970: CP is the kind of psychology that refuses to let psychology overcome its crisis:

> "Textbooks, as Kuhn has noted, codify and unify the scientific knowledge of a time and try to impose consensus. In contrast, crisis declarations and similar statements reflect, so to speak, the open wounds of a discipline" (Sturm & Mülberger, 2012).

Of course, this division connected with sociocultural change and the psychologization which was part of it. On the one hand, the growth of institutions that applied psychology boosted the need for a discipline with a sanctioned body of knowledge rather than theoretical dispute. On the other hand, massive changes in people's lives, including that same growth as well as the even more rapid expansion of academic institutions where psychology was taught – and much more – spurred radical reflection and critique. The sociocultural revolutions of the mid-20th century demanded a psychology to be already formed, even as they revealed that psychology inadequate to the concrete utopia of emancipation and community that they reasonably fostered. Proposing an autonomous (but manipulable) psyche independent of and indifferent to sociocultural and political conflicts around issues such as gender, class, race, family etc., and even claiming a status as arbiter, was a bold wager. At times, this would succeed, and psychology was cherished as evidence and language of progressive modernization (e.g. when proving women capable of emancipation). At other times, psychology would reveal itself as conservative, as upholding oppressive structures by individualizing problems (e.g. when blaming the mother for her children's neuroses). Psychology was thus placed at one of the centers of ideological struggle, and a key issue was the *institutionalization* of the discipline on which rested its claim to authority in controversies – and through which psychologists, critical or not, could make a living as professionals, in academia and elsewhere. Institutionalization is basically an enduring, text-mediated regulation of a set of activities, beginning with the definition of the set itself (cf. Smith, 2005). Specifically, the textual representation and delimitation of a body of knowledge as "psychology" mediates the social authority of expertise and teaching. Definition is a primary act of institutionalization of knowledge, and declarations of crisis are the opposite.

Despite the institutionalizations of CP itself that are apparent in certain journals (*Forum Kritische Psychologie*, *Annual Review of Critical Psychology*, and many more that do not carry the name but do carry CP), textbooks (e.g. Tolman & Maiers, 1991; Henriques et al., 1998; Hook, 2004; Teo, 2006), and even department chairs (most famously, probably, Holzkamp's chair at the Psychologisches Institut at Freie Universität Berlin from 1970), it is difficult to define CP in any other way than as a *negation of* (rejection of, alternative to, etc.) *psychology's institutionalization*. This leads to a paradox: CP is itself hard to define because it struggles against the institutional definition of the discipline *of which it remains a part*.

Some versions of CP, it is true, set out to reject psychology altogether – e.g. Parker (1997), Madsen (2014) – the ultimate in radical reconceptualization, one would imagine. But if it is no longer psychology, how could this possibly be CP? Perhaps only by being taught at psychology departments by psychologists? This would, ironically, seem at the same time the ultimate in institutionalization: if all that was left of psychology were the empty shell, emblems of sanctioned knowledge – the "chair," the "syllabus," the "diploma." However, more is in fact left. As witnessed by the fertile academic trajectories and writings of such antipsychologists as Ian Parker or Ole Jacob Madsen, the result is far from easily categorized as "not psychological"; the psychologization they document is claimed to actually shape our minds, habits and identities.

Other versions of CP – first of all, those in the Vygotskian tradition (including the above mentioned German-Scandinavian CP) – seemed to oppose the institution of psychology only by seeking to establish an alternative institution. These could be then excluded from the category of CP on the grounds of their hopes for institutionalizing their new psychologies. Yet, the extent to which these hopes continue to derive from and to be shaped by the initial move of negating mainstream should not be underestimated; and reading these works, one is struck by the persistence of the classic trope of identifying crisis and suggesting theoretical foundation anew (a recent example is Stetsenko, 2016). That new psychology, it seems, never quite gains a foothold to grow.

Of course, this precarious position of CP in relation to psychology is at least as much due to the discipline's, well, disciplining of its ranks; critical psychologists are repeatedly expelled for not visibly contributing to its institutionalized body of knowledge. But it seems that in both these versions of CP, the hope of a new psychology remains; it cannot be overcome, whether by abandon or by realization. In repeatedly reiterating the founding gesture of psychology, even as psychology has long been solidly established, CP cannot define itself, neither as a non-psychology nor as a psychology. As I shall propose further below, this dilemma is connected with the object that psychology set out to study and improve – and with which it hoped to constitute itself as a proper science – in particular, the simultaneous necessity and impossibility of overcoming the subjectivity of the subject matter of psychology. But let us first dwell a bit more on the question of critique, in order to launch the approach of the present text – I aim to propose the dilemma itself as a way for CP to think of itself.

Post-psychology: Performative rearticulation as affirmative and immanent critique

The present text will strike some readers as eclectic or relativist postmodernism, as it draws on a multiplicity of partly contradicting references to argue for what it cannot but propose as one argument. I might as well jump as creep into it and unflinchingly suggest *post-psychology* as a term for that approach (Nissen, Staunæs, & Bank, 2016). This choice of term does not indicate a departure from psychological issues; rather it indicates a range of approaches interrupting and rearticulating issues already taken up as psychological themes. Also, it could seem strangely out of time, decades after the convincing arguments (by Giddens, 1991; Latour, 1993; and others) against the linear temporality implied in "post-modernity." But, as with postmodernism, "post-psychology" is only at first glance "after" psychology. To problematize the conceptualization of subjectivity, self, and personality, and psychology itself, is not new business. Post-psychology has many ancestors, trajectories, and futures. Thus, the term conveys the irony which inescapably distinguishes CP: It gestures at tropes of reflection and creative reappropriation; it does not at all mark the end and the disappearance of what it posts (so to speak), but rather its recycling into more sustainable ways of writing and living.

As I have already begun above, deconstruction can be understood and undertaken in a Derridean way (cf. e.g. Derrida, 1994), not as an argument that something (in this case, psychology, or CP itself) does or should not exist, but rather, and on the contrary, as a questioning that takes it seriously and enables *rearticulations* that are subject to iterative critical scrutiny. These should be rearticulations that will make a difference insofar as they are legible and logically coherent; rearticulations that are only thus questionable in terms of the ethics of their wider implications, but also contribute to such ethics – as they are just as *performative* as that which they rearticulate; rearticulations of objects and practices that are thus *affirmed* as relevantly present or possible; rearticulations that resituate those objects and practices in emergent projects that can be attributed as *immanent* to them as potentials.

Let me unfold these programmatic propositions a bit, before I proceed to exemplify them. First, as one can read in my brief reconstruction of how CP inhered to and was born from psychology, I propose to reflect psychology as a practice that makes a difference in the real world. The idea that the discipline might contribute to the social engineering of "the new man" of a Brave New World was explicitly imagined in early psychology (e.g. that of Vygotsky, 1997, or Mead, 1934; cf. Danziger, 1994), then perhaps as a more or less far-fetched utopian horizon. Most current mainstream psychology appears more modest, even as psychology has gained a much greater impact on how we invent and cultivate ourselves; as an institutionalized discipline, it downplays the utopian horizon that feeds it. But CP is bound to remain, or repeatedly become, aware of this impact, since it emerges from recognizing its problems. So, CP should approach psychology as *performative*. Here is one recent formulation:

> "(…) post-psychologies imply a curiosity of how psychology itself (as both an academic discipline and a way of thinking) is implied in constituting psy-ontologies. This curiosity may be called a second order psychology (Brown and Stenner, 2009), where psychology is observing how psychological phenomena are conceptualized and theorised and feeding back to and inventing psychological practices, which again are observed, conceptualised and critiqued. We need to ask the critical questions: What may the performative effects of such experimental inventions be?" (Staunæs & Juelskjær, 2016).

Brown and Stenner's "creative and reflexive foundationalism" (2009) is one legacy I have in common with Staunæs and Juelskjær's poststructuralist approach. What Ian Hacking (1995) calls "looping effects" (e.g. psychiatric categorizations taken up as identity markers)[3] – must be reflexively applied also to CP itself. Maybe this is how CP is different from those "psychological humanities" science studies coming from, and safely remaining within, other disciplines. CP is a second order psychology, since the curiosity about what psychology does must itself be psychology, albeit in a reflexive, creatively rearticulating way.

3 As one of many science studies references to psychology's performativity, as psychologization and otherwise (cf. also e.g. Martin, 2007; Illouz, 2008; Schüll, 2012).

Thus, CP is at once inside and outside of the criticized; it should not be expected to choose between non-psychology, anti-psychology, or new psychology.

Critical performativity implies that there is always a critique embedded in hope, and a hope embedded in critique. Many critical analyses regard contemporary tendencies as purely negative. They are retrospectively oriented and seem to convey a certain sense of resentment for the present and longing for not just an utopia, but a retropia; an dream of what once (never) was. This way of conducting critique only mirrors what is already there, in a reversed version. Or, in photographic language, all we arrive at is the negative of the picture, the black of the white, the opposite of what is critiqued. The negative moment, the moment of refusing or opposing, may be indispensable at many occasions – but in and of itself, it will not help us beyond what we refuse to be.

CP cannot then be content with holding up a set of predefined sociocultural categories that frame a certain, similarly pre-defined, moral dimension. It is obvious that minding gender, race, class, sexual orientation, and other "othered" positions in colonial distributions, given any kind of ethics, implies a critique of the psychologies that ignore, cover up, and reproduce inequalities and misrecognitions between them. It is hard to think of a CP that does not somehow take on this task. But this does not mean that CP should reduce itself to a machinery that chops up any psychology so that all that remains is contained in those categories as we already understand them and are obliged by them.

Rather than aiming for such reductive classification, or abstract negation, critique should *affirm* the criticized as relevant, as worthy of attention and rearticulation. One key reference here could be Foucault:

> "I can't help but dream about a kind of criticism that would try not to judge but to bring an oeuvre, a book, a sentence, an idea to life; it would light fires, watch the grass grow, listen to the wind, and catch the sea foam in the breeze and scatter it. It would multiply not judgments but signs of existence; it would summon them, drag them from their sleep. Perhaps it would invent them sometimes – all the better" (Foucault, 1997, p. 322).

This can be called the hope of an "affirmative critique" as a methodological approach rather than criticism as mainly a moralizing activity. The idea of affirmative critique can draw on works of such authors as Foucault, Rose, Sedgwick, Barad, Haraway and Braidotti. In these, critical analysis, rather than moralizing criticism, or judging or voting for or against, rather than applying given standards, is about producing possible "elsewheres," of opening up spaces and lines of sight. This suspension of judgment can be read as claims to value neutrality or pure descriptiveness – and some statements by these authors could indeed underpin such a reading. But it is also possible in these same authors to find statements that emphasize their radical entanglement with the worlds they describe. Thus, for the Foucauldian scholar Sverre Raffnsøe (2016), to talk of "affirmative critique" rather than criticism reflects the ambition to overcome the idea of analysis as a reflection of reality, in favor of analyzing *tendencies* with the purpose of *feeding into them* as they change the world. In this way, the term "affirmative" does not mean agreeing with or *con*firming but rather asserting that something is and matters, and is thus worth rearticulating.

Foucault's dream was not necessarily consistent with his work. According to Bernard Stiegler, Foucault's late works on care of the self point to a key inadequacy in his earlier analyses of discipline, where "there is no pharmacological dilemma, a fundamental problem for a philosophy that presents itself as a thinking through of care and of the self" (2010, p. 122). Pharmacology, in Stiegler's adaptation of Derrida's term, means that technologies (such as writing, or discipline) can be both poison and medicine, depending on how they are "transindividuated," that is, cultivated in processes of appropriation. Foucault fails to notice how discipline in the school not only performs surveillance but *also* cultivates the kind of attention that is indispensable to the literacy and critical potential that carries the Enlightenment and leads up to Foucault's own work – and which may be at risk today. To be precise, the line from discipline through self-monitoring to care of the self is obvious in Foucault (and we shall revisit it in the following discussion of motivation); what is more difficult to find in his work are reflections on the continuity with his own work of critical analysis. This is perhaps what separates judgments from dreams to the point where the value of affirmation of *what is* must be proposed anew. In any case, Steigler's "pharmocological" approach could be another way to conceptualize the methodology of critique and rearticulation I am sketching here.

In fact, just as do post-psychologies, this way of thinking of critique has several ancestors. Thus, although the term "affirmative critique" has been coined in a quite different tradition, it repeats in many ways the methodology of Ernst Bloch (1995). This is the idea of re-articulating practices, discourses, hopes as *real possibilities*. These are "concrete utopia": not designated spaces or practices onto or into which an abstract particularity is inserted as ideal (this would, rather, be heterotopia, cf. Foucault, 1986), but real tendencies that can be taken as latencies, present and re-presented as pointing toward and giving shape to what we hope for.

This implies addressing what Bloch calls the "not-yet-known": that which is indispensable as a horizon but cannot be domesticated into plans or predictions, partly because these are inevitably mocked by future events (as Derrida's *l'avenir*), and partly because what we aim for, in a research considered as a critically performative rearticulation, rather than as contemplative reflection, is a *Novum* – something radically new.

Since critique is anticipatory, it is also always incomplete. It reaches for that which is not there yet, drawing the contours of what could be, even as that drawing must remain partial, in a double sense. It opens up spaces both for thinking and for action; so it does not remain impartial. But it does not go directly to making sense or managing practices. It asks for improvisation, since we have always only partially arrived at our destination. In improvisation, hope is embedded and performed. In that sense, an affirmative critique is a hopeful critique.

Finally, we could talk of this also as a revisiting of the *immanent* critique of dialectics in the Hegelian-Marxist tradition. The Novum we aim for is sketched by attributing projects to practices and discourses; but not – as it could also be read from Hegel's and Marx's versions – on the basis of a developing totality that we somehow already know (as History or as Spirit), or in a system of categories we have already fixed (as it is suggested for instance in the methodology of "reinterpretation" presented by Osterkamp, 1975, and Holzkamp, 1983). Rather, we are right in the middle of things, co-creating those totalities and hopes along with the concepts with which they can be reflected. This is precisely what calls for theoretical work, for a "philosophy just-in-time" (Jensen, 1999), rather than using theory as a template or a canonical foundation. As it is presented in

Bloch (1995) and Jensen (1999), this "entangled" view of dialectics is a fertile way to read Marx's key text on an epistemology of practice, the *Theses on Feuerbach* (Marx, 2005).

Summing up, an affirmative and immanent critique reflects the ambition of transcending the idea of analysis as reflections of reality and instead analyzing tendencies with the purpose of reconfiguring the world. However, the direction for change or not change is not preordained. An affirmative critique unfolds like a curious form of critique, differing from both moralism and neutralism. That means reconfiguring what we think we know with certainty by pointing out what could be different, while simultaneously consulting and co-creating common concerns and hopes for what the future may bring and for whom. Knowing, too, that, of course, this way of articulating CP is already on its way to being supplanted as you read it.

Subjectivity and motivation

In the following, I will attempt to practice this kind of CP. As mentioned, the concept of motivation will serve as our case. This is chosen because, on the one hand, "motivation" is a term currently in much use, so that there is ample opportunity to rearticulate contemporary practices using that term as entry point and pivot; on the other hand, motivation opens to a classic and foundational problem for psychology.

Try googling "motivation," and you will collect a sample of popular discourse. One of the striking specimens I found is an image headlined "Motivation – Mental processes that select and direct our behavior," showing five athletes running toward a finish line, and the caption: "Why we do things."[4] The psychology of motivation is rendered as that one science that provides the answers to "why" – to any and all questions concerning causes and reasons for human activities. Of course, this rather wild megalomania hardly represents the ambitions or the promises of the often modest or even timid academics at psy-

4 See https://vdocuments.mx/i-can-define-motivation-distinguish-the-6-types-of-motivation-drive-motive.html.

chology departments. Still, it would not be unfair to point, as a characteristic, to the *absence* of the question that Isabelle Stengers recommends to any scientist called in as an expert: "Where are all the other sciences?" (cf. Stengers, 1997). And the phrase does capture some key points for a critical psychology to address.

One characteristic of psychology's way is the equivocality of the "we." As we readers gaze at the image, we at once identify with and wonder about the running women who appear to suffer as they struggle to win. It is in fact "we" who would do such strange things – but why on earth? We ask of psychology to explain the causes; and we expect the explanation at the same time to help articulate our reasons. That is to say, psychology approaches the "why" of human activities as a scientific object with causes and effects that can be mapped and manipulated, but with a hidden ambition to thereby convincingly render motives and intentions. We know from various histories (e.g. Danziger, 1994, 1997) that a founding moment for today's mainstream psychology was when the ambition to address the subject and her reasons directly was finally excluded from the apparatus of the science itself. But this absence remains present as the commonsense appeal that caters to the growing demand for technologies of self. When psychology is viewed in this practical totality, including its social relevance, we can appreciate how "motivation" works as one of several placeholders for this expelled subjectivity that nevertheless anchors relevance, thus covering up a constitutive absence (almost as a Lacanian "*objet petit a*"). Further, the "we" draws attention to the workings of scientific universalism, as it establishes the easy diversity that the image makes sure to display with the dark skin on one of the athletes. Psychology's explanation-cum-articulation enforces a shallow identification within a common sense that denies antagonisms in its search for causes.

The idea of "doing things," despite its obviousness, structures the question deeply. One the one hand, the emptiness of "things" marks an opposition to "doing nothing" and points to the notion of *energy*, the formless "dynamics" that is taken to constitute motivation in opposition to pure cognition.[5] On the other

5 This trope is still present today, thus in Schunk et al.'s textbook on motivation (2014, p. 5): "In short, motivation is an *energized* internal state that results in goal-directed behaviors." Note, also, how this opposition of schemata to energy (and its derivatives "drive," "intensity," etc.)

hand, the plurality of "things" enables the distinction between different activities in which "our behavior" can – should, must – be "directed," while remaining indifferent or open about just what they are. Yet the image of athletes conveys more about these "things": For "motivation" to arise as the science of "why we do things," those things must be standard activities. The *standardization of activity is what stabilizes the object.* Historically, such standardized activities achieved mass prevalence, as is well known, first in education, industry and the military, and later in counseling and sports (Busch, 2011). It is with standard activities and the norms they entail that performance can be classified and quantified, and "goal-directedness" can be operationalized and differentiated (goals and sub-goals; intrinsic or extrinsic, etc.); it is here that the excluded subjectivity can be harmonized and effectively ignored in favor of a rational apparatus. Standardized activities serve to buffer between the "mechanisms" of the psyche and the demands of the powers that be. And it is thanks to those that (standardized) psychological experiments could stage a "proper science" and still offer some relevance (Brown, 2012).

CP would attack, I might be tempted to say, on all these fronts. First, by revitalizing or importing a wide array of concepts from philosophy, and from various neighboring disciplines – fields increasingly ignored in mainstream psychology – concepts such as position, autopoiesis, existence, collaboration, repression, ideology, community, power etc. CP was always a post-psychology in the sense of inviting strangers into the conversation about why we do things. Second, by reinserting subjectivity, in several guises: as the abstractly "other" that disturbs any science which defines itself by repressing it – that is, with the paradoxical trope of affirming negativity, highlighting the reality of the irrational, of transition or transformation, of multiplicity, of complexity, of everyday life; or as a deconstruction of the "we," revealing the hidden intentionality of those who produce, require or apply psychology; or conversely, the neglected suffering of those subjected to it; or again, their ignored agency; or the depths and antagonisms of their diversity; or, finally (?), as the re-foundational term of a psychology to come. And thirdly, with a critical reassessment of the standards and the

---

anchors motive in a way that is very different from "conation," in which the philosophy of subjectivity (as will, discipline, hope etc.) still lingers on (cf. Danziger, 1997, p. 115).

standardizations of activities, of the "things" people were *required to be motivated* to do – not least by revealing them as forms of (more or less illegitimate) power, as damaging, oppressive, or even as beside the point (of e.g. how people really work, learn, or get better). All in all, if psychology was institutionalized, as a distinct discipline that could ignore its neighbors, by formalizing standardized activities to repress or postpone a core of troublesome subjectivity in the name of "motivation," then CP would, in various ways, attack it by revealing the scandal.

But is "attack" the right term? Would it not be more apt – more adequate and useful – to read CP as rearticulating and expanding the psychology of motivation as it emerged full of promises, only to alienate itself from these and run into a prolonged but denied crisis? With the corrections of CP, we can appreciate "motivation" as the subjective aspect of an emerging governance by standards, in all its complexity and with all its pains, fears, joys and hopes.

In this light, we can return to its history and reconstruct our post-psychologies as continuous with it. The subjective side of standardized activity first develops – and hides itself – in a taxonomy of needs, the catalog of directions of "energy." Work psychology provides a rather straightforward genealogy. Its original simplistic Taylorist form – with its concomitant simple notion of needs – was famously expanded, first by the acknowledgement of social needs (the Hawthorne experiments, McGregor's "theory Y," etc.), then by Maslowian needs for self-actualization, and finally by needs for self-determination. In short, subjectivity is increasingly recognized. With the concept of self-determination, its constitutive repression is lifted, and what we might call the *crisis of the problematic* comes to the surface: The wound in psychology's attempt to objectify subjectivity without admitting to the power this implies is opened.

At this point, CP could – and did – imagine itself taking over the baton. As early as 1975, in *Motivationsforschung* Osterkamp presented a reconstruction of the history of motivation very close to the one recounted here (and close to Danziger's, 1997), and suggested emancipating motivation by regarding self-determination as a core human need, in the shape of "productive needs" for "agency" [*Handlungsfähigkeit*] through participation in production, creation, and sociocultural change. Similar attempts to overcome and rearticulate motivation as empowerment appeared later, for instance in the community psychology of Jim Orford (1992) and in Stetsenko's "transformative activism" (2016).

Yet, psychology prevailed. A decade after Osterkamp came Deci and Ryan's book on *self-determination theory* (1985) which became much more famous, not only because of its English language and its more scientific appearance, but probably even more because it suggested a *liberal* notion of self-determination as "competence" and "autonomy." In essence, Deci and Ryan recovered the "open wound" of how psychology had camouflaged power as motivation, by withdrawing power from participation and reducing it to individual choice and control of pre-given standard activities. "Competence" and "autonomy" were proposed as "needs" that (in experiments and surveys) explain "intrinsic motivation" (along with the otherwise unrelated need for social "relatedness"). Still, the fact that this machinery carries the hope of a self-determination that could be far more wide-reaching is part of its broad appeal, for instance as the "scientific evidence" that speaks against New Public Management (e.g. Greener, 2019). This critical intention deserves the better weapons that a CP can provide, which is to say: To further it, one should problematize the strategy of "proving them wrong" with authoritative (institutionalized) knowledge, and open the genuinely political-ideological issue of liberal vs. collectivist notions of freedom as part and parcel of a theory of human needs.

But probably the most efficient way to dodge the crisis was by effectively bracketing or neutralizing the question of needs altogether, in favor of formal, operational conceptualizations of activity and self-regulation that could simply be offered to any concerned agent. This is the dominant cognitive approach. Instead of underpinning the compromises of leadership or governance by a metaphysics of needs regularly revised by appointed experts (who could disagree), a *managerial pragmatics of evidence-based but common sense regulation and self-regulation was proposed for anyone to adopt.* In a liberal society – in this view – needs should not be paternalistically attributed to more or less lazy or diligent, enslaved or emancipated subjects, but only expressed as the *preferences* of agents who were by definition free to choose. These agents would thus crucially include the subjects themselves. The issue of volition, which had been an important concern in early psychology, but had been gradually abandoned for its dubious association with "conation" (cf. Danziger, 1997), could reemerge as *self-regulation*, now that needs were neutralized. The constitutive deference of subjectivity was, in a sense, explicitly announced, and this would, paradoxically, open to its renewed problematization, simplification and deferral. And thus it came about that probably the most famous single finding in the psychology of motivation of recent decades is "self-efficacy," the triviality that "we" are more motivated to "do things" if we have reason to believe that we can actually do them (Bandura & Schunk, 1981). Such simple mechanisms can be endlessly distributed and customized to fit the self-motivation that is currently required of neoliberal subjects.

So, the currently prominent approaches to motivation in academic psychology are Self-Determination Theory and, even more, variations on the range of pragmatic cognitive approaches that more or less all refer to the world's most quoted living psychologist, Albert Bandura. But where does that leave CP? Whereas the earlier history (of needs) culminated in an imagined CP takeover – which was then (temporarily?) reconquered by mainstream psychology – the continuation of the story (in terms of a contemporary pragmatics) seems a pure description, which even claims an epochal change; indeed, we have here a caricature of Marxist emancipatory teleology followed by a caricature of Foucauldian nihilist descriptivism. But please be patient – we still have another section left before we must conclude; perhaps the most important section, since this is the one where I attempt to unfold the CP I propose as a post-psychology. The point is that, to arrive at an affirmative and immanent critique, one that appreciates "motivation" as an object and aspect of governance, writing a genealogy is only one step. Any genealogy is itself performative; what we see in the rearview mirror depends on where we are heading (cf. Nissen, 2012, p. 43ff.) – even if we cannot refer to any authority who would stipulate for us in advance where we should end up, nor imagine that we can deduce it from our "preferences" or "values."

From Motivational Interviewing to co-authoring motives

Let us engage slightly more specifically, then, in a current standard activity that is typically articulated in terms of a pragmatics of motivation of the kind just sketched. *Motivational Interviewing* (MI) is generally described and adopted as an evidence-based method of counseling that can be applied to achieve any kind of "behavior change" with clients, irrespective of their current preferences or "motivation" (Miller & Rollnick, 1991; Rollnick & Miller, 1995). This case is useful, we suggest, because it is very widely used, and prototypical of the "pragmatic turn" in motivation – and because, as I hope to demonstrate, it can be rearticulated in ways I imagine to be productive.

In the space of this text, I cannot present in any detail "how to do" MI. For this, we must refer (again) to the standard texts written in the genre of therapeutic movements, and to the abundant tutorial material easily available on the internet.[6] As with all such "methods," the stabilization of MI as a specific transferable procedure that can be said to be evidence-based is a far from simple achievement (Björk, 2014). Note, also, that I, too, participate in that process by offering the following: In general terms, MI fuses client-centered with cognitive approaches; establishing first the alliance by accepting the client's preferences – bracketing the framing purpose of "change" – the conversation unfolds as a mapping of her calculations, judgments, and intentions, her reasons as both "pros" and "cons." The therapist mostly works with particular forms of recap that express the acceptance and encourage a further description, typically seeking to expand the client's utterances pro "change" at a pace that does not exceed what the established alliance allows for.

A first reading of this could repeat the psychology of motivation found in the standard MI texts. MI is a good example of psychology's way: Its success comes from its artful crafting of the deference of subjectivity. The interviewing is motivational, this version would suggest, because the client is helped to monitor her preferences and the rational structure of her activities. This can be argued with reference to scientific findings in populations of significant numbers that suggest universal mechanisms of self-regulation, which at the same time make

6 As of May 2019, e.g. http://motivationalinterviewing.org.

sense to counselors and clients as rational. At the end of the day, of course, to "change" (e.g. to stop smoking) *is* the rational thing to do; but if we want to accomplish it, we should not address our needs or problematize our values – what is the right thing and why we do (or do not do) it – only the mechanisms, the structure of means and ends. Thus, even if a scientific rhetoric of universal findings is employed to back up commonsense rationality, this is done pragmatically and democratically. The utopia of finally arriving at a demonstrably scientific theory of motivation (that would allow for an efficient manipulation) fuses with the utopia of recognizing clients as rational agents (users, consumers etc.).

At this point, we could imagine a skeptical or suspicious (Sedgwick & Frank, 2003) CP reading, which pointed out the *conservatism* of the framing rationality (e.g. of health), the manipulation which hides behind the mask of liberal client-centeredness. The tutorials teem with taken-for-granted discourse as they stage a purportedly "free" conversation. The very concept of "change" is easily revealed as a mock neutrality. It speaks volumes that MI never asks why or if the client is motivated for the MI conversation itself in the first place, except as something that can be handled with MI. Not to mention the fact that MI counselors would not benefit from MI counseling themselves, since they "know the tricks." If we confronted an MI counselor with this, she would probably smile and restate the indisputable desirability of "change" along with anyone's freedom to choose or reject it, and face the consequences – the shallow "no-nonsense" pragmatics of neo-conservatism.

An opposite, but equally suspicious CP reading might problematize this precisely as neoliberal governance. This reading would render MI as one of a myriad similar instances of the formatting of self-governed subjectivity in the present epoch of a totalized control society. The individual is emancipated, yet this freedom is now what controls him (what Rose, 1999, calls the "powers of freedom"). He is a slave to his preferences and values, as well as to the absolute requirement that he must monitor, calculate and optimize his behavior to reach them, including his motivation. Through this process, he will arrive, after all, at the goals and mechanisms of self-regulation that match the given sociocultural demands. This coercive freedom is then the truth of motivation – true of any individual, in any place, any practice, after the epochal discursive change occurred, of which MI is just one arbitrary example.

So yes, sure, CP would tend to be critical of (neo-)conservative as well as (neo-)liberal ideologies implied in MI. These CP readings are viable. But are they productive? Should we not rather, affirm an immanent tendency to go beyond them?

E. Summerson Carr (2013; Carr & Smith, 2014) suggests that MI pioneers a new kind of "poetics of practice" that no longer assumes therapy to work by eliciting the authentic truth of pre-given inner motives (as in the therapies she discusses in Carr, 2011). Against this (allegedly, American) ideal of authenticity, Carr recognizes how the MI counselors construct worlds (including motives) through a rhetorical work on utterances in conversations. As such, MI is a pragmatic technology to produce and modulate motives and desires. Approaching MI this way, it is no longer just another version of the well-known cognitive and client-centered traditions; instead, it joins with partly similar movements such as solution-focused (De Shazer & Dolan, 2012) or narrative therapy (White, 2007), of which it could also be said that they seek to *create* motives by intervening in *conversations* (rather than in persons).

We could suspect Carr's enthusiasm to be naive in its ignorance of the neo-conservative/liberal traps, and I trust we could easily identify the same traps in those other forms of counseling. But what would be gained by simply reiterating those traps? If instead we affirm Carr's affirmative "poetics of practice," we might get to see a possibility of moving away from the constraints of the standardized activity that anchored "motivation": counseling. Must such a poetics of practice be inscribed in the political parameters that mostly rule, and in particular, the structure of deviance, diagnosis, pathology, therapy, and cure that converges around the standard of counseling – or could it, perhaps given a different social landscape, lead elsewhere?

In fact, reading MI as a rhetorical practice opens to questions coming from Derrida's deconstruction and Wittgenstein's critique of psychology's essentialism, which de Shazer (1991) draws in to argue for his solution-focused therapy – and then to asking whether those inspirations could be taken further by problematizing the frame of "therapy" itself (cf. Nissen & Barington, 2016; Nissen, Barington, & Halberg, 2019). It also points to discourse critique performed as "externalization" in narrative therapy, as well as to the problematizations of "therapy" that can also be found in that tradition, in favor of broader community interventions into social problems such as addiction (e.g. White, 1997). These are relevant *potentials* to consider when we approach MI – even if the canonical MI authors ignore them.

Further, Carr's approach might provide hints at how to rearticulate the commonsense idea of reflection (self-regulation) and open the question of the client's (meta-)motivation for engaging in MI: Why is it (sometimes) motivating to talk about motivation? The problem of meta-motivation is interesting, not only because it is shunned in MI, but also because it is striking how contemporary cognitive motivation psychology runs into this problem but can't deal with it except by reducing it to meta-cognition (e.g. Scholer et al., 2018). Meta-motivation leads to questioning the place of subjectivity and will: If motivation is a scientifically elaborated "machinery," who runs it and for which purposes (cf. to this also Wittgenstein, 2009, § 613ff.)?

This is perhaps where a CP can intervene productively to rearticulate the social practices of self-motivation. Perhaps the externalization of motives in utterances is a social production, a co-authoring, rather than simply transparent "mental" reflections. Perhaps there is a way in which this semiotic objectification converges with clients' development of motives and even those as reflecting her participatory agency and self-determination. And, very likely, this dynamics could be expanded if this social production of motives went beyond the exchange of words in a conversation framed as counseling, toward a controversial production and exchange of artefacts that mediate selves by intervening in social struggles for recognition. This is one way to articulate the use of "aesthetic documentation" in some narrative practices (Nissen, 2014) – and even, more broadly, art as political practice (Groys, 2016; Rancière, 2014). It would also resemble the texts written and deconstructed in Haug and colleagues' memory work (Haug, 1999). Finally, this could be a way to rearticulate even practices that participants spontaneously think of as counseling and as MI. The "poetics of practice" going on may be a way to co-create hopes that fuel struggles for a better life. It is likely that many practitioners already believe that this is in fact the gist of what they are trying to do, even if their language of MI does not help them think beyond the manipulative staging of self-monitoring that now counts as efficient therapy.

Conclusion

Let me recapitulate what I have tried to do here. I have continued the project that Carr began of rearticulating Motivational Interviewing as a poetics of practice. This was done to further exemplify the kind of CP I propose, to the point where CP, through problematizing the tendencies and latencies inherent to specific practices and theories in psychology, moves toward understanding and intervening in the looping dynamics that constitute the psyche along with psychology.

Note that, once again, this sample of CP works by introducing transdisciplinary references – Carr, Wittgenstein, Groys, Rancière – by transforming and recontextualizing standard activities (beyond the standard of therapy), and by reemphasizing subjectivity: The formal "logic" of the "therapeutic" MI conversation is reinserted into subjects' politically controversial selfhood, practice, participation and development. This shows a continuity with several post-psychology traditions – as it moves from motivation to motives (as a Vygotskian approach would imply); as it suggests that these are co-authored (as in a narrative psychology), radicalized as textual deconstruction (as in feminist poststructuralism); and as it contextualizes the whole thing in a broader social field (as in community psychology).

Note, also, that it suggests a rearticulation of this practice on the horizon of a hope. The refoundationalism of CP lies in locating its readings of the (practiced) psychology of MI at a point of crisis, a precarious but potentially fertile point – a "liminal space" (Stenner, 2018; Nissen & Sørensen, 2017) – where new theories and practices can and must be sketched, outlined, suggested – rather than completed, defined, applied. Not least since there is no reason that they should be confined to psychology at all – in fact, the hope is to reach beyond psychologization, to supersede motivation as the subjective aspect of governance by standards, and move on to a transdisciplinary post-psychology of motives that forms part of a democracy of standpoints, of recontextualizing and transforming standards (Nissen, 2016).

If CP has been the bad conscience of psychology, the part that held on to its crisis when it institutionalized itself by deferring subjectivity, this was not primarily a reaction to a theoretical problem, although it is probably true that many of us were attracted to versions of CP for their dense and radical thinking. Rather, the historical place for a CP was opened by the inability of the mainstream to address the social issues and articulate the hopes that emerged in the mid-20th century. The theoretical radicalisms of such figures as Marcuse, Holzkamp, Gergen or Butler interpellated us as parts of social and cultural imaginaries that went far beyond, not only psychology, but any research agenda. But if this could be said also of those of contemporary heroes such as Rose, Žižek, Stetsenko or Stenner, how does that connect to the modest, affirmative version that I propose here? Am I reducing CP to the same pragmatics that now rule scientists and professionals of the discipline itself, only with the slight modification that it should also embrace subjectivity with its theoretical traditions and its complexity?

I hope not. I can point to the fact that sociocultural transformations occur as radically as ever; that dehumanizing standardization and instrumentalism find ever new forms and domains; that inequalities and precarities soar; and that most psychology still remains silent or complicit. But also that many psychologists, along with armies of other people who do psychology, not only seem open to post-psychologies, but would also join us in using them as ways to address those social issues. Theoretical radicalism is an indispensable aspect of sufficiently wide-reaching social transformation, as Marx already sketched in his *Feuerbach Theses* (2019). But it is no less vital for the fact that even such grand transformation is achieved in multiple practices that do not come together in any united front. CP keeps reemerging in the shape of wider social commitments as these are taken up with radical theories in the "small" practices of, e.g., anti-bullying campaigns (Schott & Søndergaard, 2014), handling child witnesses in court (Motzkau, 2007) or organizing teacher education (Liberali, 2009).

It may not be the case, then, that such social commitments add up to a grand strategy. Let us hope such a grand strategy will not be required, even in the Anthropocene. Let us recall, too, in a final affirmative reading of CP, that it always co-authored our revolutionary aspirations, our hopes and motives, with practical prototypes as much as with theoretical prolegomena.

References

Bandura, A., & Schunk, D. H. (1981). Cultivating competence, self-efficacy, and intrinsic interest through proximal self-motivation. *Journal of Personality and Social Psychology, 41*(3), 586–598.

Björk, A. (2014). Stabilizing a fluid intervention: The development of motivational interviewing, 1983–2013. *Addiction Research & Theory, 22*(4), 313–324.

Bloch, E. (1995). *The Principle of Hope*. Cambridge, MA: MIT Press.

Brown, S. (2012). Experiment: Abstract experimentalism. In C. Lury & N. Wakeford (Eds.), *Inventive Methods: The Happening of the Social* (pp. 61–75), London, New York: Routledge.

Busch, L. (2011). *Standards – Recipes for Reality*. Cambridge, MA: MIT Press.

Carr, E. S. (2013). Signs of sobriety: Rescripting American addiction counseling. In: E. G. Raikhel & W. Garriott (Eds.), *Addiction Trajectories* (pp. 160–187). Durham, NC, London: Duke University Press.

Carr, E. S., & Smith, Y. (2014). The poetics of therapeutic practice: Motivational interviewing and the powers of pause. *Culture, Medicine, and Psychiatry, 38*(1), 83–114.

Danziger, K. (1994). *Constructing the Subject: Historical Origins of Psychological Research*. Cambridge, UK: Cambridge University Press.

Danziger, K. (1997). *Naming the Mind: How Psychology Found its Language*. London: Sage.

Deci, E., & Ryan, R. (1985). *Intrinsic Motivation and Self-Determination in Human Behavior*. New York: Springer.

De Shazer, S. (1991). *Putting Difference to Work*. New York: Norton.

De Shazer, S., & Dolan, Y. (2012). *More than Miracles: The State of the Art of Solution-focused Brief Therapy*. London, New York: Routledge.

Derrida, J. (1994). *Spectres of Marx*. London: Taylor & Francis.

Edwards, D., & Potter, J. (1992). *Discursive Psychology*. London: Sage.

Foucault, M. (1986). Of other spaces. *Diacritics, 16*(1), 22–27.

Giddens, A. (1991). *Modernity and Self-Identity: Self and Society in the Late Modern Age*. Stanford, CA: Stanford University Press.

Greener, I. (2019). Performance management that works? Improving public services by making use of intrinsic motivation. *Social Policy & Administration, 53*, 99–112.

Groys, B. (2016). *In the Flow*. London: Verso.

Hacking, I. (1995). *Rewriting the Soul*. Princeton, NJ: Princeton University Press.

Haug, F. (1999). *Female Sexualisation: A Collective Work of Memory*. London: Verso.

Henriques, J., Hollway, W., Urwin, C. Venn, C, & Walkerdine, V. (1998). *Changing the Subject: Psychology, Social Regulation and Subjectivity*. London: Routledge.

Holzkamp, K. (1983). *Grundlegung der Psychologie*. Frankfurt a.M.: Campus.

Hook, D. (2004). *Critical Psychology*. Cape Town: UCT Press.

Illouz, E. (2008). *Saving the Modern Soul: Therapy, Emotions, and the Culture of Self-Help*. Berkeley: University of California Press.

Jensen, U. J. (1999). Categories in activity theory: Marx' philosophy just-in-time. In S. Chaiklin, M. Hedegaard & U. J. Jensen (Eds.), *Activity Theory and Social Practice: Cultural-Historical Approaches* (pp. 79–99). Aarhus: Aarhus University Press.

Latour, B. (1993). *We Have Never Been Modern*. Cambridge, MA: Harvard University Press.

Liberali, F. C. (2009). Researchers learning by intervention research: The 'Acting-as-Citizens' program as a joint production between researchers and deprived communities in São Paulo 25. *Culture and Emerging Educational Challenges: A Dialogue with Brazil/Latin America*, *30*, 75.

Madsen, O. J. (2014). *The Therapeutic Turn: How Psychology Altered Western Culture*. London, New York: Routledge.

Martin, E. (2007). *Bipolar Expeditions: Mania and Depression in American Culture*. Princeton, NJ: Princeton University Press.

Marx, K. (2005). *Theses on Feuerbach* (W. Lough, transl.). Retrieved from Marx/Engels Internet Archive, http://www.marxists.org/archive/marx/works/1845/theses/theses.htm.

Mead, G. H. (1934). *Mind, Self, and Society*. Chicago: University of Chicago Press.

Miller, W. R., & Rollnick, S. (1991). *Motivational Interviewing: Preparing People to Change Addictive Behavior*. New York: Guilford Press.

Motzkau, J. F. (2007). Matters of suggestibility, memory and time: Child witnesses in court and what really happened. *Forum Qualitative Sozialforschung/Forum Qualitative Social Research*, *8*(1), Art. 14. http://dx.doi.org/10.17169/fqs-8.1.204.

Nissen, M. (2012). *The Subjectivity of Participation. Articulating Social Work Practice with Youth in Copenhagen*. London: Palgrave Macmillan.

Nissen, M. (2014). Could life be…: Producing subjectivity in participation. In A. Blunden (Ed.), *Collaborative Projects* (pp. 69–84). London: Brill.

Nissen, M. (2016). Standards and standpoints.:Why standards, and studying them, imply critique. *Theory & Psychology*, *26*(2), 163–181.

Nissen, M. (2019, in press). Remembering, rewriting, rearticulating, resituating motivation. *Annual Review of Critical Psychology*.

Nissen, M., & Barington, K. (2016). Numbers: User-driven standards and manageable nothingness. In J. Bang & D. Winther-Lindqvist (Eds.), *Nothingness. Philosophical Insights into Psychology* (pp. 251–286). Somerset: Taylor & Francis.

Nissen, M., Barington, K., & Halberg, M. (2019). Deconstructing therapy: Performing the common sense user. *Forum Qualitative Sozialforschung/Forum Qualitative Social Research*, *20*(1), Art. 2. http://dx.doi.org/10.17169/fqs-20.1.2916

Nissen, M., & Sørensen, K. S. (2017). The emergence of motives in liminal hotspots. *Theory & Psychology*, *27*(2), 249–269.

Nissen, M., Staunæs, D., & Bank, M. (2016). A 'post-psychological' curiosity of subjectivities and standards (editorial). *Theory & Psychology*, *26*(2), 137–143.

Orford, J. (1992). *Community Psychology: Theory and Practice*. Chichester: Wiley.

Osterkamp, U. (1975). *Grundlagen der psychologischen Motivationsforschung 1*. Frankfurt a.M.: Campus.

Parker, I. (1997). *Psychoanalytic Culture: Psychoanalytic Discourse in Western Society*. London: Sage.

Rancière, J. (2014). *The Emancipated Spectator*. London: Verso.

Raffnsøe, S. (2017). What is critique? Critical turns in the age of criticism. *Outlines. Critical Practice Studies*, *18*(1), 28–60. Retrieved from https://tidsskrift.dk/outlines/article/view/26261.

Rollnick, S., & Miller, W. R. (1995). What is motivational interviewing? *Behavioural and Cognitive Psychotherapy*, *23*, 325–334.

Rose, N. (1999). *Powers of Freedom: Reframing Political Thought*. Cambridge, UK: Cambridge University Press.

Scholer, A. A., Miele, D. B., Murayama, K., & Fujita. K. (2018). New directions in self-regulation: The role of metamotivational beliefs. *Current Directions in Psychological Science*, *27*(6), 437–442. https://doi.org/10.1177/0963721418790549.

Schott, R. M., & Søndergaard, D. M. (Eds.) (2014). *School Bullying: New Theories in Context*. Cambridge, MA: Cambridge University Press.

Schüll, N. D. (2012). *Addiction by Design: Machine Gambling in Las Vegas*. Princeton, NJ: Princeton University Press.

Schunk, D. H., Meece, J. L, &. Pintrich, P. R. (2014). *Motivation in Education: Theory, Research, and Applications*. London: Pearson Higher Education.

Sedgwick, E. K., & Frank, A. (2003). *Touching Feeling: Affect, Pedagogy, Performativity*. Durham, NC: Duke University Press.

Smith, D. E. (2005). *Institutional Ethnography: A Sociology for People*. Lanham, MD: Rowman Altamira.

Staunæs, D., & Juleskjær, M. (2016). The principal is present: Producing psy-ontologies through (post-)psychologies. In E. B. Petersen & Z. Millei (Eds.), *Interrupting the Psy-Disciplines in Education* (pp. 75–92). London: Palgrave Macmillan.

Stengers, I. (1997). *Sciences et pouvoirs. La démocratie face à la technoscience*. Paris: La Découverte.

Stenner, P. (2018). *Liminality and Experience: A Transdisciplinary Approach to the Psychosocial*. London: Palgrave Macmillan.

Stetsenko, A. (2016). *The Transformative Mind: Expanding Vygotsky's Approach to Development and Education*. Cambridge, UK: Cambridge University Press.

Stiegler, B. (2010). *Taking Care of Youth and the Generations*. Stanford, CA: Stanford University Press.

Sturm, T., & Mülberger, A. (2012). Crisis discussions in psychology – new historical and philosophical perspectives. *Studies in History and Philosophy of Biological and Biomedical Sciences*, *43*, 425–433.

Teo, T. (2006). *The Critique of Psychology: From Kant to Postcolonial Theory*. New York: Springer.

Tolman, C. W., & Maiers, W. (1991). *Critical Psychology: Contributions to an Historical Science of the Subject*. New York: Cambridge University Press.

Vygotsky, L. S. (1997). The historical meaning of the crisis in psychology: A methodological investigation. In R. W. Rieber & J. Wollock (Eds.), *The Collected Works of L. S. Vygotsky*, vol. 3 (pp. 233–343). New York: Plenum.

White, M. (1997). Challenging the culture of consumption: Rites of passage and communities of acknowledgement. In M. Raven (Eds.), *New Perspectives on Addiction* (pp. 38–42). Adelaide: Dulwich Centre.

White, M. (2007). *Maps of Narrative Practice*. New York: Norton.

White, M., & Epston, D. (1990). *Narrative Means to Therapeutic Ends*. New York, London: Norton.

Wittgenstein, L. (2009). *Philosophical Investigations: The German Text, with an English Translation* (4th ed., G. E. M. Anscombe, P. M. S. Hacker & J. Schulte, transl.). Malden, MA, Oxford: Wiley-Blackwell. (Original work published in 1953.)

Die Psychological Humanities als reflexives Moment der Psychologie

Lisa Malich und David Keller

Abstract

In diesem Beitrag skizzieren wir die ‚Psychological Humanities' als einen neuen interdisziplinären Ansatz, der die Psychologie in den Mittelpunkt der wissenschaftlichen Betrachtung rückt. Die Relevanz einer solchen Betrachtungsweise ergibt sich nicht nur aus der zunehmenden Psychologisierung verschiedener gesellschaftlicher und kultureller Bereiche, sondern auch aus mehreren aktuellen Vorfällen innerhalb der akademischen Psychologie, etwa der ‚replication crisis' oder dem ‚Hoffman-Bericht' über die mögliche Beteiligung von Psycholog_innen an militärischer Folter. Wir argumentieren, dass die Psychological Humanities ein Feld der Reflexion eröffnen können, das eine vielschichtige Kritik an psychologischem Wissen und seinen jeweiligen Praktiken ermöglicht. In unserem Beitrag stellen wir das Lübecker Modell der Psychological Humanities vor, das zwei Perspektiven beinhaltet: (1) den geisteswissenschaftlichen Blick von außen auf die Psychologie, der insbesondere Ansätze aus der Wissenschaftsgeschichte und aus der Kulturwissenschaft einsetzt; (2) unterschiedliche theoretische Perspektiven innerhalb der Psychologie, die erkenntnistheoretische Ansätze, pluralistische Zugänge zum Psychischen und ethische Positionen umfassen. Daraufhin wird der Ansatz der Psychological Humanities am Beispiel von Trauma konkretisiert. Abschließend werden Differenzen und Gemeinsamkeiten zwischen den Psychological Humanities und dem bereits etablierten Bereich der Medical Humanities aufgezeigt. Insgesamt plädieren wir dafür, dass es für die Psychologie an der Zeit ist, sich selbst, ihren Gegenstand und ihre Effekte eingehender zu reflektieren, um sich ihrer gesellschaftlichen Verantwortung umfassender zu stellen.

* * *

Psychological Humanities as a reflective moment of psychology

In this paper, we sketch Psychological Humanities as a novel interdisciplinary approach that takes psychology as its object of investigation. The importance of such an approach can be found not only in the increasing psychologization of various social and cultural arenas, but also in several recent developments in academic psychology, such as the 'replication crisis' and the Hoffman report on the participation of psychologists in abusive military interrogation programs. We argue that Psychological Humanities can open a field of reflection in which a multi-layered critique of psychological knowledge and its practices can be realized. In our contribution, we present the Lübeck Model of Psychological Humanities, entailing two perspectives: (1) the humanities' view of psychology from the outside, using approaches from the history of science and cultural studies in particular; (2) different theoretical perspectives from the field of psychology, including epistemological approaches, pluralistic theories of the human psyche, and ethical positions. To elucidate the approach of Psychological Humanities, we take trauma as an example. Finally, the paper highlights differences and similarities between Psychological Humanities and the already established field of Medical Humani-

V. Balz und L. Malich (Hrsg.), *Psychologie und Kritik*,
https://doi.org/10.1007/978-3-658-29486-1_5

ties. Overall, we argue that it is time for psychology to engage in deeper self-reflection by reconsidering its object of study and its effects. In such a way, the practice may become more aware of its social responsibility.

* * *

Die Psyche ist heute im Besitz der Psychologie. Fielen Fragen des Psychischen und der menschlichen Subjektivität lange in den Gegenstandsbereich der Philosophie, so hat psychologisches Wissen im Verlauf des 20. Jahrhunderts weitgehende Deutungshoheit über unser Selbstverhältnis erlangt: Mit psychologischen Termini beschreiben wir uns und andere als ‚intelligent', ‚motiviert' oder ‚introvertiert'. Mithilfe neuropsychologischer Modelle meinen wir, unsere Denkprozesse zu verstehen. Zur Bewältigung existentieller Krisen, aber auch zur Optimierung der eigenen Lebensführung, nehmen wir psychologische Behandlungsmethoden in Anspruch. Psychologische Konzepte und Praktiken sind – so der unmittelbare Befund – tief verwoben mit der Alltagskultur und dem Selbstverhältnis westlich-industrialisierter Gesellschaften. Dieser Prozess wird oft als Psychologisierung bezeichnet. Sie betrifft nicht nur Alltagswissen, sondern auch akademische Felder. Denn dass wir in einem ‚psychologischen Jahrhundert' leben, lässt sich auch an der wachsenden Bedeutung der wissenschaftlichen Disziplin Psychologie ablesen. Ihre steigende Relevanz zeigt sich etwa darin, dass sich die Studierendenzahlen der Psychologie ab den 1960er Jahren ebenso wie die Zahl der Professuren vervielfacht haben (Métraux, 1985).

Mit der Psychologisierung ist auch eine zunehmende Therapeutisierung verbunden, wenngleich beide Prozesse keineswegs deckungsgleich sind. Die Therapeutisierung, also die Ausbreitung von Wissen über psychisches Leiden, die Rahmung dieses Leidens als behandlungsbedürftig und seine Adressierung mittels verschiedener Praktiken, um beispielsweise ‚Symptomfreiheit', die Leistungsfähigkeit oder – ganz allgemein – psychisches Wohlbefinden herzustellen, nahm in verschiedenen Gesellschaftsbereichen ebenfalls im Verlauf des 20. Jahrhunderts an Fahrt auf (Maasen et al., 2011; Sieben, Sabisch-Fechtelpeter & Straub, 2012). Während die Therapeutisierung sich aus unterschiedlichen Wissensfeldern wie Pädagogik, Psychoanalyse, Psychosomatik oder Psychiatrie speist, gerät hier doch zunehmend die Psychologie in den Vordergrund. Etwa gehört die Psychotherapie, früher ein primär medizinischer Bereich, mittlerweile größtenteils zur Klinischen Psychologie. 2013 kamen über 70 % der psychotherapeutischen Behandler_innen in Deutschland aus der Disziplin Psychologie, mit steigender Tendenz (BPtK, 2013). Ähnliche Entwicklungen lassen sich auch für andere Länder wie die USA beobachten.

Proportional zu ihrem Einfluss und ihrer Bedeutung, so sollte man meinen, muss auch das Bewusstsein der Psychologie für ihre gesellschaftliche Verantwortung wachsen. Dies wurde in jüngster Zeit allerdings eher *ex negativo* deutlich. So zählt etwa das *psychographic targeting* zu den neuesten psychologischen Tätigkeitsbereichen – eine Verbindung von Psychometrie, Persönlichkeitsdiagnostik und Big Data, die als vermeintliche „Bombe" in online geführten Wahlkämpfen auch international unrühmliche Berühmtheit erlangte: Digitale Technologien, die am psychologischen Persönlichkeitsmodell der ‚BIG 5' orientiert sind und zur Werbung genutzt wurden, sollen zum Brexit und zum Wahlsieg Donald Trumps in den USA beigetragen haben (Gibney, 2018; Grassegger & Krogerus, 2016). Der in der breiten Medienöffentlichkeit ausgetragene Skandal hatte hierbei jedoch primär auf den problematischen Umgang mit Daten beim Konzern Facebook abgehoben, während die Rolle der Psychologie in diesem Gefüge nur am Rande diskutiert worden war. Anders ein Jahr zuvor: 2015 war mit der Publikation des ‚Hoffman-Report' bekannt geworden, dass Psycholog_innen an aggressiven Befragungen und Foltermaßnahmen der CIA und des amerikanischen Verteidigungsministeriums beteiligt gewesen waren (Hoffman et al., 2015). Die Veröffentlichung stimulierte in den USA eine grundlegende ethische Debatte im Fach und führte zu einer kritischen Auseinandersetzung mit seinen institutionalisierten Strukturen (Aalbers & Teo, 2017; Elkins 2016). Parallel dazu mehrten sich kritische Stimmen, die die empirische Bewährung zentraler psychologischer Postulate infrage stellten: Konzepte wie ‚Power Posing' oder ‚Social Priming', die teilweise auch in praktisch-psychologischen Anwendungen genutzt oder in populären Ratgebern bekannt gemacht wurden, konnten in Folgestudien nicht reproduziert werden. Die Reproduzierbarkeit von empirischen Ergebnissen stellt jedoch eine der zentralen erkenntnistheoretischen Grundlagen der Psychologie dar, die sich stark am Modell des Experiments orientieren. Dass in einer groß angelegten Untersuchung nur 36 von 100 psychologischen Studien repliziert werden konnten (Open Science Collaboration, 2015), manövrierte die Psychologie in eine regelrechte ‚replication crisis'. Die Befunde werfen nicht nur methodologische und wissenschaftstheoretische Fragen zur psychologischen Forschungspraxis auf. In der Kritik stehen auch die Strategien der Wissenschaftskommunikation des Fachs selbst, das über den Rekurs auf sein Methodenrepertoire die Faktizität seiner Forschungsergebnisse plausibilisiert und sich auf diese Weise zugleich von populärwissenschaftlichen Konzepten über die Psyche abzugrenzen versucht.

Die gewachsenen Einflussmöglichkeiten der Psychologie ebenso wie die damit verbundenen Probleme verdeutlichen die Notwendigkeit einer eingehenden Reflexion der Psychologie – ihrer Ansätze und Methoden genauso wie ihrer Prämissen und Praktiken. Diese Reflexion, so unsere Kritik, erfolgt bislang kaum. Denn die prominente gesellschaftliche Rolle der Psychologie steht zugleich in Diskrepanz zu ihrer Wissenschaftskultur, in der die gesellschaftlichen Effekte der Disziplin weitgehend ausgeblendet werden und kulturelle Faktoren wenig Beachtung finden. Ausgerichtet an einer rein empirischen Vorgehensweise, die Methoden und Techniken der Datenverarbeitung in den Vordergrund stellt und in der Regel auf Quantifizierung psychischer Phänomene abzielt, findet eine tiefer gehende Reflexion des eigenen Untersuchungsgegenstands, seine kulturelle oder auch gesellschaftspolitische Verortung, nicht statt.

Ebenso sind ethische und wissenschaftstheoretische Grundlagen im Fach derzeit wenig bis gar nicht systematisch institutionalisiert. Als Folge davon ergibt sich die allgemeine Diagnose einer „Theorieabstinenz der gegenwärtigen Psychologie" (Mack et al., 2014, Klappentext), die angesichts ihrer Bedeutung für Menschenbild und gesellschaftliche Entwicklungen durchaus problematisch erscheint. Entsprechend forderte jüngst auch der Wissenschaftsrat in seinem Bericht zur Lage der Psychologie in Deutschland, die „Theoriebildung" im Fach „auf übergreifender Ebene voranzutreiben" und beklagte zudem den „Rückgang von Studien zur Geschichte des Faches und zu wissenschaftstheoretischen Fragestellungen" (Wissenschaftsrat, 2018, S. 55).

Um diesem, von verschiedener Seite festgestellten, Reflexionsdefizit zu begegnen, schlagen wir die ‚Psychological Humanities' als neuen Ansatz vor. Wir orientieren uns hierbei an einem Begriff der Humanities, der im angloamerikanischen Sprachraum verwendet wird und der die enorme Spannbreite der Disziplinen bezeichnet, die sich den Geistes- und Kulturwissenschaften zuordnen lassen.[1] Zu den Humanities gehören akademische Fächer wie Philosophie und Geschichte, aber auch die Disziplinen, die die vielfältigen Produkte kulturellen Schaffens in den Mittelpunkt ihrer Analysen rücken (zum Beispiel Literatur- und Medienwissenschaft, Kunst- und Bildgeschichte). In ihrer Vielfalt verfolgen die Humanities ein breites Spektrum von Fragestellungen, ihren Untersuchungsobjekten wenden sie sich dabei unter dem Einsatz unterschiedlicher Forschungspraktiken zu (vgl. Bod et al., 2016, S. 1–2). Ihre Affinität zu komplexen Betrachtungen und Theoriebildungen, zur kritischen Reflexion, Argumentation und Diskussion birgt – so unsere These – ein besonderes Potential gerade für den konstatierten Status quo der Psychologie. Dem Ansatz der Psychological Humanities ist somit ein Impuls der kritischen Betrachtung zueigen. Angesetzt wird an einem komplexen Begriff von Kritik, der ihre Stellung innerhalb der Geistes- und Kulturwissenschaften würdigt. Diese Form von Kritik geht über eine reine Infragestellung oder gar Ablehnung hinaus, da sie auch die epistemologischen Modi ihrer Erkenntnismöglichkeiten reflektiert (siehe dazu Jaeggi & Wesche, 2010). Beschrieben ist damit eine Praxis, die auf bestimmte epistemologische Gewissheiten Bezug nimmt, wobei diese in einem weiteren Schritt wiederum zum Gegenstand der Reflexion und Befragung werden (Butler, 2010). Weil es in dieser Betrachtungskonstellation kein ‚außen' geben kann, das jenseits von Machtrelationen verortet ist (Foucault, 1992), werden die eigenen Prämissen und Bedingungen in diesem Modus der Kritik selbst zur Disposition gestellt.

Der hier beschriebene Ansatz der Psychological Humanities ist darüber hinaus durch den Ort seiner Entstehung geprägt. Als die Universität zu Lübeck im

1 Die Idee zum Ansatz von Psychological Humanities entstand im Vorfeld des Workshops „Territories of Critique in Psychology: Lübeck Colloquium of Psychological Humanities" im Jahr 2017, das auch den Ausgangspunkt dieses Sammelbandes bildet. Im Laufe des Workshops und im produktiven Dialog mit anderen Forscher_innen, insbesondere mit Thomas Teo und Wade Pickren, konkretisierte sich das Konzept. Seitdem erfolgten einige weitere inhaltliche Ausarbeitungen – insbesondere auf einem Panel der Annual Convention der American Psychological Association (Keller & Malich, 2018; Teo & Pickren, 2018) und einer Konferenz in Barcelona zu „Humanities in Transition" (Malich & Keller, 2018; Pickren & Teo, 2018). Mittlerweile liegen erste Publikationen vor, die das Konzept inhaltlich weitergehend konturiert haben und zugleich Differenzen zum Lübecker Modell aufzeigen (Teo, 2017).

Jahr 2013 den Studiengang Psychologie einführte, wurde in enger Zusammenarbeit mit dem Institut für Medizingeschichte und Wissenschaftsforschung ein Pflichtmodul zur ‚Geschichte, Theorie und Ethik der Psychologie' für den Bachelor-Studiengang entwickelt. Dieses Modul wurde von den Autor_innen (beide haben sowohl einen Abschluss in Psychologie als auch in Geschichts- bzw. Kulturwissenschaft) teilweise konzipiert bzw. weiterentwickelt und zusammen mit weiteren Kolleg_innen des Instituts in der Lehre vertreten. Zeitgleich entstand am Institut für Medizingeschichte und Wissenschaftsforschung ein interdisziplinärer Forschungskontext, der in verschiedenen Projekten epistemologische und historische Aspekte der Psychologie adressiert. Neben der universitären Lehre und ihren didaktischen Aspekten wird unser Ansatz damit auch von einer forschungsbezogenen Perspektive getragen.

Als integrativer und reflexiver Ansatz verfolgen die Psychological Humanities des ‚Lübecker Modells' zwei zentrale Ziele. Sie sollen einerseits einen geistes- und kulturwissenschaftlichen Blick *auf* die Psychologie, ihre historische Formation und ihren gesellschaftlichen Kontext werfen. Andererseits sollen sie die Auseinandersetzung mit theoretischen und ethischen Fragestellungen *innerhalb* der Psychologie fördern, die sich mit Blick auf die psychologische Forschung und Praxis ergeben. Mit ihrer Verortung sowohl in den Geistes- und Kulturwissenschaften als auch der Psychologie selbst weisen wir Psychological Humanities eine Brückenfunktion zu, die sich quer zu den einzelnen Fachdisziplinen und -kulturen bewegt. Damit unterscheidet sich der Lübecker Ansatz teilweise von der Konzeption Thomas Teos (2017), der die Psychological Humanities auf Subjektivierungsprozesse perspektiviert und stärker in der Allgemeinen Psychologie situiert.

Im Folgenden stellen wir beide Zielsetzungen der Psychological Humanities näher vor. Um zu illustrieren, wie sie mit Blick auf die Inhalte und Praktiken der Psychologie produktiv gemacht werden können, wenden wir uns einem konkreten Beispiel zu, das auch im Rahmen der Lehre zur Geschichte, Theorie und Ethik der Psychologie und Psychotherapie Verwendung findet. Abschließend verweisen wir auf einige Unterschiede und Ähnlichkeiten zum Feld der Medical Humanities, denen die Psychological Humanities begrifflich nahestehen und zu denen teilweise inhaltliche Überschneidungen bestehen.

Geistes- und kulturwissenschaftliche Perspektiven auf die Psychologie

Aus dem geistes- und kulturwissenschaftlichen Fächerkanon kommt historischen Betrachtungen in den Psychological Humanities eine zentrale Rolle zu. Angewendet auf das Feld der Psychologie, führen diachrone Analysen die historische Kontingenz von psychologischem Wissen vor Augen. Vermeintlich sichere Wahrheiten erweisen sich aus der Distanz als konstruierte Fakten, zudem wird der unmittelbare und mittelbare gesellschaftspolitische Einfluss auf psychologische Lehrmeinungen nachvollziehbar. Dies gilt auch *vice versa*: Über die historische Perspektive lassen sich die unterschiedlichen Effekte psychologischen Wissens auf Politik und Gesellschaft nachzeichnen.

Doch die Geschichte der Psychologie und der psychologischen Psychotherapie sind heute weitgehend unterbelichtete Felder. Zwar erschienen gerade in den 1980er und 1990er Jahren einige einschlägige Arbeiten (Ash, 1998; Danziger, 1994; Geuter, 1984; Rose, 1985), denen ein hoher methodologischer und theoretischer Standard in Wissenschaftsgeschichte und -forschung zu attestieren ist. Und auch heute werden durchaus noch vereinzelte Arbeiten publiziert, die sich aber vor allem auf den englischsprachigen Raum beziehen (z.B. Rutherford, 2009; Smith, 2013; Walsh, Teo & Baydala, 2014) und teilweise auf den spanischsprachigen (z.B. Mülberger, 2016). Insgesamt ging die Beschäftigung mit der Thematik jedoch in den letzten Jahren deutlich zurück. Dieser Rückgang betrifft vor allem den deutschsprachigen Raum, wo – bis auf wenige Ausnahmen, genannt seien hier beispielsweise Maik Tändlers 2016 erschienenes Buch zum gesellschaftlichen Kontext des Psychobooms der 1970er Jahre in der BRD oder die Arbeiten von Susanne Guski-Leinwand (2010, 2018) – kaum mehr psychologiehistorische Forschung stattfindet. Dies zeigt sich auch im Ende der einschlägigen Fachzeitschrift *Psychologie und Geschichte*, die, 1989 gegründet, 2002 eingestellt wurde.

Die relativ übersichtliche Anzahl wissenschaftsgeschichtlicher Studien, die sich mit Psychologie befassen, fällt noch mehr ins Auge, wenn man diese mit dem sehr viel umfangreicheren Korpus an historischen Abhandlungen zur Psychiatriegeschichte vergleicht (z.B. Berrios & Porter, 1999; Borck & Schäfer, 2015; Hess & Schmiedebach, 2012; Schott & Tölle, 2006; Shorter, 1999). Auch

Arbeiten zur Psychotherapiegeschichte betonen, neben psychoanalytischen Ansätzen (z.B. Illouz, 2011), psychotherapeutisches Wissen in medizinischen oder psychiatrischen Kontexten (z.B. Geyer, 2011). Das Übergewicht an psychiatriehistorischen Arbeiten begründet sich wohl auch aus ihrer institutionellen Verankerung in der Medizingeschichte, die seit Langem zum obligatorischen Lehr- und Forschungsangebot medizinischer Fakultäten zählt.

Dagegen ist in der Psychologie selbst eine Abkehr von der Beschäftigung mit der eigenen disziplinären Vergangenheit zu verzeichnen. Bereits früh wurde die sogenannte kognitive Wende der 1970er Jahre innerhalb der Psychologie, unter Bezugnahme auf Thomas Kuhn, als Paradigmenwechsel diskutiert (Palermo, 1971). In der Folgezeit nahm das Interesse an epistemologischen und zeitgeschichtlichen Betrachtungen innerhalb der Disziplin allerdings stark ab, besonders im deutschsprachigen Raum. Zwar wurde hier 1981 das Adolf-Würth-Zentrum für Geschichte der Psychologie eingerichtet, das seit 2009 als wissenschaftliche Einrichtung der Universität Würzburg angegliedert ist. Ansonsten ist die Psychologiegeschichte jedoch auch auf institutioneller Ebene im Fach weitgehend verschwunden. Das spiegelt sich im Abbau der wenigen Lehrstühle für Psychologiegeschichte in Deutschland wider. So wurde etwa die Professur, die Irmingard Stäuble an der Freien Universität Berlin im Arbeitsbereich Geschichte der Psychologie innehatte, nach ihrem Ausscheiden in den frühen 2000er Jahren nicht mehr nachbesetzt. Schon zuvor hing es vor allem vom persönlichen Interesse der Inhaber_innen anderer Lehrstühle des psychologischen Fächerkanons ab, ob historische Fragestellungen zur eigenen Disziplin eine Rolle spielten. Mit der Emeritierung der jeweiligen Person gingen entsprechende Inhalte und Lehrformate an den Instituten dann meist verloren.[2]

Vor allem aber zeigt sich dieses Defizit im weitgehenden Fehlen entsprechender Lehrangebote im Rahmen des Psychologiestudiums in Deutschland. Diese Situation wurde vor wenigen Jahren in einem „Memorandum zur Lage und zur Zukunft des Fachs Geschichte der Psychologie“ beklagt:

2 Dies war z.B. bei Wolfgang Schönpflug der Fall, der ab 1974 eine Professur für Allgemeine Psychologie an der Freien Universität Berlin innehatte.

> „Studierende der Psychologie werden (...) meist nicht mehr in die historisch fundierte Auseinandersetzung mit ihrem Fach eingeführt; sie bleiben ungeübt im Diskurs über die Wandelbarkeit und Zeitgebundenheit psychologischer Forschung und Praxis sowie über deren mögliche Gefährdung durch Ideologien und äußere Einflussnahmen. Weiterhin eröffnet die fachliche Qualifikation im Bereich der Psychologiegeschichte kaum mehr Perspektiven für eine wissenschaftliche Laufbahn an Universitäten" (Allesch et al., 2015, S. 176).

Dieses zahlreich unterzeichnete Memorandum hatte bislang indes kaum Konsequenzen. So wurde etwa die dort geforderte Einrichtung eines Moduls ‚Psychologiegeschichte' – bis auf die Lübecker Ausnahme – nicht umgesetzt, auch die Forderung des Memorandums nach einem Master-Studiengang Psychologiegeschichte blieb unbeantwortet.

Auf inhaltlich-wissenschaftlicher Ebene sind die relativ wenigen bestehenden Fachgeschichten aus der Psychologie zwar wertvoll, durchaus gründlich und decken lange Zeiträume ab (z.B. Lück & Guski-Leinwand, 2014; Schönpflug, 2004; Sprung & Sprung, 2010). Allerdings können sie gezwungenermaßen oft nur eine allgemeine Übersicht geben und weisen selbst immer wieder auf viele bestehende Forschungsdesiderate hin. Zudem setzen einige – nicht alle – dieser Psychologiegeschichten auf klassische Fortschrittsnarrative, die sich an zentralen Forscherpersönlichkeiten orientieren. Sie befinden sich so nicht immer auf dem Stand aktueller Methoden und Perspektiven der historischen Wissenschaftsforschung, in denen beispielsweise eine Vernetzungs- oder Verflechtungsgeschichte diskutiert wird; ebenso wenig verhandelt wird eine ‚Geschichte von unten', die aus Sicht von Patient_innen oder Versuchspersonen geschrieben ist, oder eine Wissensgeschichte, die den Austausch zwischen akademischen und nicht-akademischen Vorstellungen in den Blick nimmt (Müller-Wille, Reinhardt & Sommer, 2017).

Ähnliches gilt für Arbeiten, die sich in den letzten Jahren dem Komplex der „psy-sciences" (Rose, 1985) unter dem Einsatz spezifischer Methoden oder Perspektiven zugewendet haben. Auch hier ist bislang eine deutlich intensivere Beschäftigung mit Nachbardisziplinen der Psychologie wie der Psychiatrie und den Neurowissenschaften zu verzeichnen (z.B. Hasler, 2012; Martin, 2010; Metzl, 2003; Roelcke, 2012). Wie in der Geschichte existieren auch hier deutliche Forschungslücken, die angesichts der gestiegenen kulturellen Bedeutung der Psychologie umso eklatanter werden.

Die erste Ebene im Ansatz der Psychological Humanities bedeutet also, einen wissenschaftshistorisch und kulturwissenschaftlich informierten Blick auf die Psychologie zu werfen. Dies sollte in Lehrangebote innerhalb der Psychologie einfließen, kann aber ebenso den Inhalt von Seminaren in geisteswissenschaftlichen Fächern, etwa den Geschichts- oder Kulturwissenschaften, bilden. Vor allem aber entstehen aus dieser Perspektive Forschungsdesiderate, die zum einen allgemeine Fragestellungen umfassen: Welche Geschichten moderner Psychologien, ihrer Brüche und Kontinuitäten sind denkbar? Wie gelang es der Psychologie im 20. Jahrhundert, die Deutungshoheit über die Psyche zu erlangen und was ging dabei verloren? In welche Machtverhältnisse war die psychologische Wissensproduktion eingebunden? Welche Rolle spielten die Aktivität von Technologien, die Bedeutung von Praktiken oder gesellschaftliche Faktoren? Wie veränderten sich Subjektvorstellungen durch die und in der Psychologie? Zum anderen lassen sich vor diesem Hintergrund spezifischere und partikulare Fragestellungen generieren: Wie und wann wurden z.B. psychologische Techniken bei Folter, politischer Verfolgung und militärischen Befragungen eingesetzt? Wie könnte eine Geschlechtergeschichte oder eine postkoloniale Geschichte der Psychologie aussehen? Welches Verhältnis bestand zwischen psychologischer Wissenschaft und der sogenannten Folk Psychology? Wie und in welchen konkreten Gebieten findet psychologisches Wissen praktische Anwendung? Welche gesellschaftlichen und politischen Effekte hat psychologisches Wissen? Und was für Auswirkungen hat die zunehmende Psychologisierung auf den Prozess der Therapeutisierung?

Epistemologische, theoretische und ethische Perspektiven in der Psychologie

In Reaktion auf das eingangs diagnostizierte Theoriedefizit sollen Psychological Humanities auch theoretische Auseinandersetzungen und reflexive Momente *innerhalb* der Psychologie fördern. Im Gegensatz zur ersten Perspektive, die auf einen transdisziplinären Austausch setzt und die auch Forschenden und Studierenden der Geisteswissenschaften eine Beschäftigung mit Psychologie eröffnet, zielt diese zweite Perspektive also primär auf innerpsychologische Debatten und Ansätze. Hierbei lassen sich drei zentrale Dimensionen unterscheiden: (1) eine epistemologische, (2) eine gegenstandsbezogen-theoretische und (3) eine ethische.

Erstens gilt es also, der selbstreflexiven Beschäftigung mit den fachinternen epistemologischen Vorstellungen und methodologischen Gewohnheiten mehr Raum zu geben. Zwar ist die psychologische Methodenlehre in Bezug auf quantitative Datenerhebung und Statistik sehr gründlich, die dazu gehörende Wissenschaftstheorie geht jedoch meist nicht über die Erwähnung des Popper'schen Falsifikationsprinzips hinaus. Entsprechend orientiert sich die psychologisch-empirische Forschung primär an Methoden, sie bewegt sich nah am Datenmaterial, bleibt weitgehend deskriptiv, zielt vor allem auf Hypothesentestung ab und bevorzugt die Operationalisierung verwendeter ‚Konstrukte', ohne diese vorab klar theoretisch zu definieren und sich mit Fragen der Inhaltsvalidität zu beschäftigen. Schon historisch war die intensive Orientierung an Methoden mit der Disziplinbildung der Psychologie selbst verbunden (Capshew, 1999). Entsprechend waren die verwendeten methodischen Zugänge in der Psychologie stets mehr als nur Forschungsinstrumente zur Datengewinnung, sondern prägten das Selbstverständnis akademischer Psycholog_innen auf fundamentale Weise. Ein prägnantes Beispiel ist hier die grundlegende Unterscheidung zwischen quantitativen und qualitativen Methoden, die in der Psychologie ein kaum überwindbares Schisma bildet, während sich andere Disziplinen in den letzten Jahren mit großem Interesse den Möglichkeiten einer *mixed-methods*-Forschung zugewendet haben. Innerhalb der quantitativ ausgerichteten Forschung gehört auch der identitätsbildende Unterschied zwischen korrelativer und experimenteller Psychologie dazu, der bereits von Lee Cronbach in den 1950er Jahren formuliert wurde (Flis & van Eck, 2018).

Die starke Fokussierung auf Methoden hat Kurt Danziger (1985) als „methodological imperative" der Psychologie ausgewiesen. Allgemeiner wird solch eine Überprivilegierung von Methoden zu Ungunsten inhaltlich-theoretischer Reflexion auch als *scientism* oder Szientismus bezeichnet (Ryder, 2005). Gemeint ist hierbei das Primat einer an spezifischen Verfahren ausgerichteten (Natur-)Wissenschaftlichkeit im Exzess, die unabhängig von der Passung mit dem jeweiligen Untersuchungsgegenstand stets die jeweils aktuellen naturwissenschaftlichen Methoden anwendet und die so generierten Ergebnisse nicht mehr hinterfragt. Dadurch wird die Validität, ein zentrales Gütekriterium psychologischer Test- und Messverfahren, erheblich eingeschränkt. Neben dem Theoriedefizit führt dieser psychologische Szientismus zu den sich immer wiederholenden epistemischen Krisenmomenten in der Psychologie, von denen die bereits erwähnte ‚replication crisis' die bislang jüngste ist. Denn einer der Gründe für die Replikationskrise ist, dass – gemäß dem methodologischen Imperativ – oft allein auf die per Konvention etablierten Signifikanzwerte geachtet wurde, während Überlegungen zur Validität der getesteten Konstrukte oder zu anthropologischen Grundannahmen allenfalls zweitrangig blieben (Wieser, 2016). Eine epistemologische Betrachtung der Replikationskrise im Rahmen von Psychological Humanities mag genauer diskutieren, welche konkreten methodologischen Vorannahmen diese Krise begünstigten, welche Anreizsysteme innerhalb des Wissenschaftssystems (insbesondere der ‚publication bias') zu ihr geführt haben (Pashler & Harris, 2012), inwieweit die Triangulierung von Ergebnissen tatsächlich einen Ausweg darstellen kann (Munafò & Smith, 2018) oder ob die Bedeutung der Replikation für die psychologische Forschung aus wissenschaftsphilosophischer Sicht nicht überschätzt wird (Feest, 2018).

Um Missverständnissen vorzubeugen: Trotz einer epistemologischen Kritik des Szientismus und des methodologischen Imperativs in der Psychologie geht es in den Psychological Humanities keinesfalls um eine Ablehnung quantitativer Zugänge. Es soll nicht eine weitere Neuauflage der in der Psychologie unendlichen Entgegenstellung von quantitativen vs. qualitativen Methoden erfolgen. Vielmehr geht es darum, derartige Oppositionsbildungen kritisch zu hinterfragen. Ebenso geht es um eine wissenschaftstheoretische Reflexion der quantitativen Psychologie, die gerade im Zusammenschluss mit psychologisch Forschenden erfolgen soll. Auf diesem Wege lassen sich darüber hinaus auch methodologische Zugänge der Psychological Humanities selbst herausarbeiten. Schließlich ist die Arbeitsweise in den Psychological Humanities keineswegs nur qualitativ. So erschienen in den letzten Jahren einige psychologiehistorische und diskursanalytische Arbeiten, die sich an den Instrumenten der Digital Humanities orientieren – eines aufstrebenden geisteswissenschaftlichen Zweigs, der im Rückgriff auf Computer- und Informationstechnologie große Datenmengen quantitativ untersucht (Burman, 2018; Flis & van Eck, 2018; Pettit, 2013). Die epistemologische Reflexion kann somit nicht zuletzt einem produktiven Austausch verschiedener methodologischer Zweige der Psychologie dienen.

Insgesamt stellen sich aus einer epistemologischen Perspektive beispielsweise folgende Fragen: Welche Wissenschaftstheorien – seien es postmoderne Ansätze oder universalistisch-positivistische Paradigmen – lassen sich auf die Psychologie anwenden oder kommen bislang in ihrer Forschung zum Tragen? Wie lässt sich die aktuelle psychologische Forschungspraxis beschreiben und welche epistemologischen Probleme können sich aus dieser ergeben? Weshalb sind gerade in der Psychologie spezifische Methoden so zentral für die disziplinäre Positionierung? Welche alternativen Positionierungen sind denkbar?

Neben der epistemologischen Dimension sind – der zweite oben genannte Punkt – die theoretisch-gegenstandsbezogenen Impulse für das Nachdenken über Psyche und Subjektivität zu beachten, die die Psychological Humanities setzen. Damit zielen sie auf das Kernanliegen der Disziplin selbst ab. In weiten Teilen der Psychologie ist die Tendenz zu erkennen, ‚die Psyche' als isolierte Entität zu betrachten und relativ unsystematisch in verschiedene ‚Variablen' zu untergliedern, die sich dann wiederum in empirischen Studien operationalisieren lassen (Danziger & Dzinas, 1997). Während gängige psychologische Ansätze psychische Phänomene meist nur deskriptiv erfassen, sollen Psychological Humanities eine komplexere und vor allem reflexive Theoriebildung ermöglichen, die auch die argumentativen Kriterien einer theoretischen Psychologie anwendet (Kukla, 2001). Dieser Aspekt des Lübecker Konzepts von Psychological Humanities entspricht somit am ehesten der an Subjektivitätsvorstellungen orientierten Version von Teo (2017). Dabei soll das Psychische nicht isoliert untersucht, sondern in seinem komplexen Zusammenhang mit gesellschaftlichen Aspekten betrachtet werden. Denn nur wenn die Psyche auch als Effekt von kulturellen Kontexten, von Machtrelationen (Butler, 2001), politischen Verhältnissen, und „looping effects" (Hacking, 1995a), also in ihrer konkreten Situiertheit reflektiert wird, lassen sich die Verflechtungen der wissenschaftlichen Erforschung des Psychischen mit der gesellschaftlichen Wirklichkeit begreifbar machen.

Ein Anknüpfungspunkt bilden hier theoretische Strömungen der Psychologie, die sich an aktuelle Ideen aus den Geistes- und Kulturwissenschaften anschließen lassen, innerhalb der Disziplin aber allenfalls marginal behandelt werden. Hier bietet sich insbesondere eine Beschäftigung mit der Kulturpsychologie an, die Wechselwirkungen zwischen Psyche und Gesellschaft in den Vordergrund stellt (Hildebrand-Nilshon, Papadopoulos & Kim, 2002; Slunecko, Wieser & Przyborski, 2017), ebenso wie mit relationalen Handlungspsychologien (Straub, 1999). Ähnlich existieren auch queere und feministische Ansätze innerhalb der Psychologie, die sich dadurch auszeichnen, dass sie gesellschaftliche Effekte auf die Psyche theoretisieren und gerade den politischen Kontext von Geschlechtsklassifikationen betonen (Sieben & Scholz, 2012). Auch Ansätze der Psychoanalyse (Bruder, 2004; Krüger-Kirn, 2015; Wöller & Kruse, 2010), der poststrukturalistischen Narrationspsychologie (Murray, 2015) oder der Subjektwissenschaft (Aumann, 2003; Brockmeier, 2008; Holzkamp, 1983) beziehen in ihren Konzeptionen des Psychischen soziale Aspekte mit ein. Einige dieser Ansätze bestehen zwar in benachbarten Disziplinen oder in der Praxis fort, wo sie mitunter von Psycholog_innen angewendet werden. Allerdings sind diese Ansätze derzeit an universitären Fachbereichen der Psychologie deutlich unterrepräsentiert, sodass bislang zu wenig fundierte theoretische Auseinandersetzungen mit ihnen stattfinden konnten.

So werden etwa psychoanalytische Verfahren in der psychologischen Psychotherapie angewandt und im Rahmen der schulenspezifischen Ausbildung zur psychologischen Psychotherapie vermittelt. Die Ausbildungskandidat_innen aus der Psychologie (selbst solche, die sich für ein psychodynamische Fachkunde entschieden haben) besitzen aber meist nur wenig Vorwissen und vermögen entsprechend kaum, eine differenzierte Haltung auszubilden. In Anbetracht der Vielzahl psychoanalytischer Ansätze, ihrer verschiedenen Menschenbilder und ihrer durchaus konsequenzreichen Anwendung in der Psychotherapie ist eine kritische Reflexion hier aber dringend notwendig. So differieren beispielsweise psychoanalytische Konzepte der menschlichen Entwicklung: Während etwa Lacan'sche Ansätze die Bedeutung des Symbolischen betonen, betrachten bindungstheoretische Ansätze stabile emotionale Zuwendung als zentral. Daraus leiten sich unterschiedliche Therapieziele ab, die von intellektueller Einsicht bis hin zu einer korrigierenden emotionalen Erfahrung reichen. Auch in Bezug auf Geschlecht und Sexualität finden sich in der Psychoanalyse äußerst heterogene Positionen, zu denen auch die Pathologisierung von Homosexualität und die Förderung traditioneller Weiblichkeitsrollen (der Mutter als primärer Versorgerin) gehören (Hutfless & Zach, 2017). Im Rahmen der knappen Zeit und Ressourcen in der praktischen Ausbildung lassen sich solche Positionen jedoch kaum eingehend problematisieren oder diskutieren. Anders als in der Praxis wäre der Raum für solch eine Auseinandersetzung in universitären Kontexten gegeben – und sollte dringend stattfinden.

Was theoretische Reflexionen über die Psyche anbelangt, ergeben sich somit unter anderem die folgenden Fragen: Welche psychologischen Theorien betonen die gesellschaftliche Situiertheit von Menschen und die Interaktion des Psychischen mit seinem kulturellen Kontext? Wie lassen sie sich diese verschiedenen Schwerpunktsetzungen miteinander verbinden? Von welchen Menschenbildern und spezifischen normativen Vorstellungen werden psychologische Theorien getragen? Welche gesellschaftlichen Implikationen von psychologischen Konzepten und Modellen leiten sich daraus ab? Aber auch: Auf welche Weise können psychologische Theorien weiterentwickelt werden?

Die epistemologischen und theoretischen Reflexionen bilden wiederum – und damit kommen wir zur dritten und letzten genannten Dimension – entscheidende Voraussetzungen für ethische Fragen. Die Ethik der Psychologie beschäftigt sich nicht mit der Frage, was wir tun können, sondern damit, was wir tun sollten. Mit ihrem Ansatz zielen die Psychological Humanities hierbei auf eine doppelte Leerstelle ab, die Forschungs- und Praxiszusammenhänge gleichermaßen betrifft. So unterliegen psychologische Studien zwar Regularien, deren Einhaltung im Rahmen institutionalisierter Beurteilungsverfahren durch Ethikkommissionen (etwa der Ethikkommission der DGPs) oder Institutional Review Boards sichergestellt werden soll. Diese Regularien beschränken sich jedoch meist auf ethische Mindeststandards und prüfen vor allem, ob den untersuchten Personen Risiken zugemutet werden, ob ihre Daten ausreichend geschützt werden oder inwieweit sie über Ziele und Verfahren der Studien aufzuklären sind. Die grundlegenden ethischen Implikationen, die mit humanwissenschaftlichen

Menschenversuchen verbunden sind, gehen jedoch nicht in diesen prozedural ausgelegten Handlungsanweisungen auf.

Ein Forum für derartige Auseinandersetzungen bieten gleichwohl die Psychological Humanities. Vielversprechende Impulse liefern hier auch jüngere Entwicklungen, die sich bei den Förderprogrammen naturwissenschaftlicher Forschung abzeichnen: Unter dem Stichwort ‚Responsible Research and Innovation' setzen Institutionen wie die Europäische Union beispielsweise auf die aktive Einbindung sämtlicher von einer Thematik betroffener Disziplinen, sodass die Beurteilung der gesellschaftlichen Relevanz von Forschungsvorhaben nicht mehr *a posteriori* erfolgt, sondern entsprechende Aspekte bereits ins Design und in die Formulierung der Fragestellung einfließen (siehe dazu z.B. Borck et al., 2018). Hierzu sollten auch Reflexionen über die möglichen gesellschaftlichen Folgen von psychologischen Studienergebnissen gehören. Ein Beispiel in diesem Zusammenhang stellt die zunehmende verhaltensgenetische Forschung und Neurogenetik dar. Etwa zeigen Studien bei Männern eine Korrelation zwischen einer spezifischen Mutation des MAO-A-Gens und kriminellem und aggressivem Verhalten, das in Kombination mit Kindheitstraumata auftritt (Caspi et al., 2002). Die Szenarien, wie gesellschaftlich mit diesem vermeintlich ‚bösen Gen' umgegangen werden könnte, greifen tief in die individuelle Lebensführung ein und betreffen fundamentale ethische Dimensionen – sie reichen von einer Anerkennung der Schuldminderung vor Gericht über potentielle pränataldiagnostische oder versicherungstechnische Aspekte bis hin zur Möglichkeit einer präventiven Sicherheitsverwahrung. Zu den problematischen Implikationen gehören auch latent rassistische Kategorisierungen, wenn etwa eine Studie Unterschiede zwischen Gewaltbereitschaft, Varianten des MAO-A-Gens und der Hautfarbe postuliert (Widom & Brzustowicz, 2006). Ethische Problemstellungen wie diese werden nur unzureichend von den derzeit institutionalisierten Ethikkommissionen zu psychologischer Forschung erfasst und bedürfen dringend einer umfassenderen Diskussion.

Psychological Humanities treten darüber hinaus für eine psychologische Praxis ein, die sensibel mit den ethischen Implikationen ihres Handelns umgeht. Von den nationalen und internationalen psychologischen Fachgesellschaften gibt es dazu entsprechende Orientierungsrahmen (APA, 2003/2010/2017; DGPs &

BDP, 2016). Diese Rahmenordnungen sind notwendig, durchdacht und gehen auf zentrale Punkte der Berufsausübung ein. In der praktischen Ausbildung und im akademischen Kontext fehlt die Kenntnis dieser Orientierungsrahmen jedoch weitgehend. Noch weniger findet hier eine tiefer gehende Auseinandersetzung mit ethischen Fragestellungen statt – im Unterschied zur Medizin, die wiederum auf institutionalisierte Strukturen in der ärztlichen Ausbildung blicken kann. Im Rahmen der Psychological Humanities soll ethischen Fragestellungen und kritischen Interventionen Raum gegeben werden, die auf ungleiche soziale Positionierungen sowie auf Machtverhältnisse innerhalb der Psychologie aufmerksam machen. Neben der psychologischen Forschung geraten so auch die Anwendung psychologischen Wissens und das Verhältnis von Psychologie und Politik in den Blick (Bersoff, 2008).

Darüber hinaus sollen konkrete ethische Probleme betrachtet werden, die sich aus in den immer stärker ausdifferenzierten psychologischen Anwendungsfeldern und dem Berufsalltag von Psycholog_innen ergeben. Diese gestalten sich im Einzelfall oft heterogener, als es eine allgemeine Berufsordnung fassen kann: Während z.B. im Alltag von Schulpsycholog_innen der Umgang mit Leistungstests zu einer ethischen Frage werden kann, können sich bei psychologischen Gutachten für das Familiengericht komplexe Fragen zum Kindeswohl stellen, aus der aussagepsychologischen Glaubhaftigkeitsbegutachtung mögen sich Probleme des Opferschutzes ergeben, während in der Werbepsychologie Fragen nach der ethischen Haltung der Auftraggeber_innen eine Rolle spielen können. Ein weiteres aktuelles Beispiel für Letzteres ist die bereits erwähnte Technik des *psychographic targeting* und ihre Anwendung für politische und kommerzielle Zwecke. Bislang stand hier vor allem die Datenweitergabe durch Facebook im Fokus. Ob aber psychologische Forscher_innen ihre Dienste für politische Zwecke einsetzen dürfen, ob tatsächlich alles Wissen aus der Psychologie in Werbung und Propaganda angewendet werden sollte (schließlich unterliegen Forschungsergebnisse anderer Disziplinen wie der Medizin oder Chemie strengeren Regularien) – diese Fragen wurden bislang noch nicht einmal diskutiert.

In besonderem Maße betrifft die ethische Dimension auch die psychologische Psychotherapie sowie Kategorisierungen und Erfahrungsräume der leidenden Psyche. Denn was als ‚psychisch krank‘ oder ‚gesund‘ gilt, ist im doppelten

Sinne kulturell definiert (Norcross, VandenBos & Freedheim, 2011). Zum einen werden Pathologiekonzepte grundlegend von gesellschaftlichen Normen mitbestimmt. Zum anderen hängt die Entstehung und Heilung von Krankheiten von sozioökonomischen Faktoren und gesellschaftlicher Anerkennung ab. Und auch in der psychotherapeutischen Behandlungspraxis ergeben sich immer wieder ethische Dilemmata. Dies betrifft nicht nur die Schweigepflicht oder die therapeutische Abstinenz, zu denen die Muster-Berufsordnung der Bundespsychotherapeutenkammer allgemeine Prinzipien formuliert (BPtK, 2007). Von der Auswahl einer konkreten Therapietechnik über implizite Optimierungsversprechen bis hin zum subtilen Einfluss unreflektierter persönlicher Moralvorstellungen von Psychotherapeut_innen auf ihre Klient_innen und deren Lebensführung – die Behandlungspraxis ist durchwoben mit ethischen Fragen und Herausforderungen, deren Reflexion der Berufsalltag kaum Gelegenheit bietet, nicht zuletzt auch vor dem Hintergrund des wachsenden ökonomischen Imperativs im Gesundheitssystem.

In Bezug auf ethische Aspekte stellen sich in den Psychological Humanities schließlich unter anderem folgende Fragen: Welche Konflikte, die über allgemeine ethische Richtlinien und Berufsordnungen hinausgehen, ergeben sich in der psychologischen Forschung und Praxis? Wie definiert sich die oft benannte psychologische ‚Verantwortung' konkret? Welche ethischen Dilemmata tauchen in der Psychotherapie auf? Und sind alle von den Berufsverbänden formulierten Normen tatsächlich in der jetzigen Form ethisch fundiert? Welche Rolle sollten persönliche Wertmaßstäbe von Psychotherapeut_innen in der Therapie spielen? Und wie können diese im Einzelfall reflektiert werden?

Psychological Humanities in Aktion: Ein konkretes Beispiel

Der Mehrwert von Psychological Humanities lässt sich am Beispiel des ‚Trauma'-Konzepts illustrieren, dem innerhalb der psychologischen Wissenschaften mittlerweile eine zentrale Bedeutung zukommt. Das ‚Trauma'-Konzept ist in dieser Hinsicht vor allem deshalb aufschlussreich, weil mit ihm eine Schlüsselkategorie beschrieben ist, die einerseits von den Fachdiskursen der Klinischen

Psychologie, Psychotherapie und Psychiatrie bespielt wird, die aber zugleich über diese engen Grenzen hinaus in unmittelbaren Wechselbeziehungen zu Politik, Kultur und Gesellschaft steht. Aufgrund seiner komplexen Verortung an den Schnittstellen verschiedener Diskurse und seiner kulturellen Bedeutung eignet sich ‚Trauma' überdies für die unmittelbare Anwendung einer Psychological-Humanities-Perspektive in der akademischen Lehre. Dozierende finden dazu zahlreiche Anknüpfungspunkte in einer Reihe neuerer Arbeiten aus den geistes- und kulturwissenschaftlichen Disziplinen, die sich in den letzten Jahren vermehrt mit dem Phänomen ‚Trauma' beschäftigt haben.

Während klassische Lehrbücher aus dem Gebiet der Psychologie Studierenden Kriterien einer Posttraumatischen Belastungsstörung im Sinne geltender medizinischer Klassifikationssysteme wie DSM und ICD an die Hand geben, über die Prävalenz und den Verlauf von ‚Traumafolgestörungen' Auskunft geben, Techniken der Diagnostik in Form von Skalen und Interviewverfahren vorstellen oder einen Überblick über etablierte Behandlungstechniken liefern, verfolgen die Psychological Humanities das Ziel, dieses Wissen zu kontextualisieren, zu erweitern und letztlich einen Raum der kritischen Reflexion zu eröffnen. Dazu ist es zunächst notwendig, das Wissensobjekt ‚Posttraumatische Belastungsstörung' in seiner historischen Genese zu rekonstruieren (z.B. Hacking, 1995b; Lays, 2000) und den politischen Kontext einzubeziehen (Brunner, 2014). Darüber hinaus sind mit dem Konzept von ‚Trauma' grundlegende epistemologische (Koch, 2014) und kulturelle Fragen aufgeworfen (Maercker, Heim & Kirmayer, 2018).

Die kulturelle Bedeutung traumatischer Erfahrungen, ihre Verarbeitung und Reflexion lässt sich in der universitären Lehre wiederum an den vielfältigen literarischen, künstlerischen und filmischen Auseinandersetzungen anschaulich machen (z.B. Assmann, Jeftic & Wappler, 2014). Im Hinblick auf die konkrete psychologische Forschungs- und Behandlungspraxis stellen sich wiederum zahlreiche ethische Fragen, was die sensible Adressierung traumatischer Erfahrungen angeht. Ebenso tauchen im Fall von ‚man made trauma' (etwa bei Missbrauch oder Gewalt) mitunter ethische Dilemmata hinsichtlich der Schweigepflicht oder rechtlicher Konsequenzen auf. Einen weiteren Gegenstand ethischer Diskussion kann die Diagnose der ‚emotional-instabilen Persönlichkeitsstörung' bilden, die im psychiatrischen Diskurs lange als ‚Borderline-Syndrom' diskutiert wurde: Sie betrifft oftmals Menschen mit massiven traumatischen Erfahrungen in der Lebensgeschichte und erreicht eine sehr viel höhere Prävalenzrate bei Frauen. Die Diagnose selbst geht mit einem großen Pathologisierungs- und Stigmatisierungspotential einher, das in populären Vorstellungen von der unzurechnungsfähigen ‚Borderline-Frau' anklingt und auch in der Praxis im Labeling als ‚schwierige Patientin' seinen Niederschlag findet (Witte, 2015). Zu diesen Aspekten gibt es beispielsweise mittlerweile auch praxisbezogene feministische Positionen, die auf den gesellschaftspolitischen Kontext von Traumata ebenso wie auf die Reflexion der Machtrelationen innerhalb der therapeutischen Settings abzielen (z.B. Brown, 2004).

Psychological Humanities im Verhältnis zu Medical Humanities: Eine Standortbestimmung

Anders als in der Psychologie gibt es in der ebenfalls primär naturwissenschaftlich geprägten Medizin durchaus geisteswissenschaftliche Zugänge. So wird unter dem Begriff der Medical Humanities ein breites Spektrum an kultur- und geisteswissenschaftlichen Forschungsfeldern subsumiert, das weit über eine historische Reflexion von Krankheitskonzepten mitsamt ihrer jeweiligen Behandlungsregime geht. Kulturell geprägte Erfahrungen des Krankseins und daraus resultierende Begegnungen mit dem Feld der Biomedizin, z.B. in der Rolle als Patient_in oder im Rahmen künstlerischer wie auch literarischer Auseinandersetzungen, werden von den Medical Humanities ebenso adressiert wie sozioökonomische Bedingungen oder ethische Aspekte des medizinischen Komplexes (Cole, Carlin & Carson, 2015). Im angloamerikanischen Sprachraum sind in den letzten Jahrzehnten dazu eigene Institute als Teil der medizinischen Fakultäten oder auch interdisziplinäre Lehr- und Forschungseinrichtungen innerhalb der geisteswissenschaftlichen Fakultäten entstanden. Auch liegen spezialisierte Fachzeitschriften (*Journal of Medical Humanities*, *Medical Humanities*) für die oben genannten Fragestellungen vor. Medical-Humanities-Ansätze haben darüber hinaus an vielen Orten Eingang in die Ausbildungscurricula von Medizinstudiengängen gefunden – als Pflichtprogramm oder zumindest elektiv für interessierte Studierende.

Welche Rolle Medical Humanities einnehmen sollen, wird von ihren Vertreter_innen wiederum unterschiedlich beantwortet (z.B. Bleakley, 2015). So war es beispielsweise das initiale Anliegen, Krankheit über Narrative und künstlerische Ausdrucksformen als subjektive menschliche Erfahrung zugänglich zu machen, für die es in der medizinischen Handlungslogik keinen Platz gab. Mit dieser Zielsetzung wurden entsprechende Perspektiven auch in die Ausbildung von Mediziner_innen eingebettet, um der beschriebenen ‚Dehumanisierung' der Apparate- und Biomedizin etwas entgegenzusetzen.

Kritische Stimmen haben jedoch angemerkt, dass dieser ‚ersten Welle' der Medical Humanities allenfalls eine optionale und supplementäre Rolle zugesprochen wurde, die wiederum Gefahr lief, vom medizinischen Komplex selbst funktionalisiert zu werden. In den letzten Jahren haben sich deshalb Positionen herausgebildet, die als ‚zweite Welle' oder als Critical Medical Humanities einen weitaus größeren Anspruch mit ihrem Ansatz verbinden (z.B. Fitzgerald & Callard, 2016; Viney, Callard & Woods, 2015). Sie plädieren für einen komplexen und pluralistischen Zugang, der verschiedene disziplinäre Ansätze nicht nur additiv nebeneinander setzt, sondern das Feld der Biomedizin für eine kritische Befragung und Reflexion öffnet. Über einen kollaborativen Zugang, der *a priori* gesetzte Rollenzuschreibungen zurückweist, bewusst auf die Verschränkung setzt und darüber hinaus aktiv in den Diskurs interveniert, sollen hierbei epistemologische und praktische Fragen gleichermaßen behandelt werden.

Die Psychological Humanities teilen das Anliegen und den Impetus dieser ‚zweiten Welle' der Medical Humanities. Indem sie an der Psyche ansetzen, fällt ihr Gegenstandsbereich jedoch deutlich kleiner und spezialisierter aus als im Falle der Medical Humanities. Im unmittelbaren Vergleich erweist sich dieser zudem als im besonderen Maße kulturabhängig, zumal für die Psyche wiederum eine besondere Rekursivität vorliegt, die beispielsweise in „looping effects" und „interactive kinds" anschaulich wird (Hacking, 1995a). Im Unterschied zu den Medical Humanities, die primär auf den Import von Theorien und Methoden setzen, können die Psychological Humanities zudem an theoretische und hermeneutische Strömungen anknüpfen, die selbst aus der Psychologie kommen.

Fazit: Psychological Humanities als Raum für Kritik, Reflexion und Integration

In diesem Beitrag haben wir mit Psychological Humanities einen neuen Ansatz skizziert, der die Disziplin der Psychologie selbst in den Mittelpunkt der Betrachtung rückt. Unser zentrales Argument ist, dass das Fach angesichts seiner seit der zweiten Hälfte des 20. Jahrhunderts kontinuierlich gewachsenen wissenschaftlichen Bedeutung und gesellschaftlichen Relevanz Anlass dazu gibt, einen akademischen Raum einzufordern, der die Möglichkeit bietet, die Psychologie als Disziplin reflexiv zu untersuchen – ihre Ansätze und Methoden genauso wie ihre Prämissen und Praktiken. Die Notwendigkeit eines solchen interdisziplinär getragenen Reflexionsraumes ergibt sich aus der kritischen Bestandsaufnahme, dass das Interesse an epistemologischen und zeitgeschichtlichen Betrachtungen innerhalb der Psychologie seit den 1970er Jahren stark abgenommen hat – zeitgleich mit der Psychologisierung, mit dem großen Zuwachs an Einfluss und Bedeutung psychologischen Wissens in den westlich geprägten modernen Gesellschaften.

Der Raum, der mit den Psychological Humanities eröffnet werden soll, reagiert damit auf ein Defizit und ein Vakuum, das mit Blick auf die aktuelle Lage der Psychologie konstatiert wird. Von dem Ort seiner Entstehung geprägt, besteht der von uns konzipierte Ansatz aus zwei Dimensionen: erstens aus einer geistes- und kulturwissenschaftlichen Perspektive auf die Psychologie, bei der gesellschaftliche Normen und Effekte ebenso wie historische Analysen im Zentrum stehen; und zweitens aus einer theoretisch-philosophischen Perspektive aus der Psychologie, die erkenntnistheoretische Ansätze, pluralistische Theorien des Psychischen und ethische Zugänge integriert.

Die Psychological Humanities sind dabei von einer Haltung getragen, die über die rein analytische Betrachtung hinausgeht. Es geht, dem Thema des vorliegenden Sammelbandes entsprechend, um einen Modus der Kritik. Gegenstand der Kritik sind Vorstellungen und Praktiken der Psychologie ebenso wie die Prozesse der Psychologisierung, in deren Folge sich die Disziplin mit ihrem Deutungs- und Behandlungsangebot in sämtlichen Lebensbereichen der modernen westlichen Gesellschaften verankern und eine Leitfunktion behaupten konnte. Die Psychological Humanities erlauben es dabei nicht nur, diese Vorgänge an konkreten Beispielen in ihren Dynamiken nachzuzeichnen. Sie eröffnen auch die Möglichkeit, die Effekte dieser Diffusions-, Aneignungs- und Verbreitungsprozesse kritisch zu reflektieren. Mit ihrer integrativen Ausrichtung können sie dieser Engführung zugleich eine differenzierte, von verschiedenen kulturellen Wissensbeständen geprägte Perspektive auf die menschliche Subjektivität entgegensetzen. Foucault (1992) zufolge ist Kritik stets auf Formen der Machtwirkung bezogen, wobei die Möglichkeiten von Kritik weniger die Fragen des ‚Ob' von Macht als die des ‚Wie' betreffen. Auch die kritische Haltung der Psychological Humanities richtet sich nicht so sehr auf das ‚Ob', sondern vor allem auf das ‚Wie' von Psychologie und Psychologisierung. Inspiriert von einem Konzept von Kritik, das seine eigene Positionierung und seine eigenen Erkenntnismodalitäten mitreflektiert, wollen die Psychological Humanities nicht bei der bloßen Infragestellung stehen bleiben. Vielmehr soll mit ihnen eine Art ‚eingreifendes Denken' etabliert werden, das neben kritischen Positionen auch konkrete Interventionsformen in Forschung und Praxis entwickelt. Als Wissenschaft vom menschlichen Erleben und Verhalten ist es für die Psychologie an der Zeit, sich selbst und ihren Gegenstand eingehender zu reflektieren.

Literatur

Aalbers, D., & Teo, T. (2017). The American Psychological Association and the torture complex: A phenomenology of the banality and workings of bureaucracy. *Journal für Psychologie*, *25*(1), 179–204.

Allesch, C., et al. (2015). Memorandum zur Lage und zur Zukunft des Faches Geschichte der Psychologie. *Psychologische Rundschau*, *66*, 176–177.

APA. (2003/2010/2017). *Ethical Principles of Psychologists and Code of Conduct. Including 2010 and 2016 Amendments*. https://www.apa.org/ethics/code.

Ash, M. (1998). *Gestalt Psychology in German Culture, 1890–1967: Holism and the Quest for Objectivity*. Cambridge, New York, Melbourne: Cambridge University Press.

Assmann, A., Jeftic, K., & Wappler, F. (Hrsg.) (2014). *Rendezvous mit dem Realen. Die Spur des Traumas in den Künsten*. Bielefeld: Transcript.

Aumann, G. (2003). *Kritische Psychologie und Psychoanalyse. Historisch-subjektwissenschaftliche Analyse zum Geschlechterverhältnis*. Hamburg: Argument Verlag.

Berrios, G. E., & Porter, R. (Hrsg.) (1999). *A History of Clinical Psychiatry: The Origin and History of Psychiatric Disorders*. London: Athlone Press.

Bleakley, A. (2015). *Medical Humanities and Medical Education: How the Medical Humanities Can Shape Better Doctors*. London, New York: Routledge.

Bersoff, D. (2008). *Ethical Conflicts in Psychology* (3. Aufl.). Washington, D.C.: American Psychological Association (APA).

Bod, R., Kursell, J., Maat, J., & Weststeijn, T. (2016). A new field: History of humanities. *History of Humanities*, *1*(1), 1–8.

Borck, C., & Schäfer, A. (Hrsg.) (2015). *Das psychiatrische Aufschreibesystem. Notieren, Ordnen, Schreiben in der Psychiatrie*. Paderborn: Fink.

Borck, C., et al. (2018). Responsible Research? Dilemmata der Integration gesellschaftlicher und kultureller Perspektiven in naturwissenschaftliche Forschungsprogramme (Einleitung). *Berichte zur Wissenschaftsgeschichte*, *41*(3), 215–221.

BPtK. (2007). *Muster-Berufsordnung für die Psychologischen Psychotherapeutinnen und Psychotherapeuten und Kinder- und Jugendlichenpsychotherapeutinnen und Kinder- und Jugendlichenpsychotherapeuten*. https://www.bptk.de/wp-content/uploads/2019/01/20060113_musterberufsordnung.pdf.

BPtK (Hrsg.). (2013). *10 Tatsachen zur Psychotherapie*. Berlin: Bundestherapeutenkammer, KomPart. https://www.bptk.de/wp-content/uploads/2019/01/20130412_BPtK_Standpunkt_10_Tatsachen_Psychotherapie.pdf.

Brockmeier, J. (2008). Subjektivität und Bedeutung. *Journal für Psychologie*, *16*(2), 1–25.

Brown, L. (2004). Feminist paradigms of trauma treatment. *Psychotherapy: Theory, Research, Practice, Training*, *41*(4), 464–471.

Bruder, K.-J. (2004). Psychoanalytischer Konstruktivismus und Intersubjektivität. In A. Bruder-Bezzel & K.-J. Bruder, *Kreativität und Determination. Studien zu Nietzsche, Freud und Adler* (S. 78–121). Göttingen: Vandenhoeck & Ruprecht.

Brunner, J. (2014). *Die Politik des Traumas. Gewalterfahrung und psychisches Leid in den USA, in Deutschland und im Israel/Palästina Konflikt*. Frankfurt a.M.: Suhrkamp.

Burman, J. T. (2018). What is history of psychology? Network analysis of journal citation reports, 2009–2015. *SAGE Open*, *8*(1). https://doi.org/10.1177/2158244018763005.

Butler, J. (2001). *Psyche der Macht. Das Subjekt der Unterwerfung*. Frankfurt a.M.: Suhrkamp.

Butler, J. (2010). Was ist Kritik? Ein Essay über Foucaults Tugend. In R. Jaeggi & T. Wesche (Hrsg.), *Was ist Kritik?* (S. 221–246). Frankfurt a.M.: Suhrkamp.

Capshew, J. H. (1999). *Psychologists on the March: Science, Practice, and Professional Identity in America, 1929–1969*. Cambridge: Cambridge University Press.

Caspi, A., et al. (2002). Role of genotype in the cycle of violence in maltreated children. *Science*, *297*(5582), 851–854.

Cole, T. R., Carlin, N. S., & Carson, R. A. (2015). *Medical Humanities: An Introduction*. New York: Cambridge University Press.

Danziger, K. (1985). The methodological imperative in psychology. *Philosophy of the Social Sciences*, *15*(1), 1–13.

Danziger, K. (1994). *Constructing the Subject: Historical Origins of Psychological Research*. Cambridge: Cambridge University Press.

Danziger, K., & Dzinas, K. (1997). How psychology got its variables. *Canadian Psychology*, *38*(1), 43–48.

DGPs & BDP. (2016). *Berufsethische Richtlinien des Berufsverbandes Deutscher Psychologinnen und Psychologen e.V. und der Deutschen Gesellschaft für Psychologie e.V. und zugleich Berufsordnung des Berufsverbandes Deutscher Psychologinnen und Psychologen e.V.* Berlin: Föderation Deutscher Psychologenvereinigungen GbR. https://www.dgps.de/fileadmin/documents/Empfehlungen/ber-foederation-2016.pdf.

Elkins, D. N. (2016). The American Psychological Association and the Hoffman report. *Journal of Humanistic Psychology*, *56*(2), 99–109.

Feest, U. (2018). *Why Replication Is Overrated.* Paper presented at the PSA2018: The 26th Biennial Meeting of the Philosophy of Science Association, Seattle. http://philsci-archive.pitt.edu/15219/1/Feest%202018%20Replication%20manuscript.pdf.

Fitzgerald, D., & Callard, F. (2016). Entangling the medical humanities. In A. Whitehead, A. Woods, S. Atkinson, J. Macnaughton & J. Richards (Hrsg.), *The Edinburgh Companion to the Critical Medical Humanities* (S. 35–49). Edinburgh: Edinburgh University Press.

Flis, I., & van Eck, N. (2018). Framing psychology as a discipline (1950–1999): A large-scale term co-occurrence analysis of scientific literature in psychology. *History of Psychology*, *21*(4), 334–362. http://dx.doi.org/10.1037/hop0000067.

Foucault, M. (1992). *Was ist Kritik?* Berlin: Merve.

Geuter, U. (1984). *Die Professionalisierung der deutschen Psychologie im Nationalsozialismus.* Frankfurt a.M.: Suhrkamp.

Geyer, M. (Hrsg.) (2011). *Psychotherapie in Ostdeutschland. Geschichte und Geschichten 1945–1995.* Göttingen: Vandenhoeck & Ruprecht.

Gibney, E. (2018). The scant science behind Cambridge Analytica's controversial marketing techniques: Nature peers into the evidence for ‚psychographic targeting'. *Nature*, online. https://www.nature.com/articles/d41586-018-03880-4. https://doi.org/10.1038/d41586-018-03880-4.

Grassegger, H., & Krogerus, M. (2016). Ich habe nur gezeigt, dass es die Bombe gibt. *Das Magazin*, online. https://www.dasmagazin.ch/2016/12/03/ich-habe-nur-gezeigt-dass-es-die-bombe-gibt/.

Guski-Leinwand, S. (2010). *Wissenschaftsforschung zur Genese der Psychologie in Deutschland vom ausgehenden 19. Jahrhundert bis Mitte des 20. Jahrhunderts.* Münster: LIT.

Guski-Leinwand, S. (Hrsg.) (2018). *Curt Werner Bondy: Psychologe und Strafgefangenenfürsorger.* Berlin: Hentrich & Hentrich.

Hacking, I. (1995a). The looping effects of human kinds. In D. Sperber, D. Premack & A. J. Premack (Hrsg.), *Causal Cognition: A Multidisciplinary Debate* (S. 351–382). Oxford: Clarendon.

Hacking, I. (1995b). Trauma. In I. Hacking, *Rewriting the Soul: Multiple Personality and the Sciences of Memory* (S. 183–197). Princeton: Princeton University Press.

Hasler, F. (2012). *Neuromythologie. Eine Streitschrift gegen die Deutungsmacht der Hirnforschung.* Bielefeld: Transcript.

Hess, V., & Schmiedebach, H.-P. (Hrsg.) (2012). *Am Rande des Wahnsinns. Schwellenräume einer urbanen Moderne.* Wien: Böhlau.

Hildebrand-Nilshon, M., Papadopoulos, D., & Kim, C.-W. (Hrsg.) (2002). *Kultur (in) der Psychologie.* Heidelberg: Asanger.

Hoffman, D. H., et al. (2015). *Report to the Special Committee of the Board of Directors of the American Psychological Association. Independent Review Relating to the APA Ethics Guidelines, National Security Interrogations, and Torture.* Chicago, Washington, D.C. https://www.apa.org/independent-review/revised-report.pdf.

Holzkamp, K. (1983). *Grundlegung der Psychologie.* Frankfurt a.M.: Campus.

Hutfless, E., & Zach, B. (Hrsg.) (2017). *Queering Psychoanalysis. Psychoanalyse und Queer Theory – transdisziplinäre Verschränkungen.* Wien: Zaglossus.

Illouz, E. (2011). *Die Errettung der modernen Seele. Therapien, Gefühle und die Kultur der Selbsthilfe.* Frankfurt a.M.: Suhrkamp.

Jaeggi, R., & Wesche, T. (Hrsg.) (2010). *Was ist Kritik?* Frankfurt a.M.: Suhrkamp.

Keller, D., & Malich, L. (2018). *Psychological Humanities are not Medical Humanities – Impressions from the Luebeck Approach.* Paper presented at the American Psychological Association (APA) Annual Convention, San Francisco, USA.

Koch, U. (2014). *Schockeffekte. Eine historische Epistemologie des Traumas.* Zürich: diaphanes.

Krüger-Kirn, H. (2015). *Die konstruierte Frau und ihr Körper. Eine psychoanalytische, sozialwissenschaftliche und genderkritische Studie zu Schönheitsidealen und Mutterschaft.* Gießen: Psychosozial-Verlag.

Kukla, A. (2001). *Methods of Theoretical Psychology*. Cambridge, MA, London: MIT Press.

Lays, R. (2000). *Trauma: A Genealogy*. Chicago: University of Chicago Press.

Lück, H. E., & Guski-Leinwand, S. (2014). *Geschichte der Psychologie. Strömungen, Schulen, Entwicklungen* (7. Aufl.). Stuttgart: Kohlhammer.

Maasen, S., Elberfeld, J., Eitler, P., & Tändler, M. (Hrsg.) (2011). *Das beratene Selbst. Zur Genealogie der Therapeutisierung in den ‚langen' Siebzigern*. Bielefeld: Transcript.

Mack, W., Lück, H. E., Renner, K.-H., & Wolfradt, U. (Hrsg.) (2014). *Behaviorismus und Erkenntnistheorie im psychologisch-historischen Kontext*. Frankfurt a.M.: Peter Lang.

Maercker, A., Heim, E., & Kirmayer, L. J. (Hrsg.) (2018). *Cultural Clinical Psychology and PTSD*. Toronto: Hogrefe.

Malich, L., & Keller, D. (2018). *The Crisis in Psychology and Its Remedies: A Plea for Psychological Humanities*. Paper presented at the Conference „Humanities in Transition", Barcelona, Spain.

Martin, E. (2010). Self-making and the brain. *Subjectivity*, *3*(4), 366–381.

Metzl, J. M. (2003). *Prozac On the Couch: Prescribing Gender in the Era of Wonder Drugs*. Durham, NC, London: Duke University Press.

Métraux, A. (1985). Der Methodenstreit und die Amerikanisierung der Psychologie in der Bundesrepublik 1950–1970. In M. Ash & U. Geuter (Eds.), *Geschichte der deutschen Psychologie im 20. Jahrhundert. Ein Überblick* (S. 225–251). Opladen: Westdeutscher Verlag.

Mülberger, A. (Hrsg.) (2016). *Los límites de la ciencia: espiritismo, hipnotismo y el estudio de los fenómenos paranormales, 1850–1930*. Barcelona: Consejo Superior de Investigaciones Cientificas.

Müller-Wille, S., Reinhardt, C., & Sommer, M. (2017). Wissenschaftsgeschichte und Wissensgeschichte. In M. Sommer, S. Müller-Wille & C. Reinhardt (Hrsg.), *Handbuch Wissenschaftsgeschichte* (S. 2–19). Stuttgart: Metzler.

Munafò, M. R., & Smith, G. D. (2018). Robust research needs many lines of evidence: Replication is not enough. *Nature*, *553*(7689), 399–401. https://doi.org/10.1038/d41586-018-01023-3.

Murray, M. (2015). Narrative psychology. In J. A. Smith (Hrsg.), *Qualitative Psychology: A Practical Guide to Research Methods* (S. 85–107). London: Sage.

Norcross, J. C., VandenBos, G. R., & Freedheim, D. K. (Hrsg.) (2011). *History of Psychotherapy: Continuity and Change*. Washington, D.C.: American Psychological Association.

Open Science Collaboration. (2015). Estimating the reproducibility of psychological science. *Science*, *349*(6251), aac4716. https://doi.org/10.1126/science.aac4716.

Palermo, D. S. (1971). Is a scientific revolution taking place in psychology? *Social Studies of Science*, *1*(2), 135–155. https://doi.org/10.1177/030631277100100202.

Pashler, H., & Harris, C. R. (2012). Is the replicability crisis overblown? Three arguments examined. *Perspectives on Psychological Science*, *7*(6), 531–536.

Pettit, M. (2013). *Psyborgs*. https://psyborgs.github.io.

Pickren, W., & Teo, T. (2018). *Psychological Humanities: Bridging the Subtle and Hard Sciences*. Paper presented at the Conference „Humanities in Transition", Barcelona, Spain.

Roelcke, V. (2012). Psychotherapie in Westdeutschland nach 1945: Brüche, Kontinuitäten, Thematisierungen und Reflexionen zur nationalsozialistischen Vergangenheit. *Psychotherapeut*, *57*(2), 103–112.

Rose, N. (1985). *Psychological Complex: Psychology, Politics and Society in England, 1869–1939*. London: Routledge & Kegan Paul.

Rutherford, A. (2009). *Beyond the Box: B.F. Skinner's Technology of Behavior from Laboratory to Life, 1950s–1970s*. Toronto: University of Toronto Press.

Ryder, M. (2005). Scientism. In C. Mitcham (Hrsg.), *Encyclopedia of Science, Technology, and Ethics*. Detroit: Macmillan. https://archive.is/20120630205732/http://carbon.ucdenver.edu/~mryder/scientism_este.htm.

Schönpflug, W. (2004). *Geschichte und Systematik der Psychologie*. Weinheim: Beltz.

Schott, H., & Tölle, R. (2006). *Geschichte der Psychiatrie. Krankheitslehren, Irrwege, Behandlungsformen*. München: Beck.

Shorter, E. (1999). *Geschichte der Psychiatrie*. Reinbek: Rowohlt.

Sieben, A., Sabisch-Fechtelpeter, K., & Straub, J. (Hrsg.) (2012). *Menschen machen. Die hellen und dunklen Seiten humanwissenschaftlicher Optimierungsprogramme*. Bielefeld: Transcript.

Sieben, A., & Scholz, J. (2012). *(Queer-)Feministische Psychologien. Eine Einführung*. Gießen: Psychosozial-Verlag.

Slunecko, T., Wieser, M., & Przyborski, A. (Hrsg.) (2017). *Kulturpsychologie in Wien*. Wien: Facultas.

Smith, R. (2013). *Between Mind and Nature: A History of Psychology*. London: Reaktion Books.

Sprung, L., & Sprung, H. (2010). *Eine kurze Geschichte der Psychologie und ihrer Methoden*. München: Profil.

Straub, J. (1999). *Handlung, Interpretation, Kritik. Grundzüge einer textwissenschaftlichen Handlungs- und Kulturpsychologie*. Berlin, New York: De Gruyter.

Tändler, M. (2016). *Das therapeutische Jahrzehnt. Der Psychoboom in den siebziger Jahren*. Göttingen: Wallstein.

Teo, T. (2017). From psychological science to the psychological humanities: Building a general theory of subjectivity. *Review of General Psychology, 21*(4), 281–291.

Teo, T., & Pickren, W. (2018). *Symposium: Interference in General Psychology Through the Psychological Humanities*. Paper presented at the American Psychological Association (APA) Annual Convention, San Francisco, USA.

Viney, W., Callard, F., & Woods, A. (2015). Critical medical humanities: Embracing entanglement, taking risks. *Medical Humanities, 41*(1), 2–7.

Walsh, R. T. G., Teo, T., & Baydala, A. (Hrsg.) (2014). *A Critical History and Philosophy of Psychology*. Cambridge: Cambridge University Press.

Widom, C., & Brzustowicz, L. (2006). MAOA and the „cycle of violence“: Childhood abuse and neglect, MAOA genotype, and risk for violent and antisocial behavior. *Biological Psychiatry, 60*(7), 684–689.

Wieser, M. (2016). Psychology's „crisis“ and the need for reflection. A plea for modesty in psychological theorizing. *Integrative Psychological and Behavioral Science, 50*(3), 359–367.

Wissenschaftsrat. (2018). *Perspektiven der Psychologie in Deutschland*. Köln. https://www.wissenschaftsrat.de/download/archiv/6825-18.pdf.

Witte, K. (2015). *Unangemessen und instabil. Die Konstruktion der Diagnose ‚Borderline-Persönlichkeitsstörung' als Zusammenspiel von Diskurs und Erfahrung*. Berlin: LIT.

Wöller, W., & Kruse, J. (2010). Was ist tiefenpsychologisch fundierte Psychotherapie? Einführung in das Verfahren. In W. Wöller & J. Kruse (Hrsg.), *Tiefenpsychologisch fundierte Psychotherapie. Basisbuch und Praxisleitfaden* (3. Aufl., S. 10–19). Stuttgart: Schattauer.

II

Epistemologie der Kritik der Psychologie
–
Epistemology of critique of psychology

Zeitplan normaler Kindheit: Arnold Gesells Entwicklungszeitpläne und ihr kritisches Bild von Normalität[1]

Carola Oßmer

Abstract

Dieser Beitrag verfolgt die Entstehung der ersten Meilensteine kindlicher Entwicklung (ca.1920–1950), mit denen sich ein allgegenwärtiges Verständnis vom normalen Kind herausbildete, und zeigt auf, welche Funktion Kritik für diesen Prozess der Normalitätsbildung hatte. Während des Psychotest-Booms nach dem Ersten Weltkrieg entwarf der amerikanische Entwicklungspsychologe Arnold Gesell die ersten Entwicklungszeitpläne mit detaillierten Entwicklungsnormen für Säuglinge und Kleinkinder. Mit diesen ‚Gesell Developmental Schedules' konnten Psychologinnen, Kinderärzte, Lehrerinnen und selbst Eltern abgleichen, ob ein Kind sich altersgerecht entwickelte und damit normal war. Anhand von bislang unbeachteten Archivquellen und einem Fokus auf Bild- und Medientechnologien argumentiere ich, dass diese Zeitpläne normaler Entwicklung ihre durchdringende Normalität durch Kritik an der weit verbreiteten Normalitätskonzeption von psychometrischen Intelligenztests herstellten. Mit wachsender Popularität schlugen die Zeitpläne normaler Kindheit jedoch in eine Kindheit nach Zeitplan um, was häufig als Normalisierung kritisiert worden ist und auch die Gesell Entwicklungszeitpläne immer wieder zum Gegenstand von Kritik gemacht hat. Die Entwicklungszeitpläne gingen allerdings selbst aus einer ebensolchen Normalisierungskritik an der standardisierten psychologischen Vermessung von Normalität hervor. Dabei verstärkten sie den Normalisierungsmechanismus noch, gegen den sie konzipiert waren. Die Geschichte von Gesells Zeitplänen normaler Kindheit beleuchtet letztlich, wie Normalität in ihrem Verhältnis zu Kritik und Psychologisierung durch Medientechnologie mitbestimmt wurde. Der Fokus auf das Bildhafte der Medien und Technologien öffnet hierbei eine Perspektive für eine Psychologiegeschichte, die Grenzziehungen zwischen wissenschaftlicher, berufspraktischer und alltäglicher Produktion, Nutzung und Aneignung von psychologischem Wissen hinterfragen und neu verhandeln kann.

* * *

Timetables of normal childhood: Arnold Gesell's Developmental Schedules and their critical image of normality

This chapter studies the formation of the first milestones of child development (c. 1920–1950) that molded a persistent understanding of what constituted a normal child, and shows the functions of critique for this process of normality creation. While psychologists during the psycho-test boom after World War I hailed numerical test scales, the American developmental psychologist Arnold Gesell

1 Für ihr aufmerksames Lesen und die hilfreichen Anmerkungen möchte ich mich herzlich bedanken bei Christine von Oertzen, Nick Hopwood, dem Forum Geschichte der Humanwissenschaften mit Verena Lehmbrock und Laurens Schlicht, Yves Hänggi und den Herausgeberinnen Viola Balz und Lisa Malich.

V. Balz und L. Malich (Hrsg.), *Psychologie und Kritik*,
https://doi.org/10.1007/978-3-658-29486-1_6

devised a different method of mental examination. Gesell launched the first developmental timetables with detailed developmental norms for infants and young children. With these 'Gesell Developmental Schedules', psychologists, physicians, teachers and even parents could check whether a child developed appropriate to age and was therefore normal. Drawing on before unexplored archival sources and focusing on visual media technology, I argue that these schedules of normal development produced their pervasive normality through critique of psychometric intelligence tests and their prevailing conception of normality. With their rising popularity, the schedules of normal childhood turned into a notion of a childhood by schedule. This has often been criticized as normalization and has moved the Gesell Developmental Schedules into the focus of critique. The developmental schedules, however, emerged precisely from this very critique of normalization, namely measuring normality by standardization. Yet the schedules reinforced the mechanism of normalization against which they were designed. Ultimately, the story of Gesell's schedules of normal childhood reveals how normality was co-constituted through the way media technology defined relations to critique and psychologization. For the history of psychology, a focus on pictorial media and technology provides a perspective that helps challenge boundaries between the scientific, applied and everyday production, utilization and adoption of psychological knowledge.

* * *

Kritik an der Methodik von Normalität: Die Entwicklungszeitpläne

„Auf keinen Fall ist psycho-metrische Alters-Stimmigkeit ein geeigneter Maßstab für Normalität", schrieb der amerikanische Entwicklungspsychologe Arnold Lucius Gesell am 16. März 1922.[2] Diese Antwort auf einen ‚provokativen Brief' des Psychologen Robert M. Yerkes war Teil einer seinerzeit aktuellen Kontroverse über die Konzeption und richtige Messung von Intelligenz. Yerkes hatte im Ersten Weltkrieg die Entwicklung der Intelligenztests Army Alpha und Army Beta zur Vermessung von Soldaten verantwortet, während Gesell geistig nicht-normale Schulkinder nach Intelligenz klassifizierte und inzwischen an der von ihm gegründeten Yale Psycho-Clinic die Entwicklung normaler Babys erforschte. Die Auseinandersetzung der beiden Psychologen kreiste um die methodische Frage, wie sich psychische Normalität besser bestimmen ließ: durch „statistische Generalisierungen" in psychometrischen Tests oder mit der „klinischen Interpretation individueller Fälle" (Gesell, 1922)? Diese Methodenkritik war zugleich auch eine Kritik daran, was *normal* überhaupt war.

---

2 Im amerikanischen Original lautet der Satz: „At any rate, psycho-metric at-ageness is not a fair criterion of normality". Alle Übersetzungen hier und im Folgenden stammen von der Autorin.

Gesell kritisierte die methodischen ‚Abkürzungen' und ‚Schnellverfahren' psychometrischer Intelligenzmessung (Gesell, o. J.).[3] Ihre „oberflächliche Einfachheit", so Gesell, mache sie attraktiv (ebd.), und ihr „numerischer Index" sei bequem, jedoch mit allen „Trugschlüssen des arithmetischen Durchschnitts" behaftet (Gesell, 1922). Kein Mensch, und schon gar kein Kind, könne mit einem IQ oder einem anderen statistisch standardisierten Maßstab abgebildet werden. Die Überzeugung, dass Normalität nichts Numerisches sei, vertrat Gesell in seiner Forschung und in der öffentlichen Debatte. Damit grenzte er sich von den psychometrischen Testmethoden ab, die seit dem Ersten Weltkrieg auf Erfolgskurs waren. Mit den ‚Gesell Developmental Schedules' stellten er und sein Team der „Über-Simplifizierung" statistischer Vermessung ein System aus „naturalistischen und klinischen Beobachtungen" entgegen (Gesell, o. J.). Entwicklung in ihrem individuellen Verlauf sollte dabei zum Maßstab von Normalität werden. Die Frage ist: Welche Funktion hatte die Kritik für diese Normalitätsbildung aus der Psychologie?

Die ‚Developmental Schedules' basierten auf Entwicklungsnormen, die durch altersspezifisches Verhalten charakterisiert waren. Unter ‚schedules' wurden seit dem 19. Jahrhundert Zeit-, Fahr- oder Stundenpläne in tabellarischer Form verstanden. Gesells ‚Entwicklungszeitpläne' funktionierten als Zeit- und Fahrpläne in der Beurteilung, wie Babys und kleine Kinder sich entwickelten: Wenn diese taten, was die Entwicklungsnormen für ihr Alter vorsahen, waren sie ‚normal'. Normale Entwicklung bedeutete, dass alle normalen Kinder die immer gleichen Entwicklungsstationen in der gleichen Abfolge durchliefen, wobei Zeit ein entscheidender Messfaktor war. Gesell verwendete den Begriff ‚Entwicklung' dabei beinahe bedeutungsgleich mit ‚Wachstum'. Wachstum von Verhalten war untrennbar mit der kontinuierlichen Reifung biologischer Funktionen wie denen des Nervensystems verbunden, konnte jedoch von außen beobachtet werden (Gesell, 1925). Anders als in der psychometrischen Intelligenzmessung war bei den Entwicklungszeitplänen die Entwicklung von Verhalten der Index für eine biologische und zugleich psychologische Entwicklungsreife, deren Normalität altersabhängig war.

3 Im Original: „short-cut methods".

Die Entwicklungszeitpläne waren vor allem für die diagnostische Praxis bestimmt, aber auch mit Blick auf Forschung im psychologischen, medizinischen und Bildungsbereich hin angelegt (Gesell, 1925; Gesell et al., 1940; Gesell & Amatruda, 1941). Mitte des 20. Jahrhunderts zählten sie zu den am meisten genutzten psychologischen ‚Tests' in den USA und waren das am weitesten verbreitete Instrument zur Kontrolle und Prognose von Normalität in der Adoptionsvermittlung (Reisman, 1976, S. 212; Herman, 2008, S. 164–172). Obwohl die Methoden zur Festlegung der Entwicklungsnormen und zur Anwendung der Zeitpläne von Beginn an methodischer Kritik ausgesetzt waren, basiert die Entwicklungsdiagnostik in der Pädiatrie, in Früherkennungs- und in Schulreifeuntersuchungen bis heute in internationaler Verbreitung teils kaum verändert auf den Entwicklungszeitplänen der Developmental Schedules aus der Yale Psycho-Clinic (Thelen & Adolph, 1992; Lewis, 2013; Hoffmann et al., 2014). Popularisiert in Ratgebern klärten die Entwicklungszeitpläne außerdem Eltern über Ablauf und Handhabung normaler Kindheit auf. Psychologinnen, Wissenschaftshistorikerinnen und Kindheitsforscherinnen haben auf die Idee von normaler Entwicklung und das Meilenstein-Management von Kindern hingewiesen, die sich mit den Zeitplänen als selbstverständlich verbreiteten (z.B. Grant, 1998; Hulbert, 2003; Varga, 2011; Turmel, 2008). Insbesondere Ellen Herman (2001; 2003) und Nikolas Rose (1989) haben die regulierende Kraft und normative Macht aufgezeigt, mit der dieses Entwicklungswissen das alltägliche Leben durchdrang – und damit Kinderentwicklung besonders exemplarisch für disziplinierende und normalisierende Mechanismen, aber auch für die Sinn- und Orientierungsstiftung durch Psychologie macht; also für etwas, das Lisa Malich und Viola Balz in der Einleitung dieses Bandes unter dem Begriff der ‚Psychologisierung' fassen.

Mit diesem Beitrag füge ich der kritischen Betrachtung der Psychologisierung von Kinderentwicklung und der Methodenkritik an den Entwicklungszeitplänen der ‚Gesell Developmental Schedules' eine weitere Perspektive hinzu. Ich mache hier die Kritik zum Gegenstand historischer Analyse, aus der diese umstrittenen Zeitpläne normaler Entwicklung hervorgingen und anfingen sich auszubreiten. Ausgehend von Gesells Kritik am psychometrischen Intelligenztesten untersuche ich anhand von bislang teils unbeachteten Archivquellen, wie Gesells Entwicklungszeitpläne in kritischer Abgrenzung zu statistischen Tests ihre durchdringende Normalität herstellten. Anders als die vorherrschenden quantifizierenden Ansätze psychologischer Vermessung beruhten die Erforschung der Entwicklungsnormen und ihre Nutzungsweise in Entwicklungszeitplänen auf einer bildhaften Methode von Beobachtung und Vergleich in naturhistorischer Tradition. Abbilder vom normalen Kind, in Filmbildern sowie in Tabellen- und narrativer Textform, waren allerdings mehr als eine methodische Kritik an der psychometrischen Berechnung von Normalität. Die Entwicklungszeitpläne, so mein Argument, funktionierten als eine Medientechnologie des Bildhaften, die die Produktion Aneignung und Verbreitung von Entwicklungswissen in sich vereinte. Das Verhältnis der bildhaften Zeitpläne zur Kritik war ein zentrales Element in der Psychologisierung normaler Entwicklung und Herausbildung von Normalität. Dadurch entfalteten die Entwicklungsnormen als Zeitpläne normaler Kindheit ihre allgegenwärtige Wirkung.

Kritik spielte dabei eine Doppelrolle. Die durchdringende Wirkmacht und der Erfolg der Entwicklungszeitpläne begründeten sich in einer Verwicklung von Kritik und Kritisiertem. Während Gesells kritische Haltung gegenüber dem psychometrischen Testen einerseits zur Entwicklung des alternativen methodischen Ansatzes und Normalitätsverständnis seiner Developmental Schedules beitrug, ermöglichte die kritische Auseinandersetzung andererseits eine Anbindung seiner Methode an die vorherrschende psychologische Testpraxis. Dieser Versuch, der numerischen Normalitätskonzeption psychometrischer Tests eine andere Idee von Normalität entgegenzusetzen, stabilisierte jedoch genau die Normalisierung, an der die Entwicklungszeitpläne Kritik übten. Der Zeitplan normaler Kindheit schlug schließlich in die häufig kritisierte „normalisierende Sicht“ (Rose, 1989, S. 153) einer Kindheit nach Zeitplan um. Die Geschichte der Gesell Developmental Schedules beleuchtet letztlich ein durch Medientechnologie bestimmtes Verhältnis von Kritik, Normalität und Psychologisierung, und öffnet damit eine Perspektive für eine Psychologiegeschichte, die Grenzziehungen zwischen wissenschaftlicher, berufspraktischer und alltäglicher Produktion, Nutzung und Aneignung von psychologischem Wissen hinterfragen und neu verhandeln kann.

Naturhistorische Technologie vom natürlichen Normalen

Gesell war bis Ende des Ersten Weltkriegs kein Kritiker, sondern ein aktiver Anhänger des Intelligenztestens. Als staatlicher Schulpsychologe suchte er in Connecticut mit numerischen Intelligenztests nach nicht-normalen Schulkindern und war national gefragt im psychologischen Testen und Klassifizieren von Normalität. Zugleich war der Psychologe, Mediziner und ehemalige Schulleiter Gesell seit 1915 Professor für Child Hygiene an der Yale University, wo er 1911 eine psychologische Klinik für Kinder gründete. Mit der Juvenile Psycho Clinic, dann umbenannt in Yale Clinic of Child Development, machte er sich später einen internationalen Namen. Schon seit seiner Promotion an der Clark University unter dem einflussreichen Psychologen G. Stanley Hall pflegte er intensiven Austausch mit dem Psychologen Lewis M. Terman und etwas später auch mit Henry H. Goddard, den zwei Wegbereitern des Intelligenztestens in den USA (Gesell, 1912; AGP, 1914–1920; Gesell, 1921, 1952; vgl. Weizmann & Harris, 2012).[4] Die beiden arbeiteten seit 1917 mit Yerkes daran, Intelligenztests statt für Kinder für die erwachsenen Soldaten in der Army zu funktionalisieren, und Gesell war einer der Ersten, der diese neuen Tests für den zivilen Einsatz in der Industrie adaptierte (vgl. Carson, 2007; AGP, 1918–1920). Nachdem sein Versuch mit der Erwachsenenpsychologie jedoch gescheitert war, weil lebensferne standardisierte Tests und numerische Ergebnisse keinen Aufschluss über die zu untersuchende berufliche Eignung brachten, konzentrierte Gesell sich voll auf einen Gegenstand, der ihn schon während seiner Studienjahre angetrieben hatte: das ‚normale Kind' und die Frage nach dessen ‚perfekter Entwicklung' (Gesell & Gesell, 1912; Gesell, [um 1902]).[5]

4 Weizmann und Harris (2012) gehen davon aus, dass Gesell anders als Goddard keine psychologischen Tests nutzte. Tatsächlich arbeitete Gesell jedoch seit 1909 mit Goddards Binet-Version und später auch mit Termans Stanford-Binet-Revision sowie weiteren gängigen Tests.

5 Diese erste einschlägige Publikation *The Normal Child and Primary Education* (1912) verfassten Arnold Gesell und seine Frau Beatrice Chandler Gesell bald nach ihrem Kennenlernen gemeinsam. Beide arbeiteten zu der Zeit der Los Angeles State Normal School in der Lehrerausbildung. Beatrice gab ihren Beruf nach der Geburt ihres ersten Sohnes auf, unterstützte ihren Mann aber aktiv und in inoffizieller Leitungsfunktion an der Yale Clinic und bei weiteren Publikationen.

Mit seinem Interesse an Normalität war Gesell nach dem Krieg nicht allein. Hatte zuvor die gesellschaftspolitische und wissenschaftliche Aufmerksamkeit verstärkt dem Pathologischen und anderen Abweichungen gegolten, rückte in den USA der 1920er Jahre das Normale in den Blick von Forschern und Reformern. Das normale Kind wurde zum gesellschaftlichen Schlüssel für Wohlstand und Demokratie – und zum wissenschaftlichen Gegenstand, mit dem Herkunft und Zukunft des Menschen erforscht und Technologien zum Erhalt von Normalität entwickelt wurden (vgl. Cryle & Stephens, 2017; Igo, 2007; Smuts, 2006, S. 117–172; Link, 1996; Hacking, 1990). Während sich Größen- und Gewichtstabellen zur Kontrolle von normalem physischem Wachstum verbreiteten, suchten andere Kinderforscher wie Gesell nach einem Äquivalent zur präventiven Kontrolle normaler mentaler Entwicklung. Mit *The Mental Growth of the Pre-School Child* (1925) legte Gesell die erste systematische Darstellung einer Psychologie normaler früher Kindheit vor, die in zehn Altersstufen von einem Monat bis sechs Jahren diese sozial und biologisch ‚grundlegende', doch bisher vernachlässigte früheste Lebensphase skizzierte. In konkreten Beschreibungen und Fotografien von „gewöhnlichem und normalem Verhalten" präsentierte er hier eine „normative" Auswertung von Daten „normaler" Kinder (Gesell, 1925, S. 3 und S. 5). Zur klinischen Nutzung hatten Gesell und sein kleines Team aus Psychologinnen an der Yale Psycho-Clinic „diagnostische Normen und Verfahren" entwickelt, mit denen Praktiker aus Medizin, Psychologie und Pädagogik den Entwicklungsstatus kleiner Kinder bestimmen konnten (ebd., S. vi). Das Herzstück dieses Systems zur Entwicklungsdiagnose, des „System of a Developmental Diagnosis", so der Untertitel des Buches, waren die Developmental Schedules.

Die Normalität der Gesell Developmental Schedules unterschied sich von anderen, zu der Zeit vorherrschenden Normalitäten wie statistischen Durchschnitten oder Normalverteilungen auf der Glockenkurve. Für die ersten Entwicklungsnormen ‚sammelten' und katalogisierten Gesell und seine (bis auf zwei Ausnahmen weiblichen) Mitarbeiterinnen seit 1919 charakteristisches Verhalten von 50 normalen ‚repräsentativen' Säuglingen und Kleinkindern aus der weißen

Mittelschicht in verschiedenen Altersgruppen.[6] Zur Geschlechterverteilung machte Gesell erst in späteren Studien Angaben, wobei er zwar auf eine etwa gleiche Verteilung achtete, jedoch nicht von Entwicklungsunterschieden zwischen Mädchen und Jungen im frühen Kindesalter ausging. Die Untersuchungen fanden, wie er festhielt, unter „natürlichen" Umständen im Beisein der Mutter statt, nicht unter „starr uniformen experimentellen oder Laborbedingungen" (ebd., S. 42). Das Kinderverhalten wurde protokolliert und in vielen Fällen fotografisch und später auch filmisch aufgezeichnet. Aus dieser Datenbasis ‚klassifizierte' Gesell mit seinem Team 150 normative Verhaltensmerkmale für neun Altersstufen in vier Kategorien: motorisches, adaptives, sprachliches und persönlich-soziales Verhalten. Anders als bei psychometrischen Methoden ergab sich die Signifikanz der altersspezifischen Merkmale dabei aus der Häufigkeit, mit der sie beobachtet worden waren, nicht aus formalen statistischen Signifikanztests. Sie hatten weniger einen mathematischen als einen „beschreibenden" und „klinischen" Wert, wie Gesell betonte (ebd., S. 5 und S. 39–44). „Unser methodischer Zugang", fasste er zusammen, „lässt sich am besten beschrieben als vom klinischen und naturhistorischen Typ" (ebd., S. 42).

Auch die Developmental Schedules selbst waren, wie ihr Name andeutete, kein Test im Sinne von standardisierten und quantitativen Prüf- und Auswertungsverfahren. Der Begriff ‚schedule' bezeichnete seit Mitte des 19. Jahrhunderts eine Aufreihung von Ereignissen mit zugeordneten Zeiten. Mit dem Durchbruch der Eisenbahn und dem damit erforderlichen Zeitmanagement synchronisierter Abfahrts- und Ankunftszeiten waren ‚schedules' als Zeitpläne Bestandteil des Alltags geworden und fanden auch in der Taktung eines industrialisierten Arbeitslebens Gebrauch (vgl. Ogle, 2015).

Die Gesell Schedules übertrugen dieses allseits bekannte ökonomische Zeitmanagement in Listenform auf die Entwicklungspsychologie von Kindheit: Sie listeten eine Reihe von Entwicklungsereignissen auf, die einem bestimmten

6 Zur genauen Anzahl der Kinder und der Untersuchungen machte Gesell nur unklare Angaben und wählte die schwammige Formulierung „over fivehundred children (counting retests as new cases) were included" (Gesell, 1925, S. 5). Waren die ersten Beobachtungen überwiegend als Querschnitt designt, basierte die nächste Überarbeitung der Normen auf einer Längsschnittstudie mit 107 Kindern, wovon 58 Mädchen und 49 Jungen waren (Gesell et al., 1940, S. 319).

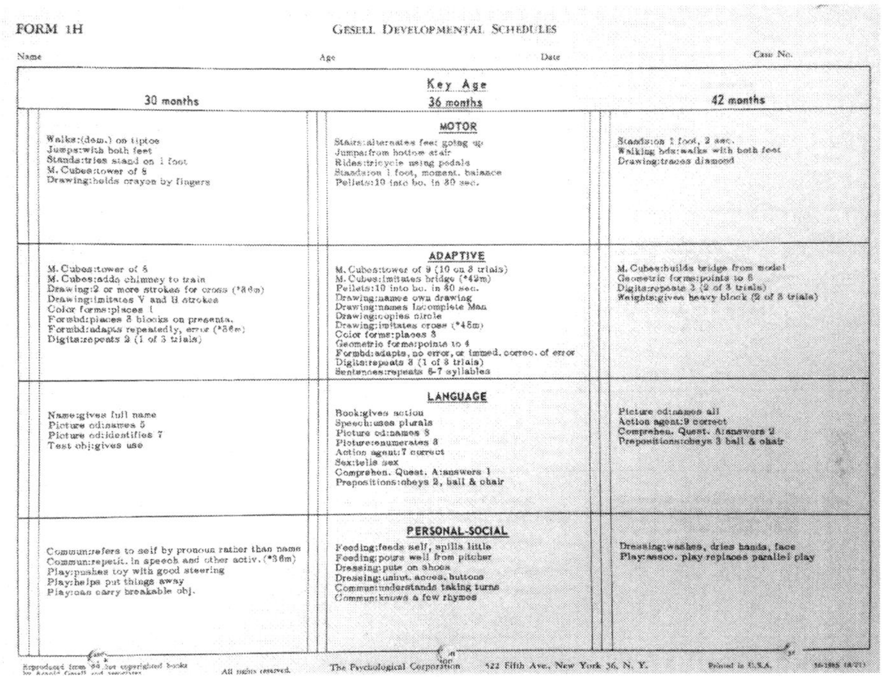

FORM 1H — GESELL DEVELOPMENTAL SCHEDULES

Name Age Date Case No.

30 months	Key Age 36 months	42 months
	MOTOR	
Walks:(dem.) on tiptoe Jumps:with both feet Stands:tries stand on 1 foot M. Cubes:tower of 8 Drawing:holds crayon by fingers	Stairs:alternates feet going up Jumps:from bottom stair Rides:tricycle using pedals Stands:on 1 foot, moment. balance Pellets:10 into bo. in 30 sec.	Stands:on 1 foot, 2 sec. Walking bds:walks with both feet Drawing:traces diamond
	ADAPTIVE	
M. Cubes:tower of 8 M. Cubes:adds chimney to train Drawing:2 or more strokes for cross (*36m) Drawing:imitates V and H strokes Color forms:places 1 Formbd:places 3 blocks on presenta. Formbd:adapts repeatedly, error (*36m) Digits:repeats 2 (1 of 3 trials)	M. Cubes:tower of 9 (10 on 3 trials) M. Cubes:imitates bridge (*42m) Pellets:10 into bo. in 30 sec. Drawing:names own drawing Drawing:names Incomplete Man Drawing:copies circle Drawing:imitates cross (*48m) Color forms:places 3 Geometric forms:points to 4 Formbd:adapts, no error, or immed. correc. of error Digits:repeats 3 (1 of 3 trials) Sentences:repeats 6-7 syllables	M. Cubes:builds bridge from model Geometric forms:points to 6 Digits:repeats 3 (2 of 3 trials) Weights:gives heavy block (2 of 3 trials)
	LANGUAGE	
Name:gives full name Picture cd:names 5 Picture cd:identifies 7 Test obj:gives use	Book:gives action Speech:uses plurals Picture cd:names 8 Picture:enumerates 3 Action agent:7 correct Sex:tells sex Comprehen. Quest. A:answers 1 Prepositions:obeys 2, ball & chair	Picture cd:names all Action agent:9 correct Comprehen. Quest. A:answers 2 Prepositions:obeys 3 ball & chair
	PERSONAL-SOCIAL	
Commun:refers to self by pronoun rather than name Commun:repetit. in speech and other activ. (*36m) Play:pushes toy with good steering Play:helps put things away Play:can carry breakable obj.	Feeding:feeds self, spills little Feeding:pours well from pitcher Dressing:puts on shoes Dressing:unbut. acces. buttons Commun:understands taking turns Commun:knows a few rhymes	Dressing:washes, dries hands, face Play:assoc. play replaces parallel play

Reproduced from ... copyrighted books by Arnold Gesell and associates. All rights reserved. The Psychological Corporation 522 Fifth Ave., New York 36, N. Y. Printed in U.S.A.

Abb. 1: Gesell Developmental Schedule (CHP 1940) aus dem Set der Psychological Corporation von 1940. Doppelte Spalte für Plus- und Minus-Markierungen.

Zeitpunkt im Leben von Kindern zugeordnet waren. Wie im Zugfahrplan war auch für die Kinderentwicklung ein zeitlicher Spielraum mit eingeplant, und ein gewisses Maß an ‚Unpünktlichkeit' lag noch im Normalbereich. Nach dieser Zeitplansystematik konnte jeder erkennen, welches kindliche Entwicklungsmerkmal als nächstes eintreffen sollte und ob sich dessen ‚Ankunft' verspätete. Die Entwicklungszeitpläne verkörperten im Prinzip ihrer Form, was Clementine Beauvais (2016) als ‚Horologie' der Kinderpsychologie bezeichnet hat, die Zeitmessung und Synchronität zum Maßstab für Normalität machte.

Zum besseren Management der Entwicklungsuntersuchung und ihrer Ergebnisse fügte Gesell seinem Buch Beispiele standardisierter Formulare bei, wie auch er und sein Team sie im Klinikalltag und zu Forschungszwecken einsetzten.

Tabellarische Entwicklungschecklisten (Abb. 1), zusätzliche Beobachtungsprotokolle, Elterninterviews und Krankheitsgeschichte bildeten zusammen eine komplette Fallakte inklusive eines Deckblatts. Trotz seiner kritischen Haltung gegenüber vollständig standardisierten Psychotests, die auf der Auswertung von Papierbögen mit vermeintlich eindeutigen Testergebnissen statt auf persönlichem Kontakt basierten, vertrieb Gesell sein Formularset ab 1926 über die Firma C. H. Stoelting Co., die auch psychometrische Intelligenztests wie die von Terman, Goddard und Yerkes im Angebot hatte. Nach einer kaum wahrgenommenen Schedule-Revision, die aus der gemeinsam mit Helen Thompson verfassten Studie *The Psychology of Early Growth* (1938) stammte und über die Marietta Apparatus Co. vertrieben wurde, legte Gesell 1940 eine erfolgreiche Neufassung der Entwicklungszeitpläne bei der Psychological Corporation auf. Diese stark nachgefragte Schedule-Version erschien begleitend zu dem international beachteten Buch *The First Five Years of Life* (1940), das Gesell zusammen mit seinem Team als „A Guide to the Study of the Preschool Years“ veröffentlicht hatte. Schließlich folgte 1949 noch einmal eine neu überarbeitete Version.

Wer ein Komplettset der Gesell Developmental Schedules bei der Psychological Corporation bestellte, bekam die verschiedenen Formulare in mehrfacher Ausführung, zusammen mit einer hölzernen „Performance Box“, vollgepackt mit Spielzeug und Alltagsgegenständen wie einem Ball, Bauklötzchen, einem Bilderbuch, einer Rassel und einer Tasse als standardisiertem Untersuchungsmaterial (Abb. 2). Diese Sets wurden zum Selbstkostenpreis ohne Gewinnorientierung vertrieben, und Baupläne für zusätzliches Equipment konnten für 50 Cent Aufwandsbeteiligung angefordert werden. Allerdings beschränkte sich die begleitende Broschüre (Gesell & Amatruda, 1940) auf allgemeine Hinweise zum Konzept der Entwicklungszeitpläne. Für eine konkrete Anleitung zur Untersuchungsdurchführung und wichtige Informationen zum Verfahren verwies die Begleitbroschüre auf den unverzichtbaren Kauf von Gesells zahlreichen Büchern.

Wie das Untersuchungssetting, aus dem die Entwicklungsnormen hervorgegangen waren, spiegelte die Entwicklungsuntersuchung entlang der Entwicklungszeitpläne zwei verschiedene Zugänge zur Herstellung von Normalität wi-

Abb. 2: Materialset mit Spiel- und Alltagsgegenständen (Gesell, 1925, S. 58). Neben den Objekten arbeitete Gesell ab zwölf Monaten mit Bild- und Zeichenmaterial, u.a. aus dem Stanford-Binet-Intelligenztest.

der: zum einen das natürliche Normale aus naturalistischen Beobachtungen von Kindern in ihrer ‚natürlichen' gewohnten Umgebung; zum anderen Annahmen aus den experimentellen Wissenschaften zum künstlich isolierten Normalen im Labor. In der ersten Version der Entwicklungszeitpläne hatte noch der „naturhistorische Ansatz" dominiert, den Gesell als das „Studium von Kinderverhalten in natürlichem oder gewohntem Setting" beschrieb (Gesell, 1925, S. 29). Diese Idee vom natürlichen Normalen behielt er bei, ergänzte sie jedoch zunehmend durch Ansätze aus dem Studium kindlicher Entwicklung unter standardisierten Laborbedingungen. Denn um das „Optimum an Natürlichkeit" zu wahren, war Neutralität zum Schutz vor ungewollten Stimuli ebenso wichtig (Gesell, 1928, S. 31). Zusätzlich zum Komplettset der Developmental Schedules bot Gesell daher Konstruktionspläne für ein funktionales Equipment wie den Spezialstuhl ‚Infant Examining Chair‘ und das für Untersuchungen konzipierte Gitterbett ‚Clinical Crib‘ mit der passenden Zubehörtasche ‚Examination Bag‘ an, die für den standardisierten und kindgerechten Ablauf der Entwicklungsuntersuchungen designt waren.

Beide Ansätze des Normalen kamen im standardisierten Spielzeug zusammen. Die Instrumentalisierung von Spiel stand in einer Denktradition, die Spiel als Werkzeug für und Ausdruck von Entwicklung von Kind und Menschheit verstand (vgl. Young, 2015; Chudacoff, 2007). Einige Spielsachen aus Gesells Entwicklungsuntersuchung hatten zuvor schon Einsatz im Rahmen von Intelligenztests gefunden, auch in Yerkes' Army Beta für analphabetische und fremdsprachige Soldaten, darunter Bild- und Zeichenmaterial aus Termans Stanford-Binet-Intelligenztest und Goddards Formboard (ein geometrisches Holzpuzzle). Störte beim Testen von Erwachsenen der ‚Kindergartenaspekt‘ von Spielzeug (Otis, 1919), war genau dieser bei kleinen Kindern erwünscht. Für Gesell gehörte Spiel zur Natur (Gesell & Gesell, 1912) und war „die Arbeit des Kindes“ (Gesell & Thompson, 1934, S. 35). Die psychologische Apparatur in der „Verkleidung von Spielsachen“ (ebd.) verband die Neutralität des Gewohnten und das Hervorlocken des Natürlichen mit standardisierter Uniformität.

Neben dem materiellen war auch das richtige menschliche Setup entscheidend. Im Gegensatz zur rigiden psychometrischen Testdurchführung betonte die Bedienungsanleitung für die Entwicklungszeitpläne die Bedeutung einer „liberalen und humanen Applikation psychologischer Methoden“ für Kind und Mutter (Gesell & Amatruda, 1940, S. 9). „Wir sollten nicht danach streben, das Kind nur aus theoretischem Grund zu isolieren“, fand Gesell, obgleich viele Test- und Experimentalanordnungen wegen der Reduktion von Umwelteinflüssen aufs Verhalten darauf abzielten. Er hatte nämlich festgestellt, dass die Mutter-Kind-Beziehung eine „natürliche“ war, die zumindest bis zum 18. Monat nicht vermieden werden sollte. Die Mutter sei „immerhin ein ziemlich bedeutender und normaler Faktor“ in der „Umwelt“ des Kindes und schaffe eine „natürliche Vertrauensatmosphäre“, in der sich das Kind selbst viel eher „charakteristisch“ zeige (Gesell, 1925, S. 406–407). Besser, man nähme Mütter ins Vertrauen, mache sie zu Verbündeten und beobachtete dabei unbemerkt die Interaktion zwischen Mutter und Kind zur Ergänzung der Daten (Gesell & Amatruda, 1940, S. 9–10).

Ansichten der Klinischen Psychologie

Wie Psychologen eine psychologische Untersuchung oder einen Test konzipierten und durchführten, entschied sich auch an der Frage, wie sie Klinische Psychologie definierten. Frühe Vertreter des Faches wie Goddard, Terman und Gesell betonten mit dem Begriff ‚klinisch' das Individuelle einer praktisch angewandten Psychologie, die am einzelnen Menschen interessiert war. Psychometrie als Teil der Klinischen Psychologie durfte sich nicht in obsessiv exakter Messung erschöpfen, sondern verlangte danach, Messverfahren individuell anzupassen (APA, 1935; vgl. Reisman, 1976). Gesell kritisierte die Annahme, dass diagnostische Methoden „automatisch" arbeiten könnten (Gesell, 1925, S. 359). Messergebnisse, die beispielsweise Yerkes als „objektiv" bezeichnete, weil sie in „unpersönlichen" Verfahren ohne Einwirkung der Tester entstanden seien, entsprachen nicht Gesells Vorstellung von verantwortungsvoller Diagnostik (Yerkes, 1921, S. 259). Seine Entwicklungszeitpläne erforderten entgegen ihrer simplen Handhabung Erfahrung. Erfahrung war nötig für eine „geschulte Beobachtung" (Gesell, 1925, S. vi) und ebendas „geschulte Urteil" (ebd., S. 7), das Lorraine Daston und Peter Galison (2007) unter diesem Begriff als Gegenbewegung zu den automatisierten Verfahren mechanischer Objektivität herausgestellt haben. Trotz der zusätzlichen fotografisch-mechanischen Aufzeichnungsmittel in Gesells Beobachtungsstudien definierte er Klinische Psychologie als „normativ", mit „objektiven Standards", aber in Abgrenzung zu den Automatisierungsbemühungen der Psychometrik als „vergleichende" und „interpretative Diagnose", die nur unter Kenntnis „lebensechter Maßstäbe" möglich sei (Gesell, 1925, S. 360–361).

Zwar instruierten die Begleitbücher der Developmental Schedules deren Anwender bis ins Detail über einzelne Handbewegungen und gesprochene Worte. Uniformität war notwendig, um die Untersuchungssituationen wiederhol- und vergleichbar und Entwicklung sichtbar zu machen – von „Kind zu Kind" und von „Alter zu Alter". Jedoch hielt Gesell an seiner Kritik gegenüber dem überstandardisierten Testen mit rein psychometrischen Ergebnissen fest. Die Entwicklungsuntersuchung, schrieb er, sei eine „Kunst". Im Gegensatz zum „engstirnigen Techniker (dem Berufstester)" passe der „wahre Künstler" Material und Ablauf an die individuellen Kinder und Situationen an (Gesell & Amatruda, 1940, S. 8–10). Diese Kritik zielte wahrscheinlich auf Distinktionsgewinn gegenüber den damaligen Entwicklungen in der angewandten Psychologie, wo schnelles Testen zur einträglichen Tätigkeit für jeden oberflächlich geschulten Psychotester wurde. Die Entwicklungszeitpläne hingegen stärkten die Bedeutung von Erfahrungswerten und Fähigkeiten, die nur durch langjährige Berufserfahrung im direkten Kontakt mit dem Kind gewonnen werden konnten, was auf Berufsgruppen wie Pädagoginnen, Krankenschwestern und Ärztinnen genauso zutraf wie auf Psychologen.

Die Kritik am automatisierten Testen hatte noch eine weitere Funktion. Mit ihr konnte Gesell die Methode seiner eigenen Entwicklungszeitpläne legitimieren. Bei Säuglingen und Kleinkindern kam kaum ein anderes Verfahren infrage als das Beobachten von Verhalten. Babys konnten weder herkömmliche Testaufgaben und Prüfungen absolvieren, noch hielten sie sich an festgeschriebene Untersuchungsabläufe. Mit der „Balance zwischen Uniformität und Variation", der „effektiven Kombination von Freiheit und Kontrolle", löse der erfahrene „Künstler" auch „Probleme beim Untersuchungsmanagement" – also den Unvorhersehbarkeiten, die bei der Arbeit mit lebendigen kleinen Kindern auftauchten. Wer an Entwicklung interessiert sei, klärte das Benutzerhandbuch über die „Philosophie" der Developmental Schedules auf, nutze psychologische Untersuchungen nicht als prüfende Tests. Die Untersuchungen seien eine „Bühne", auf der das jeweilige Kind zeige, wie es Lebenssituationen charakteristischerweise begegne. Aus dieser Perspektive war „die Untersuchung in sich selbst eine Lebenssituation", so aufgeladen mit Stimuluswerten, dass das Kind gezwungen wäre, „sich selbst zu offenbaren" (Gesell & Amatruda, 1940, S. 8–10)Beobachten, Aufzeichnen, Vergleichen – basierend auf dieser Praxis hatte die Gruppe um Gesell in der Yale-Klinik die Entwicklungszeitpläne aufgestellt, und so sollten sie im Sinn von Gesells Klinischer Psychologie angewandt werden. In einer von Gesell erstellten Chronologie zur Entwicklung der Klinischen

Psychologie hatte neben der psychologischen Vermessung seit Fechner und Galton und neben der Kinderforschung und Pädagogik seit Pestalozzi insbesondere Charles Darwin einen prominenten Platz (Gesell, [nach 1939]). Darwin war in Gesells Darstellung nicht nur mit seinen Ideen und Erklärungen zum Ursprung und zur graduellen Entwicklung alles Lebenden bahnbrechend für die Wissenschaft zur menschlichen Kindheit gewesen. Auch Darwins Methoden hielt Gesell für richtungsweisend. Er machte Darwins unermüdliche Beobachtungsarbeit, seine Fotografien und Visualisierungen und seinen komparativen Untersuchungsansatz zum methodischen Vorgänger und naturhistorischen Vorbild für seine Kinderentwicklungsforschung und eine Klinische Psychologie mit naturalistischer Orientierung (Gesell, 1948, S. 36–44 und S. 97; vgl. Thelen & Adolph, 1992).

Solche naturalistischen und naturhistorischen Ansätze vertraten in den ersten Jahrzehnten des 20. Jahrhunderts auch die Ärzte, die der zunehmenden Standardisierung in der Klinischen Medizin holistische und humanistische Ideale entgegenzusetzen versuchten. Medizin war nicht nur Wissenschaft, argumentierten sie, sie war genauso Kunst. Der Arzt war auch Naturalist, und Beobachtung eines seiner wichtigsten Instrumente. Die Naturgeschichte stand in der klinischen Praxis dieser Bewegung gleichberechtigt neben dem wissenschaftlichen Labor als Ort von Diagnose und Experiment (Lawrence, 1998). Die Entwicklungszeitpläne der Yale Clinic of Child Development versuchten, zwei diesem Ansatz ähnliche Konzepte von Objektivität zusammenzubringen. Die zwei Objektivitätskonzepte waren außerdem durch zwei unterschiedliche Vorstellungen davon gekennzeichnet, was Normalität war und wie das Normale hergestellt und vermessen werden konnte. Die Methode der Gesell Developmental Schedules kombinierte „naturalistische" und „kontrollierte" Beobachtung (Gesell & Amatruda, 1940, S. 6). Die Schedules gaben die Verhaltensmerkmale vor, die in einem Untersuchungssetting, das die Balance zwischen Kontrolliertheit und Natürlichkeit hielt, hervorgelockt und beobachtet werden sollten. In Gesells Auffassung vom Beobachten und Vergleichen verschmolzen zum einen Erfahrung und Kunst mit Standardisierung und empirischer Diagnostik. Zum anderen setzte er die artifizielle Kontrolle nach dem Vorbild von Laborexperimenten neben die naturalistische Beobachtung nach dem Vorbild der Naturgeschichte. Dabei sollte

Normalität nicht nur durch Künstlichkeit kreiert werden wie in der Psychologie und den Lebenswissenschaften üblich. Gesell verband einen naturhistorischen Ansatz, naturalistische Verfahren und eine naturgemäße Umgebung zu einem Konzept von Natürlichkeit, das im Zusammenspiel mit künstlicher Kontrolle Normalität garantieren sollte.

Schlug ein Kind mit acht Monaten zwei Bauklötzchen aneinander und sagte „dada"? Konnte ein dreijähriges Kind einen Turm aus neun Klötzchen bauen und sich selbst die Schuhe anziehen, wenn auch verkehrt herum? Die tabellarischen Schedule-Formulare dienten als Richtschnur für die Untersuchung und als Checkliste für die ‚Performance' des Kindes. Die Person, die die Untersuchung durchführte, markierte darauf mit Plus- und Minuszeichen die An- und Abwesenheit einzelner Verhaltensmerkmale.

Eine zusätzliche Spalte, das gesonderte Formular „Observation Record of Behavior" und stenographische Protokolle waren für die Aufzeichnung ‚freier' Beobachtungen gedacht. Dafür sollte am besten eine zusätzliche, im Beobachten geschulte Person Kind und Mutter ab dem Betreten der Klinik im Auge behalten und das gesamte Verhalten notieren. Während der offiziellen Untersuchung saß dieser menschliche Rekorder idealerweise hinter dem „one-way vision screen", einem simplen Einwegsichtschutz, für den eine Bastelanleitung beigefügt war (Gesell et al., 1940, S. 356–357). Gesell erinnerte daran, dass „Prokrastination ein schwerwiegendes Laster beim Aufzeichnen" sei, und mahnte, dass die Person, die die Untersuchung mit dem Kind durchführte, direkt im Anschluss mithilfe der Beobachtungsprotokolle eine deskriptive Charakterisierung vom Kind formulieren solle (Gesell, 1925, S. 363).

Der nächste Arbeitsschritt war der Vergleich. „Matching child to schedule" hieß, das ‚beobachtete Verhalten' mit dem ‚normativen Verhalten' abzugleichen, das Gesells Team bei der Beobachtung von normalen Kindern gesammelt und anschließend gruppiert hatte. Für jede Entwicklungsstufe bildeten die Entwicklungszeitpläne ‚Verhaltenskonstellationen' ab, die für das jeweilige Alter charakteristische ‚Miniaturbildmuster' formten. Zur Auswertung musste einfach im „direkten Vergleich bestimmt werden, inwiefern das Verhalten eines Kindes besser zu der einen als zu einer anderen Alterskonstellation" passte (Gesell & Amatruda, 1940, S. 12).

Abb. 3: Entwicklung von „Cube Behavior" in Filmstills. Mit einer Ausnahme in Clinical Crib (Gesell et al., 1940).

Dabei wurden die einzelnen Verhaltensmerkmale nicht gewichtet, addiert oder subtrahiert, auch gab es keine Punkteskala. „Bloße Quantifizierung von Daten sichert nicht ihre Genauigkeit“, wurden die „psychometrisch Gesinnten“ belehrt, und keinesfalls könne ein arithmetischer Durchschnitt ein Kind „repräsentieren“: Nur das „Gesamtbild“ erzähle „die Geschichte“ (ebd.). Auch die in das entsprechende Formular eingetragenen Plus- und Minuswertungen aus der Untersuchung sollten als Bild betrachtet werden, das den Entwicklungsstatus als dynamische Zone zwischen Plus und Minus visuell abbildete (Gesell & Amatruda, 1941, S. 354–361).

Diese Verhaltensbilder vom normalen Kind in tabellarischer und deskriptiver Form ergänzte Gesell mit visuellen Bildern: den Fotografien aus dem Forschungsprogramm der Klinik (Abb. 3) und davon abgepausten Strichzeichnungen (Gesell & Amatruda, 1941). Die Bilder veranschaulichten nicht einfach die Durchführung der Entwicklungsuntersuchung, sondern waren wie die Schedules ein Mittel zur Beobachtung und zum Vergleich. Aufgenommen in alltäglichen ‚naturalistischen‘ Situationen sowie unter den ‚kontrollierten Bedingungen‘ der Entwicklungsuntersuchung (Gesell et al., 1940, S. 58) portraitierten sie „das sich entwickelnde Kind in charakteristischen Verhaltenssituationen“ und waren „gruppiert“ und in „gestuften Serien“ angeordnet. Durch „kritische Betrachtung“ und „komparativen Gebrauch“ sollten die Bilder wie ein „klinisches Album“ als „normative Referenz“ fungieren und bei der „Klassifikation“ von gegebenen Fällen helfen (Gesell, 1925, S. 159–160). Bilder wie Zeitpläne machten in ihrer graduellen Anordnung Entwicklung komparativ sichtbar und lösten damit ein Problem, das Gesell in seinen methodischen Notizen unter „matching vs measuring by Absolute *Unit*“ [sic!] listete, also dem ‚Abgleichen‘ versus dem ‚Vermessen‘ (Gesell, [um 1924]): Für mentale Entwicklung existierte keine absolute Maßeinheit (Gesell, 1925, S. 15–23). Das Begleitheft bezeichnete die Developmental Schedules dementsprechend als „vergleichende Form der Vermessung“, die sich statt an technischer Verfahrenspräzision und absoluten mentalen Messzahlen an der kindlichen Fähigkeit orientierte, „das kontinuierliche Problem der Entwicklung zu lösen“ (Gesell & Amatruda, 1940, S. 11–12). So machten die Entwicklungszeitpläne Entwicklung zum Maßstab für Normalität.

Kritik und Kritisiertes: Normale Kindheit nach Zeitplan

Die Kritik daran, was psychometrische Intelligenztests als Normalität herstellten und wie stark die psychometrische Vermessung vereinfachte, führte zu der Methode Gesells, die auf individueller Beobachtung und Vergleichen im persönlichen Kontakt mit den Kindern basierte. Statt Statistik und numerischer Testergebnisse dominierten dabei eingängige Bilder und Zeitpläne von Entwicklung. Diese naturalistische Bildhaftigkeit als Zugang zu Entwicklungsnormalität war ebenfalls eine Vereinfachung, allerdings mit anderer Zielgruppe: Sie verlangte zur Feststellung von Normalität Expertise im Umgang mit Kindern statt mit Psychometrie. Die Zeitpläne normaler Entwicklung, die zugleich Grundlage und Ergebnis der Entwicklungsforschung an der Yale Psycho-Clinic waren, fanden weit verbreitete klinische Anwendung in der Entwicklungsdiagnose. Das eingängige Bildhafte der Entwicklungszeitpläne verband allerdings nicht nur psychologische Forschung und Praxis, sondern wirkte über die akademische Wissensproduktion hinaus bei der Verbreitung und Vermittlung von Wissen über normale Kindheit für jedermann und vor allem -frau.

Das alltägliche Management von normaler Entwicklung entlang der Zeitpläne konnten alle erlernen, was denn auch die Grundlage für ihre Popularität war. Mit Filmen, die in Schulen, Elternkursen, Babyabteilungen von Kaufhäusern und Kinos liefen, mit bildreichen Zeitungs- und Magazinbeiträgen und mit populären Bestsellern schulten Gesell und seine Mitarbeiterinnen die ganze Bandbreite von Leuten, die privat oder professionell mit Kindern zu tun hatten, in der Beobachtung ihrer Schützlinge aus der Entwicklungsperspektive. *Infant and Child in the Culture of Today* (1943), laut *New York Times* nicht weniger als *das* Buch für Eltern (AGP, 1944), transformierte die normativen Listen und Bilder in szenische „Verhaltensprofile“ für das „komparative Studium“ der Mütter und auch Väter an ihrem eigenen Kind (Gesell & Ilg, 1943, S. 2). Schon bevor sich die Entwicklungszeitpläne für den Hausgebrauch ausbreiteten und Gesell zu Amerikas einflussreichstem Kinderexperten vor Benjamin Spock machten, kritisierte der Pädiater Joseph Brennemann die Wirkung des eindringlichen Matching-Prinzips: Mütter erzogen ihr Baby bereits „by matching him up with Gesell“, durch Ver-, Ab- und Angleichen mit den normativen Forschungsbabys.

Ähnlich dem Diätwahn als Folge standardisierter Größen- und Gewichtstabellen, sagte Brennemann voraus, würde die „psychologisch gesinnte Mutter" ihr Kind bald nach diesen Verhaltensvorbildern formen wollen (Brennemann, 1931, S. 384 und S. 388).

Dass sich die beschreibenden naturalistischen Zeitpläne normaler Kindheit tatsächlich in eine normale Kindheit nach Zeitplan verkehrten, zeigen die Ergebnisse historischer Erziehungs- und Kindheitsforschung (Sammond, 1999; Young, 2015; Grant, 1998; Hulbert, 2003). Auch der kommerzialisierte Entwicklungsimperativ von Babyausstattungen, Spielsachen und Kindermedien, der mit entwicklungspsychologischen Empfehlungslisten für Spiel- und Ausstattungsmaterial wie denen in Gesells Büchern korrespondierte (z.B. Lionel Corporation, 1944), verbreitete eine nach Zeitplan gesteuerte Kindheit. Dieses Modell einer Kindheit nach Zeitplan, seither immer wieder als Normalisierung von Kinderentwicklung und Kolonialisierung von Kindheit kritisiert (vgl. Varga, 2011; Herman 2003; Rose 1989), entstand so – vielleicht ironischerweise – vor dem Hintergrund der Kritik an der psychometrischen Normalisierung und Vermessung von Normalität.[7]

Das Verhältnis von Kritik und Kritisiertem in der Geschichte der Gesell Developmental Schedules birgt noch eine weitere Verwicklung. Trotz der Kritik am psychometrischen Testen nutzte Gesell den nach dem Intelligenztesten im Ersten Weltkrieg explodierenden Psychotest-Boom für die erfolgreiche Verbreitung seiner Entwicklungszeitpläne. Nicht nur dass die Zeitplansets in ihrer äußeren Erscheinung dem Format von Intelligenztests glichen und zusammen mit diesen vertrieben wurden, zuletzt, wie bereits erwähnt, von der Psychological Corporation, der von Psychometrik-Vorreiter James McKeen Cattell gegründeten Psychotest-Agentur. Für die letzte Version der Entwicklungszeitpläne erdachte Gesell außerdem analog zum IQ den „Developmental Quotient" DQ, der den „Anteil normaler Entwicklung" als numerisches Ergebnis ausdrückte (Gesell & Amatruda, 1941, S. 113). Wie der von ihm kritisierte Intelligenzquotient löste der Entwicklungsquotient eine karikaturähnliche Zahlengläubigkeit im Zuge der Klassifikation kleiner Kinder aus (vgl. Herman, 2008, S. 168). Miss-

7 Zur Normalisierungskraft von Kritik in der Geschichte der Normalität, allerdings v.a. in Bezug auf Körper, Gender und Sexualität, siehe Cryle & Stephens (2017).

verständnisse in der öffentlichen und fachlichen Wahrnehmung der Entwicklungszeitpläne der Psycho-Clinic waren häufig. Zeitungen berichteten über die neue „Test"-Methode der „kaltblütigen Psychologen" zur Vermessung von Intelligenz bei Babys (Patridge, 1924; Evans, 1925), und Psychologen kritisierten die ungenügende statistische Standardisierung und verfahrenstechnische Präzision der „Tests" (z.B. Cattell, 1940; Bayley, 1938; Stolz, 1958). Auch in die Geschichten der Psychologie haben sich die Developmental Schedules als psychometrische Intelligenztests eingeschrieben (Reisman, 1976; Weizmann & Harris 2012; Lewis, 2013).

Die Verwicklung von Kritik und Kritisiertem lag in der in der medialen Form der bildhaften Entwicklungszeitpläne versteckt. Zwar unterschied sich die klinische Praxis des geschulten Urteils und von Beobachtung, Aufzeichnung und Vergleich in naturhistorischer Tradition, die an die Zeitplanmethode geknüpft war, prinzipiell von den mechanischen Verfahren der kritisierten psychometrischen Tests. Doch gleichzeitig waren Methode und Material der vertriebenen Entwicklungszeitpläne anschlussfähig an die sonst vorherrschenden Psychotests und dementsprechend – wahrscheinlich sogar mit Kalkül – verwechselbar mit als wissenschaftlicher wahrgenommenen standardisierten Tests. Die Technologie und mediale Form der Entwicklungszeitpläne führten jedoch nicht nur zur Verwicklung mit ebenjenen Tests, die Gesell für ihren Normalisierungsmechanismus kritisierte. Mit ihrer Eingängigkeit, Einfachheit und weiten Verbreitung verstärkten sie außerdem den Effekt, gegen den sie konzipiert waren – nämlich eine sich ausbreitende standardisierte Vermessung und Psychologisierung von Normalität. Kritik und Kritisiertes griffen ineinander. Letztlich bestellte sogar Yerkes (1930) drei Komplettsets der Gesell Developmental Schedules für die komparative psychologische Forschung an seinen Yale-Schimpansen.

Ungedruckte Quellen

AGP (1914–1920). Korrespondenz mit dem Connecticut State Board of Education. Arnold Gesell Papers, Box 66. Library of Congress, Washington, D.C.

AGP (1918–1920). Korrespondenz mit Cheney Bros. und Arthur Otis. Arnold Gesell Papers, Box 54. Library of Congress, Washington, D.C.

AGP (1944). Reviews re Infant and Child in the Culture of Today, 12. September 1944. Arnold Gesell Papers, Box 199. Library of Congress, Washington, D.C.

APA (1935). Compilation of Statements Concerning the Definition of Clinical Psychology and Standards of Training for Clinical Psychologists. Arnold Gesell Papers, Box 61. Library of Congress, Washington, D.C.
Gesell, A. (o. J.). Preliminary Draft. Arnold Gesell Papers, Box 91. Library of Congress, Washington, D.C.
Gesell, A. ([um 1902]): Notiz „What is a perfectly developed child?“ Arnold Gesell Papers, Box 235. Library of Congress, Washington, D.C.
Gesell, A. (1912). Report Juvenile Psycho-Clinic. Arnold Gesell Papers, Box 121. Library of Congress, Washington, D.C.
Gesell, A. (1922). Brief an Yerkes, 16. März 1922. Arnold Gesell Papers, Box 91. Library of Congress, Washington, D.C.
Gesell, A. ([um 1924]). Methods and Techniques of Child Research. Arnold Gesell Papers, Box 90. Library of Congress, Washington, D.C.
Gesell, A. ([nach 1939]). Chronology: The Development of Clinical Psychology. Arnold Gesell Papers, Box 61. Library of Congress, Washington, D.C.
Lionel Corporation (1944). Brief von Arthur Raphael an Gesell, 4. April 1944. Arnold Gesell Papers, Box 31. Library of Congress, Washington, D.C.
Otis, A. (1919). Brief an Gesell, März 1919. Arnold Gesell Papers, Box 42. Library of Congress, Washington, D.C.
Yerkes, R. M. (1930). Brief an Gesell, 22. November 1930. Arnold Gesell Papers, Box 44. Library of Congress, Washington, D.C.

Gedruckte Quellen

Bayley, N. (1938). Book review. *Psychological Bulletin, 35*(7), 445–448.
Brennemann, J. (1931). The menace of psychiatry. *American Journal of Diseases of Children, 42*(2), 376–402.
Cattell, P. (1940). *The Measurement of Intelligence of Infants and Young Children*. New York: Psychological Corporation.
Evans, W. A. (1925, 7. September): How to keep well. Testing intelligence of children. *The Washington Post.*
Gesell, A. (1921). *Exceptional Children and Public School Policy. Including a Mental Survey of the New Haven Elementary Schools*. New Haven: Yale University Press.
Gesell, A. (1925). *The Mental Growth of the Pre-School Child.* New York: Macmillan.
Gesell, A. (1928). *Infancy and Human Growth.* New York: Macmillan.
Gesell, A. (1948). *Studies in Child Development*. New York: Harper.
Gesell, A. (1952). Autobiography. In E. G. Boring, H. Werner, H. S. Langfeld & R. M. Yerkes (Hrsg.), *A History of Psychology in Autobiography*, Bd. 4 (S. 123–143). Worchester: Clark University Press.
Gesell, A., & Amatruda, C. S. (1940). *Booklet of General Instructions to Accompany the Gesell Developmental Schedules*. New York: The Psychological Corporation.
Gesell, A., & Amatruda, C. S. (1941). *Developmental Diagnosis. Normal and Abnormal Child Development.* New York: Paul B. Hoeber.
Gesell, A., & Gesell, B. C. (1912). *The Normal Child and Primary Education.* Boston: Ginn and Company.
Gesell, A., & Ilg, F. L. (1943). *Infant and Child in the Culture of Today: The Guidance of Development in Home and Nursery School*. New York: Harper.
Gesell, A., & Thompson, H. (1934). *Infant Behavior: Its Genesis and Growth.* New York: McGraw-Hill.

Gesell, A., & Thompson, H. (1938). *The Psychology of Early Growth Including Norms of Infant Behavior and a Method of Genetic Analysis*. New York: Macmillan.
Gesell, A., et al. (1940). *The First Five Years of Life: A Guide to the Study of the Preschool Child*. New York: Harper and Brothers.
Patridge, E. N. (1924, 16. März). Just how smart is your baby? *Boston Daily Globe*.
Stolz, L. M. (1958). Youth. *Contemporary Psychology*, *3*(1), 10–15.
Yerkes, R. M. (Hrsg.) (1921). *Psychological Examining in the United States Army*. Washington, D.C.: Government Printing Office.

Literatur

Beauvais, C. (2016). Ages and ages: The multiplication of children's ‚ages' in early twentieth-century child psychology. *History of Education*, *45*(3), 304–318.
Carson, J. (2007). *The Measure of Merit: Talents, Intelligence, and Inequality in the French and American Republics, 1750–1940*. Princeton: Princeton University Press.
Chudacoff, H. P. (2007). *Children at Play: An American History*. New York: New York University Press.
Cryle, P. M. & Stephens, E. (2017). *Normality: A Critical Genealogy*. Chicago: University of Chicago Press.
Daston, L., & Galison, P. (2007). *Objektivität*. Frankfurt a.M.: Suhrkamp.
Grant, J. (1998). *Raising Baby by the Book: The Education of American Mothers*. New Haven: Yale University Press.
Hacking, I. (1990). *The Taming of Chance*. Cambridge: Cambridge University Press.
Herman, E. (2001). Families made by science. *Isis*, *92*(4), 684–715.
Herman, E. (2003). Psychologism and the child. In T. M. Porter & D. Ross (Hrsg.), *The Cambridge History of Science*, Bd. 7: *The Modern Social Sciences* (S. 649–662). Cambridge: Cambridge University Press.
Herman, E. (2008). *Kinship by Design: A History of Adoption in the Modern United States*. Chicago: The University of Chicago Press.
Hoffmann, G. F., et al. (2014). *Pädiatrie. Grundlagen und Praxis* (4. Aufl.). Berlin, Heidelberg: Springer.
Hulbert, A. (2003). *Raising America: Experts, Parents, and a Century of Advice About Children*. New York: Alfred A. Knopf.
Igo, S. E. (2007). *The Averaged American: Surveys, Citizens, and the Making of a Mass Public*. Cambridge: Harvard University Press.
Lawrence, C. (1998). Still incommunicable: Clinical holists and medical knowledge in interwar Britain. In C. Lawrence & G. Weisz (Hrsg.), *Greater than the Parts: Holism in Biomedicine, 1920-1950* (S. 94–111). New York: Oxford University Press.
Lewis, M. (Hrsg.) (2013). *Origins of Intelligence: Infancy and Early Childhood* (2. Aufl.). New York: Springer US.
Link, J. (1996). *Versuch über den Normalismus. Wie Normalität produziert wird*. Opladen: Westdeutscher Verlag.
Ogle, V. (2015). *The Global Transformation of Time, 1870–1950*. Cambridge: Harvard University Press.
Reisman, J. M. (1976). *A History of Clinical Psychology* (erw. Aufl. von The Development of Clinical Psychology). New York: Irvington Publishers/Wiley.
Rose, N. (1989). *Governing the Soul: The Shaping of the Private Self*. London: Routledge.
Sammond, N. (1999). Manufacturing the American child. *Continuum: Journal of Media & Cultural Studies*, *13*(1), 29–55.

Smuts, A. B. (2006). *Science in the Service of Children, 1893–1935*. New Haven: Yale University Press.

Thelen, E., & Adolph, K. (1992). Arnold L. Gesell: The paradox of nature and nurture. *Developmental Psychology*, *28*(3), 368–380.

Turmel, A. (2008). *A Historical Sociology of Childhood: Developmental Thinking, Categorization and Graphic Visualization*. Cambridge: Cambridge University Press.

Varga, D. (2011). Look–Normal: The colonized child of developmental science. *History of Psychology*, *14*(2), 137–157.

Weizmann, F., & Harris, B. (2012). Arnold Gesell: The maturationist. In W. E. Pickren, D. A. Dewsbury & M. Wertheimer (Hrsg.), *Portraits of Pioneers in Developmental Psychology* (S. 1–20). New York: Psychology Press.

Young, J. L. (2015). Test or toy? Materiality and the measurement of infant intelligence. *History of Psychology*, *18*(2), 103–118.

Über das ‚Messer des Chirurgen' und ‚unangefochtene Inseln der Auslesearbeit': Skizze einer Genealogie der psychologischen Moral

Martin Wieser

Abstract

Zweimal sah sich Deutschland im Laufe des 20. Jahrhunderts mit dem Kollaps einer gesellschaftlichen Ordnung konfrontiert, deren Existenz nur durch die gewaltsame Unterdrückung und Verfolgung von Andersdenkenden aufrechterhalten werden konnte. Beide Male sahen sich Psychologinnen und Psychologen, die mittels ihrer psychologischen Expertise einen Beitrag zur Stabilisierung dieser Systeme geleistet hatten, nach dem Zusammenbruch mit dem Vorwurf konfrontiert, wie ihre Tätigkeit in einem diktatorischen oder autoritären System zu rechtfertigen sei. Am Beispiel der Wehrmachtpsychologie der NS-Zeit sowie der Operativen Psychologie in der DDR geht dieser Beitrag der Frage nach der Möglichkeit einer historischen Analyse von ‚Strategien der Rechtfertigung' nach, die spiegelbildlich zu einer Historisierung der Kritik der Psychologie konzipiert ist. Die Analyse der beiden historischen Episoden offenbart ein Alternieren der Akteure zwischen verschiedenen rhetorischen Strategien, eine Vermischung ethischer, pragmatischer, methodischer und epistemologischer Argumente, um die psychologische Praxis nachträglich zu legitimieren und einen professionellen ‚Binnenraum' wissenschaftlichen Handelns zu konstruieren, welcher vom politisch-ideologischen Zugriff von ‚außen' so weit als möglich verteidigt worden sei. Der Fokus des Beitrages auf psychologische ‚Kulturen der Rechtfertigung' unterstreicht zum einen das Potential einer kritisch orientierten Historiographie, die Logik der psychologischen Praxis unter verschärften politischen Rahmenbedingungen sichtbar zu machen, zum anderen werden grundsätzliche ethische Fragen zum psychologischen Fach- und Selbstverständnis und zum Verhältnis von Wissenschaft und Politik aufgeworfen, die auch die gegenwärtige psychologische Berufspraxis betreffen.

* * *

On the 'surgeon's knife' and 'undisputed islands of selection work': Outline of a genealogy of psychological morality

Twice in the course of the 20th century, Germany was confronted with the collapse of a social order whose existence could only be maintained by the violent oppression and persecution of dissenters. After the collapse, psychologists who had made a contribution to the stabilization of these systems through their psychological expertise found themselves confronted with the accusation of how to justify their activities in a dictatorial or authoritarian system. Using the example of Wehrmacht psychology of the Nazi era and operative psychology in the GDR, this contribution explores the possibility of a historical analysis of 'strategies of justification,' which is conceived as a mirror image of the historicization of the critique of psychology. The analysis of the two historical episodes reveals an alternation of the actors between different rhetorical strategies, a mixture of ethical, pragmatic, methodological and epistemological arguments in order to subsequently legitimize psychological

V. Balz und L. Malich (Hrsg.), *Psychologie und Kritik*,
https://doi.org/10.1007/978-3-658-29486-1_7

practice and to construct a professional 'inner space' of scientific action, which has supposedly been defended as far as possible from political-ideological access from 'outside'. By focusing on psychological 'cultures of justification' this contribution underlines the potential of a critically oriented historiography to make the logic of psychological practice visible under aggravated political conditions, and raises fundamental ethical questions regarding the psychological profession, the positioning of its members and the relationship between science and politics, question which also deeply affect contemporary psychological professional practice.

* * *

Berlin, März 1990: Fünf Monate nach dem Sturz Erich Honeckers und vier Monate nach dem Fall der Mauer war die Zukunft der DDR nur unscharf am Horizont erkennbar. Doch eine Tatsache war zu diesem Zeitpunkt deutlich ans Tageslicht getreten: Durch die Besetzung der Stasi-Zentrale in der Normannenstraße in Ost-Berlin und die Konfiszierung von Millionen von Akten durch die Bürgerinnen und Bürger der DDR war die Omnipräsenz des Überwachungsapparates des Ministeriums für Staatssicherheit (MfS) nicht mehr zu verheimlichen. Inmitten der dramatischsten Umbruchszeit der deutschen Nachkriegsgeschichte trifft die Filmemacherin Tamara Trampe im Rahmen eines ‚Runden Tisch'-Gespräches zwischen Oppositionellen und Angehörigen der abtretenden Staatsmacht auf den Psychologen Jochen Girke. Beide hatten sie im Zuge der Wende ihre Posten verloren: Sie war 20 Jahre lang als Drehbuchautorin und Regisseurin für die DEFA tätig gewesen, er hatte über 15 Jahre lang als Psychologe an der Juristischen Hochschule Potsdam (JHS) des Ministeriums für Staatssicherheit gearbeitet, um dem künftigen Führungspersonal der Staatssicherheit psychologisches Hintergrundwissen für ihre ‚operative Arbeit' zu vermitteln. Aus der Auseinandersetzung Trampes mit Girke ging der Dokumentarfilm *Der schwarze Kasten* (Trampe & Feindt, 1992) hervor – ein einzigartiges Portrait über den Einsatz der Psychologie im Geheimdienst, das nicht nur aus zeitgeschichtlicher, sondern auch aus psychologiehistorischer Perspektive von unschätzbarem Wert ist.

Dieses filmische Dokument möchte ich im Folgenden zum Ausgangspunkt für einige Überlegungen nehmen, wie das Problem der *Rechtfertigung* für eine kritische Auseinandersetzung mit der Geschichte der angewandten Psychologie herangezogen werden kann. Im Anschluss an Thomas Teos Geschichte der Kritik der Psychologie von Kant bis zur Postmoderne (Teo, 2005) möchte ich der

Idee einer Historisierung des ständigen Begleiters und Gegenspielers der Kritik nachgehen – der Rechtfertigung. In freier Anlehnung an Nietzsche (1892) und Foucault (1974) möchte ich diese Perspektive als „Genealogie der psychologischen Moral“ bezeichnen, welche eine „Kenntnis der Bedingungen und Umstände“ fordert, aus denen moralische Werte „gewachsen, unter denen sie sich entwickelt und verschoben haben“ (Nietzsche, 1892, S. X). Der Kritik unterschiedlicher Legitimationsdiskurse und der Frage nach ihrem *Wert* wird also die Frage nach ihren historischen *Wurzeln*, ihrer kulturellen Einbettung und ihrer praxisleitenden Funktion vorangestellt.

Am Beispiel der angewandten Psychologie, ein bis heute vergleichsweise schwach beforschtes Feld der deutschen Psychologiegeschichte, wird im Folgenden aufgezeigt, welche Funktion unterschiedliche Rechtfertigungsstrategien bei der Entstehung, Aufrechterhaltung, Weiterentwicklung und Vermittlung wissenschaftlicher Praktiken einnehmen. Rechtfertigungsstrategien bestehen aus normativen Codes, die in der akademischen Lehre und der praktischen Ausbildung weitergegeben werden, um das Erwünschte und Erlaubte vom Tolerierten und Ignorierten wie vom Geächteten und Verbotenen abzugrenzen. Diese Codes können aus verschiedenen Referenzsystemen importiert werden, aus Religion, Politik oder dem positiven Recht, oder auch rein wissenschaftsimmanent konstruiert werden, sie müssen auch nicht explizit formuliert oder institutionalisiert werden, wie dies beispielsweise beim Hippokratischen Eid oder dem Nürnberger Kodex der Fall ist. Sie kommen aber häufig besonders dann deutlich zum Vorschein, wenn ein wissenschaftliches Kollektiv sich unverhofft am Pranger der Geschichte wiederfindet und sich für sein Tun rechtfertigen muss, was in der Geschichte der deutschen Psychologie bereits zweimal, nach dem Ende des Zweiten Weltkriegs und nach dem Zusammenbruch der DDR, der Fall war. Versuche der Bewältigung dieser historischen Einschnitte, die auch für die Fachgeschichte einen tiefen Einschnitt bedeuteten, finden sich auch in der psychologischen Literatur wieder, welche ich im Folgenden ins Zentrum der Analyse stellen werde.

Operative Psychologie: Psychologie im Auftrag des MfS

Jochen Girke war einer von insgesamt 16 MfS-Angehörigen, deren Mitarbeit an dem 1965 gegründeten Institut für Operative Psychologie dokumentiert ist (im Zuge der dritten Hochschulreform wurde das Institut 1969 in einen Lehrstuhl umgewandelt, vgl. Förster, 1996, S. 36). Um zukünftige Stasi-Agenten für den Faktor ‚Mensch' zu sensibilisieren und die Wirksamkeit ihrer ‚operativen' Instrumente zu erhöhen, lehrten und erarbeiteten sie Techniken zur Identifikation ‚feindlich-negativer' Personen, des Verhörs und der Anwerbung Inoffizieller Mitarbeiter und Mitarbeiterinnen (Behnke & Fuchs, 1995; Richter, 2015; Michels & Wieser, 2018). Des Weiteren beforschten die Angehörigen des Instituts bzw. Lehrstuhls Maßnahmen der ‚Zersetzung' – ein Überbegriff für verschiedene Methoden der Staatssicherheit zur ‚Bearbeitung' oppositioneller Personen und Gruppen. Das übergreifende Ziel dieser ‚operativen Maßnahmen' bestand darin, berufliche Karrieren und Liebesbeziehungen sowie zwischenmenschliches Vertrauen und Freundschaften auf für die Betroffenen möglichst undurchschaubare Weise zu ruinieren. Diffamierende Gerüchte wurden gesät, gefälschte Briefe und retuschierte Fotos in Umlauf gebracht, Neid und Eifersucht am Arbeitsplatz, im Freundeskreis und in der Familie geschürt, Vertrauen zerstört und Angst verbreitet, ohne dass die Betroffenen die Urheber der Irritationen ausmachen konnten (Behnke, 1995; Pingel-Schliemann, 2004). Bürgerinnen und Bürger, die ihren Unmut gegen das politische System öffentlich zu äußern wagten, sollten durch das umfangreiche Arsenal der ‚Zersetzungsmaßnahmen' so weit in ihre privaten Probleme verstrickt werden, dass sie alle Zeit und Energie verloren, um sich weiter oppositionell zu engagieren und gegen das SED-Regime zu verbünden. Doch warum wurden überhaupt Psychologinnen und Psychologen ab den 1960er Jahren zur Ausbildung des MfS-Kaders herangezogen, wo das MfS doch schon beinahe so lange existierte wie die DDR?

Es war ein Umbruch der politischen Rahmenbedingungen, markiert durch die Unterzeichnung der Schlussakte der Konferenz für Sicherheit und Zusammenarbeit in Europa (KSZE) von Helsinki und eine Entspannungspolitik zwischen Ost und West im Laufe der 1960er und 1970er Jahre, welche eine Revision der geheimdienstlichen Praktiken in der DDR erforderlich machten. Für Devisen, Technologie und Waren aus dem Westen verpflichtete sich die SED-Führung zur Einhaltung der Menschenrechte, einschließlich der Reise-, Presse- und Meinungsfreiheit. Alle Formen der Verfolgung, Bestrafung und Folter von Oppositionellen, die sichtbare Spuren an deren Körpern hinterließen, konnten nun äußerst unangenehme ökonomische Sanktionen zur Folge haben, wenn sie im Westen publik gemacht wurden. Auf die neuen politischen und ökonomischen Rahmenbedingungen reagierten die SED-Führung und das MfS im poststalinistischen Kontext mit einer Transformation der Repressionspraxis, die sich als eine Psychologisierung der politischen Verfolgung interpretieren lässt: weg von öffentlichen Schauprozessen und physischen Formen der Bestrafung und Folter, wie sie noch aus Gestapo-Zeiten bekannt waren, hin zum ‚stillen Terror‘ mittels unsichtbarer Formen der Repression und der ‚Zersetzung‘ (Dümmel & Piepenschneider, 2014).

Wenige Monate nach der Unterzeichnung der KSZE-Schlussakte von Helsinki wurde die Richtlinie 1/76 des MfS erlassen, welche die erste systematische Sammlung von ‚Maßnahmeplänen‘ zur ‚Zersetzung‘ politischer Gegner darstellte. Um die Praktiken der Zersetzung systematisch in die operative Arbeit des MfS zu implementieren, war jedoch mehr als nur ein Erlass von Richtlinien erforderlich. Eine Professionalisierung der Stasi-Mitarbeiter, von denen 1962 noch über 90 % kein Abitur und nur 1,9 % einen Hochschulabschluss vorweisen konnten (Gieseke, 1996, S. 48–49), erforderte eine Akademisierung ihrer Ausbildung. Dies geschah unter anderem im Zuge der Umwandlung der Hochschule des MfS in Potsdam-Eiche in eine ‚Juristische Hochschule‘ im Jahr 1965, wo im selben Jahr auch das Institut (für) Psychologie gegründet wurde. Insgesamt wird in der Literatur von rund 3.300 Studierenden vor Ort und über 10.000 Fernstudierenden ausgegangen (Förster, 1996), die sechs Semesterwochenstunden aus dem Fachbereich ‚Operative Psychologie‘ absolvierten. An der JHS wurde die ‚Zersetzung‘ nicht nur gelehrt, sondern auch beforscht: Bis 1990 wurden 186 Diplomarbeiten und 23 Dissertation im Umfeld der Operativen Psychologie angefertigt (Richter, 2015). Girke war der einzige Mitarbeiter des Instituts, der sich nach der Auflösung der JHS öffentlich über seine Arbeit im Auftrag des MfS äußerte. Nicht aus Reue trat Oberstleutnant a.D. Jochen Girke vor die Kamera, sondern mit einem Auftrag der *Rechtfertigung* für sich, seine Arbeit und der seines Dienstgebers. Auf Girkes Aussage werde ich gleich zurückkommen. Zuvor möchte ich auf jene Psychologinnen und Psychologen eingehen, bei denen der spätere MfS-Dozent einst selbst studierte hatte.

Das „Messer“ des „Chirurgen“: Bewältigung und Rechtfertigung in Jena

Angetrieben von der Frage, wie ein Psychologe dazu kam, für die Staatssicherheit zu arbeiten, befragte Trampe Girkes Lehrer und Eltern nach ihren Erinnerungen an seine Kindheit und Jugend und folgte seinen Spuren bis zum Einsatz in der Nationalen Volksarmee und beim Elite-Wachregiment des MfS „Feliks Dzierzynski“. Von hier aus wurde er nach Jena beordert, wo er im Auftrag des MfS an der Friedrich-Schiller-Universität in den 1970er Jahren Psychologie studierte. Auf zwei Kommilitonen Girkes, Jürgen und Lilo Fuchs, sollte die Staatssicherheit auch bald aufmerksam werden, jedoch aus ganz anderen Gründen: Jürgen Fuchs war kurz vor dem Ende seines Studiums aufgrund seiner schriftstellerischen Tätigkeit zum Staatsfeind deklariert, exmatrikuliert und schließlich verhaftet worden (Fuchs, 1977, 1978). In Jena eignete sich Girke das für seine spätere Lehrtätigkeit an der JHS relevante Wissen in Persönlichkeits- und Sozialpsychologie, Allgemeiner und Klinischer Psychologie an, hier wurde er mit jenen Inhalten vertraut gemacht, die er später als Dozent an der JHS für die MfS-Mitarbeiter aufbereiten und mit praktischen Beispielen aus der geheimdienstlichen Arbeit anreichern wird.

Mit Trampe reisen wir Anfang der 1990er Jahre nach Jena, an ein Institut für Psychologie, wo bis vor kurzem noch Studierende im Auftrag des MfS im Hörsaal saßen. Trampe sitzt vor der Belegschaft des Instituts und setzt an: Hat sich irgendjemand im Raum die Frage gestellt, was mit der vermittelten psychologischen Lehre im Geheimdienst geschieht?

Schweigen. Hans Böttcher, Psychotherapeut und Klinischer Psychologe, Jahrgang 1926, spricht als Erstes: Über diese Frage sei „nie gesprochen“ worden. Sein Kollege Georg Eckardt wendet ein, dass man zwar nichts Genaues wusste, aber auch keinen Anlass sah, an der „Honorigkeit“ der Studenten aus dem MfS zu zweifeln – beispielsweise wenn diese von sich behaupteten, die Bedingungen im Strafvollzug mithilfe des psychologischen Wissens „menschlicher" zu gestalten. Selbstkritischer als sein Kollege fährt Böttcher fort:

> „Zu der gewissen Selbstbetäubung des Rechtsgefühls gehörte bei den Klinischen Psychologen, und ein solcher bin ich ja, der Vergleich mit den Chirurgen, die ja sagen: ‚Wir arbeiten mit dem Messer, und mit dem Messer kann man Gutes tun, kann man sogar heilen, und man kann auch einen Menschen umbringen, das liegt nicht mehr in der Verantwortung der Chirurgie was auf der Welt mit Messern gemacht wird.' Und so waren wir uns als Psychologen, als Klinische Psychologen, dessen natürlich bewusst, dass zum Beispiel [mit] psychodiagnostischen Techniken, Gesprächstechniken zur Aufschließung des Inneren des anderen, natürlich auch Missbrauch getrieben werden kann, das wussten wir" (Trampe & Feindt, 1992, 01:03:18).

Böttchers Metapher vom „Messer" des „Chirurgen" ist höchst prägnant: Präzise, steril und entworfen, um zu heilen, wird das Bild eines Werkzeuges suggeriert, das nicht als Waffe konstruiert wurde – doch wenn es jemand mit zerstörerischen Absichten *zweckentfremdet*, können „wir", die eigentlichen Experten zur Anwendung des „Messer[s]", dies letztendlich nicht verhindern. Als „Selbstbetäubung" brandmarkte Böttcher diese Strategie der Rechtfertigung retrospektiv. Doch wie es scheint, war die jahrelang eingeübte „Selbstbetäubung" auch nach der Wende noch nicht ganz abgeklungen. Zwei Jahre später beschrieb Böttcher die Hoffnung, mit der klinischen Praxis ein „Refugium" zu betreten, einen „Raum der ein bißchen geschützt war vor dem ideologischen Zugriff. Die klinische Schweigepflicht brachte einen doch auf eine Insel – wie weit von der STASI belauscht, ist noch unklar" (Busse, 1996, S. 53). Auch wenn der letzte Satz Zweifel einräumt, inwieweit die ersehnte „Insel" tatsächlich existierte, klingt doch die Hoffnung deutlich durch, dass die ‚saubere' klinisch-psychologische Arbeit – zumindest streckenweise – ein Bollwerk gegen die sonst allgegenwärtigen Zugriffe durch staatliche Organe bildete.

Böttchers Rede vom ‚Messer des Chirurgen' und der ‚Insel psychologischer Praxis' ist nicht als DDR-Spezifikum zu verstehen, sondern kann auf eine lange Tradition innerhalb der deutschen Wissenschafts- und Psychologiegeschichte zurückblicken: 1917 argumentierte Max Weber in seinem Vortrag „Wissenschaft als Beruf", dass die Wissenschaften prinzipiell nicht dazu in der Lage seien, über den Wert ihr aufgetragener Ziele und Zwecke zu entscheiden. Ihr Auftrag beschränke sich darauf, die dafür notwendigen praktischen und geistigen *Mittel* zur Verfügung zu stellen. Sie „geben uns Antwort auf die Frage“, so Weber:

> „Was sollen wir tun, *wenn* wir das Leben *technisch* beherrschen wollen? Ob wir es aber technisch beherrschen sollen und wollen, und ob das letztlich eigentlich Sinn hat: – das lassen sie ganz dahingestellt oder setzen es für ihre Zwecke voraus“ (Weber, 1922, S. 541–542).

Ein ganz ähnliches Argument brachte vor Weber schon Hugo Münsterberg, ein Schüler Wundts und Pionier der angewandten Psychologie, in den *Grundzügen der Psychotechnik* von 1914 zu Papier. „Der praktische Psychologe“, so Münsterberg,

> „sollte niemals vergessen, daß alle seine Psychologie ihm immer nur Einblick in die Mittel gewähren kann, die der Erreichung eines bestimmten Endes dienen, daß sie aber niemals die Endziele selbst bestimmen kann. (…) Er weiß nur, wie das Ziel erreicht werden kann, er hat kein Recht darüber zu urteilen, welchen Wert das Ziel besitzt“ (Münsterberg, 1914, S. 39–40).

Böttchers Bild des ‚Messers‘ bewegt sich gedanklich sehr nah an Webers und Münsterbergs Argument von der Zweckrationalität des wissenschaftlichen und psychologischen Handelns. Nun mag es nahe liegen, die Vorstellung von einem Kollektiv wissenschaftlicher Praktiker, die als abgeschiedene ‚Insulaner‘ einsam ihre ‚Messer‘ wetzen, als wenig überzeigenden Abwehrmechanismus zurückzuweisen. Ich möchte an diesem Punkt aber dafür plädieren, alle Reflexe einer Kritik der Verantwortungsdelegation – zumindest vorläufig – so weit zurückzustellen, dass sich unser Blick für eine historische Rekonstruktion des Ursprungs gerade *dieser* spezifischen Form der Rechtfertigung öffnet.

Zum Begriff des ‚Humanismus‘ in der DDR

Dass sich Strategien der Rechtfertigung von Generation zu Generation deutlich unterscheiden können, zeigt das folgende Beispiel. Regina Schindewolf, die in den 1970er Jahren in Jena studiert und anschließend dort gelehrt hatte, antwortete auf Trampes Frage mit folgenden Worten:

> „Ich ertappe mich dabei, auf Ihre Frage nach dem Rechtsbewusstsein, wo ist es geblieben, ähnlich ausweichend zu antworten, wie das der Kollege gemacht hat. Weil das nämlich meine eigene Betroffenheit betrifft, meine eigene Verantwortung und auch meine eigene Schuld. Und ich habe ja gewusst, wer in welchem Studienjahr Mitarbeiter des MfS (…) war, und ich habe es, und ich hätte es auch wissen können, bei mehreren, wenn ich es gewollt hätte. Und ich habe nicht hinterfragt weswegen, was sie mit dem Wissen machen und mit welchem Auftrag sie überhaupt gekommen sind und was man hätte anders machen können. Weil ich einfach in dem, wie ich gelebt habe, keine Alternativen für mich gesehen habe. Also ich habe einfach zugemacht, ich wollte es nicht wissen" (Trampe & Feindt, 1992, 01:04:58).

Zum Zeitpunkt des Interviews stand für die jungen Wissenschaftlerinnen und Wissenschaftler aus der DDR enorm viel auf dem Spiel. Eine Enttarnung als Kollaborateur oder Inoffizieller Mitarbeiter des MfS konnte das vorzeitige Ende der wissenschaftlichen Karriere bedeuten, reihenweise wurden Lehrstühle und Assistenzen in den neuen Bundesländern mit Personal aus dem Westen nachbesetzt. Unterschiedliche Verteidigungsstrategien wurden aktiviert: Schindewolf beichtet, von den MfS-Studierenden nicht gewusst haben zu *wollen*, sie habe „zugemacht", um nicht in Konflikt mit ihren Vorgesetzten oder Parteiangehörigen zu geraten, spricht von ihrer *persönlichen* „Schuld" und „Betroffenheit", nimmt die moralische Verantwortung allein auf ihre eigenen Schultern. Matthias John, der Mitte der 1980er Jahre sein Studium in Jena abgeschlossen hatte und danach als wissenschaftlicher Mitarbeiter am Institut tätig war, antwortete hingegen folgendermaßen:

> „Die Psychologie halte ich für nicht so wirksam, dass nur allein dieses Studium einen da zum Unmenschen machen kann. Abgesehen davon war es ja auch so, und das muss ich hier auch mal sagen, und das soll jetzt keine Rechtfertigung sein, oder es soll doch eine Rechtfertigung sein: Die Psychologie, die hier ausgebildet wird, die war relativ humanistisch, fand ich jedenfalls, und das würde ich auch nach wie vor behaupten, und die hat auch sehr menschliche Ziele verfolgt. Und es war durchaus der ethische Anspruch, den Menschen zu helfen, auch in der

> Klinik und den Patienten gegenüber ehrlich zu sein. Hier wurden doch keine Stasi-Verhörer ausgebildet, in dem Sinne, dass also die Techniken, wie man Menschen manipuliert zu ihrem Nachteil, gelehrt wurden" (Trampe & Feindt, 1992, 01:05:44).

An dieser Stelle fällt ihm die Regisseurin ins Wort, es folgt ein kurzes Wortgefecht: „Doch" – „Nein" – „Doch!" Trampe insistiert: „In dem Moment, in dem ein Geheimdienstler hier studiert…" Der junge Kollege unterbricht sie seinerseits: „Aber nicht mit diesem Ziel!"

Im Gegensatz zu seiner Kollegin reagiert der junge Psychologe offensiv, beharrt auf der „humanistisch[en]" Grundposition und den „menschliche[n] Zielen" seiner Wissenschaft, die durch die Anwesenheit von „Stasi-Verhörer[n]" im Hörsaal nicht erschüttert werden konnte. Allein Ziel und Absicht seines Handelns seien moralisch zu bewerten, so sein Argument, und er sei stets vom Willen angetrieben worden, „zu helfen". Auffallend ist Johns Verweis auf die ‚humanistische' Grundlage seiner Psychologie. Auch Jochen Girke verwies auf seine humanistische Ausgangsmotivation, als er auf Trampes Frage antwortete, was ihn dazu bewogen hätte, Psychologie im Auftrag des MfS zu studieren:

> „Das, was Menschen sagen, das, was Menschen aufgeschrieben haben, das was sie tun, das gibt alles Informationen her, und da muss man sich sehr solider und sauberer wissenschaftlicher Erkenntnismethoden bedienen. Und mir war klar, viele Genossen die operativ arbeiten, beherrschen diese Mittel nicht. Hier ist viel mit Stereotypen, mit Vorurteilen gehandelt worden, und hier muss mehr Psychologie rein, damit diese Arbeit solide gemacht wird. Damit nicht vorab ein Urteil gefällt wird über einen Menschen, Lebenswege, Entscheidungen über berufliche Entwicklungen zum Beispiel getroffen werden, ohne dass man diesen Menschen gerecht wird. Ein humanistischer Ansatz eigentlich" (Trampe & Feindt, 1992, 00:01:47).

Die Überwindung von ‚Vorurteilen' und ‚Stereotypen' durch ‚saubere' und ‚solide' wissenschaftliche Methoden steht in Girkes Rechtfertigungsversuch klar im Vordergrund. Nicht nur den Genossen im MfS, sondern auch den Zielpersonen der „operativ[en]" Maßnahmen, denen man nur mittels psychologischer Methoden „gerecht" werden könne, sollte die Verwissenschaftlichung der Geheimdienstarbeit zum Gewinn gereichen (da sie dank der Operativen Psychologie nur mehr ins Visier des MfS geraten würden, wenn sie es auch wirklich verdient hätten). Deutlich spiegeln sich in Girkes Argumentation die politischen Rahmenbedingungen und der Professionalisierungsprozess des MfS, dem Girke auch seine eigene Karriere in den 1970er Jahren verdankte, wider. Genau aus diesem Grund war er ja an die Universität verschickt worden: um die Methoden des MfS mit wissenschaftlichem Know-how effizienter zu gestalten, „damit diese Arbeit", wie er selbst betont, „solide gemacht wird". Wie der Dozent in Jena sah sich auch Girke als Vertreter einer ‚humanistischen' Wissenschaft, und beide schienen keinen Widerspruch zwischen der ‚Sauberkeit' und Objektivität ihrer Methoden, ihrer ‚humanistischen' Grundorientierung und ihrer realen Funktion zu erkennen. An einer späteren Stelle des Filmes beklagte Girke den ‚Missbrauch' seiner ‚humanistischen' Intentionen durch das MfS und betonte, das gesamte Ausmaß des MfS-Überwachungsapparates nie erahnt zu haben. Auch aus dem Munde eines MfS-Mitarbeiters mag der oft gehörte letzte Satz nicht weiter überraschen. Doch woher stammt der wiederkehrende Verweis auf einen ‚humanistischen' Wertekodex, sowohl bei Girke als auch bei den Dozentinnen und Dozenten aus Jena?

Tatsächlich verweist der ‚humanistische' Wertekanon auf einen politischen Code, der eine lange Geschichte innerhalb der DDR hatte. So lautete Paragraph 18 der Verfassung der DDR von 1968:

> „Die Deutsche Demokratische Republik fördert und schützt die sozialistische Kultur, die dem Frieden, dem Humanismus und der Entwicklung der sozialistischen Gesellschaft dient (...). Die sozialistische Gesellschaft fördert das kulturvolle Leben der Werktätigen, pflegt alle humanistischen Werte des nationalen Kulturerbes und der Weltkultur" (Gesetzblatt der Deutschen Demokratischen Republik, Teil 1, Nr. 8/1968 vom 9. April 1968, S. 207).

Im Anschluss an die ökonomisch-philosophischen Frühschriften von Marx war das humanistische Leitbild der DDR auf Sozialismus, Fortschritt, Wissenschaft und den ‚ganzen Menschen' ausgerichtet. Auch wenn der inflationäre Verweis der Parteifunktionäre auf den ‚humanistischen Geist' des Sozialismus nicht viel mehr als eine abgedroschene Phrase geworden sein mag, blieb er als moralischer Referenzbegriff doch in der gesamten Geschichte der DDR erhalten und wurde auch von Vertreterinnen und Vertretern der Humanwissenschaften als rhetorische

Ressource herangezogen, um sich vor dem Zugriff durch Parteiorgane zu schützen (Groschopp, 2013). Mit dem Verweis auf eine ‚humanistische' Ausrichtung der Psychologie konnte die Spannung zwischen einer ‚soliden' und ‚sauberen' Wissenschaft auf der einen und der Realität der psychologischen Praxis in der DDR auf der anderen Seite zumindest teilweise gemildert werden, da man sich im Zweifelsfall immer auf die humanistische Grundintention einer Förderung von individuellem Wachstum und der Entfaltung der Persönlichkeit zurückziehen konnte. Was dann auch immer mit den chirurgischen ‚Messern' außerhalb der Universitäten geschah, lag nicht mehr in der Hand und Verantwortung ihrer Entwickler.

Wenige Monate, nachdem der Beitrag der Psychologie zur Überwachung und ‚Zersetzung' der Bürgerinnen und Bürger der DDR in der Öffentlichkeit bekannt wurde, ebbten die Kontroversen um die ‚Operative Psychologie' auch wieder ab, und bis heute wurden erstaunlich wenige Arbeiten über ihre institutionelle Entwicklung und wissenschaftshistorischen Wurzeln publiziert (vgl. Michels & Wieser, 2018). Doch gehen wir noch einen Schritt in der Geschichte der angewandten Psychologie Deutschlands zurück, finden wir eine ähnliche Situation wie die im Frühjahr 1990 vor, auf die die beteiligten Psychologen jedoch völlig anders reagierten.

Vom Willen zur Tat: Rechtfertigungsstrategien ehemaliger Wehrmachtpsychologen

Kurz nach dem Ende des Zweiten Weltkriegs wurden die deutschen Psychologen heftig für ihre Beteiligung an den NS-Verbrechen kritisiert, allen voran von der polnisch-schweizerischen Psychologin Franziska Baumgarten. In dem Aufsatz *Die deutschen Psychologen und die Zeitereignisse* (1949) führte Baumgarten zahlreiche Beispiele aus den Schriften von Felix Krueger, Erich Jaensch, Walter Poppelreuter, Max Simoneit und vielen anderen einflussreichen Psychologen an, welche nicht nur nationalsozialistisches, antisemitisches, rassistisches und kriegshetzerisches Gedankengut in ihren Schriften verbreitet hatten, sondern sich auch auf praktischer Ebene (im Rahmen der Auslese von Zwangsarbeitern und

Wehrmachtssoldaten) in der Rüstungsindustrie und der Wehrmacht während der NS-Zeit dienstbar gezeigt hatten (Wieser, 2020).

Im Gegensatz zum Zusammenbruch der DDR betraf das Ende des Deutschen Reiches die deutschsprachige psychologische Gemeinschaft als Ganzes gleichermaßen – bis auf jene Mitglieder, die seit 1933 vertrieben oder ermordet wurden. Diese Tatsache spiegelte sich unmittelbar in der Reaktion auf Baumgartens Anklage wider: Johannes von Allesch, der erste Präsident der neu bzw. wieder gegründeten Deutschen Gesellschaft für Psychologie in der britischen Besatzungszone, verwarf den Angriff Baumgartens als ungerechtfertigte Verallgemeinerung, die eine Bedrohung für den Wiederaufbau und die Wiederherstellung von „peace and order" nach dem Krieg darstelle (Allesch, 1950, S. 402). Da die personelle Kontinuität vor und nach 1945 an den psychologischen Lehrstühlen in Westdeutschland weitgehend dominierte (Mattes, 1985), zeigten die von Baumgarten angegriffenen Psychologen wenig Interesse, ihre Karrieren während der NS-Zeit durchleuchten zu lassen. Mehr als 30 Jahre sollten vergehen, bis die Rolle und Funktion der deutschen Psychologie im Nationalsozialismus einer systematischen Analyse unterzogen wurde.

Die bis heute umfangreichste Arbeit zur Thematik stammt von Ulfried Geuter (1984), der argumentierte, dass die Transformation der deutschen Psychologie von einer akademischen Grundlagenwissenschaft zum praktischen Berufsfeld sich im Rahmen der rasant gestiegenen Nachfrage nach psychologischen Selektionsmethoden in der Wehrmacht und Rüstungsindustrie vollzog, als hunderttausende Soldaten und (Zwangs-)Arbeiter an Front und Fließband beordert wurden. Schon während des Ersten Weltkriegs hatten Psychologen eigene Prüfinventare und Testbatterien für Spezialisten wie Funker, Gasspürer, Kraftfahrer und Piloten entwickelt. In den 1920er Jahren kamen noch einmal spezielle charakterologische Verfahren zur Auswahl von militärischem Führungspersonal hinzu, was einen einzigartigen Anstieg von Planstellen für Psychologen im Laufe der 1930er Jahre nach sich zog (Geuter, 1985). Den ‚Höhepunkt' dieses Prozesses bildete die Einführung der Diplomprüfungsordnung im Juni 1941 – die erste Studienordnung für Diplompsychologinnen und Diplompsychologen im gesamten Deutschen Reich (Lück, 2020). Die Einführung der neuen Studienordnung wurde vom Präsidenten der Deutschen Gesellschaft für Psychologie 1941 als „bedeutsamer Fortschritt“ (Kroh, 1941) gefeiert, ein Erfolg, der für die Beteiligten unvergesslich zu sein schien: Noch 40 Jahre später bedauerte Peter Hofstätter das „tragisch[e]“ Ende der Wehrmachtpsychologie und unterstrich das „kaum hoch genug einzuschätzen[de]“ Ausmaß, „in dem die Wehrmachtpsychologie als Institution den Charakter der deutschen Psychologie verändert hat“ (Hofstätter, 1985, S. XII). Ihr erfolgreiches Engagement in der Wehrmacht habe nicht nur die Einrichtung zahlreicher neuer Lehrstühle an den deutschen Universitäten und die institutionelle Ablösung von der Philosophie zur Folge gehabt, so Hofstätter, sondern auch eine fundamentale Neuorientierung des Faches zur Praxis hin. Doch die neu gewonnene Freiheit kam nicht ohne Preis: Zum einen wurde durch die neue Studienordnung nationalsozialistisches und rassistisches Gedankengut in der Lehre verankert, zum anderen wurden jene praxisorientierten Inhalte, die für die Rüstungsindustrie und Wehrmacht von Interesse waren, vom Rand ins Zentrum des Faches gerückt. Psychotechnik, Statistik und Diagnostik, Ausdruckspsychologie und Charakterologie waren bis dato keine regulären Lehrinhalte innerhalb der psychologischen Institute, doch die Nachfrage in Kriegszeiten hatte dem Fach einen entscheidenden Impuls hin zur Praxis gegeben (Métraux, 1985; Wieser, 2019).

Kommen wir nun zu den Legitimationsversuchen der ehemaligen Wehrmachtpsychologen nach 1945. Heinrich Roth, ehemals wissenschaftlicher Leiter der Dienststelle für Eignungsuntersuchung XVIII in Salzburg, beschrieb seine Zeit im Militär mit folgenden Worten:

> „In der Heerespsychologie lebten wir noch 1942 auf einer unangefochtenen Insel der ungestörten, wissenschaftlich fundierten Auslesearbeit. (…) Moralisch rechtfertigten wir unsere Arbeit mit der These, daß es jedem Bewerber zum Gewinn gereichen würde, wenn er bei der Tätigkeit (Offizier, Flieger, Funker usw.) eingesetzt wird, die ihm am besten gelingt“ (Roth, 1979, S. 264–265).

Wieder der Traum einer „Insel“. Doch im Juli 1942 gab es ein böses Erwachen, denn die gesamte Heeres- und Luftwaffenpsychologie wurde mit einem Schlag auf Befehl des Oberkommandos der Wehrmacht aufgelöst. Unverhofft sahen sich die Wehrmachtpsychologen vor der Herausforderung, schnell in anderen Einrichtungen Unterschlupf zu finden, ansonsten drohte die Versetzung an die Front. Um sich und ihre Disziplin weiterhin als ‚kriegswichtig‘ zu positionieren, mussten schnell neue Anwendungsfelder erschlossen werden, was unter dem Dach der Nationalsozialistischen Volkswohlfahrt, der Deutschen Arbeitsfront, aber auch in klinischen Kontexten zumindest teilweise gelang (Geuter, 1984, S. 404–429; Wieser 2020).

Für jene Psychologen, die während der Kriegszeit in der Wehrmacht tätig waren, hatte Geuters Narrativ der ‚Professionalisierung‘ der Psychologie einen sehr bitteren Beigeschmack. Hofstätter bezeichnete Geuters Narrativ als „irreführend“, da er und seine Kameraden mit Stolz „gedient“ hatten und nur ungern hörten, dass sie und ihre Disziplin vom Nationalsozialismus profitiert hätten (Hofstätter 1985, S. XII). 40 Jahre nach Kriegsende brachen die ehemaligen Wehrmachtpsychologen plötzlich ihr Schweigen (Hofstätter, 1985; Renthe-Fink, 1985; Flik, 1988) und mobilisierten rhetorische Strategien zur Verteidigung ihrer einstigen Tätigkeit in der Wehrmacht. Gotthilf Flik, der von 1932 bis 1942 als Assistent am Psychologischen Laboratorium des Reichswehr- bzw. Reichskriegsministeriums in Berlin gearbeitet hatte, legte 1988 eine umfangreiche Gegendarstellung zu Geuters Arbeit vor. Jüngere Veröffentlichungen „von Autoren, die diese Zeit nicht miterlebt haben und deshalb völlig falsche Meinungen darüber verbreiten“, würden es erforderlich machen, so Flik, dass jemand „der diese Zeit von Anfang bis Ende miterlebt hat, und zwar an maßgeblicher Stelle, aus eigener Anschauung berichtet“ (Flik, 1988, S. 83). Anschließend schildert Flik mehrere Beispiele von Söhnen und Neffen prominenter Generäle und Parteimitglieder (darunter Hermann Göring und Wilhelm Keitel), die von den psychologischen Eignungsprüfern als nicht oder nur bedingt geeignet eingestuft worden seien – zum Missfallen ihrer einflussreichen Fürsprecher. Trotz Interventionen aus Partei und Heeresleitung hätten sich die unbeugsamen Diagnostiker dem Druck von oben nicht gebeugt, was schließlich die Zerschlagung der Wehrmachtpsychologie zur Folge gehabt hätte. Mehrfach betonten Flik und seine ehemaligen Kameraden den antifaschistischen Grundkonsens der Wehrmachtpsychologen, „äußerlich reserviert, innerlich weitgehend ablehnend“ (ebd., S. 98) habe man sich (zumindest im Stillen) gegen Partei und Rassenideologie gestemmt und sich ganz dem Aufbau der psychologischen Praxis gewidmet. Da die Partei auf eine „mächtige, gut ausgelesene und ausgebildete Wehrmacht" (ebd.) angewiesen war, hätte sie, so Flik, auf die Wehrmachtpsychologie lange Zeit nicht verzichten wollen, bis sich die verstimmten Generäle schließlich doch gegen die Psychologen durchgesetzt hätten (vgl. dazu ausführlich Geuter, 1984, S. 390–404; Renthe-Fink, 1985, S. 121–175).

Wieder mag es verführerisch wirken, die Rhetorik der ehemaligen Wehrmachtpsychologen als Rechtfertigungsversuch einer Generation zu verwerfen, die ihre Zeitzeugenschaft als ein Privileg betrachtet, ohne die eine adäquate moralische Beurteilung ihrer Praxis unmöglich sei: Wer nicht dabei gewesen ist, habe sich des Urteils zu enthalten. Für unsere Zusammenhänge ist jedoch die Frage spannender, warum man gerade so vehement auf die bleibenden „Verdienste" (Hofstätter, 1985, S. VII) der Wehrmachtpsychologie pochte, um sich zu rechtfertigen: die Erschaffung einer Diplomprüfungsordnung, die praktische Umorientierung des Faches und die Kultivierung einer unbeugsamen und unbestechlichen Haltung als psychologische Diagnostiker.

Nach einer Berufung auf ‚humanistische' Werte oder Absichten sucht man bei den ehemaligen Wehrmachtpsychologen vergeblich. Stattdessen wird in den apologetischen Schriften der Wehrmachtpsychologen das Ideal einer Einheit von Wille und Tat, der Opferbereitschaft und des Pflichtbewusstseins, der Handlungsorientierung und Schaffenskraft hochgehalten. Gerade jene Eigenschaften, die sich die ehemaligen Wehrmachtpsychologen selbst zuschrieben, stellten schon während der NS-Zeit die wichtigsten Leitkriterien für die psychologische Beurteilung von Anwärtern für politische und militärische Führungspositionen dar. In der militaristisch-hypermaskulinen Kultur des Nationalsozialismus bildeten diese vital-soldatischen ‚Tugenden' die zentralen Merkmale eines Idealtypus, der sich vom ‚Intellektualismus' der Weimarer Zeit klar abheben sollte (Dietrich & Heise, 2013). Dass auch die „Insel" der „ungestörten" psychologischen „Auslesearbeit" von diesen soldatischen ‚Idealen' nicht unberührt blieb, mag wenig überraschen. Doch dass ihre einstigen Bewohner sich von diesem Wertekodex auch 40 Jahre später nicht lösen konnten oder wollten, lässt uns aufhorchen – denn das Anpreisen soldatischer ‚Tugenden' war in den 1980er Jahren auch in psychologischen Kreisen eigentlich nicht mehr besonders *en vogue*.

Ein vorläufiges Fazit

Der Topos der ‚Sauberkeit‘ ihrer Methoden stellt bis heute ein zentrales rhetorisches Mittel zur Stabilisierung der professionalen Identität von Psychologinnen und Psychologen dar (vgl. Michels & Wieser, 2018), während der ‚Missbrauch‘ des psychologischen Wissens für politische, militärische oder geheimdienstliche Zwecke meist externalisiert wird. Argumentativ ist diese Denkfigur eng mit Webers Postulat der ‚Wertfreiheit‘ der Wissenschaften verwandt, doch setzt das Argument des ‚Missbrauchs‘ zusätzlich voraus, dass man entweder unter Vorspiegelung falscher Tatsachen oder unter Zwang gehandelt und weder über Macht noch Mittel verfügt habe, um die Fremdbestimmung zu durchschauen oder sich ihr zu widersetzen. Als völlig unwissend, willen- und machtlos konnten oder wollten sich die angegriffenen Psychologinnen und Psychologen dann doch nicht darstellen, da sie damit wiederum ihre Expertise auf dem Gebiet der Menschenkenntnis selbst infrage gestellt hätten. Eine Verteidigungsstrategie auf Basis einer rein wissenschaftlichen Binnenmoral erschien also unzureichend, und so wurden noch weitere, kulturell tiefer verankerte Begründungsmuster herangezogen – Begründungsmuster, die über Fragen der methodisch ‚guten‘ wissenschaftlichen Praxis hinausgingen.

Jenseits des Traumes einer *splendid isolation* auf den ‚Inseln‘ der psychologischen Praxis zeigte sich eine Bindung der Rechtfertigungsstrategien an jene gesellschaftlichen Kontexte, die diese Praktiken einst gefordert und gefördert haben, eine Bindung, die trotz des Umbruchs der gesellschaftlichen Rahmenbedingungen bestehen blieb: Während die Psychologinnen und Psychologen aus der DDR sich auch nach dem Fall der Mauer auf den ‚Humanismus‘ und den gesellschaftlichen Fortschritt durch die Verwissenschaftlichung des Sozialen beriefen, zeigte sich bei den ehemaligen Wehrmachtpsychologen noch 40 Jahre nach Kriegsende eine Berufung auf ihre Tat- und Schaffenskraft, auf Durchsetzungsfähigkeit und Pflichtbewusstsein. Nach dem Zusammenbruch der jeweiligen Regime entpuppten sich die imaginierten ‚Inseln‘ der psychologischen Praxis – die ‚humanistische‘ psychologisch-therapeutische Klinik in der DDR und die Eignungsprüfstellen der Wehrmachtpsychologen – als Luftschlösser, die von den Umbrüchen des 20. Jahrhunderts hinweggefegt wurden. Von ihrem Eiland vertrieben, konfrontiert mit der Erosion ihres öffentlichen Ansehens und dem drohenden Ende ihrer universitären Karriere, machten sie aus ihrer Verbitterung oft keinen Hehl – doch richtete sich ihr Groll zumeist gegen ihre Kritiker und diejenigen, die sie für den ‚Missbrauch' ihrer Wissenschaft verantwortlich machten.

Im Feld der angewandten Wissenschaften scheinen Strategien der Rechtfertigung mindestens ebenso handlungsorientierend wie epistemische und methodologische Überzeugungsmuster und Regelwerke zu sein. Diese Tatsache wurde meines Erachtens in der bisherigen Forschung zur Geschichte der psychologischen Praxis viel zu wenig beachtet, obwohl genau diese Fragen schon während der Gründungsphase der angewandten Psychologie bzw. Psychotechnik intensiv debattiert wurden (vgl. Stern, 1921; Rupp, 1930). Für eine kritische Auseinandersetzung mit der Fachgeschichte sind Strategien der Rechtfertigung relevant, weil sie ein oft verdecktes, aber stabilisierendes und koordinierendes Netz moralischer Codes bilden, ein fachlich verankertes System von Wertehierarchien und Narrativen der legitimen wissenschaftlichen Praxis. Einmal etabliert, halten sie sich oft länger als jene politischen und ökonomischen Strukturen, die sie ursprünglich hervorgebracht haben, scheinen ein Eigenleben zu führen, das über die Funktion eines ideellen ‚Überbaus' weit hinausgeht (Wieser, 2017).

Die hier in Umrissen skizzierte Geschichte psychologischer Rechtfertigungsstrategien darf nicht mit historischer Ursachenforschung verwechselt werden, sie kann aber nützliche Hinweise für eine Rekonstruktion und Kritik der subjektiven Begründung psychologischer Praxis liefern. Die vorgestellten Strategien der Rechtfertigung sind *nachträglich* konstruierte Narrative, deren handlungsleitende Funktion zum ursprünglichen Zeitpunkt nicht fraglos vorausgesetzt werden darf, sondern anhand von Quellenmaterial zu belegen ist. Sie erzählen uns nicht nur von der Vergangenheit, sondern auch von der Gegenwart der Psychologie, von den Versuchen, sie institutionell zu stabilisieren und trotz einer problematisch gewordenen Vergangenheit zu legitimieren. Auch wenn der *Inhalt* der Rechtfertigungen nicht für bare Münze genommen werden muss (indem wir etwa den ehemaligen MfS-Psychologen ihren „humanistische[n] Ansatz" widerspruchslos abnehmen), so lässt sich an der *Form* der Reaktionen und Verteidigungsstrategien viel über das Selbstverständnis der Psychologie im 20. Jahrhundert lernen – sofern man dazu bereit ist, ihre Aussagen nicht nur als rein persönliche Stellungnahmen und Gewissenskonflikte, sondern auch als Ausdruck eines kollektiv tradierten und inkorporierten moralischen Codes zu verstehen.

Dass es einer historischen Analyse von psychologischen Strategien der Rechtfertigung auch im 21. Jahrhundert an brisantem Material nicht mangeln wird, kann an dieser Stelle nur angedeutet werden: Im Jahr 2004 wurde erstmals bekannt, dass zur Entwicklung der *enhanced interrogation methods*, die in Guantanamo Bay und anderen *black sites* der CIA zur Anwendung kamen, psychologisches Expertenwissen herangezogen wurde, um möglichst schnell geheimdienstlich verwertbare Informationen von inhaftierten Terrorverdächtigen zu gewinnen. Infolge der medialen Berichterstattung über die ‚weiße Folter' (die unter anderem Waterboarding, sensorische Deprivation und viele weitere Techniken zur Herstellung von Drucksituationen, Zermürbung und Erniedrigung inkludierten) meldete sich der US-amerikanische Psychologe James Mitchell, der diese Foltermethoden im Auftrag der CIA mitentwickelt hatte, zu Wort. Auch er machte seine Überzeugung von der moralischen Legitimation des Beitrages der Psychologie zum ‚War on Terror' publik und verteidigte sich dort besonders vehement, wo man die wissenschaftliche Fundierung und die Effektivität der von ihm entwickelten Praktiken anzweifelte (Mitchell & Harlow, 2016; vgl. Michels & Wieser, 2018). Eine detaillierte Analyse dieser jüngsten Strategie einer Rechtfertigung psychologischer Praxis muss vorläufig offenbleiben. Doch sollten die Konturen einer Genealogie der psychologischen Moral zumindest soweit sichtbar geworden sein, dass ihr Beitrag zur kritischen Auseinandersetzung mit der Psychologiegeschichte und der Frage nach der Mitverantwortung der Psychologie für die Folgen ihrer Praxis deutlich geworden ist.

Literatur

Allesch, J. von (1950). German psychologists and National-Socialism. *Journal of Abnormal and Social Psychology*, *45*(2), 402.

Baumgarten, F. (1949). *Die deutschen Psychologen und die Zeitereignisse*. Zürich: Der Aufbau.

Behnke, K. (1995). Lernziel: Zersetzung. Die Operative Psychologie in Ausbildung, Forschung und Anwendung. In K. Behnke & J. Fuchs (Hrsg.), *Zersetzung der Seele. Psychologie und Psychiatrie im Dienste der Stasi* (S. 12–43). Hamburg: Rotbuch.

Behnke, K., & Fuchs, J. (Hrsg.) (1995). *Zersetzung der Seele. Psychologie und Psychiatrie im Dienste der Stasi*. Hamburg: Rotbuch.

Busse, S. (1996). *Psychologie im Real-Sozialismus. DDR-Psychologen im Interview*. Pfaffenweiler: Centaurus.

Dietrich, A., & Heise, L. (Hrsg.) (2013). *Männlichkeitskonstruktionen im Nationalsozialismus. Formen, Funktionen und Wirkungsmacht von Geschlechterkonstruktionen im Nationalsozialismus und ihre Reflexion in der pädagogischen Praxis*. Frankfurt a.M.: Lang.

Dümmel, K., & Piepenschneider, M. (Hrsg.) (2014). *Was war die Stasi? Einblicke in das Ministerium für Staatssicherheit der DDR* (5. Aufl.). Sankt Augustin, Berlin: Konrad-Adenauer-Stiftung.

Flik, G. (1988). *Zur Geschichte der Wehrmachtpsychologie 1934–1943. Aufbau der Bundeswehrpsychologie 1951–1966*. Bonn: Bundesministerium der Verteidigung.

Förster, G. (1996). *Die Juristische Hochschule des MfS*. BStU: Berlin.

Foucault, M. (1974). *Von der Subversion des Wissens*. München: Hanser.

Fuchs, J. (1977). *Gedächtnisprotokolle*. Reinbek: Rowohlt.

Fuchs, J. (1978). *Vernehmungsprotokolle*. Reinbek: Rowohlt.

Geuter, U. (1984). *Die Professionalisierung der deutschen Psychologie im Nationalsozialismus*. Frankfurt a.M.: Suhrkamp.

Geuter, U. (1985). Polemos panton pater – Militär und Psychologie im Deutschen Reich 1914–1945. In M. G. Ash & U. Geuter (Hrsg.), *Geschichte der deutschen Psychologie im 20. Jahrhundert. Ein Überblick* (S. 146–171). Opladen: Westdeutscher Verlag.

Gieseke, J. (1996). *Die hauptamtlichen Mitarbeiter des Ministeriums für Staatssicherheit*. Berlin: BStU.

Groschopp, H. (2013). *„Der ganze Mensch". Die DDR und der Humanismus. Ein Beitrag zur deutschen Kulturgeschichte*. Marburg: Tectum.

Hofstätter, P. (1985). Einführung. In *Deutsche Wehrmachtpsychologie 1914–1945* (S. VII–XII). München: Verlag für Wehrwissenschaften.

Kroh, O. (1941). Ein bedeutsamer Fortschritt in der deutschen Psychologie. Werden und Absicht der neuen Prüfungsordnung. *Zeitschrift für Psychologie*, *151*, 1–32.

Lück, H. (2020). Die Diplomprüfungsordnung für Studierende der Psychologie – eine nationalsozialistische Prüfungsordnung? In M. Wieser (Hrsg.), *Psychologie im Nationalsozialismus* (S. 47–72). Frankfurt a.M.: Lang.

Mattes, P. (1985). Psychologie im westlichen Nachkriegsdeutschland – Fachliche Kontinuität und gesellschaftliche Restauration. In M. G. Ash & U. Geuter (Hrsg.), *Geschichte der deutschen Psychologie im 20. Jahrhundert. Ein Überblick* (S. 201–224). Opladen: Westdeutscher Verlag.

Métraux, A. (1985). Die angewandte Psychologie vor und nach 1933 in Deutschland. In C. F. Graumann (Hrsg.), *Psychologie im Nationalsozialismus* (S. 221–262). Berlin u.a.: Springer.

Michels, M., &Wieser, M. (2018). From Hohenschönhausen to Guantanamo Bay: Psychology's role in the secret services of the GDR and the United States. *Journal of the History of the Behavioral Sciences*, *54*(1), 43–61.

Mitchell, J. E., & Harlow B. (2016). *Enhanced Interrogation: Inside the Minds and Motives of the Islamic Terrorists Trying to Destroy America*. New York: Crown Forum.

Münsterberg, H. (1914). *Grundzüge der Psychotechnik*. Leipzig: Barth.

Nietzsche, F. (1892). *Zur Genealogie der Moral. Eine Streitschrift* (2. Aufl.). Leipzig: Naumann.

Pingel-Schliemann, S. (2004). *Zersetzen. Strategie einer Diktatur* (3. Aufl.). Berlin: Robert-Havemann-Gesellschaft.

Pongratz, L. (Hrsg.) (1979). *Psychologie in Selbstdarstellungen*, Bd. 2. Bern u.a.: Huber.

Renthe-Fink, L. (1985). Von der Heerespsychotechnik zur Wehrmachtpsychologie. In *Deutsche Wehrmachtpsychologie 1914–1945* (S. 5–182). München: Verlag für Wehrwissenschaften.

Richter, H. (2015). *Die Operative Psychologie des Ministeriums für Staatssicherheit* (3. Aufl.). Frankfurt a.M.: Mabuse-Verlag.

Roth, H, (1979). Heinrich Roth. In L. J. Pongratz (Hrsg.), *Psychologie in Selbstdarstellungen*, Bd. 2 (S. 257–288). Bern u.a.: Huber.

Rupp, H. (1930). Die sittliche Verpflichtung der Psychotechnik. *Psychotechnische Zeitschrift*, *5*(4), 103–108.

Stern, W. (1921). Richtlinien für die Methodik der psychologischen Praxis. In O. Lippmann & W. Stern (Hrsg.), *Vorträge über angewandte Psychologie, gehalten beim 7. Kongreß für experimentelle Psychologie* (S. 1–16). Leipzig: Barth.

Teo, T. (2005). *The Critique of Psychology: From Kant to Postcolonial Theory*. New York: Springer.

Trampe, T., & Feindt, J. (Regie und Drehbuch) (1992). *Der schwarze Kasten*. Köln: MAX Film.

Weber, M. (1922). *Gesammelte Aufsätze zur Wissenschaftslehre*. Tübingen: Mohr.

Wieser, M. (2017). Von der Linie zur Schicht: Überlegungen zu einem kulturpsychologischen Geschichtsbegriff. In T. Slunecko, M. Wieser & A. Przyborski (Hrsg.), *Kulturpsychologie in Wien* (S. 146–169). Wien: Facultas.

Wieser, M. (2019). Norbert Thumb und der Aufstieg der angewandten Psychologie in der „Ostmark". *Psychologie in Österreich*, *39*(1/2), 106–115.

Wieser, M. (2020). Zur Geschichte der angewandten Psychologie in der „Ostmark". In M. Wieser (Hrsg.), *Psychologie im Nationalsozialismus* (S. 167–193). Frankfurt a.M.: Lang.

III

Psychologisierung, Psychotherapie und psychische Störungen

–

Psychologization, psychotherapy and mental disorders

Riskante Selbstverhältnisse: Alkohol im Spiegel des Gesundheitsfilms in der DDR

Viola Balz

Abstract

Auf dem IX. Parteitag der Sozialistischen Einheitspartei Deutschlands wurde 1976 zum entschiedenen Kampf gegen Alkoholmissbrauch aufgerufen. Damit wurde erstmals in der Geschichte der DDR zugestanden, dass es ein explizites Problem mit Suchterkrankungen gab. Der vorliegende Beitrag zeichnet den Diskurs um missbräuchlichen Alkoholkonsum seit den 1950er Jahren nach. Hierbei widmet der Text sich insbesondere den in den 1970er und 1980er Jahren vom Deutschen Hygiene-Museum Dresden entwickelten und im DDR-Fernsehen ausgestrahlten Filmen zum Thema Alkoholmissbrauch. Analysiert wird, wie sich die Debatte von der Betonung einer vollen Verantwortung des Einzelnen für den Alkoholkonsum hin zu einer Vorstellung abhängigen Konsums verschob. Dabei veränderten sich auch die Selbstverhältnisse der trinkenden Menschen. Im Beitrag wird danach gefragt, welche Rolle die aus dem ‚Psychoboom' folgende Psychologisierung der Abhängigkeit in einem sozialistischen Gesellschaftssystem spielte und welchen Einfluss der Disziplin Psychologie dabei zukam. Zusammenfassend lässt sich feststellen, dass Psychologisierung keineswegs lediglich als Gouvernementalitätsstrategie liberaler Staaten funktionierte, sondern auch in sozialistischen Gesellschaften dann eingesetzt wurde, wenn andere Regierungstechniken versagten.

* * *

Risky self-relations: TV films on the dangers of alcohol in the GDR

At the 9th Party Congress of the Sozialistische Einheitspartei Deutschlands (Socialist Unity Party of Germany) in 1976, a decisive battle against alcohol abuse was called for. This was the first time in the history of the German Democratic Republic (GDR) that the party admitted officially that there was an explicit problem with addictions. This article traces the discourse on abusive alcohol consumption since the 1950s. Thereby, the text focuses in particular on TV films on alcohol abuse developed by the Deutsches Hygiene-Museum (German Hygiene Museum), Dresden, in the 1970s and 1980s. The analysis indicates how the debate shifted from the notion of individual's sole responsibility for alcohol consumption to the idea of addictive consumption. In the course of this process, the self-perception of alcoholic people also shifted. The article interrogates which role the psychologization of addiction plays resulting from the psycho-boom in a socialist system and what kind of influence the discipline of psychology was attributed to in this context. In summary, it can be said that psychologization by no means only functioned as a governmentality strategy in liberal states, but was also used in socialist societies at the point when other governmental techniques failed.

* * *

V. Balz und L. Malich (Hrsg.), *Psychologie und Kritik*,
https://doi.org/10.1007/978-3-658-29486-1_8

„Es liegt an Dir selbst, mach Dich nicht abhängig“ – so schließt ein 1978 vom Deutschen Hygiene-Museum Dresden produzierter Film zur Alkoholprävention in der Deutschen Demokratischen Republik.[1] Ziel des vorliegenden Beitrags ist es, die Vorsorge- und Subjektivierungsstrategien anhand von Gesundheitsfilmen des Deutschen Hygiene-Museums zum Thema Alkohol beispielhaft herauszuarbeiten. Folgt man Mariana Valverde, vermischen sich in der Debatte um einen richtigen Alkoholkonsum die Diskussionen um Willensschwäche und Willensfreiheit in exemplarischer Weise, da Abhängigkeiten als Krankheiten des Willens gelten (Valverde, 2005). Die Debatten um die richtige Trinkmenge sind historisch jedoch stets mit Gouvernementalitätsstrategien verbunden gewesen. Lässt sich Valverdes Erkenntnis, dass in den „diseases of the will“ Gouvernementalität und somit auch Subjektivierungsformen eine entscheidende Rolle spielen, auf eine Analyse der sozialistischen Gesundheitsfilme zum Thema Alkohol übertragen? Eine Frage wäre zunächst, ob der in Westdeutschland in den langen 1970er Jahren beobachtete sogenannte Psychoboom – verstanden als Ineinandergreifen des sich verbreitenden ‚Psychowissens‘ mit psychotherapeutischen Praktiken und politischen Bewegungen, die an der Entstehung eines therapeutischen Selbst beteiligt waren – in einer eigenen Form auch in der DDR beobachtet werden kann (Tändler, 2016). Dabei soll im vorliegenden Beitrag untersucht werden, welche Rolle die aus dem Psychoboom folgende Psychologisierung in einem sozialistischen Gesellschaftssystem spielte und welcher Einfluss der Disziplin Psychologie dabei zukommt.[2] Wenn die zunehmende Psychologisierung sich als Gouvernementalitätsform liberaler Strategien beschreiben lässt, wie Nikolas Rose (1998, S. 13) konstatiert, was folgt daraus für die Debatten um die Alkoholprävention in der DDR? Diese eigenen Strategien der Subjektivierung sollen im Kontext der Alkoholpräventionsfilme skizziert werden.

---

1 Zitat aus dem Gesundheitsfilm *Alkoholmißbrauch* (Regie: Gottfried Stejskal, s/w, Laufzeit: 5,2 Minuten), produziert für die Fernsehreihe *Werbung auf Sender*, 1978; Sammlung des Deutschen Hygiene-Museums Dresden, Inventar-Nr. DHMD 2007/390.

2 Psychologisierung wird hier verstanden als Individualisierung und Durchdringung der Alltagswelt mit psychologischen Kategorien, Denk- und Handlungsweisen. Diese wird vor allem als Folge des Psychobooms in den ‚langen‘ 1970er Jahren beschrieben und wird insbesondere den westlich-kapitalistischen Ländern zugeschrieben.

Der Gesundheitsfilm in der DDR: Einige Anmerkungen

Die filmischen Darstellungen der Alkoholprävention sind eingebunden in die Gesundheitsaufklärung in der DDR. Diese verfolgte das Ziel, krankheitspräventives Wissen zu popularisieren und die breite Bevölkerung zu einem gesundheitsbewussten Verhalten zu animieren. Als zentrale Institution der Gesundheitsaufklärung in der DDR gilt das bereits zu Beginn des 20. Jahrhunderts gegründete Deutsche Hygiene-Museum in Dresden. Das Museum war dabei direkt dem Ministerium für Gesundheitswesen unterstellt und sollte Erkenntnisse zur Gesunderhaltung und Krankheitsverhütung in allgemeinverständlicher Form erklären. Um die Erziehungsarbeit zur gesunden Lebensführung zu ergänzen, wurde 1961 – als eine Art Neuauflage des bereits 1921 ins Leben gerufenen Reichausschusses für hygienische Volksbelehrung – das Komitee für gesunde Lebensführung und Gesundheitserziehung in der DDR gegründet. Ziel des Komitees war es, die Verwissenschaftlichung der Debatte anzuleiten und Unterrichtsmaterialien zu produzieren (Sammer, 2015, S. 258–262).[3] Seit Mitte der 1950er Jahre gab das Hygiene-Museum zudem die populärmedizinische Zeitschrift *Deine Gesundheit* heraus, die für 50 Pfennig erworben werden konnte und eine breite Leserschaft in der Bevölkerung erreichte. Das Deutsche Hygiene-Museum produzierte seit seinem Bestehen und insbesondere nach 1945 zahlreiche Gesundheitsfilme. Die Filme deckten vor allem Themenbereiche wie Infektionskrankheiten, Sucht, Krebs und Sexualaufklärung sowie allgemeine Themen der psychosozialen Gesundheit ab (für einen Überblick Schwarz, 2011). Der Gesundheitsfilm spielte dabei im Zuge der Prävention von Alkoholabhängigkeit eine zentrale Rolle, da er dazu diente, das Subjekt zur Selbstkontrolle zu erziehen (Bröckling, 2008, S. 46). Darüber hinaus sollte er das Publikum emotional ansprechen um Wissen über gesundheitliche Gefahren besonders wirksam zu verbreiten (Laukötter, 2015).

Schon seit den 1950er Jahren arbeitete das Hygiene-Museum eng mit der DEFA zusammen, wobei die Gesundheitsfilme besonders im Fernsehen zum Einsatz kamen (Osten, 2011). Bis 1974 zeigte das Fernsehen vom Hygiene-Mu-

3 Diese didaktischen Anleitungen wurden im Zeitraum zwischen 1964 und 1984 entwickelt.

seum in Auftrag gegebene kurze Gesundheitswerbespots aus der Sendereihe *Tausend Tele-Tips*, danach wurden besondere Fernsehformate wie *Du und Deine Gesundheit* und *Wegweiser Gesundheit* produziert (Tippach-Schneider, 2004; Osten, 2011). Von 1972 bis 1981 wurden vor allem für das Fernsehen in Zusammenarbeit mit dem Hygiene-Museum acht Gesundheitsfilme – drei Trickfilme und fünf weitere Kurzfilme – zum Thema Alkoholprävention hergestellt. Die gezeigten Trickfilme thematisierten die Alkoholprävention eher auf spielerische Weise. Demgegenüber wandten sich die anderen Filme mittels einer ernsthafteren Darstellung des Phänomens an ein jugendliches und erwachsenes Publikum. Es lässt sich nicht gänzlich klären, warum Alkoholprävention nun ausgerechnet in den 1970er Jahren zu einem Thema des Gesundheitsfilms wurde. Vermutet werden darf jedoch, dass der in den 1970er Jahren steigende Konsum von Alkohol in Verbindung mit der Etablierung spezialisierter Betreuungseinrichtungen dazu führte, dass Thema auch medial zu inszenieren. Eine Erklärung für das Fehlen des Alkoholpräventionsfilms bis in die 1970er Jahre könnte zudem sein, dass das Fernsehen, der Hauptabnehmer vieler Filme, in der DDR erst Ende der 1960er Jahre durch die Einführung eines zweiten Programms an Sendestunden und Verbreitung gewann. Dafür spricht auch, dass die Zahl der vom Deutschen Hygiene-Museum produzierten Filme in den 1970er Jahren generell sprunghaft anstieg.[4] Schon in der frühen DDR hatte das Thema dort eine große Rolle gespielt, wie nachfolgende Kampagne zeigt.

Alkoholmissbrauch als soziales Problem

Bereits in den 1950er Jahren hatte das Hygiene-Museum unter dem Titel *Alkohol: Freund oder Feind?* eine Kleinausstellung produziert, die bis ca. 1964 gegen eine entsprechende Gebühr im Deutschen Hygiene-Museum ausgeliehen werden konnte. Empfohlen wurde die Ausstellung besonders für Gesundheitswochen, Betriebe sowie Berufs- und Oberschulen. Die Ausstellung konzentrierte sich auf die Verantwortung des Einzelnen für den Alkoholmissbrauch und begriff Alkohol

4 So wurden in den 1950er Jahren sechs, in den 1960er Jahren 43, in den 1970er Jahren 107 und in den 1980er Jahren 95 Filme im Auftrag des Deutschen Hygiene-Museums hergestellt.

Abb. 1–2: *Der Alkoholismus – ein soziales Problem. Ständiger Alkoholmißbrauch führt zur Trunksucht*. Schautafeln der Ausstellung *Alkohol: Freund oder Feind?*, ca. 1956 (Deutsches Hygiene-Museum, Dresden, Inventar-Nr. DHMD 1997/2221 und DHMD 1997/2485).

als soziales Problem. Dies ist bemerkenswert, da von staatlicher Seite stets propagiert wurde, dass der auf einer sozioökonomischen Prekarisierung beruhende ‚Elendsalkoholismus' des kapitalistischen Westens in der DDR keine Grundlage habe. Zudem wurde eher die Haltung vertreten, dass der sozialistische Staat seinen Bürger_innen Konsum und Genuss in einem gewissen Maß ermöglichen solle (Barsch, 2009, S. 166). Auch die Ausstellung *Alkohol: Freund oder Feind?* hielt eine Schautafel parat, die den familiären Niedergang der ‚Alkoholikerfamilie' abbildete – und darüber hinaus auf die volkswirtschaftliche Gesamtdimension verwies: „Die Trunksucht belastet das Staatsbudget vieler Länder erheblich" (vgl. Abb. 1).

Die Darstellung schloss eng an die zeitgenössische medizinische Auffassung von Alkoholmissbrauch als im Wesentlichen sozialem Problem an. Ende der 1950er Jahre publizierte Hugo von Keyserlingk, Jenaer Ordinarius für Psychiatrie, eine Monographie mit dem Titel *Der Alkoholismus als soziales Problem*, das vor den Niedergang der Alkoholikerfamilien warnte und die Bedeutung der Alkoholikerfürsorge betonte (Keyserlingk, 1959).[5] Medizinische Aufgaben sah Keyserlingk vor allem im Bereich der akuten Entgiftung. Die 1950er Jahre sind nach Keyserlingks Ausführungen als ein Jahrzehnt zu verstehen, in dem der Alkoholkonsum in der DDR zu einem Problem wurde. Seinen Angaben gemäß war der Alkoholverbrauch nach dem Zweiten Weltkrieg wegen des hohen Preises und der Beschaffungsschwierigkeiten zunächst zurückgegangen (ebd., S. 2).[6] Nachdem 1951 der Preis für Alkohol gesenkt worden war, habe die Zahl der Trinker jedoch rasant zugenommen. So sei in Magdeburg die Zahl der Alkoholkranken in der Fürsorge von gut 100 im Jahr 1950 auf knapp 800 im Jahr 1957 gestiegen (ebd., S. 20). Eine Tafel aus der Ausstellung *Alkohol: Freund oder Feind?* verdeutlichte denn auch die Verstrickung des Individuums in eine Sucht, die der Einzelne zwar selbst verursacht hat, durch die er jedoch nur durch ärztliche Hilfe entrinnen kann (Abb. 2).

Auch diese Ausstellungstafel suggerierte, dass der Alkoholmissbrauch vor allem ein durch die mangelnde Willenskraft des Einzelnen verursachtes Problem sei. Die von der Weltgesundheitsorganisation bereits 1964 verabschiedete Definition von Alkoholismus als Krankheit, blieb für die DDR ebenso bedeutungslos wie eine Anerkennung derselben im versicherungsrechtlichen Sinne, die Betroffenen eine umfassende medizinisch-therapeutische Hilfe ermöglicht hätte.[7] Demgegenüber wurde in der DDR in den 1970er Jahren ein missbräuchlicher Alkoholkonsum weiter als hauptsächlich individuelles Phänomen interpretiert,

---

5 Als weiteres zentrales Werk ist das 1962 ins Deutsche übersetzte Buch *Organisation und Methodik des Kampfes gegen den Alkoholismus* eines tschechoslowakischen Autorenkollektivs um Jaroslav Skála anzusehen, dass sich v.a. der Sammlung wissenschaftlicher Fakten gegen den Alkoholkonsum widmete (vgl. Skála & Kollektiv, 1962).

6 Der Pro-Kopf-Verbrauch von reinem Alkohol sei in ausgewählten Bezirken von knapp drei Litern 1953 auf knapp vier Liter im Jahr 1956 gestiegen.

7 Diese erfolgte in der BRD bereits im Jahr 1968 durch eine entsprechende Rechtsprechung des Bundessozialgerichtes und gilt als Meilenstein in der Anerkennung von Alkoholismus als Krankheit (Az 3 RK 63/66, Urteil vom 18. Juni 1968). In der DDR wurde eine umfangreiche gesetzliche Grundlage erst am 1. Juli 1989 mit der „Richtlinie über die Aufgaben des Gesundheits- und Sozialwesens zur Verhütung und Bekämpfung der Alkoholkrankheit“ geschaffen (Barsch, 2009, S. 192).

das mit den gesellschaftlichen Zielen einer sozialistischen Gesellschaft nicht vereinbar sei. Diese Definition von Sucht rückte die individuelle Schuld der trinkenden Person und ihre Verantwortung für den missbräuchlichen Konsum in den Vordergrund (Pokladek, 2010, S. 100). Diese Personen waren in der Regel männlich. Alkoholismus sowie weitere substanzbezogene Störungen bildeten und bilden dabei die am häufigsten diagnostizierten psychischen Störungen bei Männern. Wie Christoph Schwamm herausarbeitet, kann riskanter Substanzkonsum, unter dem Alkohol eine herausragende Rolle einnimmt, als eine Praktik von Männlichkeit verstanden werden. Ein hoher Alkoholkonsum ermögliche den Konsumenten, mit den an sie gestellten Anforderungen hinsichtlich Leitmännlichkeiten (Ernährerrolle, Familienvorstand, Unterhaltung homosozialer Kontakte außerhalb der Familie und Cis-Heterosexualität) umzugehen, an denen sie, wie schon das Bild aus der Ausstellung zeigen sollte, durch das vermehrte Trinken jedoch zum Teil gleichzeitig scheitern würden (Schwamm, 2018, S. 18, S. 75).

Wie Gundula Barsch ausführt, tranken Frauen in der DDR zudem moderater und hatten andere Konsumvorlieben. Sie bevorzugten eher Wein und Sekt und verzichteten auf einen weiteren Konsum, wenn die bevorzugten alkoholischen Getränke nicht zur Verfügung standen. Da Wein und Sekt als Konsumgüter meist Importware waren und deshalb nur eingeschränkt zur Verfügung standen, tranken Frauen im Durchschnitt deutlich weniger als Männer. Die ausreichend zur Verfügung stehenden Spirituosen wie Bier und Schnaps wurden hingegen eher von Männern konsumiert, die durch die im Schnaps enthaltenden Fuselstoffe auch schneller einen abhängigen Konsum entwickelten (Barsch, 2009, S. 160ff.). Frauen kam demgegenüber häufig die Rolle der ‚geplagten Ehefrau' zu, die trotz des hohen Konsums des Mannes und den damit zusammenhängenden finanziellen Auswirkungen versuchte, den Haushalt und die Familie zusammenzuhalten.

Eine Medikalisierung der Alkoholabhängigkeit setzte aufgrund der Individualisierung des missbräuchlichen Konsums dabei nur zögerlich ein. Eine Chronologie des ehemaligen Chefarztes der Klinik für Abhängige in Ueckermünde, Erik Winter, betrachtet die Zeit von 1945 bis 1965 als Vor- und Frühphase der Alkoholikerhilfe, erst nach 1966 entstanden demnach in Brandenburg/Havel erstmals spezialisierte Ansätze zur Suchthilfe. Um 1973 gab es erste Beratungsstellen in Polikliniken, in denen ab den 1980er Jahren zunehmend Psycholog_innen tätig waren. Bis 1975 habe es jedoch kaum Ansätze der spezialisierten Betreuung gegeben (Winter, 1991).

Demgegenüber hatten kirchliche Verbände wie das evangelische ‚Blaue Kreuz' seit Mitte der 1950er Jahre Einfluss auf die Alkoholikerselbsthilfe in der DDR. Zwar erhielt das Blaue Kreuz nach dem Ende des Zweiten Weltkrieges in der Sowjetischen Besatzungszone keine Arbeitsgenehmigung; die ehrenamtlichen Mitarbeiter waren jedoch unter dem Dach der Inneren Mission weiterhin tätig (Klement, 2010, S. 141). So konnten die „Besinnungswochen für Trunksuchtgebundene" in der DDR durchgeführt werden, noch bevor es gelang, diese in der BRD zu etablieren (ebd., S. 159). Die unter dem Namen Trinkerrettung fungierende Suchthilfe – der Name Blaues Kreuz durfte im sozialistischen Deutschland nicht verwendet werden – veranstaltete ab 1959 jährlich die Landeskonferenz Sachsen zur Abwehr der Suchtgefahren, aus der 1960 schließlich die Evangelische Arbeitsgemeinschaft zur Abwehr der Suchtgefahren (AGAS) hervorging (ebd., S. 165). Diese betreute 1966 mit zwölf hauptamtlichen Mitarbeiter_innen rund 4.000 Trinkerfamilien. Wie diese Besinnungswochen abliefen, veranschaulicht die Schilderung eines Anwesenden, die sich im Jahresbericht des Blauen Kreuzes von 1966 findet:

> „Zuerst machen wir unseren Freunden die Notwendigkeit der vollen Abstinenz klar. Das ist meistens die Aufgabe der mitanwesenden geretteten Trinker. Aus eigener Erfahrung bezeugen sie den Segen der Enthaltsamkeit. Deshalb ist es immer nötig, einen geretteten Trinker dabei zu haben. Großen Wert legen wir auch auf die Bibelarbeit. Sie ist und bleibt das Herzstück jeder Besinnungswoche. Außerdem arbeiten regelmäßig auch Frauen von geretteten Trinkern mit, die aus eigener Erfahrung den Männern in einer stillen Stunde klarmachen, wie es im Herzen einer geplagten Trinkerfrau aussieht. Wir haben die Erfahrung gemacht, daß durch solche Zeugnisse manches harte Männerherz langsam auftaut" (zit. nach Klement, 2010, S. 183).

Anders als die weltweit verbreitete Lehre der Anonymen Alkoholiker, in dem die Spiritualität zwar eine entscheidende Rolle spielte, die Frage, an welche Gottheit geglaubt wurde, aber offen blieb, war die strikte Orientierung am evangelischen Glauben und eine antimaterialistische Grundhaltung für das Blaue Kreuz von zentraler Bedeutung (Anonyme Alkoholiker, 1990).[8] Für die DDR blieb die Selbsthilfebewegung des Blauen Kreuzes eine dominante Bezugsgröße, da sich die Anonymen Alkoholiker bis zum Mauerfall nicht etablieren konnten (Zocker, 2006, S. 47). Erst ab 1979 konnten sich unter Leitung von Hubertus Windischmann DDR-weit vier sogenannte Brandenburger Abstinenzlertreffen etablieren. Diese können als Substitut für die staatlich untersagte und somit fehlende Selbsthilfebewegung gelten (Buch, 2002, S. 162).

Während sich die (angeleitete) Selbsthilfe und professionalisierte Behandlungsformen zunehmend durchsetzen konnten, stieg auch der Alkoholkonsum an. War der Pro-Kopf-Konsum puren Alkohols mit 1,1 Litern in der DDR in den 1950er Jahren gegenüber den 3,2 Litern, die Bundesbürger jährlich konsumierten, noch mäßig, schlossen die Ostdeutschen 1980 mit 10,1 Litern pro Kopf (BRD: 12,9 Liter) schon nahezu auf. 1988 lässt sich schließlich ein annähernd gleicher Konsum in Ost und West beobachten.[9] Vor dem Hintergrund dieser Konsumzahlen erscheint verständlich, warum um 1980 vermehrt Filme zur Alkoholprävention entstanden. Im Folgenden möchte ich drei Filme exemplarisch analysieren und dabei die sich wandelnden Vorstellungen von den Selbstverhältnissen verdeutlichen.

Piets Weg zum missbräuchlichen Konsum

Der erste Film inszeniert einen jungen blonden, sympathisch wirkenden Mann am Arbeitsplatz und in seiner Freizeit als typischen jugendlichen Alkoholkonsumenten. Dieser hat, folgt man der filmischen Erzählung, noch kein massives Abhängigkeitsproblem, sein Verhalten wird jedoch als individuell und gesellschaftlich problematisch angesehen. Damit wurde auf das bereits seit den 1960er

8 So ist schon 1903 zur Abgrenzung zu anderen Abstinenzbewegungen zu lesen, dass die Angst bestünde, dass diese bibel- und christusfeindliche Lehren propagieren würden. Insbesondere zu den materialistischen Abstinenzbewegungen wurde ausgeführt: „Wir treiben Reichsgottesarbeit und halten zu den Kindern Gottes, mit denen wir uns als unseren Brüdern aufs innigste verbunden wissen, auch wenn sie in der Alkoholfrage noch ohne Licht sind, während uns von den materialistischen ungläubigen Abstinenten für immer eine große Kluft trennt" (Monatsschrift des Blauen Kreuzes vom November 1903, zit. nach Klement, 2010, S. 60).

9 DDR: 11 Liter, BRD: 11,8 Liter reinen Alkohol (Kochan, 2011, S. 77–80).

Abb. 3: Filmstill aus Werbefilm *Alkoholmißbrauch*, produziert für die Reihe *Tausend Tele-Tips*, 1974 (Deutsches Hygiene-Museum, Dresden, Inventar-Nr. DHMD 2007/393).

Jahren diskutierte Problem aufmerksam gemacht, dass Jugendliche ab dem 13. Lebensjahr in der DDR praktisch regelmäßig tranken. Zwar lag der Konsum insgesamt unter dem von Erwachsenen und war im Wesentlichen geselligkeitsmotiviert, dennoch gab der zunehmende Konsum schon im Jugendalter Anlass zur Besorgnis. Der dargestellte Jugendliche deckt alle klassischen Merkmale eines Konsumenten ab: männlich, Bier trinkend und in der Gaststätte seinen geselligen Vergnügungen nachgehend (Barsch, 2009, S. 137).

Der Clip lief in der Reihe *Tausend Tele-Tips*, die die Deutsche Werbe- und Anzeigengesellschaft DEWAG von 1960 bis 1976 eigentlich für das Werbefernsehen produzierte. Ziel der Reihe war es, die zunehmenden Konsumgüterwünsche der Bevölkerung zu steuern. Anfang der 1970er Jahre gelang es der Werbung jedoch immer weniger, die Kluft zwischen einem sinkenden Warenangebot und der steigenden Nachfrage nach ebenjenen Konsumgütern zu überspielen. Die produzierende DEWAG reagierte deshalb auf die Kritik der SED an der mangelnde Steuerungsfunktion des Werbefernsehens und wechselte von Tipps für den ‚guten Einkauf' zum ‚guten Rat' (Tippach-Schneider, 2004). Ab 1972 wurden vermehrt Clips zur Gesundheitspropaganda produziert, ab 1973 erstmals auch in Farbe. Der analysierte Farbfilm aus dem Jahr 1974 war somit technisch – zumindest für DDR-Verhältnisse – auf dem neusten Stand (Abb. 3).

Der Film fokussiert auf einen 16-jährigen Jugendlichen im Kontext seines Kollektivs. Im Zentrum der Debatte stehen der mangelnde Kollektivgeist und die Unfähigkeit von Piet, ein dem sozialistischem Kollektivgeist entsprechendes Leben zu führen. Während die anderen Jugendlichen die Chancen nutzen, die ihnen der Sozialismus bietet, wird Piet als Einzelgänger dargestellt, der sich von den Jugendlichen absondert, deren Interessen er auch nicht teilt, und lieber mit einer Gruppe älterer Männer Bier trinkt. Verantwortung für einen angemessenen Alkoholkonsum – den zeigen nach Aussagen des Kurzfilms weder Piet noch der Wirt. Dass insbesondere die Handlungen des Wirts gegen Recht und Gesetz verstoßen, zeigt ein Kameraschwenk auf die „Verordnung zum Schutze der Jugend" vom 15. September 1955. Diese regelte unter anderem, dass Jugendlichen unter 16 Jahren in öffentlichen Lokalen keine Alkoholika ausgeschenkt werden durften. Ausdrücklich ausgenommen werden davon jedoch Biere mit einem Alkoholgehalt von bis zu 6 %, was dem Film eine widersprüchliche Botschaft verleiht. Zudem werden Leiter_innen und Inhaber_innen von Gaststätten sowie Erziehungsberechtigte dazu verpflichtet, dafür zu sorgen, dass Jugendliche nicht zu übermäßigem Alkoholkonsum verleitet werden oder sich betrinken (Ministerium für Volksbildung, 1955, § 4 und § 5). Der Film appelliert also sowohl an den mangelnden Kollektivgeist Piets als auch an den des Wirtes und der um ihn herum trinkenden Erwachsenen. Wie suggeriert wird, hat der Staat die notwendigen Gesetze und die Arbeitsmöglichkeiten bereits geschaffen, der Alkoholpräventionsfilm bleibt in seiner Botschaft risiko-individualisierend und stellt dem sorgenden Staat einen schwachen Bürger gegenüber: Ob Piet seine Chancen verwirklichen kann – so der letzte Appell am Ende des Films, läge auch in seiner

Hand. Im Fokus des Films steht ausdrücklich der missbräuchliche Konsum, den das selbstverantwortliche Individuum mit eigener Willenskraft steuern könne. Kern des Films ist die Ausbildung einer sozialistischen Persönlichkeit, die sich zu den Zielen des Sozialismus bekennt und sich diesen unterordnet.[10] Konkret handelt es sich bei der hergestellten Subjektivität um ein selbstverantwortliches, mit den Zielen des Sozialismus identisches Subjekt ohne übermäßige Konsumwünsche. Im Zentrum steht die Willensschwäche des Einzelnen, der durch Gesundheitserziehung wieder auf den rechten Pfad zurückgeholt werden sollte. Ab Mitte der 1970er Jahre begann sich jedoch die Einsicht durchzusetzen, dass der ungesteuerte Konsum von Alkohol auch die Form einer psychischen Krankheit annehmen könnte. Auf die Vermittlung dieser Botschaft konzentrieren sich die weiteren analysierten Filme.

Alkoholabhängigkeit als Krankheit

Auf dem IX. Parteitag der SED wurde 1976 zum entschiedenen Kampf gegen Alkoholmissbrauch aufgerufen. Damit wurde erstmals in der Geschichte der DDR zugestanden, dass es ein explizites Problem mit Suchterkrankungen gab (Sozialistische Einheitspartei Deutschlands, 1976). Im selben Jahr widmet die Zeitschrift *Deine Gesundheit* der Alkoholabhängigkeit ein Themenheft mit zwölf Seiten, in der das Phänomen der Abhängigkeit als Krankheit anerkannt wird. Kern der den Lesern vermittelten Botschaft war, dass Alkoholiker_innen lebenslang „absolut abstinent" leben müssten. Da Alkoholiker Willenskraft und Lebensmut oft schon verloren hätten, wird an die Verantwortung des Arbeitskollektivs erinnert, die Patient_innen auf den rechten Weg zu schicken (Krug, 1976).

Ein weiterer Artikel in der Ausgabe von *Deine Gesundheit* verweist auf die Risiken von Alkohol am Arbeitsplatz, die Bedeutung der betrieblichen Maßnahmen gegen missbräuchlichen Alkoholkonsum und die Schäden, die durch sogenannte „Arbeitsbummelei" infolge von Alkoholkonsum am Arbeitsplatz entstünden (Thom, 1976). 1978 wurden letztmalig Zahlen über die alkoholbedingten Er-

10 Zur Bedeutung der Erziehung zur sozialistischen Persönlichkeit für die Gesundheitserziehung des Deutschen Hygiene-Museums bis 1975 vgl. Sammer (2015).

krankungen und ambulante sowie stationäre Behandlungen publiziert. Offensichtlich waren diese sprunghaft angestiegen und passten nicht zum politisch vermittelten Bild vom sorgenfreien Leben in der DDR (Barsch, 2009, S. 181).[11]

Infolge dieser Kampagne gegen den Alkoholmissbrauch und dessen offensichtlicher Zunahme wurde auch die Alkoholabhängigkeit stärker zum Objekt der Gesundheitsaufklärung. Zwischen 1978 bis 1980 produzierte das Hygiene-Museum vier kurze Filme zum Thema Alkohol. Diese thematisierten verstärkt die tertiäre Prävention, also die Rehabilitation, der vorher keine Aufmerksamkeit geschenkt wurde. Ein erster Fernsehfilm entstand 1978 für die Reihe *Werbung auf Sender* und wurde vom Film-Kollektiv Dresden offensichtlich unter Leitung eines Diplom-Psychologen produziert.[12] Regie führte Gottfried Stejskal, der für *Werbung auf Sender* zwischen 1977 und 1981 insgesamt 24 Filme produzierte.[13] Leider existieren zu dem hier interessierenden Film keine weiteren Hintergrundmaterialien.

In dem Film berichtet ein junger alkoholabhängiger Mann über seinen schleichenden Weg in die Abhängigkeit, dem Herausfallen aus sozialen und Arbeitsbezügen und seinem in der Klinik gereiften Entschluss, sein Leben zu ändern. Die Bilder zur Einlieferung in die Klinik, die denselben jungen Mann im akuten Delirium tremens (Trinkerwahnsinn) zeigen, und die darauf folgenden Ausführungen zu seiner Lebens- und Abhängigkeitsgeschichte werden abwechselnd von einem Arzt und einer Psychologin kommentiert. Diese Aufteilung charakterisiert auch die zunehmende Bedeutung, denen Psychologen_innen in den Einrichtungen der Suchthilfe zukam, lässt sich aber auch als eine zeitgleiche Medikalisierung und Psychologisierung von Sucht bezeichnen.

Doch zurück zu der kurzen Sequenz, die die Einlieferung des jungen Mannes, der dem Delirium tremens nahe sein soll, schildert. Gestützt auf zwei Pfle-

---

11 Barsch spricht auch von einer gewollten Tabuisierung. So durften auch Alkoholikerberatungsstellen nicht als solche benannt werden, sondern fungierten unter dem Namen „psychosoziale Beratungsstelle", was die Niedrigschwelligkeit der Angebote und ihre Nutzung erschwerte.

12 Vgl. Erler an die Programmdirektion des DDR-Fernsehens, Brief vom 1. Dezember 1981, Sächsisches Staatsarchiv – Hauptstaatsarchiv Dresden, SHD 13686: F VIII Nr. 24.

13 Zu Stejskal vgl. http://saebi.isgv.de/biografie/Gottfried_Stejskal_(1924-1991) (zuletzt gesehen am 16. September 2019); nähere, z.T. aber eben nur spärliche Informationen zu den Filmen finden sich auf der Seite des Deutschen Hygiene-Museums über die Nutzung der Suchfunktion in der Objektdatenbank, https://www.dhmd.de/emuseum/eMuseumPlus.

ger, wankt der 22-Jährige zu seinem Krankenhausbett. Die Tragik seines Zustands wird mit dramatischer Musik untermalt, die Gangunsicherheit und das Auftreten des Patienten wirken monströs. Der Film bemüht sich um aufrüttelnde Bilder, die dem Zuschauer_innen das schreckliche Ende des ungezügelten Alkoholkonsums verdeutlichen, und setzt somit vor allem auf die abschreckende Wirkung dieser Darstellungen (Abb. 4). Der Beschreibung seines Lebens durch eine Stimme aus dem Off als durch die Alkoholabhängigkeit „vorerst gescheitert" und sich jetzt an einem Wendepunkt befindend stimmt der junge Mann durch Nicken zu. Das Eingeständnis des Scheiterns scheint fast Voraussetzung für weitere Hilfemaßnahmen zu sein. In wechselnden Sequenzen berichtet der Patient von seinem Leben, während die Psychologin typische Sequenzen seiner ‚Alkoholikerkarriere' wie den frühen Kontakt mit Alkohol im Jugendalter, die Steigerung der Trinkmenge und die Konflikte im Arbeitskollektiv wegen alkoholbedingter Ausfälle als charakteristisch für den Weg in die Abhängigkeit beschreibt. Mithilfe dieser Einordnung durch die Psychologin wird für den Zuschauer_innen auch eine professionelle Selbsterzählung erschaffen, die zur Konstruktion einer eigenen suchtspezifischen Biographie führt und dieselbe psychologisiert. Sie regt den Zuschauer dazu an, solche Warnzeichen in der eigenen Biographie ernst zu nehmen. Die Gouvernementalitätsstrategie, die hier etabliert werden soll, ist die eines sich stets selbst genau beobachtenden Subjekts. Der Film changiert dabei zwischen Experteninformation und Selbsterkenntnissen des gezeigten Patienten. Am Ende wird jedoch wiederum auf das Individuum rekurriert: Ohne festen Willen zur Abstinenz, so der O-Ton, sei die Gefahr des Rückfalls groß. Zwar wird eine Abhängigkeit von Alkohol nicht mehr gänzlich geleugnet, trotzdem bleibt der Ansatz risiko-individualisierend.

Ab Mitte der 1970er Jahre spezialisierten sich einzelne Krankenhäuser auf Alkoholkranke, z.B. in Berlin und in der im nächsten Film dargestellten Klinik in Brandenburg/Havel. Auch ambulante Behandlungen nahmen zu, 1978 wurde in Magdeburg die erste ‚Alkoholikertagesklinik' gegründet. Waren die ambulanten Behandlungsmöglichkeiten zunächst noch streng medizinisch ausgerichtet, eroberten ab den 1980er Jahren zunehmend auch Klinische Psycholog_innen das Feld (Pokladek, 2010, S. 107). Die Bedeutung der Klinischen Psychologie in der Prophylaxe und Therapie auch der Abhängigkeitserkrankungen wird auch da-

Abb. 4: Still aus dem Gesundheitsfilm *Alkoholmißbrauch* (Regie: Gottfried Stejskal), produziert für die Reihe *Werbung auf Sender*, 1978 (Deutsches Hygiene-Museum, Dresden, Inventar-Nr. DHMD 2007/390).

durch deutlich, dass die Zeitschrift *Deine Gesundheit* dem Themenkomplex 1980 gleich ein ganzes Schwerpunktheft widmete (Deine Gesundheit, 10/1980).

Nach den Proklamationen des IX. Parteitages zum Thema Alkohol kam es zu vermehrten Aktivitäten auch außerhalb des medizinischen Bereiches, und die Resozialisation oder tertiäre Prävention von alkoholabhängigen Menschen wurde meist durch Psycholog_innen und Fürsorger_innen unterstützt. Auch in Betrieben wurden zum Teil eigene Beratungsstellen aufgebaut, um alkoholbedingte Störungen zu unterbinden. Darüber hinaus schuf man Sonderarbeitsplätze für durch Alkohol auffällig gewordene Menschen, die sich jedoch bewähren und schließlich auf ihren eigentlichen Arbeitsplatz zurückkehren sollten. Diese Angebote wurden ab Anfang der 1970er Jahre durch Selbsthilfegruppen wie den Brandenburger Abstinenzklub (BAK) unterstützt (Pokladek, 2010, S. 108–109).

Der letzte analysierte Kurzfilm widmet sich genau diesem sich ausdifferenzierenden Feld der Suchthilfe. Er entstand in der Serie *Wegweiser Gesundheit*, die immer dienstags um 18.35 Uhr im ersten DDR-Programm gezeigt wurde.[14] Unter der Regie und Kameraführung von Siegfried Gebser und nach einem Szenarium von Yvonne Merin-Georgi wurde der Film schließlich realisiert. Wie Merin-Georgi ausführte, suchte man für die fachliche Beratung und die Zusammenarbeit mit der Klinik keine bekannten Universitätsprofessor_innen aus, sondern einen Arzt, der die wesentlichen Zusammenhänge kurz und verständlich an ein Publikum vermitteln konnte (Osten, 2011, S. 57–58). Hubertus Windischmann, Chefarzt an der Bezirksklinik Brandenburg an der Havel und später Autor eines populärwissenschaftlichen Buches zum Thema Alkohol (Windischmann, 1989) schien dazu ein geeigneter Kandidat zu sein und übernahm die fachliche Beratung. Die Filmaufnahmen stammten auch aus der Brandenburger Klinik.

Der Film unterscheidet sich in seiner Inszenierung von den anderen beiden Clips. Im Drehbuch wird darauf hingewiesen, dass man bewusst auf eine Untermalung mit Musik verzichtet habe, die bei der Thematik fehl am Platze wäre. Stattdessen werde der Originalton unter dem Kommentar zum Geräuschteppich, um die Ernsthaftigkeit des Anliegens dadurch hervorzuheben. Auch werden keine abschreckenden Bilder des Verfalls durch Alkohol mehr gezeigt, vielmehr sollte der Film Hoffnung vermitteln. Erstmals handelt es sich bei der Protagonistin um eine Frau, genauer: eine Frau um die 50. Diese Gruppe war vermehrt in Behandlungssettings anzutreffen. Augenscheinlich war es Frauen einfacher möglich, sich dem Alkohol zuzuwenden, wenn sie den Mehrfachbelastungen von Beruf und Familie nicht mehr nachkommen mussten. In jedem Fall zeigen Auswertungen, dass die Zahl der Frauen dieser Altersgruppe, die regelmäßig und täglich Alkohol tranken, zunahm (Barsch, 2009, S. 141).

Am Anfang des Filmes steht das Geständnis der Protagonistin, die sich als „Alkoholerin" bezeichnet und ihren Übergang vom ‚normalen' zum ‚pathologischen' Trinken beschreibt. Dass sie ein für sie fremdes Wort – eigentlich eine

14 Vgl. Becker an Jennert, Brief vom 4. Februar 1977, Sächsisches Staatsarchiv – Hauptstaatsarchiv Dresden, SHD 13686: F VIII Nr. 24.

diagnostische Fremdbezeichnung – zur Selbstbeschreibung benutzt, zeigt sich schon daran, dass sie das Wort falsch (Alkoholerin statt Alkoholikerin) verwendet. Anschließend beschreibt sie, wie sie zunächst ihre Emotionen unterdrückt und schließlich ihre Familie zerstört habe. Die Sequenz, die offensichtlich im Rahmen der Brandenburger Selbsthilfegruppe gedreht wurde und deren Arbeit zeigt, verhandelt inhaltlich-didaktisch im Grunde Teile des von den Anonymen Alkoholikern schon in den 1930er Jahren entwickelten 12-Schritte-Programms, im dem das Eingeständnis, dem Alkohol gegenüber machtlos zu sein, den ersten Schritt darstellt. Auch die folgenden Ausführungen zur Zerstörung der Familie erinnern an ein Postulat der Anonymen Alkoholiker, das dazu auffordert, alle, denen man durch den Alkoholismus Schaden zugefügt hat, um Wiedergutmachung zu bitten.[15] Ausgespart bleiben allerdings in der Sequenz alle spirituellen bzw. religiösen Momente des 12-Schritte-Programms.[16]

Im Drehbuch zu dieser Szene ist interessanterweise keine wortgenaue Rollenbeschreibung zu finden, sondern festgelegt, dass diese mit eigenen Worten erfolgen solle. Lediglich, dass die Protagonistin in der Eingangsszene ihren langsamen Weg in die Abhängigkeit beschreiben solle, wird im Drehbuch festgehalten. Wiederholt soll hier eine typische Biographie deutlich werden, die jedoch keiner Erläuterung durch die Psychologin mehr bedarf. Die Erzählung auf das biographische Scheitern hin zur Sucht wird zur eigenen Subjektivierungsstrategie. Dass es dem Kommentator im Film wichtig ist zu betonen, dass die bereits 1964 verabschiedete Definition der WHO auch in der DDR Gültigkeit besitzt, legt nahe, dass dies vorher zumindest nicht unumstritten war. Neue Behandlungsmöglichkeiten wie die Gruppentherapie werden ausführlich dargestellt und markieren auch die zunehmende Bedeutung psychotherapeutischen Handelns in den Kliniken. Die durchführende Person ist auch hier eine Psychologin. Gleichzeitig wird das strikte Abstinenzgebot weiter verdeutlicht: „Nur eine Cognacbohne", so der Tenor, würde für eine erneute Abhängigkeit reichen. Gleichzeitig

15 Vgl. im Rahmen der zwölf Schritte der AA insbesondere Schritt 1 und 8 (Anonyme Alkoholiker, 1990, S. 90).

16 So sind mindestens fünf der zwölf Schritte der Anonymen Alkoholiker spirituell bzw. religiös. Beispielhaft hierzu sei Schritt 3 zitiert: „Wir faßten den Entschluss, unseren Willen und unser Leben der Sorge Gottes – wie wir ihn verstanden – anzuvertrauen" (Anonyme Alkoholiker, 1990, S. 90).

Abb. 5: Still aus dem Film *Alkoholmißbrauch III* (Regie: Siegfried Gebser), produziert für die Reihe *Wegweiser Gesundheit*, Ausgabe Nr. 36, 1980 (Deutsches Hygiene-Museum, Dresden, Inventar-Nr. DHMD 2007/392).

werden jedoch neben den Familientherapien auch die Maßnahmen der Arbeitsrehabilitation vorgestellt: So sollten mithilfe von Betriebsseminaren bestehende Vorurteile abgebaut werden und zuständige Kaderleiter_innen beim Befolgen aller Anordnungen die vollständige Rehabilitation der Abhängigen in Aussicht stellen. Der Film schließt mit einem Appell an die Alkoholkranken zur Mitarbeit: „Letztlich gilt für uns alle: Niemand kann aus der notwendigen Selbstverantwortung entlassen werden. Ein Alkoholkranker muss mehr als jeder andere Kranke an seiner Gesundung aktiv mitarbeiten. Dafür sind vorurteilsfreie Begegnung und übertragende Verantwortung grundlegende Voraussetzung.“ Interessanterweise findet sich dieser Satz so nicht im Drehbuch, vielmehr scheint es sich um eine Zuspitzung zu handeln, die sich durch die Gespräche mit den Verantwortlichen vor Ort ergeben haben. Diese ersetzten eine deutlich mildere Version im Drehbuch, die auf die Therapieerfolge der Abhängigen in den Selbsthilfegruppen verweist. Der durchscheinende Appell an die Willensstärke des Einzelnen macht den Film zumindest zum Teil an die Ideen von der sozialistischen Persönlichkeit wieder anschlussfähig.[17]

Der Film anerkennt schließlich, dass die Steuerung des Alkoholkonsums im Fall einer Alkoholabhängigkeit nicht mehr ausschließlich in der Hand des Einzelnen liegt, bei gleichzeitiger Betonung der Pflicht des Individuums zur Abstinenz. Zwar wird dem Individuum vollständige Rehabilitation in Aussicht gestellt, jedoch müsse der Abhängige „mehr als jeder andere Kranke an seiner Gesundung aktiv mitarbeiten".

Vom selbstverantwortlichen Alkoholkonsum zur Pflicht der Mitarbeit: Figurationen in der Alkoholprävention in der DDR

Der kurze Blick auf die Geschichte der Alkoholprävention zeigt verschiedene Subjektivierungsprozesse auf. Zunächst erscheint der Alkoholismus bis Mitte der 1970er Jahre als individuelles Problem. Hier steht ein schwaches Subjekt den Angeboten einer sozialistischen Gesellschaft gegenüber, die es aufgrund einer nur wenig ausgebildeten Persönlichkeit und mangelnder Willensstärke jedoch nicht wirklich nutzen kann. Sofern die Notwendigkeit ärztlicher Hilfe angedeutet wird, bezieht sich diese lediglich auf den körperlichen Entzug, psychologische und psychologisierende Momente spielen keine Rolle, vielmehr wird ausschließlich auf die fehlende sozialistische Persönlichkeit rekurriert (Sammer, 2015). Die Botschaft der Bilder und Filme ist im Wesentlichen auf die Willensschwäche der Individuen fokussiert.

Erst Ende der 1970er Jahre setzt schließlich auch in der DDR ein Umdenken ein, weg vom Gedanken einer schwachen, hin zu einer Vorstellung einer abhängigen Psyche. Die Schwäche des Einzelnen erscheint nun als Folge, nicht als

17 Szenarium Alkohol 3 (AT Rehabilitation), Stand vom 1. März 1980, Sächsisches Staatsarchiv – Hauptstaatsarchiv Dresden, SHD 13686: F 5 36.

Ursache der Sucht. Der Einzelne wird zwar von der Verantwortung für den Verfall der sozialen Beziehungen durch die Alkoholabhängigkeit ein Stück weit entlastet. Der Preis dafür ist jedoch das Eingeständnis der Individuen, alkoholabhängig zu sein, gefolgt von verschiedenen weiteren Geständnispraktiken. Die im Film inszenierten Subjektivierungsstrategien sind indes – wenig verwunderlich – frei von religiösen oder spirituellen Bezügen, wie sie sich unter anderem in den Selbsthilfebezügen des Blauen Kreuzes und der Anonymen Alkoholiker finden. Beide Ansätze mussten einem sozialistischen Staat zweifelsohne zu religiös und antimaterialistisch erscheinen. Zudem dienen die Subjektivierungsstrategien einer Stabilisierung der Geschlechterordnung, insbesondere einer Herstellung von Leitmännlichkeiten. Es handelt sich im Wesentlichen um psychologische Geständnispraktiken und um ein aufkommendes biographisches ‚Psychonarrativ', das von den Patient_innen schließlich selbst übernommen wird. Damit verschieben sich die Erklärungsansätze für Alkoholabhängigkeit von einer individuellen Persönlichkeitsschwäche zu einem psychischen Problem.

Diese Bewegung bildet das Kernelement einer Psychologisierung der Alkoholabhängigkeit. Nur das Eingeständnis einer psychischen Problematik führt zu verschiedenen Formen der psychosozialen Unterstützung. Diese entlasten das Subjekt zwar von seiner vollen Verantwortung, proklamieren stattdessen aber eine Pflicht zur Mitarbeit. In diesem Kontext kommt psychologischer Hilfe eine immer bedeutendere Rolle zu. Zum einen besteht die Funktion der Psycholog_innen darin, den Zuschauer_innen den psychischen Verfall der Protagonist_innen zu erklären, zum anderen wird die Bedeutung der Arbeit der Psycholog_innen in der Einzel- und Gruppentherapie verdeutlicht, in der sich die trinkenden Menschen als Abhängige reflektieren sollen. Über die Pathologisierung der Abhängigkeit werden jedoch lediglich die proklamierten Pflichten des Subjektes verschoben: Als psychisch krankes Individuum muss es mehr als jeder andere kranke Bürger an seiner (psychischen) Genesung aktiv mitarbeiten. Diese Selbstverpflichtung des Subjekts lässt sich auch als neue Gouvernementalitätsstrategie beschreiben: Die aktive Mitarbeit besteht zum einen darin, sich einerseits auf ein vollständig abstinentes Leben einzulassen, und zum anderen in der Selbsterzählung des Lebens als Suchtbiographie.

Was lässt sich aus diesen Ausführungen für die Rolle der Psychologisierung konstatieren? Hatte sich die Gesundheitserziehung noch bis Mitte der 1970er Jahre auf die Ausbildung einer sozialistischen Persönlichkeit konzentriert, wurde anschließend eine neue Innerlichkeit propagiert – und psychische Prozesse sowie psychologische Geständnispraktiken wurden als neue Form des Regierens prominent. Dies war in der DDR im Rahmen der Alkoholprävention allein schon deshalb notwendig, da religiöse Elemente der Selbstführung nicht eingeführt werden konnten. Psychologisierung erscheint so keineswegs als eine Gouvernementalitätsstrategie liberaler Staaten, vielmehr ist diese gerade für eine sozialistische Gesellschaft dann wesentlich, wenn angesichts eines Zusammenbruchs bestehender Ordnungen einfachere Regierungstechniken versagen (Balz & Klöppel, 2015)

Filme des Deutschen Hygiene-Museums Dresden (DHMD)

Alkoholmißbrauch, DDR 1974, Regie: nicht überliefert, Farbfilm, Format: 35 mm, Laufzeit: 1 min, produziert für die Reihe *Tausend Tele-Tips*, Inventar-Nr. DHMD 2007/393.

Alkoholmißbrauch, DDR 1978, Regie: Gottfried Stejskal, s/w, Format: 35 mm, Laufzeit: 5,2 min, produziert für die Reihe *Werbung auf Sender*, Inventar-Nr. DHMD 2007/390.

Alkoholmißbrauch III, DDR 1980, Regie: Siegfried Gebser, s/w, Format: 35 mm, Laufzeit: 8,15 min, produziert für die Reihe *Wegweiser Gesundheit*, Sendung Nr. 36, Inventar-Nr. DHMD 2007/392.

Archivalien des Sächsischen Staatsarchivs – Hauptstaatsarchiv Dresden (SHD)

Becker an Jennert, Brief vom 4. Februar 1977, Sign. SHD 13686: F VIII Nr. 24.

Erler an die Programmdirektion des DDR-Fernsehens, Brief vom 1. Dezember 1981, Sign. SHD 13686: F VIII Nr. 24.

Szenarium Alkohol 3 (AT Rehabilitation), Stand vom 1. März 1980, Sign. SHD 13686: F 5 36.

Literatur

Anonyme Alkoholiker. (1990). *AA wird mündig. Ein kurzer Abriß der Geschichte der Anonymen Alkoholiker*. New York: Anonyme Alkoholiker deutscher Sprache.

Balz, V., & Klöppel, U. (2015): Wendung nach Innen. Sozialpsychiatrie, Gesundheitspolitik und Psychopharmaka in der Deutschen Demokratischen Republik, 1960–1989. *Vierteljahreshefte für Zeitgeschichte*, *63*(4), 539–567.

Barsch, G. (2009). *Von Herrengedeck und Kumpeltod. Die Drogengeschichte der DDR*. Geesthacht: Neuland.

Bröckling, U. (2008). Vorbeugen ist besser… Zur Soziologie der Prävention. *Behemoth. A Journal on Civilisation, 1*(1), 38–48.

Buch, D. (2002). *Alkoholikerhilfe in der DDR. Eine sozialpädagogische Betrachtung* (Schriftenreihe Sozialpädagogik in Forschung und Praxis, Bd. 5). Hamburg: Kovač.

Laukötter, A. (2015): Vom Ekel zur Empathie: Strategien der Wissensvermittlung im Sexualaufklärungsfilm des 20. Jahrhunderts. In S. Nikolow (Hrsg.), *Erkenne Dich selbst! Strategien der Sichtbarmachung des Körpers im 20. Jahrhundert* (Schriften des Deutschen Hygiene-Museums Dresden, Bd. 11, S. 303–317). Köln, Weimar, Wien: Böhlau.

Ministerium für Volksbildung. (1955). Verordnung zum Schutze der Jugend. *Verfügungen und Mitteilungen des Ministeriums für Volksbildung, 25*, 225–226.

Keyserlingk, H. von (1959). *Der Alkoholismus als soziales Problem.* Jena: Gustav Fischer.

Klement, H. (2010). *Das Blaue Kreuz in Deutschland.* Wuppertal, Lüdenscheid: Blaukreuz-Verlag.

Kochan, T. (2011). *Blauer Würger. So trank die DDR.* Berlin: Aufbau.

Krug, O. (1976). Absolut abstinent. *Deine Gesundheit, 7/1976*, 208–209.

Osten, P. (2011). „Wer lässt sich schon gerne belehren?" Die Entstehung der Filmreihe „Du und Deine Gesundheit". In S. Roeßiger & U. Schwarz (Hrsg.), *Kamera! Licht! Aktion! Filme über Körper und Gesundheit 1915 bis 1990* (Sammlungsschwerpunkte, Bd. 4, S. 50–70). Dresden: Sandstein.

Pokladek, G. (2010). Und es gab sie doch – Suchtkrankenhilfe in der DDR. In K. Wassenberg & S. Schaller (Hrsg.), *Der Geist der deutschen Mäßigkeitsbewegung. Debatten um Alkohol und Trinken in Vergangenheit und Gegenwart* (S. 99–113). Halle (Saale): Mitteldeutscher Verlag.

Rose, N. (1998). *Inventing Our Selves: Psychology, Power, and Personhood.* Cambridge, New York: Cambridge University Press.

Sammer, C. (2015). Die „Modernisierung" der Gesundheitsaufklärung in beiden deutschen Staaten zwischen 1945 und 1975: Das Beispiel Rauchen. *Medizinhistorisches Journal, 50*(3), 249–294.

Skála, J., & Kollektiv (1962). *Organisation und Methodik des Kampfes gegen den Alkoholismus.* Berlin: Verlag Volk und Gesundheit.

Sozialistische Einheitspartei Deutschlands. (1976). *Programm der Sozialistischen Einheitspartei Deutschlands, beschlossen auf dem IX. Parteitag der SED, Berlin, 18.–22. Mai 1976.* Berlin: Dietz.

Schwarz, U. (2011). Vom Jahrmarktsspektakel zum Aufklärungsinstrument. Gesundheitsfilme in Deutschland und der historische Filmbestand des Deutschen Hygiene-Museums Dresden. In S. Roeßiger & U. Schwarz (Hrsg.), *Kamera! Licht! Aktion! Filme über Körper und Gesundheit 1915 bis 1990* (Sammlungsschwerpunkte, Bd. 4, S. 12–49). Dresden: Sandstein.

Schwamm, C. (2018). *Irre Typen? Männlichkeit und Krankheitserfahrung von Psychiatriepatienten in der Bundesrepublik, 1948–1993.* Stuttgart: Steiner.

Tändler, M. (2016). *Das therapeutische Jahrzehnt. Der Psychoboom in den siebziger Jahren.* Göttingen: Wallstein.

Thom, E. (1976). Alkohol am Arbeitsplatz. *Deine Gesundheit, 7/1976*, 212–213.

Tippach-Schneider, S. (2004). *Tausend Tele-Tips. Das Werbefernsehen in der DDR 1959 bis 1976.* Berlin: Schwarzkopf & Schwarzkopf.

Valverde, M. (2005). *Diseases of the Will: Alcohol and the Dilemmas of Freedom.* Cambridge: Cambridge University Press.

Windischmann, H. (1989). *Ein Gläschen in Ehren.* Berlin: Verlag Volk und Gesundheit.

Winter, E. (1991). Alkoholismus im Sozialismus der Deutschen Demokratischen Republik – Versuch eines Rückblicks. *Sucht, 37*, 71–85.

Zocker, H. (2006). *Anonyme Alkoholiker. Selbsthilfe gegen die Sucht* (4. Aufl.). München: Beck.

Ambivalenzen der Kritik: Familientherapie und die Debatte um Schizophrenie in den 1970er Jahren

Jens Elberfeld

Abstract

Der Artikel befasst sich in historischer Perspektive mit der Kritik an Konzeptionen psychischer Krankheit sowie der Bedeutung dessen für die Therapeutisierung von Selbst und Gesellschaft. Im Mittelpunkt stehen die deutschsprachige Familientherapie und die Auseinandersetzungen um das Krankheitsbild der Schizophrenie in den 1970er Jahren. Diesbezüglich wird die These vertreten, dass die Kritik am medizinischen Krankheitsmodell der Psychiatrie entscheidend zur Ausbreitung und Anwendung therapeutischer Techniken in nicht-medizinischen Bereichen beigetragen hat. Hierzu wird zunächst auf die Entfaltung eines strikt medizinischen Krankheitskonzepts im Zuge der Vernaturwissenschaftlichung der Psychiatrie im 19. Jahrhundert eingegangen. In Abgrenzung davon entstand um 1900 die moderne Psychotherapie, welche die Krankheitsursachen in der individuellen Psyche vermutete und nicht mehr im Körper. Eng verbunden mit diesem psychischen Modell war die prominent von Freud vorgetragene Kritik an der kategorischen Unterscheidung von Normalität und Pathologie, wie sie kennzeichnend für die Medizin war. Entscheidend für den Psychoboom seit Ende der 1960er Jahre waren indes die verschiedenen postanalytischen Verfahren. Sie grenzten sich sowohl vom medizinischen als auch vom psychischen Modell ab. Stattdessen vertraten sie ein heterogenes soziales Krankheitsmodell, bei dem die Unterscheidung von Normalität und Pathologie mehr und mehr verschwamm. Dies wird anhand der Familientherapie genauer untersucht, die sich nach Ende des Zweiten Weltkriegs in den USA herausbildete. Einflussreich war vor allem das Double-Bind-Modell Gregory Batesons. Aufbauend auf Annahmen der Kybernetik verstand er Schizophrenie als Resultat dysfunktionaler Kommunikationsmuster in interpersonalen Systemen. Der Transfer der Familientherapie in den deutschsprachigen Raum erfolgte dann verstärkt seit Ende der 1960er Jahre. Zwei Rezeptionskontexte waren hierfür bedeutsam: erstens die wachsende Kritik an der überholten Anstaltspsychiatrie und des dort vorherrschenden medizinischen Krankheitsmodells, zweitens die Kritik insbesondere der Neuen Linken an der bürgerlichen Kleinfamilie, deren autoritäre Strukturen das Individuum seelisch krank machen würden. Im Zentrum stand dabei zumeist die Schizophrenie. Gerade um deren Erklärung kreisten auch die Konflikte zwischen Vertretern eines medizinischen Modells und dessen Gegnern innerhalb der *psy-disciplines*, wie am Fall der Familientherapie ausführlich dargelegt wird. Die Ambivalenz ihrer Kritik bestand darin, einerseits zur Entpathologisierung psychischer Krankheiten und zu einem ‚humaneren' Umgang mit den Patient_innen beigetragen zu haben. Andererseits verschwammen dadurch die Grenzen zwischen Krankheit und Gesundheit zusehends, wodurch Psychotherapie nunmehr ebenso bei ‚gesunden' Menschen zum Einsatz kommen konnte. Mit anderen Worten schuf erst die Kritik an gängigen Krankheitskonzeptionen eine notwendige Voraussetzung für die seit Ende der 1960er Jahre rasant zunehmende Verbreitung therapeutischer Methoden in der Gesellschaft und zu ihrer universellen Verwendung als Techniken der Lebens- und Menschenführung.

* * *

V. Balz und L. Malich (Hrsg.), *Psychologie und Kritik*,
https://doi.org/10.1007/978-3-658-29486-1_9

Ambivalences of critique: Family therapy and the debate on schizophrenia in the 1970s

This article deals in a historical perspective with the critique of conceptions of mental illness and its significance for the therapeutization of self and society. The main focus lies on German-speaking family therapy and the conflicts over schizophrenia during the 1970s. In this regard, it is argued that the critique of the so-called medical model of psychiatry has contributed significantly to the spread and application of therapeutic techniques in non-medical fields. For this purpose, the development of a strictly medical concept of mental illness in the course of the scientification of psychiatry in the 19th century is briefly discussed. In contrast to this, modern psychotherapy emerged around 1900, which suspected the causes of disease in the individual psyche and no longer in the body. Closely related to this psychic model was the critique, prominently brought forward by Freud, of the categorical distinction between normality and pathology, which defined modern medicine. Decisive for the psychoboom since the end of the 1960s, however, were the various post-analytical procedures. They differed both from the medical and the psychic model. Instead, they represented a heterogeneous social model in which the distinction between normality and pathology became increasingly blurred. This will be further explored regarding the history of family therapy, which developed in the United States after World War II. Especially influential was Gregory Bateson's double bind theory. Based on assumptions of cybernetics, he understood schizophrenia as the result of dysfunctional communication patterns in interpersonal systems. The transfer of family therapy to German-speaking countries intensified since the late 1960s. Two contexts were of great significance for its reception: first, the growing criticism of the outdated asylum psychiatry and the medical model prevalent there; second, the critique, in particular by the New Left, of the nuclear family, whose authoritarian structures would make the individual mentally ill. In these debates the focus was mostly on schizophrenia. Likewise, the conflicts between representatives of a medical model and its opponents within the psy-disciplines also circulated around the explanation of schizophrenia, as is shown in detail in the case of family therapy. The ambivalence of this criticism was that, on the one hand, it contributed to the de-pathologization of mental illness and to a more 'humane' treatment of patients. On the other hand, the boundaries between illness and health became increasingly blurred, so that psychotherapy could now also be used by 'healthy' people. In other words, critique of common conceptions of mental disease created a necessary precondition for the rapid spread of therapeutic methods in society since the late 1960s and their universal usage as techniques of guiding oneself and others.

* * *

Mit dem sogenannten Psychoboom um und ab 1968 kamen unzählige neuartige Psychotherapieansätze auf (Maasen et al., 2011). Obschon große Unterschiede hinsichtlich der theoretischen Grundlagen, therapeutischen Methoden, institutionellen Anbindung, bestimmenden Akteursgruppen sowie der jeweiligen Anwendungsbereiche und -ziele bestanden, gab es doch gewisse Gemeinsamkeiten. Eine wesentliche betraf die Abgrenzung, wenn nicht gar strikte Ablehnung des medizinischen Modells psychischer Krankheit, wie es in der Psychiatrie vorherrschend war, aber auch des psychischen Modells der Psychoanalyse und Tiefenpsychologie. Ein prominentes Beispiel hierfür war die Humanistische Psychologie, die ein Konzept persönlichen Wachstums vertrat, das eben nicht in der Behandlung von Erkrankungen im engeren, medizinischen Sinn aufging und überdies Freud respektive die Psychoanalyse ob eines vermeintlich pessimistischen Menschenbildes schalt (Kollbrunner, 1987). Ein anderes, nicht minder prominentes Beispiel lieferte die behavioristisch fundierte Verhaltenstherapie, welche sich ganz pragmatisch auf die Beseitigung von Symptomen beschränkte (Zeier, 1977; Westmeyer & Hoffmann, 1977, S. 9–31; Blöschl, 1974). Diese stellten nach ihrem Verständnis das Resultat erlernter Verhaltensweisen dar, die weder auf körperliche noch auf seelische Ursachen zurückgeführt wurden. Folglich musste man sich auch nicht auf die langwierige Suche nach einem versteckten Sinn im Unterbewussten des Patienten begeben, dessen Psyche zu einer Black Box erklärt wurde (Eysenck, 1980).

Unter medizinischem beziehungsweise psychischem Modell verstehe ich dabei *idealtypische* Krankheitskonzeptionen. Während beim ersten somatische Vorgänge im Zentrum standen, waren es beim letzten psychische Vorgänge im Individuum. Wie die Modelle konkret ausgestaltet wurden, konnte variieren und veränderte sich überdies mit der Zeit. Da es sich um Idealtypen handelt, lagen und liegen sie nicht in ‚reiner' Form vor. Historisch besehen finden sich zumeist Mischformen, die stärker zum einen oder anderen Modell tendierten.[1] Für das heterogene Ensemble an Erklärungs- und Behandlungsansätzen, die mit dem Psychoboom Verbreitung fanden, benutze ich den ebenso idealtypisch zu verstehenden Begriff des ‚sozialen Modells'. Ihre jeweiligen Krankheitskonzeptionen stimmten *cum grano salis* darin überein, den Menschen als ein soziales Wesen zu betrachten. Sie hoben beispielsweise auf Lernprozesse oder die gesellschaftlichen Verhältnisse, Gruppendynamiken oder Interaktionsmuster ab. Mithilfe der drei Idealtypen können zunächst einmal die unzähligen Konzepte psychischer Krankheit systematisiert werden. Vor allem dienen sie mir aber dazu, epistemische Verschiebungen und Brüche kenntlich zu machen sowie nach deren Bedeutung für die Therapeutisierung von Selbst und Gesellschaft zu fragen.

Im Folgenden werde ich zwei Thesen zur Diskussion stellen. Erstens, dass die Psychotherapie seit ihren Anfängen im späten 19. Jahrhundert eng verwoben

1 So stellt beispielsweise die heutige kognitionswissenschaftlich reformulierte Verhaltenstherapie einen solchen Hybrid aus medizinischem, psychischem und sozialem Modell dar.

war mit einer Kritik am medizinischen Modell sowie der Entwicklung von alternativen Krankheitskonzepten. Zweitens, dass diese anhaltende Kritik höchst ambivalente Effekte zeitigte, da sie einerseits eine Entpathologisierung psychischer Krankheit und damit auch einen anderen, ‚humaneren' Umgang mit psychisch Kranken vorantrieb. Andererseits ermöglichte genau dies überhaupt erst die enorme gesellschaftliche Ausbreitung vornehmlich postanalytischen Psychowissens seit Ende der 1960er Jahre. Ehedem medizinisch nicht beachtete Verhaltensweisen und Personenkreise, wie ‚gewöhnliche' Ehekonflikte oder die ‚gesunden' Angehörigen von Patient_innen, wurden nunmehr therapeutisch adressiert. Vor allem wurde auf diese Weise der begrenzte medizinische Anwendungsbereich therapeutischer Methoden verlassen und der Boden bereitet für ihre spätere Verwendung als Techniken der Lebens- und Menschenführung: von der individualisierenden Selbstverwirklichung über kollektive politische Bewusstwerdung und das Empowerment deklassierter gesellschaftlicher Gruppen bis hin zur ökonomischen Leistungssteigerung innerhalb wie außerhalb von Unternehmen oder dem Finden respektive Fördern persönlichen Glücks. Anders ausgedrückt resultierte der erklärungsbedürftige Einsatz therapeutischer Techniken bei ‚Gesunden' und verstärkt zu nicht-medizinischen Zwecken, so zumindest die These, aus einer wachsenden Kritik am traditionellen Krankheitsverständnis und dessen kategorischer Unterscheidung zwischen ‚normal' und ‚pathologisch', an der Psycholog_innen einen nicht unerheblichen Anteil hatten.

Der Fokus meines Beitrags liegt auf der deutschsprachigen Familientherapie der 1970er Jahre und den zeitgenössischen Konflikten um das Verständnis der Schizophrenie (Elberfeld, 2011). Vorab gehe ich kursorisch auf die Entwicklung des medizinischen Modells sowie die wachsende Kritik an ihm im Verlauf des 19. Jahrhunderts ein, ehe ich die Entstehung der Psychoanalyse sowie ihres psychischen Modells vor diesem Hintergrund kurz erörtere. Im Anschluss wende ich mich der Familientherapie zu und verorte ihre Konzeptualisierung psychischer Krankheit im Kontext des Aufkommens diverser postanalytischer Ansätze nach 1945. Des Weiteren diskutiere ich die deutschsprachige Rezeption der Familientherapie ab den 1960er Jahren im Rahmen einer wachsenden Kritik an der Psychiatrie und dem Umgang mit psychisch Kranken auf der einen, der Verwendung psychischer Krankheitsbilder und therapeutischer Diagnosen zur Kritik der west-deutschen Nachkriegsgesellschaft auf der anderen Seite. Im Mittelpunkt steht schließlich die Analyse einer öffentlichen Kontroverse um die Erklärung der Schizophrenie, an der sich paradigmatisch die Kritikpunkte und Konfliktlinien zwischen Familientherapie und psychiatrischem Mainstream aufzeigen lassen. Abschließend wird ein Ausblick auf die weitere Entwicklung der Familientherapie ab Ende der 1970er Jahre gegeben, bevor im Fazit allgemeinere Überlegungen zur Geschichte der Therapeutisierung und der Regierung des Selbst angestellt werden.

Psychiatrie und Psychoanalyse im 19. und frühen 20. Jahrhundert

Die Entstehung der Psychiatrie um 1800 ging einher mit der sukzessiven Durchsetzung eines neuartigen Verständnisses des ‚Wahnsinns' als Krankheit (Foucault, 1972). Erst vor diesem Hintergrund entfaltete sich im weiteren Verlauf des Jahrhunderts die Anstaltspsychiatrie, welche im Unterschied zu frühneuzeitlichen Einrichtungen die ‚Irren' nicht nur von ihren Ketten zu befreien suchte, wie in der mythischen Urszene der modernen Psychiatrie bei Pinel deklamiert, sondern sie nunmehr als Patient_innen begriff, die es medizinisch zu behandeln galt (Engstrom & Roelcke, 2003). Allerdings blieb das Krankheitskonzept in der ersten Hälfte des 19. Jahrhunderts noch stark von spekulativen Annahmen und philosophischen respektive theologischen Prämissen bestimmt (Dörner, 1969). Das traf sowohl auf die Gruppe der „Psychiker" als auch auf die der „Somatiker" zu, welche zwei Pole eines langwährenden Konflikts innerhalb des Fachs repräsentierten (Kutzer, 2003). Demgemäß waren die therapeutischen Methoden von der Idee einer moralischen Erziehung sowie der Ausübung körperlichen Zwangs geprägt (Schrenk, 1973). Dies änderte sich in der zweiten Jahrhunderthälfte, in der die Psychiatrie eine fortschreitende Vernaturwissenschaftlichung durchlief, in deren Folge ein später so genanntes medizinische Modell entstand, welches in körperlichen Vorgängen und Phänomenen die Ursache psychischer Erkrankungen ausmachte und zugleich eine scharfe Grenze zwischen dem Normalen und dem Pathologischen zog (Engstrom, 2003, S. 51–120; Roelcke, 1999). Diese Entwicklung war mit zwei prominenten Namen verknüpft, die den Anfangs- und den vorläufigen Endpunkt des Prozesses markierten: Wilhelm Griesinger und Emil Kraepelin.

Griesinger ging mit der Aussage, Geisteskrankheiten seien Gehirnkrankheiten, in die Geschichte ein. Obschon dies eine verkürzte Darstellung seines Standpunktes ist, war er in den 1840er bis 1860er Jahren maßgeblich daran beteiligt, ein medizinisches Krankheitsmodell zu etablieren, welches sich von bisherigen philosophisch-theologischen Annahmen über den Geist beziehungsweise die Seele entschieden abgrenzte und sich stattdessen auf empirische Befunde der Physiologie und Pathologie berief (Wahrig-Schmidt, 1985, S. 103–120). Unmittelbar damit verbunden war seine Kritik am Einsatz physischer Zwangsmittel, die im Zuge der ‚No-Restraint-Bewegung' nicht bloß inhuman erschienen, sondern überdies nicht mehr dem neuen Krankheitskonzept entsprachen (Engstrom, 2003, S. 51–87; Dörner, 1969, S. 374–377). Kraepelin wiederum erweiterte im späten 19. Jahrhundert den medizinischen Blick, indem er die Anstalt zu einem Erkenntnisraum machte, wo sich die Symptome der Patient_innen und deren Krankheitsverlauf über einen längeren Zeitraum klinisch beobachten ließen (Engstrom, 2003, S. 121–146). Auf diese Weise bot Kraepelin der Psychiatrie einen Ausweg aus der epistemischen Sackgasse, in welche sie sich zu jener Zeit aufgrund ihrer Beschränkung auf die Lokalisierung von Krankheitsursachen im Gehirn wiedergefunden hatte. Des Weiteren legte Kraepelin die Grundlagen für ein Klassifikationssystem psychischer Krankheiten, welches in Gestalt des US-amerikanischen *Diagnostic and Statistical Manual of Mental Disorders* (DSM) sowie der *International Classification of Diseases* (ICD) der Weltgesundheitsorganisation in seinen Grundzügen bis heute fortbesteht (Roelcke, 2003; Kutchins & Kirk, 1997).

Dessen ungeachtet vermochte die sich akademisch etablierende Psychiatrie mitsamt ihrer naturwissenschaftlichen Methodik und ihrem somatisch-medizinischen Modell für diverse, weit verbreitete Leiden keine hinreichende Erklärung zu geben, geschweige denn eine erfolgreiche Behandlung anzubieten. Das betraf vorrangig drei Krankheitsbilder, die zum Gegenstand öffentlicher Debatten wurden: erstens das Konzept der ‚Railway Spine', das den Grund für psychische Störungen nach Eisenbahnunfällen in der mechanischen Erschütterung des Rückenmarks vermutete (Fischer-Homberger, 1975); zweitens die im Fin de Siècle zum

Signum einer ganzen Epoche erwachsende Neurasthenie, welche sowohl der Erklärung unterschiedlichster ‚nervöser' Leiden als auch der Kritik an der Moderne diente (Radkau, 1998); und drittens die im Ersten Weltkrieg massenhaft auftretenden Fälle von ‚Shell Shock', dessen Symptome wie starkes Zittern man mit den Druckwellen von Granatexplosionen zu erklären suchte (Stone, 1985). Folgerichtig wurde im letzten Drittel des 19. Jahrhunderts innerhalb der Psychiatrie Kritik laut am medizinischen Modell und der Suche nach somatischen Ursachen für Erkrankungen der Psyche. Weit über die Grenzen Frankreichs hinaus stießen diesbezüglich Jean-Martin Charcot und die Schule der Salpêtrière sowie Hippolyte Bernheim und die Schule von Nancy auf Resonanz. Während sich erstere zwar nicht von somatischen Erklärungen verabschiedete, jedoch zunehmend psychische Faktoren in den Blick nahm, experimentierte letztere in der Behandlung mit den wissenschaftlich verfemten Techniken der Hypnose und Suggestion (Goldstein, 1990; Ellenberger, 1973, S. 137–160; Mayer, 2002, S. 19–88). 1885 machte sich ein junger, vielversprechender Neurologe aus Wien auf den Weg nach Paris, um sich persönlich ein Bild von diesen aufsehenerregenden Entdeckungen zu machen: Sigmund Freud (Mayer, 2002; Roudinesco, 1994).

Freud und der Psychoanalyse kommt das Verdienst zu, Ende des 19. Jahrhunderts als erste einen dezidiert psychologischen Erklärungsansatz und ein damit korrelierendes therapeutisches Verfahren entwickelt zu haben (Zaretsky, 2006; Makari, 2008). Für mich ist an dieser Stelle entscheidend, dass ihr psychisches Krankheitsmodell nicht nur in kritischer Konkurrenz zum medizinischen Modell der Psychiatrie stand, sondern dass es eine tendenzielle Entpathologisierung und Normalisierung bedeutete (Schott, 1979). Leiden wie die Neurosen erwuchsen demzufolge aus psychischen Mechanismen, die ebenso bei gesunden Menschen anzutreffen waren, und konnten bei erfolgreicher Therapie – so das Versprechen – wieder in „gewöhnliches Unglück" (Freud & Breuer, 1969, S. 312) verwandelt werden (Freud, 1969b). Phänomene wie die Trauer wiesen bloß graduelle Differenzen zu Krankheitsbildern auf und andere Symptomatiken, wie der berühmte Freud'sche Versprecher, waren schlichtweg Bestandteil der „Psychopathologie des Alltagslebens" (Freud, 1969g, 1969e, 1969c). Schließlich erschienen ‚Perversionen' und Homosexualität als bloße Abweichungen oder temporäre Zwischenstufen in der Entwicklung hin zu einer genitalen Sexualität

(Freud, 1969d). Mit anderen Worten wurde die scheinbar so stabile Grenze zwischen dem ‚Normalen' und dem ‚Pathologischen' zusehends poröser (Canguilhem, 1977). Das ist umso bemerkenswerter angesichts paralleler Entwicklungen in der Psychiatrie, die seit der Jahrhundertwende von einem biologisch-deterministischen Denkstil erfasst wurde, wodurch psychisch Kranke immer stärker pathologisiert wurden (Schmiedebach & Priebe, 2003; Althammer, 2013).

Die hier nur grob skizzierte Entwicklung der Psychoanalyse und ihres psychischen Krankheitsmodells schuf gleichwohl die notwendige Voraussetzung für eine erste nennenswerte Verbreitung von Psychowissen während der Zwischenkriegszeit, indem sie den potentiellen Anwendungsbereich für therapeutische Methoden ausdehnte. Nicht nur in Deutschland gelangten ihre Techniken vermehrt außerhalb der Medizin zum Einsatz, beispielsweise in den entstehenden Beratungseinrichtungen, in der Pädagogik und der Sozialen Arbeit sowie in der Seelsorge (Jensen, 2011; Fuechtner, 2011). Nachhaltige und gesellschaftlich weitreichende Effekte zeitigte die einsetzende Therapeutisierung indes erst seit Ende der 1960er Jahre.

Die Entstehung der Familientherapie (1920er bis 1960er Jahre)

Das postanalytische Wissen des Psychobooms grenzte sich, wie erwähnt, nicht bloß vom medizinischen, sondern ebenso vom individuumszentrierten psychischen Modell ab und beförderte damit zugleich eine weiterreichende Entpathologisierung und Normalisierung psychischer Krankheit als die Freud'sche Psychoanalyse zu Beginn des 20. Jahrhunderts. Entstanden waren die neuen Ansätze wie Verhaltenstherapie oder Humanistische Psychologie vornehmlich im Zeitraum Mitte der 1940er bis Mitte der 1960er Jahre, wobei sich mitunter schon Vorläufer in den 1910er Jahren finden lassen. Das traf beispielsweise auf die Gruppenpsychotherapie zu, die wesentliche Methoden dem Psychodrama entlehnte, welches Jacob Levy Moreno kurz vor Ausbruch des Ersten Weltkriegs in Wien zu entwickeln begonnen hatte. Moreno wollte eine Alternative zur individuumszentrierten Psychoanalyse schaffen, indem er die zwischenmenschliche Begegnung in den Mittelpunkt stellte und im Unterschied zu Freud Patient_innen ihre psychischen Konflikte ausagieren ließ, etwa in Form von Rollenspielen (Moreno, 1959).

Unzufriedenheit mit den vorhandenen Konzepten und das Erproben neuartiger Methoden bildeten denn auch den Ausgangspunkt der Familientherapie. So war es Harry Stack Sullivan, ein US-amerikanischer Psychiater, der in den 1920er Jahren aufgrund ausbleibender Erfolge in der Behandlung der Schizophrenie mit unkonventionellen Methoden zu experimentieren begann und die Familienangehörigen seiner Patient_innen in die Therapie einbezog. In den folgenden rund zwei Jahrzehnten schuf er mit seinem Konzept der interpersonalen Psychotherapie einen Ansatz, der die Perspektive von der individuellen Psyche auf die sozialen Beziehungen verlagerte und sich dabei explizit sowohl vom medizinisch-somatischen als auch vom intra-psychischen Krankheitsmodell abwandte (Sullivan, 1956). Verbreitung fanden die Ideen Sullivans nicht zuletzt über das Chestnut Lodge Sanitorium bei Washington, D.C., wo seit den späten 1930er Jahren die deutsche Emigrantin und Psychoanalytikerin Frieda Fromm-Reichmann tätig war (Dolnick, 1998, S. 83–100). Ausgehend von den Arbeiten Sullivans entwickelte Fromm-Reichmann dort ihr Konzept der ‚schizophrenogenic mother‘ (Fromm-Reichmann, 1959). Indem sie die schizophrene Symptomatik des Patienten auf ein spezifisches Verhalten seiner Mutter zurückführte, wurde es zu einem unmittelbaren Vorläufer der späteren Familientherapie. Aufgrund ihrer kreativen Behandlungsmethoden machte sie die Chestnut Lodge zu einem Ort, der nach 1945 kritische Geister aus der ganzen Welt magisch anzog. Dazu gehörten Begründer der Familientherapie wie Donald Jackson, aber auch Protagonisten der Antipsychiatrie wie Jan Foudraine und Ronald Laing. In den 1950er Jahren begann folglich eine kleine, aber stetig wachsende Zahl von Psychiater_innen, die Ursachen von Schizophrenie respektive von psychischen Krankheiten generell weder im Körper noch in der individuellen Psyche zu verorten, sondern in sozialen Beziehungen (Staub, 2011). Im Unterschied zur Freud'schen Psychoanalyse, aber auch zu Weiterentwicklungen etwa in Gestalt der Objektbeziehungstheorie Melanie Kleins, wurde die Familie dabei nicht mehr auf ihre innerpsychische Funktion für das Individuum reduziert. Vielmehr standen nunmehr die ‚realen‘ familiären Beziehungen im Zentrum, die sich während einer therapeutischen Sitzung *in actu* beobachten ließen, weshalb ich diesbezüglich auch von einem ‚sozialen Modell' spreche.

In ebenjenem Kontext entstanden in den USA Anfang der 1950er Jahre mehrere Forschungsprojekte, die der Frage nachgingen, welche Rolle familiäre Beziehungen für die Ausbildung von Symptomen einer Schizophrenie spielten, und das theoretische Fundament der Familientherapie legen sollten (Weinstein, 2013). Am einflussreichsten war hier ein interdisziplinäres Forscherteam um den britischen Anthropologen Gregory Bateson. Dieses untersuchte am Veterans Administration Hospital im kalifornischen Palo Alto die Kommunikation von Schizophreniepatient_innen (Marc & Picard, 1991). Im Vergleich mit den konkurrierenden Projekten waren sie in ihrer Kritik am herkömmlichen Krankheitsverständnis insofern radikaler, als sie mittels der noch jungen Universalwissenschaft der Kybernetik einen (erkenntnis-)theoretisch revidierten Ansatz präsentierten (Bale, 1995). Ihr berühmtes Double-Bind-Modell bezeichnet ein paradoxes Interaktionsmuster, bei dem auf der Inhalts- und der Beziehungsebene sich widersprechende Botschaften gesendet werden (Bateson et al., 1985). Das ist beispielsweise der Fall, wenn sich eine Mutter sprichwörtlich an ihren Sohn klammert, während sie ihn gleichzeitig anschreit, er solle endlich verschwinden. Egal wie der Sohn reagiert, immer verstößt er gegen eine der beiden Botschaften: Er befindet sich in einer Double-Bind-Situation. Komme es nun in engen persönlichen Beziehungen, aus denen man sich nicht ohne Weiteres befreien kann, wie allen voran der Familie, wiederholt zu derartigen Interaktionen, böte sich für die betroffene Person oftmals nur noch die Flucht in scheinbar irrationale Verhaltensweisen an, die von der Umwelt als Symptome einer psychischen Erkrankung interpretiert würden.

Das Double-Bind-Modell stellte eine Entpathologisierung psychischer Krankheit dar, indem es sich nicht mehr auf das vermeintlich kranke Individuum und dessen Soma respektive Psyche konzentrierte, sondern die Kommunikation innerhalb des Familiensystems in den Mittelpunkt rückte. Zugleich bedeutete dies eine ambivalente Normalisierung psychischer Krankheit, da die Symptome des Patienten nun nicht mehr als pathologische und irrationale Verhaltensweisen erschienen, sondern als situativ durchaus rationale Reaktionen auf dysfunktionale Strukturen des „Patienten Familie" (Horst-Eberhard Richter). Durch das Verschwimmen der Grenzen zwischen dem Normalen und dem Pathologischen gerieten fortan ebenso die ‚gesunden' Familienmitglieder und bis dato medizinisch nicht weiter problematisierte Verhaltensweisen in den Blick der Therapeut_innen (Elberfeld, 2012a, 2011). Mit ihrem Double-Bind-Modell, das innerhalb der Psychiatrie bis weit in die 1970er Jahre breit diskutiert wurde, legte die sogenannte Palo Alto Group um Bateson das theoretische Fundament für die spätere systemische Familientherapie (Sluzki & Ransom, 1976; Hassan, 1977).[2] Deren soziales Krankheitsmodell fand im Rahmen einer vehementen Kritik an der Psychiatrie sowie dem gesellschaftlichen Umgang mit psychisch Kranken Verbreitung, die nicht zuletzt von einer sich kritisch verstehenden (Sozial-)Psychologie geübt wurde.[3]

Rezeptionskontexte und Diskursstränge der deutschsprachigen Familientherapie in den 1960er und 1970er Jahren

Der Transfer der vornehmlich US-amerikanischen Konzepte der Familientherapie in den deutschsprachigen Raum setzte Ende der 1950er Jahre ein und verlief zunächst über die Psychoanalyse und ihr gegenüber aufgeschlossene Psychiater_innen. In den 1960er Jahren begann man sie ebenfalls in anderen Bereichen zu rezipieren, etwa der Fürsorge und der Sozialen Arbeit, die es in der Praxis mit Kindern und Jugendlichen sowie deren familiären Beziehungen zu tun hatten. Größere Resonanz fand die Familientherapie indes erst im Rahmen des Psychobooms seit Ende der 1960er Jahre. Diesbezüglich muss zwischen zwei Rezeptionskontexten beziehungsweise Diskurssträngen unterschieden werden: erstens ein wissenschaftlich-professioneller, aus welchem die institutionalisierte Familientherapie hervorging, zweitens ein sozial breiter und diverser, der zu einer Popularisierung und partiellen Politisierung der Familientherapie führte.

2 Seit den 1980er Jahren gilt das Double-Bind-Modell innerhalb der Psychiatrie als überholt bzw. widerlegt. Der theoretischen Bedeutung für die Familientherapie tat dies aber keinen Abbruch.

3 Letztere sprach beispielsweise in Abgrenzung von bislang vorherrschenden Konzepten einer Somato- bzw. Psychogenese von einer Soziogenese psychischer Krankheiten (Keupp, 1972; Krüll, 1977a).

Die wissenschaftliche Rezeption der US-amerikanischen Familientherapie fand im Kontext einer anschwellenden Kritik an der Psychiatrie statt. Dabei stammten die kritischen Stimmen zunächst aus der Psychiatrie selbst, wo im Lauf der 1960er Jahre der Unmut am Zustand der eigenen Disziplin sowie an der Lage der Patient_innen wuchs (Kersting, 2003; Brink, 2010; Hanrath, 2002; Gijswijt-Hofstra et al., 2005). Gegen Ende des Jahrzehnts stieß diese Kritik auch öffentlich auf wachsendes Interesse (Kersting, 2003). Den Vertreter_innen einer Reformpsychiatrie gelang es innerhalb der gesellschaftlichen Aufbruchsstimmung um ,'68' in der Politik Unterstützer für ihr Anliegen einer umfassenden Modernisierung der Anstalten zu gewinnen (Kersting, 1998). Dies führte 1971 zur Einsetzung einer Expertenkommission durch den Deutschen Bundestag, die 1975 ihren Abschlussbericht zur Psychiatrie-Enquête vorlegte (Rudloff, 2010). Neben Forderungen nach einem Umbau des Anstaltssystems, dem Ausbau ambulanter Angebote sowie dem stärkeren Einbezug der Psychotherapie wurde seitens der Expertenkommission auch das Verständnis psychischer Krankheit problematisiert und für eine Revision des weiterhin vorherrschenden medizinisch-somatischen Modells plädiert (Deutscher Bundestag, 1975). Wenngleich nicht alle Forderungen der Enquête umgesetzt wurden und spätere Bilanzen zu einem skeptischen Urteil gelangten, wandelte sich die Situation in den Kliniken dennoch grundlegend (Aktion Psychisch Kranke, 2001). Vorangetrieben wurde die Entwicklung von der Sozialpsychiatriebewegung der 1970er Jahre, deren Anhänger_innen sich aus den verschiedenen Berufsgruppen des Gesundheitssystems rekrutierten und die partiell Ideen der Antipsychiatrie aufgriff (Häfner, 2003). Dementsprechend ging sie in ihrer Kritik an der gängigen Krankheitskonzeption und den dominierenden Behandlungsmethoden wesentlich weiter als die Reformpsychiatrie der späten 1960er Jahre, deren Repräsentant_innen zumeist akademisch etablierte Psychiater_innen waren, welche dem Denkstil ihres Fachs treu blieben.

In dieser umkämpften Umbruchsphase entstand die deutschsprachige Familientherapie, die als Ausdruck jenes gesellschaftlichen wie auch disziplinären Aufbruchs gesehen werden muss. Anfang der 1970er Jahre schlossen sich auf Initiative des Gießener Psychiaters Horst-Eberhard Richter über 20 Personen aus Westdeutschland, Österreich und der Schweiz zur Internationalen Arbeitsgemeinschaft für Familientherapie und Familienforschung (AGF) zusammen (Reiter, 1988). Primäres Ziel dieses wissenschaftlichen Netzwerkes war es, neuartige Konzepte und Methoden für die Behandlung respektive Beratung bei familiären Krisen und Konflikten zu entwickeln. Ferner hatte man es sich zur Aufgabe gemacht, auf einen Wandel des Gesundheitssystems und eine Verbesserung der psychosozialen Versorgung der Bevölkerung hinzuwirken, womit man sich an die Seite der Sozialpsychiatriebewegung stellte. Die Mitglieder der AGF stammten rund zur Hälfte aus der universitären Psychiatrie oder aus nicht-medizinischen Bereichen, allen voran der Erziehungs- und Familienberatung. In dieser waren neben Pädagog_innen und Seelsorger_innen hauptsächlich Psycholog_innen tätig, die im Zuge der Therapeutisierung der Beratung die zunächst federführenden Ärzt_innen sukzessive aus den Einrichtungen verdrängten (Hörmann & Nestmann, 1985). Daran zeigt sich, dass die Familientherapie von Anfang an nicht auf die Heilung psychischer Krankheiten beschränkt war, sondern weitere Anwendungsgebiete umfasste. Insbesondere zwei Mitglieder der AGF waren zentral für den Transfer und die Etablierung in Westdeutschland: der erwähnte Richter und Helm Stierlin.

Richter avancierte in den frühen 1960er Jahren mit seiner Arbeit *Eltern, Kind und Neurose* (1963) zum Vorreiter einer psychoanalytischen Familientherapie *avant la lettre*. Mit der Taschenbuchausgabe von 1967 sowie dem Nachfolgewerk *Patient Familie* (1970) machte er sie weit über die Grenzen des Fachs hinaus bekannt. Zudem war er ein wichtiger Akteur der Psychiatriereform, der erfolgreich für eine Erweiterung des Medizin-Curriculums um verpflichtende Kurse in Psychotherapie und Psychosomatik stritt sowie an der Psychiatrie-Enquête mitwirkte, wo er für den Einbezug der Familientherapie warb (Elberfeld, 2019). Für den Transfer familientherapeutischer Konzepte zeichnete aber wesentlich Helm Stierlin verantwortlich. Stierlin war als junger Psychiater Ende der 1950er Jahre in die USA gegangen, wo er Pionier_innen wie Fromm-Reichmann persönlich kennenlernte. In den folgenden Jahren machte er mittels Rezensionen und Übersetzungen das deutschsprachige Fachpublikum mit dem Ansatz vertraut (Stierlin, 1959/60; 1965; 1966; 1970; 1974). Mitte der 1970er Jahre kehrte Helm Stierlin nach Westdeutschland zurück und hatte seitdem die Professur für Familientherapie und psychoanalytische Grundlagenforschung an der

Universität Heidelberg inne (Stierlin, 2003). Von hier aus betrieb er die (erkenntnis-)theoretische Weiterentwicklung der Familientherapie zur strikt kybernetisch ausgerichteten Systemischen Therapie, die in den 1980er Jahren ältere, individuumszentrierte Ansätze wie die einer psychoanalytischen Familientherapie verdrängte (Reiter, Brunner & Reiter-Theil, 1988). Obschon sich die AGF durchaus kritisch gegenüber der Mainstream-Psychiatrie verhielt und sich die eigenen Konzepte deutlich von ihr abhoben, war die Kritik am medizinisch-somatischen Krankheitsmodell vergleichsweise moderat. Die akademische Sozialisation etlicher Akteur_innen in der Psychiatrie, die in der Anfangsphase noch vorherrschende Orientierung an der Psychoanalyse sowie die Konzentration auf die wissenschaftliche Entwicklung eigener Theorien und Methoden dürften dazu beigetragen haben, dass man nicht die direkte Konfrontation suchte. Anders sah dies im zweiten Rezeptionskontext aus.

Die ‚langen' 1970er Jahre sahen eine gesellschaftlich breite Debatte um den Umgang mit psychisch Kranken und das Verständnis psychischer Krankheit. Bei Letzterem standen vornehmlich die Schizophrenie und deren Beziehung zur Kleinfamilie im Mittelpunkt. In den USA hatte bereits Ende der 1940er Jahre eine Skandalisierung der Situation in den Anstalten eingesetzt, die sich nicht auf die Fachöffentlichkeit beschränkte, sondern ebenso Massenmedien und Populärkultur erfasste. Die zur selben Zeit entstehende Antipsychiatrie war Indikator wie Faktor einer zunehmend kritischen Auseinandersetzung mit Fragen psychischer Krankheit, die – prominent in Gestalt von Ronald Laing und David Cooper – ihr Augenmerk auf die Schizophrenie und deren familiäre Ursachen legte (Cooper, 1972; Laing, 1974). Wie bereits erwähnt, bestand dabei eine personelle und konzeptionelle Nähe zur parallel sich entfaltenden Familientherapie.

In der BRD trat die Antipsychiatrie mehr als ein Jahrzehnt später, Ende der 1960er Jahre, in Erscheinung und war aufgrund der zeitlichen Überschneidung mit der Neuen Linken und den gegenkulturellen Bewegungen ‚um '68' in ihrer Kritik wesentlich radikaler und politischer. Das bekannteste Beispiel dürfte das Heidelberger ‚Sozialistische Patientenkollektiv' gewesen sein, welches die Parole ausgab, aus der Krankheit eine Waffe zu machen (Brink, 2003). Obschon die westdeutsche Antipsychiatrie weder bedeutsame theoretische Köpfe hervorbrachte, noch zu einer einflussreichen sozialen Bewegung wurde, wie dies etwa in Italien der Fall war, zeitigte sie sehr wohl diskursiv Effekte (Bopp, 1980; König, 2010). Resonanz fanden ihre Ideen vorrangig in der Sozialpsychiatriebewegung und im medizin- und expertenkritischen alternativen Milieu, darüber hinaus aber auch in den sich gesellschaftskritisch verstehenden Sozial- und Geisteswissenschaften sowie in Teilen der linken und linksliberalen Publizistik.[4]

Im Fokus öffentlicher Debatten um psychische Krankheit stand in den 1970er Jahren zumeist die Schizophrenie, die zu jener Zeit – ebenso wie die Neurasthenie im Fin de Siècle oder heutzutage die Depression – als kritische Zeitdiagnose und Chiffre gesellschaftlicher Selbstbeschreibung fungierte (Krüll, 1977a; Radkau, 1998; Ehrenberg, 2004; Bernet, 2012). Schizophrenie stand dabei für ein besonderes Maß an Kreativität, Empfindsamkeit und Autonomiestreben des Individuums, dem seitens der Gesellschaft im Allgemeinen, der Familie im Besonderen kein ausreichender Raum geboten wurde. Das kurzzeitig populäre Deutungsmuster muss meines Erachtens als diskursive Strategie im umkämpften Wandel der „hegemonialen Subjektkultur" (Andreas Reckwitz) um und ab 1968 gesehen werden. Öffentlich thematisiert wurde es nicht zuletzt in Kunst und Kultur. Ein beliebter antipsychiatrischer Topos war in diesem Zusammenhang der Mythos des Künstlergenies, der an sich und der Welt leidet und darüber seelisch zugrunde geht (Navratil, 1965). Zeitgenössisch viel Beachtung fand der Spielfilm *Das Leben des schizophrenen Dichters Alexander März*, welchen das ZDF 1975 ausstrahlte und für dessen Drehbuch der Schriftsteller und ehemalige Psychiater Heinar Kipphardt vom ‚Hartmannbund' ausgezeichnet wurde. Darin wird anhand zweier Charaktere, des Anstaltsarztes Dr. Kofler und seines künstlerisch veranlagten Patienten Alexander März, bei dem eine paranoide Schizophrenie diagnostiziert wurde, das Scheitern reformpsychiatrischen Handelns im Angesicht der hierarchischen und autoritären Strukturen der Anstalt thematisiert. So endet der Film nur logisch mit dem Selbstmord des Patienten (Kipphardt, 1976; Fischer, 1999). Auch die Familientherapie griff diesen Topos auf – prominent in Gestalt Helm Stierlins, der sich mit der diesbezüglich emblematischen Figur Hölderlins befasste (Stierlin, 1975, S. 65–82; Stierlin, 1977).

---

4 Eine diskursgeschichtliche Analyse zur Antipsychiatrie und zu ihrem Einfluss auf die westdeutsche Gesellschaft steht noch aus.

Des Weiteren wurde Schizophrenie in den 1970er Jahren häufig explizit mit der Familie verknüpft. Weltweite Bekanntheit erfuhr der Kinofilm *Family Life*, ein Frühwerk des britischen Regisseurs Ken Loach. Darin wird die Geschichte einer jungen Frau erzählt, deren Versuche, aus dem konservativen Elternhaus auszubrechen, von ihrer Familie mit allen Mitteln unterdrückt werden und die am Ende in der Psychiatrie landet (Barnett et al., 1976 [1972]). Vor dem Hintergrund dieser antipsychiatrisch informierten Kritik an der bürgerlichen Kleinfamilie ist auch das erstaunliche Interesse am historischen ‚Fall Schreber' zu sehen. Daniel Paul Schreber (1842–1911) war bis zu seiner Erkrankung Gerichtspräsident in Sachsen gewesen. Mit seinen autobiographischen Berichten über seine Zeit als Anstaltspatient, die 1973 wiederveröffentlicht wurden, hatte er schon im Rahmen der Irrenrechtsreformbewegung des Kaiserreichs öffentliche Berühmtheit erlangt (Goldberg, 2003). Sigmund Freud und anderen dienten sie dazu, sich intensiv mit dem damals noch nicht als Schizophrenie titulierten Krankheitsbild auseinanderzusetzen (Freud, 1969f). Seit Ende der 1960er Jahre wurde die Geschichte Schrebers schließlich auch außerhalb des deutschsprachigen Raums zum Gegenstand literarischer, sozialwissenschaftlicher und medizinischer Arbeiten (Niederland, 1978; Calasso, 1980; Schatzman, 1984). Desgleichen befasste man sich in der Familientherapie mit ihr und erklärte die psychische Erkrankung aus der dysfunktionalen Beziehung Schrebers zu seinem Vater, dem berühmten Sozialreformer und Begründer der gleichnamigen Gartenbaubewegung des 19. Jahrhunderts, Moritz Schreber (Krüll, 1977b).

Dieser nur schlaglichtartig beleuchtete Kontext war von hoher Relevanz für die Popularisierung der Familientherapie in den ‚langen' 1970er Jahren. Das betraf zum einen das gestiegene Interesse an sozialen Erklärungsansätzen für psychische Krankheiten, wie sie prominent etwa von dem Psychologen Heiner Keupp vertreten wurden (Keupp, 1972). Neben derartigen sozialpsychologischen Konzepten wurde aber auch das kybernetische Modell der Familientherapie hierzu gerechnet. So erschien Ende der 1960er Jahre in der von Jürgen Habermas mitherausgegebenen Reihe *Theorie* des Suhrkamp Verlags, deren Ziel die Veröffentlichung aktueller Beiträge aus den Geistes- und Sozialwissenschaften war, der Band *Schizophrenie und Familie* (Bateson et al., 1969). Er bot einen Überblick über die US-amerikanische Debatte und sprach ein breiteres, über die Medizin hinausreichendes Publikum an. Neben den ersten Übersetzungen familientherapeutischer Grundlagentexte, einschließlich des Double-Bind-Aufsatzes, umfasste er Beiträge von Autorinnen und Autoren aus den Reihen der Antipsychiatrie, wodurch die Nähe beider Ansätze hervorgehoben wurde. Zum anderen fand die Rezeption der Familientherapie zu einer Zeit statt, in der sich die Familie in einem tiefgreifenden Wandel befand und sich das traditionelle Leitbild der bürgerlichen Kleinfamilie verschärfter Kritik ausgesetzt sah. Dementsprechend wurden die Konzepte der Familientherapie sowohl zur Pathologisierung autoritär-patriarchaler Familienmodelle als auch zur Entwicklung partnerschaftlicher Beziehungs- und Erziehungsformen eingesetzt (Elberfeld, 2011; 2012b). Das erklärt auch den nicht vorhersehbaren Erfolg von Richters *Eltern, Kind und Neurose*, das in der antiautoritären Kinderladenszene zu einem „regelrechten Kultbuch" (Richter, 2001, S. 201) wurde.

Die ‚erste Reihe' der Familientherapeut_innen, die sich in der AGF versammelte und zumeist aus der Wissenschaft stammte, hatte die Theorien der Antipsychiatrie zwar rezipiert, ohne sich jedoch deren Standpunkte zu eigen zu machen. Weniger prominente Akteur_innen und die wachsende Zahl an familientherapeutischen Praktiker_innen, ohne die eine Verbreitung der Konzepte und Methoden nicht denkbar gewesen wäre, zeigten sich in den 1970er Jahren gleichwohl offener für radikale Positionen und politische Invektiven.

Soma vs. Soziales: Eine Kontroverse zwischen Familientherapie und Psychiatrie

Bereits in der ersten Ausgabe von *Psychologie Heute* vom Juni 1974 stellten zwei Autoren, der Mediziner Hannes Kapuste und der Diplompsychologe Frank Giesen, ausführlich den Ansatz der Familientherapie vor (Kapuste & Giesen, 1974).[5] Dabei grenzten sie ihn scharf von der herkömmlichen Psychiatrie ab, die als Erbin der mittelalterlichen Hexenjagd und der spanischen Inquisition ge-

5 Hannes Kapuste erlangte Ende der 1970er Jahre bundesweit Bekanntheit, da gegen ihn aufgrund der Vergabe von Methadon zur Unterstützung eines Heroinentzugs wegen Verstoßes gegen das Betäubungsmittelgesetz ermittelt wurde. Zeitweilig war ihm sogar die weitere Behandlung von Suchtkranken gerichtlich untersagt worden (Kapuste, 1978).

brandmarkt wurde, welche in der Verfolgung und Vernichtung „sogenannter Geisteskranker“ (ebd., S. 66) im Rahmen des NS-Euthanasieprogramms ihre moderne Fortsetzung gefunden habe. Dieses Narrativ zählte zum Kernbestand der Antipsychiatrie-Bewegung und wurde prominent von Thomas Szasz vertreten, auf den sich der Artikel verschiedentlich bezog (Szasz, 1971; siehe auch Cohen, 1974; Straub, 2011). All dies gehöre, so Kapuste und Giesen in *Psychologie Heute*, zwar mittlerweile der Vergangenheit an, aber auch neuere Methoden, von der Lobotomie über die verschiedenen Schocktherapien bis zu den aktuellsten Psychopharmaka, seien nicht frei von schädlichen Nebenwirkungen und führten bisweilen zum Tod oder Selbstmord des Patienten.[6] Angesichts gravierender psychischer Folgen von Depersonalisation und Hospitalisierung sei allein die Unterbringung in einer Anstalt höchst problematisch. Diese Kritik an der Anstalt als ‚totaler Institution‘ war ein weiterer Kernbestandteil der Antipsychiatrie, für den abgesehen von Erving Goffman auch Michel Foucault als theoretischer Gewährsmann fungierte (Goffman, 1972; Foucault, 1972). Im konkreten Fall diente eine weithin rezipierte Studie des US-amerikanischen Psychologen David L. Rosenhan der Unterfütterung, bei der gezielt gesunde Personen als „Pseudopatienten“ in Kliniken eingeschleust wurden (Kapuste & Giesen, 1974, S. 67–68; Rosenhan, 1973).[7] Eine Ursache für das „Fegefeuer der institutionellen Psychiatrie“ (Kapuste & Giesen, 1974, S. 75) machten Kapuste und Giesen in der Auffassung fest, Schizophrene seien dem Arzt nicht zugänglich, worin quasi das Wesen ihres Leidens bestünde.[8] Schon Eugen Bleuler, der Begründer des Schizophreniekonzepts, habe bekanntermaßen diesen Standpunkt vertreten, als er schrieb, „daß auch wenn alles gesagt und getan sei, Schizophrene ihm fremder seien als die

---

6 Die Kritik an Lobotomie, Elektro-Schocktherapie und Ruhigstellen durch Medikamente waren wiederkehrende Kritikpunkte der Antipsychiatrie und wurde m.E. von der Familientherapie geteilt.

7 Die psychiatrische Klinik wurde selber zu einer „double bind-Instanz“ (Kapuste & Giesen, 1974, S. 68) erklärt. Wiederum mit Bezug auf Szasz riefen die Autoren dazu auf, die Betroffenen vor der „psychischen Invalidisierung“ zu bewahren und sie nicht den Psychiater_innen in die Hände fallen zu lassen (ebd., S. 75).

8 Die Frage der Zugänglichkeit war entscheidend für die Wahl der Behandlung und selbst Freud hatte sich dahingehend skeptisch geäußert und die Anwendung der Psychoanalyse auf die Neurosen beschränkt. Erst die Vorläufer der Familientherapie, Sullivan und Fromm-Reichmann, hoben das verhängnisvolle Verdikt auf.

Vögel im Garten“ (ebd., S. 74; siehe auch Bernet, 2013).[9] Zum Beweis des Gegenteils wurde Ronald Laing angeführt, der, an der diskursiven Schnittstelle von Familientherapie und Antipsychiatrie stehend, es sehr wohl geschafft habe, das Verhalten und die Äußerungen seiner Patient_innen zu verstehen (Kapuste & Giesen, 1974, S. 68–69).

Das Problem der Psychiatrie, und damit des medizinischen Modells, beginne schon vor der Behandlung, denn „es gibt kein einziges sicheres Kriterium der Diagnose ‚Schizophrenie' oder ‚manisch-depressiven Irreseins'" (ebd., S. 75). Die Psychiater_innen beriefen sich auf vorangegangene Diagnosen von Kolleg_innen oder stilisierten Beobachtungen schlicht zu Symptomen: „Im Denken der Psychiater wird dann nervöses Hin- und Hergehen zu ‚umtriebig', (…) verunsichertes Lächeln zu ‚läppisches Grinsen', (…) zum Arzt keinen Kontakt aufnehmen zu ‚Kontaktarmut'" (ebd.). Anders ausgedrückt mangele es der Psychiatrie an eindeutig bestimmbaren Merkmalen, die es erlauben würden, zwischen dem Verhalten Gesunder und dem angeblich Kranker zu unterscheiden. Stattdessen wende sie Strategien an, mittels derer das Verhalten einmal mit dem „Etikett ‚geisteskrank'" (ebd., S. 76) Versehener in psychopathologische Begriffe gekleidet werde. Die Diagnose falle allerdings schwer, weil „man sehr viele dieser ‚Symptome' auch bei ‚normalen' Personen feststellen kann“ (ebd., S. 75). Zur Disposition gestellt wurde von Kapuste und Giesen nicht weniger als die konstitutive Differenz des medizinischen Modells von ‚normal' und ‚pathologisch'. Da es der Psychiatrie seit der Etablierung des Kraepelin'schen Klassifikationssystems und der Einführung des Schizophreniebegriffs Bleulers Anfang des 20. Jahrhunderts nicht gelungen sei, einen „‚harten' Befund“ (ebd., S. 77) zu präsentieren, der zeige, dass es sich bei der Schizophrenie um eine endogene Psychose handele, biete sich nur ein antipsychiatrischer Standpunkt an.[10] In dieser Situation, in welcher die traditionelle Psychiatrie weder in der Lage sei, ihre Hypothesen zu beweisen, noch den Betroffenen zu helfen – eher sei das Gegenteil der

9 Auch andere Vertreter_innen der Familientherapie wie Helm Stierlin setzten sich kritisch damit auseinander (Stierlin, 1975).

10 Derlei Kritik rührte an einer Säule der modernen Psychiatrie, die bis zum heutigen Tag in Gestalt des DSM und des ICD auf einem Klassifikationssystem beruht, welches von Emil Kraepelin anhand der Unterscheidung von manisch-depressivem Irresein und Dementia praecox, aus welcher später die Schizophrenie wurde, entwickelt worden war.

Fall – sei eine nicht-medizinische Sicht entstanden, die auf einem neuartigen Verständnis von Kommunikation beruhe: das Double-Bind-Modell der Palo Alto Group. Als Kern dessen erachtete das Autorenduo „eine verwirrende Kommunikationsform", „eine Art Zwickmühle" (ebd., S. 67) welche in allen Familien gefunden worden sei, die ein als schizophren diagnostiziertes Mitglied aufwiesen: „Aus der kommunikationstheoretischen Sicht ist primär ‚nicht etwas los mit dem Patienten', sondern ‚etwas los in seiner sozialen Situation'" (ebd.). In den Mittelpunkt des therapeutischen Interesses rücke die Beziehung zwischen Individuen und ihrer Funktion für das Familiensystem: „Nicht die intrapsychische Dynamik macht nach dieser Betrachtungsweise einen Menschen aus. Der Mensch wird als Produkt seiner Beziehungen zur Umwelt angesehen, und hier ist auch der Ansatzpunkt therapeutischer Interventionen" (ebd., S. 71). Das sei ein ganz anderes Ziel als die Suche der klassischen Psychiatrie nach physiologischen oder biochemisch begründeten Behandlungsformen (ebd., S. 67).

Hinsichtlich der therapeutischen Praxis nahmen die beiden Autoren einen pragmatischen Standpunkt ein und konnten sich eine Zusammenarbeit mit der Psychiatrie prinzipiell vorstellen. Dies führte Kapuste in einem späteren Artikel zu der erfolgreichen Anwendung der Familientherapie in den USA aus. Ein Hindernis stelle gleichwohl die einseitige Ausbildung der Mediziner_innen dar: „Die Familientherapie ist eine therapeutische Methode, für die – das ist das Problem dabei – der auf naturwissenschaftlicher Grundlage am menschlichen Körper ausgebildete Arzt nicht die wissenschaftlichen Voraussetzungen hat" (Kapuste, 1976, S. 48).

Kapuste und Giesen liefern ein Beispiel für die späte, aber umso rasantere Rezeption und Popularisierung des kybernetischen Ansatzes von Bateson und anderen im Zuge des Psychobooms und der Etablierung der Familientherapie im deutschsprachigen Raum in den ‚langen' 1970er Jahren.[11] Explizit grenzten sie sich und die Familientherapie vom medizinischen Modell der Psychiatrie und dessen Konzentration auf somatische Vorgänge im Individuum ab und propagierten stattdessen ein soziales Modell. Die zuvor angesprochenen epistemischen

11 Sie stellten im Folgenden die verschiedenen Konzepte in der US-amerikanischen Familientherapie, deren Ausbildungs- und Behandlungsmethoden sowie ihre konkrete Praxis anhand einer Klinik in Denver vor (Kapuste & Giesen, 1974, S. 67–75).

Verschiebungen, die mit dem Double-Bind-Modell einhergingen, zeitigten folglich erst diskursive Effekte im Hinblick auf das Krankheitsverständnis, als die Kritik an der Psychiatrie zunahm und deren Verständnis von Krankheit und Gesundheit auf breiter Front diskutiert und neu verhandelt wurde. Recht pathetisch endete der Artikel von Kapuste und Giesen in *Psychologie Heute*: „Von der letzten Hexenverbrennung in Holland (1610), bis zur letzten Exekution von Häretikern in Spanien (1826) vergingen 216 Jahre. Hoffen wir, daß die Überwindung psychiatrischer Praktiken einer nicht begründbaren Hypothese von der inzwischen verbesserten internationalen Kommunikation ein wenig profitiert" (Kapuste & Giesen, 1974, S. 77).

Erklärtes Ziel von Kapuste und Giesen war es, mit ihren Einlassungen eine Reaktion zu provozieren: „[U]nsere Erfahrungen sprechen dafür, daß sich eine hart geführte ideologische Auseinandersetzung abspielen muß, bevor die in Deutschland etablierte Psychiatrie bereit ist, die Entwicklung familientherapeutischer Methodik zur Kenntnis zu nehmen" (ebd.). Aufgenommen wurde der Fehdehandschuh von dem Mediziner Gerd Peters, Professor für Neurologie und Psychiatrie, der unter anderem die Rheinische Landesklinik für Hirnverletzte in Bonn sowie eine Abteilung des berühmten, auf Kraepelin zurückgehenden Münchner Max-Planck-Instituts für Psychiatrie geleitet hatte. Gleich zu Beginn wählte er eine klassische Abgrenzungsstrategie, indem er in den einleitenden Bemerkungen für sich reklamierte, „vom wissenschaftlichen und ärztlichen Standpunkt" (Peters, 1974, S. 57) aus zu argumentieren. Der Antipsychiatrie machte er sodann den Vorwurf, nicht hinreichend differenzieren zu können. „Bizarres Verhalten" (ebd.) wurde und werde seines Erachtens in der Psychiatrie nicht auf eine Erkrankung des Gehirns zurückgeführt. Vielmehr müsse man unterscheiden zwischen „abnormem" Verhalten, das eine nur quantitative Differenz zum gesunden Zustand aufweise und in dem sich alle Möglichkeiten „normalpsychologischen Reagierens" manifestieren, und – dem entgegengesetzt – einem „echte[n] Krankheitsgeschehen", das eine qualitative Differenz zum gesunden Zustand zeige: „Das psychopathologische Syndrom der Schizophrenie läßt sich mit einer Bizarrerie des Verhaltens nicht umschreiben. (…) Eine abnorme Erlebnisreaktion in solchen Fällen zu diagnostizieren, bedeutet einen Mangel an ärztlichen Kenntnissen und Erfahrungen" (ebd., S. 57–58). Mit anderen Worten hätten die Kritiker nicht zwischen Verhaltensauffälligkeiten und psychischen Krankheiten getrennt, wobei Letztere entsprechend des medizinischen Modells auf der Differenz ‚normal'/‚pathologisch' beruhten.[12]

Peters musste gleichwohl einräumen, dass die somatischen Veränderungen, die der Schizophrenie zugrunde lägen, weitgehend unbekannt seien. Das allein widerlege aber nicht deren Existenz, zumal gewichtige Indizien für die Annahme einer Somatogenese sprächen: „Die Tatsache der Erblichkeit ist ein nicht zu übersehender Hinweis auf die somatische (körperliche, nicht ‚seelische' oder soziale) Grundlage der Gemütskrankheit, denn Vererbung läßt sich nicht anders als somatisch bzw. stofflich vorstellen" (ebd., S. 58). Zum Beleg führte er diverse erbbiologische Studien an. Interessant ist der Hinweis auf Edith Zerbin-Rüdin, Tochter des berüchtigten NS-Rassenpsychiaters und ehemaligen Leiters des Vorgänger-Instituts des Münchner MPI Ernst Rüdin.[13] Ein weiteres Indiz für die Somatogenese sei der erfolgreiche Einsatz von Psychopharmaka.[14] Der Sozialpsychiatrie gestand Peters immerhin zu, den Blick auf „das Mitwirken zusätzlicher nicht-erblicher Faktoren gelenkt" zu haben (ebd.).[15] Er war sogar bereit, ein „ätiologisches Faktorenbündel" (ebd., S. 60) anzuerkennen. Die bisherige Forschung gelange indes zu einem eindeutigen Befund: „Zur Entstehung der Psy-

---

12 Kapuste bestritt in einer ebenfalls in *Psychologie Heute* veröffentlichten Antwort entschieden, dass sich Schizophrenie kausal auf somatische Vorgänge zurückführen lasse und diese eine kategorische Differenz zu normalen Prozessen aufwiesen. Der Befund biochemischer Besonderheiten sei keine Widerlegung der Familientherapie, da dies genauso gut für die entgegengesetzte Annahme spreche, eine „schizophrenogene soziale Umgebung" schlage sich auf biochemischer Ebene nieder (Kapuste, 1974, S. 10).

13 Zerbin-Rüdin setzte nach 1945 in gewisser Weise die Arbeit ihres Vaters zur Rolle der Familie bei der Vererbung psychischer Krankheiten fort, verzichtete dabei freilich auf die rassenbiologischen Bezüge und versuchte, auch Ernst Rüdins Werk in einer solchen, politisch gesäuberten Form wieder salon- und anschlussfähig zu machen für aktuelle Forschungen in der Genetik (Zerbin-Rüdin & Kendler, 1996; kritisch Massin, 1999). Gerd Peters hatte sich 1938 in München habilitiert. Ob direkte Kontakte zu Rüdin bestanden, ist mir nicht bekannt.

14 Kapuste verglich das Verschwinden der Symptome nach der Vergabe von Psychopharmaka mit der Verabreichung von Schmerzmitteln bei Verdacht auf Blinddarmentzündung: „Die Medizin hatte bisher den Krankheitsbegriff nur auf Störungen der normalen Funktionen im menschlichen Körper, nicht aber auf Störungen im System der Interaktionen zwischen Menschen angewendet. Täte sie das nun im Falle der Schizophrenie (und betrachtete die vom Familientherapeuten beobachteten ‚Störungen' als ‚Krankheit') wäre auch für den Mediziner die familientherapeutische Intervention die richtige Behandlung und die Gabe von Neuroleptika der Kunstfehler, der die richtige Diagnose verbirgt" (Kapuste, 1974, S. 10).

15 Diese könnten wiederum somatischer Natur sein, etwa in Form hormoneller Veränderungen.

chose sei ein Zusammenspiel persönlicher und sozialer Faktoren erforderlich, unabdingbare Voraussetzung sei aber eine vererbbare und angeborene Anlage“ (ebd., S. 58). Demnach hielt er ungeachtet gewisser Zugeständnisse letzten Endes am medizinischen Modell fest. Gestützt werde sein Standpunkt durch internationale Studien, die einen weitestgehend konstanten Krankheitsverlauf auf dem gesamten Globus festgestellt hätten. Der Nachweis einer „hohe[n] Umweltstabilität“ (ebd., S. 60) würde letzten Endes nur einen Schluss zulassen: „Psychische und soziale Faktoren scheiden als entscheidende und alleinige Noxen aus“ (ebd.). Zum Schluss seiner Replik konzedierte Peters leicht gönnerhaft, Familientherapie könne sich positiv auf die Dauer des Klinikaufenthalts auswirken, wodurch sich die negativen Folgen der Hospitalisierung mindern ließen. Demgemäß hielt er ein Plädoyer für die Einrichtung halbstationärer, ambulanter und extramuraler Dienste sowie die Ausweitung der kollegialen Teamarbeit. Typisch für die Reaktion des medizinischen Mainstreams war daran das Aufgreifen von Forderungen der Psychiatriereform und Sozialpsychiatrie, wodurch den schärfsten Kritiker_innen der Wind aus den Segeln genommen wurde. Defizite ließen sich dergestalt auf die schleppende Umsetzung der Reformen, die unzureichende Finanzierung und die geringe Zahl qualifizierter Therapeut_innen zurückführen. Einer Revision des Krankheitskonzepts, wie sie Kapuste und Giesen forderten, wurde eine klare Absage erteilt. In den finalen Zeilen merkte Peters ironisch an, er wolle nicht auf die antipsychiatrischen Standpunkte der Autoren eingehen, „da ich mich im Bereich des Sachlichen bewegen möchte“ (ebd.), und verwies stattdessen auf zwei jüngst erschienene Artikel (Schipkowensky, 1974; Glatzel, 1974).

Die Kontroverse wirft letztlich ein Schlaglicht auf die Standpunkte und diskursiven Strategien im Konflikt zwischen Vertreter_innen der Familientherapie und der Psychiatrie in den 1970er Jahren. Diese kreisten um verschiedene Punkte, die in Auseinandersetzungen um den ‚richtigen‘ Erklärungs- und Behandlungsansatz bis heute vorzufinden sind: die Frage der Wissenschaftlichkeit, die Gegenüberstellung von naturwissenschaftlicher Objektivität und naturwissenschaftlichem Reduktionismus, Kategorien und Kriterien der Diagnose, die Effektivität und Evidenz der Behandlungsmethoden sowie den Vorwurf der Machtausübung und Manipulation.

Von der Kritik des Krankheitsmodells zur gesellschaftlichen Verbreitung therapeutischer Selbsttechniken

Die familientherapeutische Kritik am medizinischen Modell der Psychiatrie führte in den späten 1970er Jahren zur Entwicklung eines strikt kybernetischen sozialen Modells, das die binäre Unterscheidung von ‚normal' und ‚pathologisch' hinter sich ließ. Auf diese Weise ebnete es der steigenden Anwendung therapeutischer Techniken zu nicht-medizinischen Zwecken den Weg. Entscheidend war diesbezüglich die kritische Auseinandersetzung der Familientherapie mit Freud und dem individuumszentrierten psychischen Modell, durch welches die Psychoanalyse, anderslautenden Bekundungen zum Trotz, einer medizinischen Sichtweise einschließlich der konstitutiven Differenz von ‚normal' und ‚pathologisch' verhaftet blieb.

Während die Familientherapie in ihrer Entstehungsphase noch stark an die Psychoanalyse gebunden war, begann man sich in den späten 1970er Jahren zunehmend mit deren theoretischen Grundlagen zu befassen (Stierlin, 1974). Im Mittelpunkt stand dabei das Freud'sche Neurosenkonzept. In seiner Absage an die sogenannte Verführungstheorie machte man eine verhängnisvolle Weichenstellung Freuds aus, welche die Psychoanalyse weggeführt habe von der Betrachtung der ‚realen' Familienbeziehungen des Patienten (Freud, 1969a; Slipp, 1978). Während eine Gruppe von Familientherapeut_innen an den voranalytischen Freud anschließen wollte, vollzog eine andere den vollständigen Bruch und plädierte für eine erkenntnistheoretische Wende im Zeichen der Kybernetik (Guntern, 1980). Vermittelt über die Arbeiten der italienischen Familientherapeutin Mara Selvini Palazzoli und ihres Mailänder Teams wurden die Konzepte Batesons wiederentdeckt und dienten der erkenntnistheoretischen Revision bisheriger Prämissen sowie der Entwicklung einer andersgearteten therapeutischen Methodologie (Selvini Palazzoli, 1981; Selvini Palazzoli et al., 1977). Obschon sich die Anhänger_innen einer psychoanalytischen Familientherapie, zu denen prominent Richter gehörte, vehement dagegen wehrten, setzte sich das kybernetische Lager auf ganzer Linie durch. Offensichtlich wurde das mit dem Wandel der Selbstbezeichnung der Familientherapie Anfang der 1980er Jahre. Verbände,

Zeitschriften, Institute usw. benannten sich mehrheitlich um und trugen seitdem den Begriff ‚systemisch' im Namen (Reiter, Brunner & Reiter-Theil, 1988).[16]

Verstärkt wurde die systemische Konversion durch das zeitgleiche Aufkommen neuerer Theorien wie dem Autopoiesismodell von Humberto Maturana und Francisco Varela, der Kybernetik Zweiter Ordnung Heinz von Försters und dem Radikalen Konstruktivismus, der maßgeblich auf Paul Watzlawick zurückgeht, welcher nach dem Ausscheiden Batesons in den 1970er Jahren zum führenden Kopf der Palo Alto Gruppe avanciert war (Varela, Maturana & Uribe 1974; Förster, 1981; Watzlawick, Weakland & Fisch, 1974). Im Rahmen dieser erkenntnistheoretischen Debatten schwang zwar weiterhin eine latente Kritik am medizinischen Modell mit. Aber infolge der Etablierung der Familientherapie bildete sich ein getrennter Diskursraum heraus und die Auseinandersetzung mit der Mainstream-Psychiatrie verlor für die beteiligten Akteur_innen an Relevanz. Zudem hatte sich der Wind in den 1980er Jahren gedreht und anstelle der politisierten Medizinkritik, wie sie seitens der Antipsychiatrie und der Sozialpsychiatriebewegung geübt worden war, gewann wieder ein naturwissenschaftliches Evidenz- und betriebswirtschaftliches Effektivitätsdenken die Oberhand in der Psychiatrie wie auch der Gesundheitspolitik und setzte seinerseits die diversen postanalytischen Verfahren unter Legitimationsdruck.[17]

Parallel zu der skizzierten Durchsetzung des kybernetischen Denkstils verschob sich sukzessive das Anwendungsgebiet der Familientherapie. Zunehmend galt ihr Interesse nicht-medizinischen Bereichen wie der Beratung von Eltern und Familien ebenso wie von Organisationen und Unternehmen (Bohn & Kühl, 2004). Dies hing auch damit zusammen, dass Nicht-Mediziner_innen und insbesondere Psycholog_innen in den 1980er Jahren nicht mehr nur mehrheitlich das ‚Fußvolk' der Familientherapie stellten, sondern zunehmend auch zu ihren führenden Köpfen und Taktgebern wurden. Ab den späten 1980er Jahren traten zudem Supervision und Coaching als neue Tätigkeitsgebiete hinzu, bei denen Fragen von psychischer Krankheit und Gesundheit höchstens am Rande eine Rolle spielten (Kaul & Krapoth, 2005; Lauterbach, 2005; Senges-Anderson, 2008).

---

16 So hatte auch die auf dem Gebiet älteste und bedeutendste Zeitschrift *Familiendynamik* 1983 ihren Untertitel in *Interdisziplinäre Zeitschrift für systemorientierte Forschung* geändert.

17 Hervor tat sich dabei besonders der Psychologe Klaus Grawe; siehe etwa Grawe, Donati & Bernauer (1994).

Damit entsprach die Entwicklung der Familientherapie *grosso modo* dem übergeordneten Prozess der Therapeutisierung, bei dem aus ehemals medizinischen Behandlungsmethoden beinahe universell anwendbare Technologien des Selbst geworden sind (Maasen et al., 2011; Illouz, 2009; Bröckling, 2007). Denn eines ihrer wesentlichen Kennzeichen besteht darin, eben nicht auf ein spezifisches Selbstverhältnis festgelegt zu sein, sondern höchst unterschiedlichen Subjektivierungsformen zweckdienlich sein zu können: von der politischen Befreiung des Subjekts bis hin zum ökonomischen Management des Selbst (Elberfeld, 2015).[18]

Fazit: Psychologie und Kritik revisited

Kritik an der Psychologie im Allgemeinen und dem Prozess der Therapeutisierung im Besonderen hat selbst eine Geschichte, die es zu analysieren und zu problematisieren gilt. Sabine Maasen hat schon in den 1990er Jahren darauf hingewiesen, dass die zeitgleich zum Psychoboom aufkommende sozialwissenschaftliche Kritik Teil ebenjenes Therapiediskurses war und nicht außerhalb dessen stand (Maasen, 1998, S. 49–134). In Bezug auf die Familientherapie und die Auseinandersetzungen um das medizinische Verständnis der Schizophrenie zeigt sich, dass Kritik nicht zuletzt innerhalb der Psy-Disciplines geäußert wurde und – das ist der springende Punkt – bedeutsame Effekte auf die Therapeutisierung hatte. Die 1970er Jahre stellten diesbezüglich eine exzeptionelle Phase dar, in der die Kritik speziell am medizinischen Modell von einer aus heutiger Sicht kaum für möglich gehaltenen epistemologischen wie auch politischen Radikalität war und darüber hinaus gesellschaftlich eine erstaunliche Resonanz fand.[19] Ohne die daraus resultierende Entpathologisierung und Normalisierung psychischer Krankheit, die ebenso von anderen Akteur_innen und hinsichtlich anderer

18 Keineswegs soll damit eine direkte Linie von den gegenkulturellen Bewegungen um und ab 1968 zur neoliberalen Gouvernementalität unserer Tage gezogen werden. Die Beziehung ist allerdings zu komplex, um sie an dieser Stelle näher ausführen zu können.

19 Demgegenüber erscheint mir das seit den 1980er Jahren populär gewordene Gerede von einem bio-psycho-sozialen Krankheitsmodell eher eine semantische Konsensformel zu sein, die Grundsatzdebatten aufgrund des scheinbar integrativen Charakters im Keim erstickt und zugleich die erneuerte Dominanz der Psychiatrie und ihres reformulierten medizinischen Modells zu verschleiern hilft.

Krankheitsbilder vorangetrieben wurde, wäre die bis heute anhaltende Ausbreitung therapeutischer Praktiken nicht möglich gewesen. Insofern ist gerade die ambivalente Natur der Kritik zu betonen, deren diskursive Effekte sich weder auf die Intentionen der Kritiker_innen zurückführen noch in ihrer Ergebnisoffenheit kontrollieren lassen. Allerdings greift es zu kurz, den Vorgang einseitig als Machtausdehnung der Medizin beziehungsweise Psychiatrie in die Gesellschaft zu deuten, wie in Konzepten der Psychiatrisierung oder Medikalisierung (Castel, Castel & Lovell, 1982; Frances, 2013; kritisch Rose, 2007). Vielmehr wandelte sich das Konzept psychischer Krankheit so grundlegend, dass die damit in Verbindung stehenden Selbsttechniken nicht mehr an die Medizin gebunden waren, sondern sich mittels weiterer Wissensbestände, Institutionen und Akteur_innen ein neuartiges Therapiedispositiv ausbildete, in dem wir jetzt noch leben.

Dessen ungeachtet gilt es, die zeitgenössische Kritik ernst zu nehmen und nicht bloß in ideologiekritischer Pose als Teil des gesellschaftlichen Verblendungszusammenhangs zu demaskieren (Han, 2014). Vielmehr muss die Kritik als Ausdruck und Instrument gesellschaftlicher Kämpfe um alternative Formen von Subjektivität verstanden werden, die sich gegen eine spezifische „Mikrophysik der Macht“ (Foucault) wandten. Und obschon die seitdem zu konstatierenden Veränderungen zwiespältig sind, führt es weder analytisch noch politisch weiter, die partiellen ‚Verbesserungen‘ im Umgang mit psychisch Kranken zu bestreiten oder zu ignorieren. Wir haben es hier schlichtweg mit unterschiedlichen Modi der Regierung des Selbst und der Anderen zu tun. Die Kunst der Kritik besteht nunmehr darin, „nicht dermaßen regiert zu werden“ (Foucault, 1992, S. 12).

Literatur

Aktion Psychisch Kranke (Hrsg.) (2001). *25 Jahre Psychiatrie-Enquête* (2 Bde.). Bonn: Psychiatrie-Verlag.

Althammer, B. (2013). Pathologische Vagabunden. Psychiatrische Grenzziehungen um 1900. *Geschichte und Gesellschaft*, *39*(3), 306–337.

Bale, L. S. (1995). Gregory Bateson, cybernetics, and the social/behavioral sciences. *Cybernetic & Human Knowing*, *3*(1), 27–45.

Barnett, A., McGrath, J., Mathews, J., & Wollen, P. (1976 [1972]). „Family Life“ in the making. Interview with Tony Garnett and Ken Loach. *Jump Cut. A Review of Contemporary Media*, *3*(10/11), 43–45.

Bateson, G., Jackson, D. D., Haley, J., & Weakland, J. H. (1985). Vorstudien zu einer Theorie der Schizophrenie. In G. Bateson, *Ökologie des Geistes. Anthropologische, psychologische, biologische und epistemologische Perspektiven* (S. 270–301). Frankfurt a.M.: Suhrkamp.

Bateson, G., et al. (Hrsg.) (1969). *Schizophrenie und Familie. Beiträge zu einer neuen Theorie.* Frankfurt a.M.: Suhrkamp.

Bernet, B. (2012). „Depressed? It might be political!" Die Pathologien der Leistungsgesellschaft im Fokus der außerklinischen Literatur. *Nach Feierabend. Zürcher Jahrbuch für Wissensgeschichte, 8*, 189–198.

Bernet, B. (2013). *Schizophrenie. Entstehung und Entwicklung eines psychiatrischen Krankheitsbildes um 1900.* Zürich: Chronos.

Blöschl, L. (1974). *Grundlagen und Methoden der Verhaltenstherapie* (4. Aufl.). Bern, Stuttgart, Wien: Huber.

Bohn, U., & Kühl, S. (2004). Beratung, Organisation und Profession – Die gescheiterte Professionalisierung in der Organisationsentwicklung, systemischen Beratung und Managementberatung. In R. Schützeichel & T. Brüsemeister (Hrsg.), *Die beratene Gesellschaft. Zur gesellschaftlichen Bedeutung von Beratung* (S. 57–78). Wiesbaden: VS.

Bopp, J. (1980). *Antipsychiatrie. Theorien, Therapien, Politik.* Frankfurt a.M.: Syndikat.

Brink, C. (2003). Radikale Psychiatriekritik in der Bundesrepublik. Zum Sozialistischen Patientenkollektiv in Heidelberg. In F.-W. Kersting (Hrsg.), *Psychiatriereform als Gesellschaftsreform* (S. 165–180). Paderborn: Schöningh.

Brink, C. (2010). *Grenzen der Anstalt. Psychiatrie und Gesellschaft in Deutschland 1860–1980.* Göttingen: Wallstein.

Bröckling, U. (2007). *Das unternehmerische Selbst. Soziologie einer Subjektivierungsform.* Frankfurt a.M.: Suhrkamp.

Calasso, R. (1980). *Die geheime Geschichte des Senatspräsidenten Dr. Daniel Paul Schreber.* Frankfurt a.M.: Suhrkamp.

Canguilhem, G. (1977). *Das Normale und das Pathologische.* Frankfurt a.M., Berlin, Wien: Ullstein.

Castel, F., Castel, R., & Lovell, A. (1982). *Psychiatrisierung des Alltags. Produktion und Vermarktung der Psychowaren in den USA.* Frankfurt a.M.: Suhrkamp.

Cohen, D. (1974). Unsere zeitgenössische mittelalterliche Psychiatrie. Gespräch mit Ronald Laing. *Psychologie Heute, 1* (November/Dezember), 68–74.

Cooper, D. (1972). *Der Tod der Familie. Ein Plädoyer für eine radikale Veränderung.* Reinbek: Rowohlt.

Deutscher Bundestag. (1975). *Bericht über die Lage der Psychiatrie in der Bundesrepublik Deutschland – Zur psychiatrischen und psychotherapeutischen/psychosomatischen Versorgung der Bevölkerung* (7. Wahlperiode, Drucksache 7/4200). Bonn: Verlag Dr. Hans Heger.

Dolnick, E. (1998). *Madness on the Couch: Blaming the Victim in the Heyday of Psychoanalysis.* New York: Simon & Schuster.

Dörner, K. (1969). *Bürger und Irre. Zur Sozialgeschichte und Wissenschaftssoziologie der Psychiatrie.* Frankfurt a.M.: Europäische Verlagsanstalt.

Ehrenberg, A. (2004). *Das erschöpfte Selbst. Depression und Gesellschaft in der Gegenwart.* Frankfurt a.M.: Campus.

Elberfeld, J. (2011). „Patient Familie". Zu Diskurs und Praxis der Familientherapie (BRD 1960–1990). In S. Maasen et al. (Hrsg.), *Das beratene Selbst. Zur Genealogie der Therapeutisierung in den ‚langen' Siebzigern* (S. 97–136). Bielefeld: Transcript.

Elberfeld, J. (2012a). Heilung der Psyche, Optimierung des Selbst. Diskursiver Wandel in den Psy-Disciplines: Der Fall der Familientherapie (1940–2000). In A. Sieben, K. Sabisch-Fechtelpeter & J. Straub (Hrsg.), *Menschen machen. Die hellen und die dunklen Seiten humanwissenschaftlicher Optimierungsprogramme* (S. 168–210). Bielefeld: Transcript.

Elberfeld, J. (2012b). Subjekt/Beziehung: Patriarchat – Partnerschaft – Projekt. Psychowissen und Normalisierungspraktiken im Diskurs der Paartherapie (BRD 1960–1990). In M. Tändler & U. Jensen (Hrsg.), *Das Selbst zwischen Anpassung und Befreiung. Psychowissen und Politik im 20. Jahrhundert* (S. 85–114). Göttingen: Wallstein.

Elberfeld, J. (2015). Befreiung des Subjekts, Management des Selbst. Therapeutisierungsprozesse im deutschsprachigen Raum seit den 1960er Jahren. In P. Eitler & J. Elberfeld (Hrsg.), *Zeitgeschichte des Selbst. Therapeutisierung, Politisierung, Emotionalisierung* (S. 49–84). Bielefeld: Transcript.

Elberfeld, J. (2019). Horst-Eberhard Richter oder die Entdeckung der Familie als psycho-sozialer Krankheitsfaktor. In A. Geisthövel & B. Hitzer (Hrsg.), *Auf der Suche nach einer anderen Medizin. Psychosomatik im 20. Jahrhundert* (S. 349–360). Berlin: Suhrkamp.

Ellenberger, H. F. (1973). *Die Entdeckung des Unbewussten. Geschichte und Entwicklung der dynamischen Psychiatrie von den Anfängen bis zu Janet, Freud, Adler und Jung*, Bd. 1. Bern: Huber.

Engstrom, E. J. (2003). *Clinical Psychiatry in Imperial Germany: A History of Psychiatric Practice*. Ithaca, London: Cornell University Press.

Engstrom, E. J., & Roelcke, V. (Hrsg.) (2003). *Psychiatrie im 19. Jahrhundert. Forschungen zur Geschichte von psychiatrischen Institutionen, Debatten und Praktiken im deutschen Sprachraum*. Basel, Mainz: Schwabe.

Eysenck, H. J. (1980). *Neurose ist heilbar*. München: List.

Fischer, T. (1999). *„Gesund ist, wer andere zermalmt". Heinar Kipphardts „März" im Kontext der Antipsychiatrie-Debatte*. Bielefeld: Aisthesis.

Fischer-Homberger, E. (1975). *Die traumatische Neurose. Vom somatischen zum sozialen Leiden*. Bern, Stuttgart, Wien: Huber.

Förster, H. von (1981). *Observing Systems. Selected Papers of Heinz von Förster*. Seaside, CA: Intersystems Publications.

Foucault, M. (1972). *Wahnsinn und Gesellschaft. Eine Geschichte des Wahns im Zeitalter der Vernunft*. Frankfurt a.M.: Suhrkamp.

Foucault, M. (1992). *Was ist Kritik?* Berlin: Merve.

Frances, A. (2013). *Normal. Gegen die Inflation psychiatrischer Diagnosen*. Köln: DuMont.

Freud, S. (1969a). Zur Ätiologie der Hysterie. In S. Freud, *Gesammelte Werke*, Bd. 1: *Werke aus den Jahren 1892–1899* (3. Aufl., S. 423–460). Frankfurt a.M.: Fischer.

Freud, S. (1969b). *Gesammelte Werke*, Bd. 2: *Die Traumdeutung* (3. Aufl.). Frankfurt a.M.: Fischer.

Freud, S. (1969c). *Gesammelte Werke*, Bd. 4: *Zur Psychopathologie des Alltagslebens* (3. Aufl.). Frankfurt a.M.: Fischer.

Freud, S. (1969d). Drei Abhandlungen zur Sexualtheorie. In S. Freud, *Gesammelte Werke*, Bd. 5: *Werke aus den Jahren 1904–1905* (3. Aufl., S. 27–145). Frankfurt a.M.: Fischer.

Freud, S. (1969e). *Gesammelte Werke*, Bd. 6: *Der Witz und seine Beziehung zum Unbewußten* (3. Aufl.). Frankfurt a.M.: Fischer.

Freud, S. (1969f). Psychoanalytische Bemerkungen über einen autobiographisch beschriebenen Fall von Paranoia. In S. Freud, *Gesammelte Werke*, Bd. 8: *Werke aus den Jahren 1908–1913* (3. Aufl., S. 239–320), Frankfurt a.M.: Fischer.

Freud, S. (1969g). Trauer und Melancholie. In S. Freud, *Gesammelte Werke*, Bd. 10: *Werke aus den Jahren 1913–1917* (3. Aufl. S. 427–447). Frankfurt a.M.: Fischer.

Freud, S., & Breuer, J. (1969): Studien über Hysterie. In S. Freud, *Gesammelte Werke*, Bd. 1: *Werke aus den Jahren 1892–1899* (3. Aufl., S. 75–312). Frankfurt a.M.: Fischer.

Fromm-Reichmann, F. (1959). Notes on the development of treatment of schizophrenics by psychoanalytic psychotherapy [1948]. In F. Fromm-Reichmann, *Psychoanalysis and Psychotherapy: Selected Papers* (S. 160–175). Chicago, London: University of Chicago Press.

Fuechtner, V. (2011). *Berlin Psychoanalytic. Psychoanalysis and Culture in Weimar Republic Germany and Beyond*. Berkeley: University of California Press.

Gijswijt-Hofstra, M., Oosterhuis, H., Vijselaar, J., & Freeman, H. (Hrsg.) (2005). *Psychiatric Cultures Compared: Mental Health Care in the Twentieth Century: Comparisons and Approaches*. Amsterdam: Amsterdam University Press.

Glatzel, J. (1974). Psychiatrie und Antipsychiatrie – eine Wissenschaft kommt ins Gerede. *Deutsches Ärzteblatt – Ärztliche Mitteilungen, 71*(19), 1415–1419.

Goffman, E. (1972). *Asyle. Über die soziale Situation psychiatrischer Patienten und anderer Insassen*. Frankfurt a.M.: Suhrkamp.

Goldberg, A. (2003). A reinvented public: „Lunatics' rights" and bourgeois populism in the Kaiserreich. In E. J. Engstrom & V. Roelcke (Hrsg.), *Psychiatrie im 19. Jahrhundert* (S. 189–217). Basel, Mainz: Schwabe.

Goldstein, J. (1990). *Console and Classify: The French Psychiatric Profession in the Nineteenth Century*. Cambridge u.a.: Cambridge University Press.

Grawe, K., Donati, R., & Bernauer, F. (1994). *Psychotherapie im Wandel. Von der Konfession zur Profession*. Göttingen: Hogrefe.

Guntern, G. (1980). Die kopernikanische Revolution in der Psychotherapie. Der Wandel vom psychoanalytischen zum systemischen Paradigma. *Familiendynamik, 5*(1), 2–41.

Häfner, H. (2003). Die Inquisition der psychisch Kranken geht ihrem Ende entgegen. Die Geschichte der Psychiatrie-Enquete und Psychiatriereform in Deutschland. In F.-W. Kersting (Hrsg.), *Psychiatriereform als Gesellschaftsreform* (S. 113–140). Paderborn: Schöningh.

Han, B.-C. (2014). *Psychopolitik. Neoliberalismus und die neuen Machttechniken*. Frankfurt a.M.: Fischer.

Hanrath, S. (2002). *Zwischen ‚Euthanasie' und Psychiatriereform. Anstaltspsychiatrie in Westfalen und Brandenburg: Ein deutsch-deutscher Vergleich (1945–1964)*. Paderborn: Schöningh.

Hassan, A. S. (1977). Familie und Störungen Jugendlicher II. Eine Übersicht über Vergleichsuntersuchungen zur Psychopathologie von Jugendlichen und ihren Familien. *Familiendynamik, 2*(3), S. 242–278.

Hörmann, G., & Nestmann, F. (1985). Die Professionalisierung der Klinischen Psychologie und die Entwicklung neuer Berufsfelder in Beratung, Sozialarbeit und Therapie. In M. Ash & U. Geuter (Hrsg.), *Geschichte der deutschen Psychologie im 20. Jahrhundert. Ein Überblick* (S. 252–285). Opladen: Westdeutscher Verlag.

Illouz, E. (2009). *Die Errettung der modernen Seele. Therapien, Gefühle und die Kultur der Selbsthilfe*. Frankfurt a.M.: Suhrkamp.

Jensen, U. (2011). Die Konstitution des Selbst durch Beratung und Therapeutisierung. Die Geschichte des Psychowissens im frühen 20. Jahrhundert. In S. Maasen et al. (Hrsg.), *Das beratene Selbst. Zur Genealogie der Therapeutisierung in den ‚langen' Siebzigern* (S. 37–56). Bielefeld: Transcript.

Kapuste, H. (1974). Alchimie des Gemüts. *Psychologie Heute, 1* (November), 10.

Kapuste, H. (1976). Familientherapie und Psychiatrie. *Psychologie Heute, 3* (Juli), 46–52.

Kapuste, H. (1978). „Münchner Freiheit". *Psychologie Heute, 5* (September), 60–66.

Kapuste, H., & Giesen, F. (1974). Therapie in der Familie. *Psychologie Heute, 1* (Juni), 66–77.

Kaul, C., & Krapoth, S. (2005). Coaching von Leistungsträgern in der Industrie. *Familiendynamik, 30*(3), 262–277.

Kersting, F.-W. (1998). Psychiatriereform und '68. *Westfälische Forschungen, 48*, 283–296.

Kersting, F.-W. (Hrsg.) (2003). *Psychiatriereform als Gesellschaftsreform. Die Hypothek des Nationalsozialismus und der Aufbruch der sechziger Jahre*. Paderborn: Schöningh.

Keupp, H. (1972). *Psychische Störungen als abweichendes Verhalten. Zur Soziogenese psychischer Störungen*. München: Urban und Schwarzenberg.

Kipphardt, H. (1976). *März. Roman*. München, Gütersloh: Bertelsmann.

Kollbrunner, J. (1987). *Das Buch der Humanistischen Psychologie. Eine ausführliche einführende Darstellung und Kritik des Fühlens, Denkens und Handelns in der Humanistischen Psychologie*. Eschborn: Klotz.

König, M. (2010). Franco Basaglia und das Gesetz 180. Die Auflösung der psychiatrischen Anstalten in Italien 1978. In P. Terhoeven (Hrsg.), *Italien, Blicke. Neue Perspektiven der italienischen Geschichte des 19. und 20. Jahrhunderts* (S. 209–233). Göttingen: Vandenhoeck & Ruprecht.

Krüll, M. (1977a). *Schizophrenie und Gesellschaft. Zum Menschenbild in Psychiatrie und Soziologie*. München: Beck.

Krüll, M. (1977b). Adolf Hitler – Daniel Paul Schreber. Zwei familiendynamische Studien im Vergleich. *Familiendynamik, 2*(3), 229–242.

Kutchins, H., & Kirk, S. A. (1997). *Making Us Crazy. DSM: The Psychiatric Bible and the Creation of Mental Disorders*. New York, London: The Free Press.

Kutzer, M. (2003). „Psychiker" als „Somatiker" – „Somatiker" als „Psychiker". Zur Frage der Gültigkeit psychiatriehistorischer Kategorien. In E. J. Engstrom & V. Roelcke (Hrsg.), *Psychiatrie im 19. Jahrhundert* (S. 27–47). Basel, Mainz: Schwabe.

Laing, R. D. (1974). *Politik der Familie*. Köln: Kiepenheuer & Witsch.

Lauterbach, M. (2005). Wenn Führungskräfte seekrank werden. Gesundheitsorientierung als Konzept im Coaching. *Familiendynamik, 30*(3), 234–261.

Maasen, S. (1998). *Genealogie der Unmoral. Zur Therapeutisierung sexueller Selbste*. Frankfurt a.M.: Suhrkamp.

Maasen, S., Elberfeld, J., Eitler, P., & Tändler, M. (Hrsg.) (2011). *Das beratene Selbst. Zur Genealogie der Therapeutisierung in den ‚langen' Siebzigern*. Bielefeld: Transcript.

Makari, G. (2008). *Revolution in Mind. The Creation of Psychoanalysis*. Melbourne: Melbourne University Press.

Marc, E., & Picard, D. (1991). *Bateson, Watzlawick und die Schule von Palo Alto*. Frankfurt a.M.: Hain.

Massin, B. (1999). Anthropologie und Humangenetik im Nationalsozialismus oder: Wie schreiben deutsche Wissenschaftler ihre eigene Wissenschaftsgeschichte? In H. Kaupen-Haas & C. Saller (Hrsg.), *Wissenschaftlicher Rassismus. Analysen einer Kontinuität in den Human- und Naturwissenschaften* (S. 12–64). Frankfurt a.M., New York: Campus.

Mayer, A. (2002). *Mikroskopie der Psyche. Die Anfänge der Psychoanalyse im Hypnose-Labor*. Göttingen: Wallstein.

Moreno, J. L. (1959). *Gruppenpsychotherapie und Psychodrama. Einleitung in die Theorie und Praxis*. Stuttgart: Thieme.

Navratil, L. (1965). *Schizophrenie und Kunst. Ein Beitrag zur Psychologie des Gestaltens*. München: dtv.

Niederland, W. G. (1978). *Der Fall Schreber. Das psychoanalytische Profil einer paranoiden Persönlichkeit*. Frankfurt a.M.: Suhrkamp.

Peters, G. (1974). Schizophrenie. Eine körperliche Erkrankung. *Psychologie Heute, 1* (September), 57–60.

Radkau, J. (1998). *Das Zeitalter der Nervosität. Deutschland zwischen Bismarck und Hitler*. München: Hanser.

Reiter, L. (1988). Über die Anfänge I. Ziele und Zielkonflikte in der AGF. *System Familie, 1*, 23–32.

Reiter, L., Brunner, E. J., & Reiter-Theil, S. (Hrsg.) (1988). *Von der Familientherapie zur systemischen Perspektive*. Berlin u.a.: Springer.

Richter, H.-E. (1963). *Eltern, Kind und Neurose. Zur Psychoanalyse der kindlichen Rolle*. Stuttgart: Klett.

Richter, H.-E. (1970). *Patient Familie. Entstehung, Struktur und Therapie von Konflikten in Ehe und Familie*. Reinbek: Rowohlt.

Richter, H.-E. (2001). *Wanderer zwischen den Fronten. Gedanken und Erinnerungen*. München: Ullstein.

Roelcke, V. (1999). Quantifizierung, Klassifikation, Epidemiologie. Normierungsversuche des Psychischen bei Emil Kraepelin. In W. Sohn & H. Mehrtens (Hrsg.), *Normalität und Abweichung. Studien zur Theorie und Geschichte der Normalisierungsgesellschaft* (S. 183–200). Opladen, Wiesbaden: Westdeutscher Verlag.

Roelcke, V. (2003). Unterwegs zur Psychiatrie als Wissenschaft. Das Projekt einer „Irrenstatistik" und Emil Kraepelins Neuformulierung der psychiatrischen Klassifikation. In E. J. Engstrom & V. Roelcke (Hrsg.), *Psychiatrie im 19. Jahrhundert* (S. 169–188). Basel, Mainz: Schwabe.

Rose, N. (2007). Beyond medicalisation. *The Lancet, 369*(9562), 700–702.

Rosenhan, D. L. (1973). On being sane in insane places. *Science, 179*(4070), 250–258.

Roudinesco, E. (1994). *Wien – Paris. Die Geschichte der Psychoanalyse in Frankreich*, Bd. 1: *1885–1939*. Berlin: Beltz.

Rudloff, W. (2010). Expertenkommissionen, Masterpläne und Modellprogramme. Die bundesdeutsche Psychiatriereform als Paradefall ‚verwissenschaftlichter' Politik? *Archiv für Sozialgeschichte, 50*, 169–216.

Schatzman, M. (1984). *Die Angst vor dem Vater. Langzeitwirkungen einer Erziehungsmethode. Eine Analyse am Fall Schreber*. Reinbek: Rowohlt.

Schmiedebach, H.-P., & Priebe, S. (2003). Open psychiatric care and social psychiatry in 19th and early 20th century Germany. In E. J. Engstrom & V. Roelcke (Hrsg.), *Psychiatrie im 19. Jahrhundert* (S. 263–281). Basel, Mainz: Schwabe.

Schipkowensky, N. (1974). Die Antipsychiatrie in Vergangenheit und Gegenwart. *Fortschritte der Neurologie, Psychiatrie und ihrer Grenzgebiete, 42*, 291–311.

Schott, H. (1979). *Traum und Neurose. Erläuterungen zum Freudschen Krankheitsbegriff*. Bern, Stuttgart, Wien: Huber.

Schrenk, M. (1973). *Über den Umgang mit Geisteskranken. Die Entwicklung der psychiatrischen Therapie vom „moralischen Regime" in England und Frankreich zu den „psychischen Curmethoden" in Deutschland*. Berlin, Heidelberg: Springer.

Selvini Palazzoli, M. (1981). Ein kulturelles Ereignis von historischer Bedeutung: Zur deutschen Erstauflage von Gregory Batesons Schriften. *Familiendynamik, 6*(4), 379–385.

Selvini Palazzoli, M., Boscolo, L., Cecchin, G., & Prata, G. (1977). *Paradoxon und Gegenparadoxon. Ein neues Therapiemodell für die Familie mit schizophrener Störung*. Stuttgart: Klett-Cotta.

Senges-Anderson, E. (2008). Selbstmanagement und Coaching. *Zeitschrift für systemische Therapie und Beratung, 26*(1), 33–42.

Slipp, S. (1978). Interpersonelle Faktoren der Hysterie: Freuds Verführungstheorie und der Fall Dora. *Familiendynamik, 3*(2), 130–147.

Sluzki, C. E., & Ransom, D. C. (Hrsg.) (1976). *Double Bind. The Foundation of the Communicational Approach to the Family*. New York: Grune & Stratton.

Staub, M. E. (2011). *Madness is Civilization. When the Diagnosis was Social, 1948–1980*. Chicago: University of Chicago Press.

Stierlin, H. (1959/60). [Rez. zu E. M. Goldberg, Family Influences and Psychosomatic Illness. An Inquiry into the Social and Psychological Background of Duodenal Ulcer]. *Psyche, 13*(12), 934–935.

Stierlin, H. (1965). Vorbemerkung. *Psyche, 19*(2), 81.

Stierlin, H. (1966). [Rez. zu I. Boszormenyi-Nagy & J. L. Framo [Hrsg.], Intensive Family Therapy. Theoretical and Practical Aspects]. *Psyche, 20*(4), 309–310.

Stierlin, H. (1970). Die Familienbeziehung. *Psyche, 24*(9), 678–691.

Stierlin, H. (1974). Psychoanalytische Ansätze zum Schizophrenieverständnis im Lichte eines Familienmodells. *Psyche, 28*(2), 116–134.

Stierlin, H. (1975). *Von der Psychoanalyse zur Familientherapie*. Stuttgart: Klett.

Stierlin, H. (1977). Warum Künstler mit ihrem Leben nicht fertigwerden. *Psychologie Heute*, *4* (Juli), 28–35.

Stierlin, H. (2003). *Die Demokratisierung der Psychotherapie. Anstöße und Herausforderungen*. Stuttgart: Klett-Cotta.

Stone, M. (1985). Shellshock and the psychologists. In W. F. Bynum, R. Porter & M. Shepherd (Hrsg.), *The Anatomy of Madness: Essays in the History of Psychiatry*, Bd. 1: *People and Ideas* (S. 242–271). London, New York: Tavistock.

Sullivan, H. S. (1956). *Schizophrenia as a Human Process*. New York: Norton.

Szasz, T. S. (1971). *The Manufacture of Madness: A Comparative Study of the Inquisition and the Mental Health Movement*. London: Routledge & Kegan Paul.

Varela, F. G., Maturana, H. R., & Uribe R. (1974). Autopoiesis: The organization of living systems, its characterization and a model. *BioSystems*, *5*(4), 187–196.

Wahrig-Schmidt, B. (1985). *Der junge Wilhelm Griesinger im Spannungsfeld zwischen Philosophie und Physiologie. Anmerkungen zu den philosophischen Wurzeln seiner frühen Psychiatrie*. Tübingen: Narr.

Watzlawick, P., Weakland, J. H., & Fisch, R. (1974). *Lösungen. Zur Theorie und Praxis menschlichen Wandels*. Bern, Stuttgart, Wien: Huber.

Weinstein, D. (2013). *The Pathological Family. Postwar America and the Rise of Family Therapy*. Ithaca: Cornell University Press.

Westmeyer, H., & Hoffmann, N. (Hrsg.) (1977). *Verhaltenstherapie. Grundlegende Texte*. Hamburg: Hoffmann und Campe.

Zaretsky, E. (2006). *Freuds Jahrhundert. Die Geschichte der Psychoanalyse*. Wien: Zsolnay.

Zeier, H. (Hrsg.) (1977). *Pawlow und die Folgen. Von der klassischen Konditionierung bis zur Verhaltenstherapie* (Die Psychologie des 20. Jahrhunderts, Bd. 4). Zürich: Kindler.

Zerbin-Rüdin, E., & Kendler, K. S. (1996). Ernst Rüdin (1874–1952) and his Genealogic-Demographic Department in Munich (1917–1986): An introduction to their family studies of schizophrenia. *American Journal of Medical Genetics (Neuropsychiatric Genetics)*, *67*(4), 332–337.

Sich zu falschen Gefühlen ins richtige Verhältnis setzen: Gefühlsproblematisierungen von Psychotherapeut_innen im Interview

Lotta Fiedel

Abstract

Wenn Psychotherapeut_innen im Interview unaufgefordert über unangemessene Gefühle gegenüber ihren Patient_innen sprechen – werfen sie dann mit dieser freiwilligen Selbstkritik ein schlechtes Licht auf sich als professionelle Subjekte? Die These dieses Artikels ist, dass es sich genau umgekehrt verhält, nämlich dass die Gefühlsproblematisierungen eine Gelegenheit darstellen, die eigene Professionalität im Interview unter Beweis zu stellen. Durch die Skizzierung der historischen Entwicklung des Konzepts der Gegenübertragung wird aufgezeigt, dass sich das Verständnis von therapeutischer Professionalität verändert hat, weg von der Gefühlsneutralität, hin zur Fähigkeit zur Gefühlsreflexion. Anhand von zwei Szenen aus Interviews mit Therapeut_innen wird analysiert, wie die Interviewten der Anforderung, ihre eigenen Gefühle problematisieren zu können, *in situ* nachkommen. Das Interview ist dabei vor dem Hintergrund der poststrukturalistisch-praxeologischen Subjektivierungstheorie der Ort, an dem das Konzept von therapeutischer Professionalität (re-)produziert wird und sich dabei zugleich die Interviewten als professionelle therapeutische Subjekte positionieren. Es stellt sich dabei auch die Frage, welches Selbst in den Selbstthematisierungen entworfen wird – und in welches Verhältnis sich die Sprechenden zu diesem setzen. Die zwei ausgewählten Szenen illustrieren einerseits, dass der Anforderung, die eigenen Gefühle zu problematisieren, auf unterschiedliche Art und Weise nachgekommen werden kann. Andererseits wird deutlich, dass therapeutische Professionalität über beide Szenen hinweg als *affektive Reflexivität* hervorgebracht wird: Dies meint die Fähigkeit, sich die eigenen Gefühle zu vergegenwärtigen, sich in ein (kritisches) Verhältnis zu diesen zu setzen und sie entsprechend auch zu regulieren. Diese Anforderung kann über die Praxis der Psychotherapie hinaus als Norm (spät-)moderner Subjektivität verstanden werden: Gefühlsproblematisierungen können dabei helfen, im Wechsel zwischen verschiedenen Lebensbereichen je anders angemessen zu fühlen und zu handeln.

* * *

How to relate to wrong feelings: Problematizations of emotions by psychotherapists in interviews

When psychotherapists talk unprompted about their inappropriate feelings towards their patients in an interview setting, does this open self-criticism cast a bad light on them as professional subjects? This article argues that it is exactly the other way round: The emotional problematization represents an opportunity to prove one's professionalism. By outlining the historical development of the concept of countertransference, the article starts by tracing how the understanding of therapeutic professionalism has changed from a rule of emotional neutrality to a standard of ability of emotional reflection. Based on two interview scenes with two therapists, the article analyzes how the interviewees meet the requirement to be able to problematise their own feelings. Using post-structuralist-praxeological

V. Balz und L. Malich (Hrsg.), *Psychologie und Kritik*,
https://doi.org/10.1007/978-3-658-29486-1_10

subjectivation theory, the self-thematizations in the interview can be described as a place where the concept of therapeutic professionalism is (re-)produced. Here, interviewees position themselves as professional therapeutic subjects. The article also analyzes which definition of self is produced in the interviews – and in what relationship the speakers place themselves to it. The two scenes illustrate on the one hand that the requirement to problematize one's own feelings can be met in different ways. On the other hand, it becomes clear that therapeutic professionalism is produced across both scenes as *affective reflexivity*: This means the ability to realize one's own feelings, to place oneself in a (critical) relationship to them and to regulate them accordingly. This requirement can be understood beyond the practice of psychotherapy as the norm of (late) modern subjectivity: Emotional problematizations can help alternating between different areas of life in order to feel and act 'appropriately' in any given situation.

* * *

Einleitung

Die Thematisierung der *eigenen Gefühle*[1] findet längst nicht mehr nur auf der psychoanalytischen Couch statt, sondern hat als Praktik Einzug in die unterschiedlichsten Lebensbereiche gehalten: In Intimbeziehungen tauschen sich Partner_innen[2] über ihre Gefühle aus, in autobiographischen Texten werden sie auf Papier gebracht, in Pop-Songs besungen, in reflexiv-angelegter Sozialforschung sind sie als Einfluss auf die Forschung zu objektivieren und in der Arbeitswelt haben sie sich unter anderem im Rahmen von Supervisionen etabliert. Wenig überraschend machten auch Psychotherapeut_innen, die ich im Rahmen meines Dissertationsprojekts interviewte, unaufgefordert ihre eigenen Gefühle zum Gegenstand des Sprechens. Genauer gesagt machten die Interviewten ihre eigenen

1 In diesem Beitrag wird der Begriff ‚Gefühle' verwendet. Dieser leitet sich nicht aus theoretischen Überlegungen ab, sondern greift die Bedeutung des Fühlens auf, die unter anderem im Interview artikuliert wird. Und zwar: Die Bedeutung von Gefühlen, als etwas, was ein Subjekt *hat*. Aus praxistheoretischer Perspektive ist diesem Verständnis ein relationales und prozessualisiertes Verständnisses des Fühlens entgegenzusetzen. Aus diesem Grund schlägt Reckwitz (2016) vor, von ‚Affekten' bzw. vom ‚Affizieren' und ‚Affiziertwerden' zu sprechen. An den Stellen, an denen von ‚Affekten' die Rede ist, wird auf dieses Verständnis zurückgegriffen. Der Begriff ‚Gefühle' wird dann verwendet, wenn innerhalb des Bedeutungsrahmens verblieben wird, der in den Interviews angelegt wird.

2 Als generische Form wird in diesem Artikel eine Mischung aus dem generischen Femininum für Artikel und Pronomen sowie des Gender-Gaps für Nomen verwendet. Beispiel: Die Therapeut_in, die ihre Gefühle thematisiert.

Gefühle zum *Problem* und übten so an sich selbst Kritik: Sie sprachen über Gefühle, die sie gegenüber Patient_innen empfunden hatten, und markierten diese als illegitime Abweichung.[3]

Der vorliegende Beitrag nimmt diese Gefühlsproblematisierungen von Therapeut_innen im Interview als Subjektvierungspraktik als professionelles Therapiesubjekt in den Blick. Dafür wird zunächst der Aufstieg von Gefühlsthematisierungen von Psychotherapeut_innen anhand der Entwicklung des Konzepts der Gegenübertragung skizziert. Anschließend wird auf die Spezifika von Selbstthematisierungen als Subjektivierungspraktik eingegangen, und vor diesem Hintergrund wird denn auch die zentrale Fragestellung entfaltet: Wie begegnen die Therapeut_innen im Interview der Anforderung, sich durch eine Selbstkritik qua Gefühlsproblematisierungen und -kontrolle als professionell therapeutisches Subjekt auszuweisen? Ausgehend von dieser Frage werden im dritten Kapitel zwei Szenen aus Interviews analysiert, in denen Psychotherapeut_innen eigene Gefühle zum Gegenstand des Sprechens machen: Eine Therapeutin erzählt von einer gelungenen Bewältigung sexueller Anziehung gegenüber einem Patienten, ein Therapeut problematisiert sein Scheitern daran, immer hinreichend aufmerksam zu sein. Im nächsten Schritt werden die Sequenzen auf der Ebene der Erzählform, des Ins-Verhältnis-Setzen zum erzählten Selbst sowie den Gefühlen und dem Horizont der Problematisierung verglichen – und im Kontext von Psychotherapie als Bezugsrahmen sowie im Äußerungskontext des Interviews eingeordnet. Abschließend wird in einem Fazit auf offene Fragen hingewiesen und diskutiert, inwiefern Gefühlsthematisierungen als Subjektivierungspraktik moderner Subjekte begriffen werden können.

---

3 Die explorativen Interviews wurden im Rahmen des ethnographisch angelegten Dissertationsprojektes „Das therapeutische Subjekt – Praktiken der Subjektivierung in der (Gruppen-)therapie" durchgeführt. Neben Interviews umfasst das Projekt auch teilnehmende Beobachtungen in Gruppenpsychotherapien. Die Studie wird von Oktober 2016 bis Oktober 2019 durch das DFG-Graduiertenkolleg „Selbst-Bildungen" an der Carl von Ossietzky Universität Oldenburg gefördert.

Gefühlsthematisierungen von Therapeut_innen als Praktik der Selbstregulierung

Zwischen dem 16. und 18. Jahrhundert entwickelte sich mit dem Aufkommen der klassischen Subjektphilosophie in Europa die Vorstellung, dass das Subjekt mit dem Ursprung des eigenen Handelns und Denkens zusammenfällt (vgl. Reckwitz, 2008, S. 12). Dieser Vorstellung eines autonomen Subjekts, welches dem Sozialen vorausgeht, wird in poststrukturalistisch-praxistheoretischer Perspektive der Begriff der Subjektivierung entgegengesetzt: Demnach bildet sich das Subjekt erst über seine Involvierung in soziale Praktiken aus (vgl. Alkemeyer, Budde & Freist, 2013; Reckwitz, 2015), in denen es sich zu praktikenspezifischen und -übergreifenden Anforderungen verhalten muss, die die Anerkennbarkeit als Subjekt organisieren (vgl. theoretisch Butler, 1991; methodologisch Reh & Ricken, 2012; Ricken, 2013). Auch Äußerungsakte stellen damit Momente dar, in denen die Sprechenden sich gemäß historisch-spezifischen Anforderungen zu sich selbst, zu anderen und zur Welt ins Verhältnis setzen (müssen). Dieser Prozess wird jedoch als niemals abgeschlossen gedacht, sondern als ständige Wiederholung, die auch Variationen produziert (vgl. Butler, 1991, 2006).

Zur Historizität von Gefühlsthematisierungen von Therapeut_innen

Eine spezifische Form der sozialen Praktik, zu der moderne Subjekte aufgefordert werden und in deren Vollzug sie sich formen, ist das Sprechen über die eigenen Gefühle. Seit dem 20. Jahrhundert ist es die moderne Psychologie, welche die Thematisierung und Veränderung von Gefühlen anleitet (vgl. Shachak, 2018) – ihre Geburtsstunde ist jedoch schon weit früher zu veranschlagen. So gehen Gefühlsthematisierungen bereits mit der Veränderung der Sündenanalyse im 12. Jahrhundert einher, als sich der Fokus von den Handlungen auf die Intentionen und Motive verschoben hatte (Hahn, 1997). Mit dem steigenden Interesse an den Motiven „ist aber gerade auch eine Steigerung der Empfindung für die eigene Subjektivität verbunden, die historisch neu ist“ (ebd., S. 152). Im Tagebuch und ab dem 18. Jahrhundert im bürgerlichen Roman setzt sich ebendiese

Steigerung noch einmal fort: Die minutiöse Schilderung der eigenen Innenwelt löst die Heldengeschichten der antiken Literatur ab. Dabei reichert diese „Seelenzergliederung" ein Wissen an, „das sich *über* die Individuen formiert" (Sonntag, 1988, S. 34).

Es sind Institutionen wie die Schule, Militär, Klinik und die Humanwissenschaften, die sich im Zuge des 17. und 18. Jahrhunderts diesem Wissen sowie seiner verwissenschaftlichenden Vermehrung annehmen (Foucault, 2015 [1994]). Zu Beginn des 20. Jahrhunderts erhebt sich schließlich die Psychoanalyse zu einer Leitprofession für Gefühlsthematisierungen und Gefühlsveränderungen. Psychotherapie ist darauf ausgerichtet, die Analysand_innen zum Sprechen über ihre Gefühle *im Kontext anderer Praxen* zu bringen, etwa über Ängste *im Kontext von Prüfungen*. Eine Bedingung dafür ist, dass der therapeutische Raum jenseits dieser einen Aufforderung von anderen Handlungsaufforderungen entlastet wird. Die Patient_in muss sich selbst thematisieren können, „ohne daß das Bekenntnis Moment des Handlungszusammenhangs wird, auf den es sich bezieht" (Hahn & Willems, 1993, S. 316; vgl. dazu auch Küchenhoff, 2009). Dies setzt unter anderem voraus, dass sich die Therapeut_innen nicht auf den Vollzug alltäglicher Kommunikation einlassen (vgl. dazu schon Turner, 1976), in dem fortlaufend andere Handlungszwänge als jener zur Selbstthematisierung produziert werden. Es setzt des Weiteren voraus, dass die Therapeut_innen in der Lage sind, jene Gefühle zu kontrollieren, die zu Verwicklungen mit den Patient_innen in alltägliche Praktiken (z.B. Praktiken der Konkurrenz, Freundschaft oder Liebe) führen könnten. Heute übernehmen Praktiken wie Super- und Intravision die Funktion, durch eine angeleitete Selbstreflexion der Therapeut_innen fernab ihrer Patient_innen unter anderem eine Unterscheidung zu leisten zwischen ‚persönlichen Gefühlen', die im Kontext der eigenen Biographie und Persönlichkeit stehen, und Gefühlen, die eine Information über die Persönlichkeit der Patient_in darstellen, und nur Letztere in die psychotherapeutische Praxis mit einzubeziehen.

Die Entwicklung dieser spezifischen Form der Gefühlskontrolle von Therapeut_innen lässt sich anhand der Geschichte des Konzepts der Gegenübertragung nachvollziehen. Dessen ‚Entdeckung' fiel zunächst zusammen mit seiner Verdammung. Im Jahre 1910 meinte Freud, die Behandler_in habe zu „reflektiere[n] wie ein Spiegel“ und zu sein „wie ein gefühlskalter Chirurg“ (zit. nach Thomä & Kächele, 2006, S. 98). In dieser Perspektive wird Gegenübertragung verstanden als die affektive Reaktion der Therapeut_in auf ihre Patient_in, als sei diese „eine bedeutsame Person in der frühen Lebensgeschichte des Analytikers“ (Greenson, 2007, S. 357). Dieses ‚defensive Konzept der Gegenübertragung‘ (Körner, 2018, S. 16) bestimmt in den folgenden vier Jahrzehnten sowohl Theorie als auch Praxis: Gefühle der Therapeut_in wurden als störende Reaktionen begriffen, die es zu bändigen galt, so gut es eben ging. Diese Sichtweise auf Gefühle von Therapeut_innen steht auch im Kontext einer Problematisierung des Machtmissbrauchs und sexueller Beziehungen zwischen Analytiker_innen und Analysand_innen, ausgehend vornehmlich von Ersteren (Körner, 2018, S. 13–22; Thomä & Kächele, 2006, S. 98–99): Denn wie in anderen sozialen Praxen, die nach außen hin abgeschlossen sind und zugleich auf einem asymmetrischen Verhältnis der Teilnehmer_innen beruhen, besteht auch in der Psychotherapie ein erhöhtes Risiko für Machtmissbrauch. Die Kontrolle derjenigen Gefühle der Therapeut_innen, die sich auf die Patient_in als Partner_in einer intimen Praktik beziehen, dient daher nicht nur der Ermöglichung der Selbstthematisierung der Patient_in wie oben angesprochen, sondern soll auch romantische und sexuelle Beziehungen verhindern.

Im Kontext weiterer Veröffentlichungen war es schließlich ein Beitrag von Paula Heimann (2016 [1950]), der die Vorstellung eines rein defensiven Konzepts der Gegenübertragung nachhaltig zu verändern vermochte: Heimann wundert sich in dem Text darüber, dass viele psychoanalytische Ausbildungskandidat_innen „befangen“ und „schuldbewusst“ auf Gefühle reagierten, die sie gegenüber ihren Patient_innen empfanden, und stattdessen versuchten, „vollständig gefühlslos“ und „distanziert“ zu sein (ebd., S. 111). Dieser Tabuisierung von Gefühlen stellt Heimann den Vorschlag entgegen, der Analytiker (sic!) möge die Gegenübertragung nutzen „als ein Instrument, mit dessen Hilfe er das Unbewusste des Patienten erforschen kann“ (ebd., S. 112). Statt die Gefühle also zu verbannen, gilt es sie gemäß dieser Perspektive als diagnostisches Instrument zu wenden.

Dieses Konzept der „Gegenübertragung als Messinstrument“ (Körner, 2018, S. 19) fand in Deutschland unter anderem Eingang in Ausbildungsseminare, wodurch es sich denn auch zunehmend verbreitete (Thomä & Kächele, 2006, S. 107–109). Zugleich formierte sich auch Widerstand gegen die Vereinnahmung der Psyche von Therapeut_innen durch das Unbewusste der Patient_innen. Einer der Hauptkritikpunkte betraf die Infragestellung der Unbeteiligtheit der Therapeut_in. Denn die Therapeut_in sei „zu keinem Augenblick nur ein Messinstrument, das wie ein Testverfahren in der klassischen psychologischen Testtheorie die Persönlichkeit des Probanden objektiv zu messen beansprucht, sondern er [der Therapeut; L.F.] greift in das Beziehungsgeschehen mehr oder weniger bewusst aktiv ein“ (Körner, 2018, S. 19).

In diesem Kontext wird schließlich auch diskutierbar, ob und welche Gefühle gegenüber der Patient_in enthüllt werden können oder sollten (Thomä & Kächele, 2006, S. 113–118), und mündet schlussendlich z.B. auch in der eingangs erwähnten Forderung, zwischen *eigenen Gefühlen* und *Reaktionen auf die Patient_in* unterscheiden zu lernen und nur Letztere vor der Patient_in zu offenbaren. Doch die Frage der ‚richtigen Gefühlskontrolle‘ von Therapeut_innen, an der sich immer auch die Professionalität bemisst, ist und bleibt kontrovers – was jedoch gerade die Optionalisierung und Verbreitung von Gefühlsthematisierungen befeuert.

Ob es die eigenen Gefühle nun zu verbannen gilt, wie von Freud vor über Jahrhundert Jahren vorgeschlagen, ob sie als diagnostisches Mittel zu nutzen, wie Heimann anregte, oder sie in individuelle vs. diagnostische Gefühle zu unterscheiden sind: Therapeutische Professionalität zeichnet sich durch eine Reflexion und Kontrolle eigener Gefühle aus – und erscheint damit als Prototyp einer Praktik, deren Geltungsbereich spätestens ab den 1960er Jahren die Grenzen der psychotherapeutischen Praxis überschreitet (Eitler & Elberfeld, 2015, S. 27; vgl. Illouz, 2011). Es ist die Umwendung zu dieser Anforderung, welche als Norm therapeutischer Professionalität auf eine Norm moderner Subjektivität verweist, die in den Interviewsequenzen analysiert und im Fazit hinsichtlich ihres Zusammenhangs mit moderner Gesellschaft diskutiert wird.

Gefühlsthematisierungen als Subjektivierungspraktik analysieren: Spezifika und Fragestellungen

Nun weisen Äußerungsakte, in denen Individuen ihre eigenen Gefühle zum Gegenstand des Sprechens machen, eine Besonderheit auf: Sie sind sprachlich-reflexive Bezugnahmen auf das eigene Selbst und damit ein „Diskursritual, in dem das sprechende Subjekt mit dem Objekt der Aussage zusammenfällt" (Foucault, 2012a [1983], S. 65). Diese Verdopplung und dabei immer auch schon Spaltung des Subjekts – als sprechendes und als Objekt des Sprechens – ist aus subjektivierungstheoretischer Perspektive insofern ein Spezialfall, als zwei Ebenen der Subjektivierung sowie deren Rationierung berücksichtigt werden müssen. Erstens sind die verschiedenen Ausformungen von Selbstthematisierungen selbst als Subjektivierungspraktiken zu beschreiben. Denn das sich selbst thematisierende Subjekt wird im Vollzug eines Geständnisses als Position geschaffen, in der man sich zu den eigenen Gefühlen in ein je spezifisches Verhältnis setzt (vgl. Wrana, 2015, S. 128). Bei aus der affektiven Ordnung der Professionalität herausfallenden Gefühlen von Therapeut_innen ist zu erwarten, dass dieses Verhältnis ein distanzierendes und problematisierendes ist. Zweitens werden im Sprechen die Gefühle gemäß spezifischer Muster geformt. Denn ihre „Herauslösung aus diesem [beschreibbaren und undifferenzierten; L.F.] ‚Stimmungsmeer' (…) ist typischerweise auf Modelle, Vorbilder und Übung angewiesen" (Hahn, 1997, S. 166). Wie oben angeführt, hat sich seit dem 20. Jahrhundert ein psychologisches Verständnis von Gefühlen durchgesetzt, in dem diese als Zustand des Individuums begriffen werden. Innerhalb dieses Rahmens stellen für Therapeut_innen dabei unter anderem die verschiedenen Konzepte der Gegenübertragung Modelle dar, mit deren Hilfe Ordnung ins Dickicht gebracht und Gefühle ins Professionelle überführt werden können. Im Sprechen über die eigenen Gefühle eignet sich das Subjekt diese als „Wahrheit über sich selbst" (ebd., S. 169; vgl. dazu auch Rose, 1996, S. 96) an – die Art und Weise der Aneignung hängt dabei jedoch von der Ins-Verhältnis-Setzung ab. So verschmilzt in der nachempfindenden Gefühlsthematisierung eines Pop-Songs das sprechende Subjekt mit den artikulierten Gefühlen. In einer distanzierenden und problematisierenden Bezugnahme von Therapeut_innen auf ihre Gefühle wird jedoch eher eine *des-*

identifizierende Identifizierung vollzogen – es wird sich von Gefühlen zu distanzieren versucht, die aber noch in dieser Bewegung als die eigenen anerkannt werden.

Im Folgenden analysiere ich anhand von zwei Sequenzen, wie sich Therapeut_innen im Interview zu der Anrufung umwenden, ihre Gefühle zu reflektieren und zu kontrollieren – sich also in ein spezifisches Verhältnis zu ihren Gefühlen zu setzen. Ich begreife die Äußerungen im Interview dabei als Momente, in der sich (mitbedingt durch die Interviewansprache *als Therapeut_in*) die Interviewten als professionell handelnde Therapeut_innensubjekte hervorbringen (sollen). Die Art und Weise dieser Hervorbringung als professionelles Subjekt ist selbstredend ko-konstituiert durch die Interviewpraktik – in der Supervision sind andere Formen der Hervorbringung als professionelles Therapiesubjekt zu erwarten. Nichtsdestotrotz begreife ich *auch* das Interview als einen Moment, in dem sich die Interviewten zu den Anforderungen, die an sie als Therapeut_innen gestellt werden, verhalten müssen und sich im Angesicht dieser selbst bilden. Mich interessiert, wie diesen Anforderungen im Interview begegnet wird und welches Verständnis eines professionellen Umgangs mit Gefühlen im Sprechen dabei (re-)produziert wird.[4]

Analyse von zwei Gefühlsproblematisierungen im Interview

„… aber ein paar Sitzungen puuuh da war mir ordentlich heiß!“

Die Therapeutin Jost[5] wird im Interview[6] dazu aufgefordert, von den Grenzen der therapeutischen Beziehung zu berichten. Daraufhin erzählt sie zunächst von einer Patientin, mit der sie gerne befreundet gewesen wäre, und dann von einem

4 Mit dieser Perspektive schließe ich an den Ansatz ‚Diskursiver Praktiken‘ an, der von Daniel Wrana, Marion Ott und Antje Langer entwickelt wurde. Statt eines Top-down-Verständnisses des Diskurses wird hier ein performativitätstheoretisches angelegt. Zu einer Verortung dieses theoretischen, methodologischen und methodischen Verständnisses im Feld der diskursanalytischen Subjekvierungsforschung siehe Fegter et al. (2015).

5 Die Namen der Therapeut_innen sind anonymisiert.

6 Die Interviews wurden nach dem Format Talk in Qualitative Social Research transkribiert (entnommen aus Bohnsack, Nentwig-Gesemann & Nohl, 2013, 399–400).

Patienten, von dem sie sich sexuell angezogen fühlte (Interview Jost, Z. 578–598):

> J: …oder (.) einmal ein Patient der (.) ä:ähm (.) wo ich selber gerade in einer ziemlich schwierigen Beziehungssituation war (.) pah ich mein (.) es kommen nicht sehr viele Patienten in Therapie die mir gefallen; (.)
> I: Mmmh (.)
> J: Und das war aber einer der wirklich auch äußerlich attraktiv und vom Alter passend war (.) und äääh irgendwann bin ich dann in der Nacht aufgewacht und hab von ihm geträumt; (1) und hab mir gedacht oh Gott @( )@ ((lacht)) das is jetz aber schwierig; (.)
> I: Mmmh (.)
> J: U:uund ä:äähm (.) als ich so Anziehungsgefühle zu ihm ne also das war is dann ganz ganz schwierig gewesen in der Therapie für ein paar Sitzungen;
> I: Mmm
> J: ja, (1) ä:ähm (1) bin ich viel in Supervision gegangen (.) ich weiß noch immer nicht ob er das irgendwie gemerkt hat @oder nicht@ (.) ja:aa. (2) aber es ist gut gegangen es ist dann gut gegangen und es hat sich dann auch wieda relativ gu:ut (.) auch gelegt wieda
> I: Mmmh
> J: das war so ein Aufflackern halt;
> I: Mmm
> J: und mit zwei drei Supervisionssitzungen gings auch aber (.) aber ein paar Sitzungen puuuh da war mir ordentlich heiß wenn der
> I: Ja
> J: gekommen ist.

Die Therapeutin Jost erzählt in dieser Sequenz von einem Patienten, von dem sie nicht als Therapeutin, sondern als potentielle sexuelle Partnerin affiziert wurde. Diese Affizierung lässt sich praxistheoretisch als eine Art Interferenz durch eine (heteronormative) Sexualitätspraktik begreifen, die die professionelle Affizierung als Therapeut_in herausfordert: Denn wie alle Affizierungen schafft auch diese einen Anreiz, sich in die Praktik zu involvieren (vgl. Reckwitz, 2016). Sich dieser Involvierung zu verwehren, ist – mit den Worten von Therapeutin Jost – „schwierig".

Gleichwohl erzählt die Therapeutin von einem Selbst, das diese Situation meistern kann, indem es reflexiv und problematisierend auf diese Gefühle zu reagieren und sie so schließlich zu bändigen vermag. Hier wird also von der Struktur her auf das ‚defensive Konzept' der Gegenübertragung zurückgegriffen, das Gefühl der sexuellen Anziehung jedoch nicht auf eigene biographische Erfahrungen zurückgeführt, sondern auf die Attraktivität und das passende Alter des Patienten. Es steht außer Frage, dass das Gefühl erstens problematisch und zweitens gegenüber dem Patienten nicht zu thematisieren ist – so wird eine rote Linie markiert, zu der sich die Interviewte im sicheren Abstand positioniert, womit sie sich als professionelles Therapiesubjekt (an-) zu erkennen gibt. Diese eindeutige und defensive Problematisierung – wie sie für den Fall freundschaftlicher Gefühle nicht in dieser Eindeutigkeit zu erwarten ist – akzeptiert implizit die Asymmetrie der Beziehung und Abhängigkeit der Patient_in, vor deren Hintergrund das Eingehen intimer Praktiken, die auf Einvernehmlichkeit beruhen (sollten), illegitim erscheint.[7]

Wie setzt das erzählte Selbst die Reflexion und Problematisierung des eigenen Gefühls nun konkret um? Erstens erzählt Therapeutin Jost, dass sie sich unmittelbar nach dem Erwachen aus dem Traum zu diesem reflexiv mit anderen Gefühlen wie Erschrecken („oh Gott!") und Alarmiertheit ins Verhältnis setzt. Damit erzählt sie sich als Therapeutin, die insofern professionell fühlt, als sie das Gefühl sexueller Anziehung bereits in ihrem Fühlen als unangemessen erlebt. Noch spezifischer wird sexuelle Anziehung vom erzählten Selbst als *Krise* anerkannt. Diese spezifische Form der Problematisierung von sexueller Anziehung als Krise bringt Anziehung als Problem hervor, das in sich den Horizont der Zukunft und darin wiederum die Möglichkeit einer Bewältigung birgt. In der Erzählung nimmt das therapeutische Selbst diese Bewältigung nicht allein in Angriff, sondern im Rahmen der Supervision. Diese ist als Praktik auf eine Gefühlsthematisierung und -formierung von Therapeut_innen ausgerichtet und dient der Professionalisierung der Psychotherapie als „Krisenbewältigungsanstrengung" (Maasen, 2011, S. 22).

7 Die Illegitimität des Gefühls bzw. der Involvierung in die Praktiken, zu denen es auffordert, wird auch strafrechtlich gestützt (§ 174c StGB), wird also auch durch eine Institutionalisierung stabilisiert.

Formal sind die Äußerungen von Therapeutin Jost narrativ strukturiert und werden dadurch in einen kohärenten Zusammenhang gebracht (vgl. dazu Lucius-Hoene & Deppermann, 2002, S. 20–21). An den Anfang der erzählten Ereignisse wird eine Komplikation gesetzt: die „Anziehungsgefühle", die als Krise problematisiert werden. Von dieser aus wird der zeitliche Verlauf der Ereignisse in einem kohärenten Zusammenhang entfaltet. Schließlich findet die Erzählung ein Ende – und zwar in der Auflösung der Krise. In dieser Erzählung wird deutlich gemacht, was das erzählte Selbst empfunden und wie es reagiert hat – es wird wenig Raum für Uneindeutigkeiten gelassen. Die Erfahrung kann also letztlich erfolgreich in das Muster einer Krisenbewältigung eingefügt und darin kohärent erzählt werden.

Nur an einer Stelle bleibt die Erzählung offen: Und zwar mit Blick auf die Frage, ob der Patient ihre Anziehung bemerkt habe oder nicht. Die narrative Struktur bildet das Gerüst, innerhalb dessen sich die Therapeutin Jost selbst nachempfindet. Das Sprechen ist affiziert und lebhaft: Es beinhaltet Ausrufe („pah", „puuuh"), Lachen, Momente des Überlegens („ä:ähm" und Pausen) und sinnliche Metaphern („Aufflackern", „heiß" werden). Sie nimmt als Sprecherin also gerade kein distanziertes Verhältnis zu dem entworfenen Selbst und seinen Gefühlen ein, sondern sie identifiziert sich vielmehr mit einem Selbst, das dazu in der Lage ist, sich von unangemessenen Gefühlen zu distanzieren. Am extremsten wird dies in dem Äußerungsakt vollzogen, in dem sie ihre eigenen Gedanken nach Erwachen aus dem Traum zitiert: In diesem Zitat wird sowohl die Zeitlichkeit alltäglicher Erfahrung als auch das erzählte Selbst imitiert und reinszeniert. Therapeutin Jost performiert im Interview also keine Selbstkontrolle und -problematisierung, sondern entwirft ein Selbst dieser Fähigkeiten und empfindet dieses im Sprechen nach. Es ist anzunehmen, dass eine Bedingung dieses identifizierenden Sprechens die erfolgreiche Bewältigung der sexuellen Anziehung darstellt, die sie erzählt.

Bringt sich die Therapeutin Jost im Interview also eher als Pop-Sängerin (Modell: Nachempfinden) denn als professionelle Therapeutin (Modell: Distanzierung) hervor? Sowohl als auch. Denn obwohl sie sich im Sprechen nachempfindet, geht die Sprecherin nicht im Gefühl der Krise auf, sondern setzt sich in ein souveränes Verhältnis zur Erzählung ebendieser. Einerseits durch die kohärente Erzählung, durch die sie sich als souveräne Sprecherin hervorbringt: Ihr gelingt es, die Erzählung unter Kontrolle zu haben, statt von ihr kontrolliert zu werden. Andererseits wird die Souveränität auch im Lachen performiert. Mit diesem nimmt sie vom Gefühl der Krise Abstand. Sie markiert, dass sie nicht (mehr) überwältigtes Objekt dieses Gefühls ist – sondern als Subjekt davon sprechen kann. Damit zieht sie sogleich eine Distanz zwischen dem erzählten Selbst und sich als Sprecherin ein, was durch die zeitliche Verortung der Erfahrung in der weiter entfernten und nicht näher definierten Vergangenheit noch einmal zusätzlich verstärkt wird.

„Und ich erinner mich wie ich also in späteren Phasen auch mit dem Schlaf zu kämpfen hatte…“

Auch im zweiten Therapeut_innen-Interview geht es nicht zuletzt um Abstinenz und die Grenzen der therapeutischen Beziehung. Dabei definiert Therapeut Rullig zunächst positiv, was eine therapeutische Beziehung ausmache – sie sei eng und „hochaufmerksam“ (Interview Rullig, Z. 376). Vor diesem Hintergrund problematisiert er schließlich eigene Unaufmerksamkeit und Langeweile als Abweichung von professioneller therapeutischer Affektivität. Während Jost also ein ‚Zuviel‘ an Affekt als Problem markierte, kreidet sich Rullig umgekehrt ein ‚Zuwenig‘ an Affekt an (Interview Rullig, Z. 378–387):

> R: Und ich erinner mich wie ich also auch in in in @späteren Phasen@ ((zieht Luft ein)) auch äh mit dem Schlaf zu kämpfen hatte ne, (.) is natürlich ne Sauerei ne, (.) aber das war so.
> I: Mmmh
> R: Ne, (.) aber das war so. (1) da is mir einer auch mal weg gelaufen. (.) D- das is das hat er (.) supa (.) richtig gemacht. (.)
> I: Also weglaufen, is nicht mehr gekommen zur Therapie?
> R: Ja. (.) Ja. (1) Ja ich glaube auch der war vielleicht krank auch rausgeschickt (1) irgendwie ich hatte nicht geschlafen soweit gings ja nun nicht (.) aber ((zieht Luft ein)) äääh er merkte irgendwie dass dass ich nicht äh auf-merksam war oder dass ichs was was wiederholt habe oder was nicht wusste was ich hätte wissen müssen oder so ne;

In dieser Sequenz spricht der Therapeut Rullig kritisch über sein therapeutisches Selbst und dessen Gefühle. Er gesteht ein, dass er in nicht näher definierten „späteren Phasen“ unaufmerksam war. Mehr noch: Diesem Selbst wird nicht einmal zugeschrieben, die Unaufmerksamkeit in der Situation überhaupt (als Problem) erkannt zu haben. Dies wird im Sprechen jedoch nachgeholt, indem sein Handeln explizit als Problem markiert wird: Durch die Bewertung seiner Unaufmerksamkeit als „Sauerei“ einerseits und die Anerkennung des Therapieabbruchs durch den Patienten als „supa“ und „richtig“ andererseits. Die Problematisierung erfolgt dabei im Horizont eines moralischen Vergehens: Unaufmerksamkeit gegenüber Patient_innen wird als „Sauerei“, d.h. entlang der Bewertungsachse ‚gut‘ und ‚schlecht‘ thematisiert. Wie eingangs ausgeführt, ist Psychotherapie als Praktik darauf ausgerichtet, eine besondere Form der Selbstthematisierung der Patient_in in Gang zu bringen. Die Therapeut_in soll dafür eine spezifische Form von Aufmerksamkeit für noch unerschlossene Gebiete des Selbst herstellen. Diese bildet den Boden, auf dem Widerfahrnisse (d.h. als unkontrollierbar und unverständlich erlebte Erfahrungen) der Patient_in in sinnvolle und nachvollziehbare überführt werden können (z.B. durch biographische Muster, biologische Modelle, gesellschaftliche Prägungen). Doch damit nicht genug: Die Aufmerksamkeit ist nicht nur Voraussetzung zur Sinnstiftung, sondern schon deren Vollzug. Denn bereits in der aufmerksamen Zuwendung der Therapeut_in zur Patient_in wird Letztere samt ihrer Anliegen als bedeutsam und sinnhaft anerkannt.

Interessant ist nun, dass der Therapeut Rullig im Interview dennoch davon erzählt. Wie lässt sich dies in Bezug auf die Anforderung, sich als professionelles therapeutisches Subjekt hervorzubringen, deuten? Scheitert er auch daran, indem er von seinem Scheitern erzählt? Oder bietet das Sprechen darüber vielmehr auch die Gelegenheit, performativ ein professionelles Selbstverhältnis zu vollziehen – und sich dabei auch von der eigenen Schuld zu entlasten? Der zweiten Lesart folgend würde sich therapeutische Professionalität nicht durch eine Unfehlbarkeit des therapierenden Subjekts auszeichnen, sondern vielmehr durch die Fähigkeit, unprofessionelles Handeln als solches auch nachträglich anzuerkennen. Denn in dieser Selbstkritik wird es erstens möglich, das eigene Handeln zu problematisieren und so in die Ordnung der Professionalität zu überführen. Und zweitens wird in dieser Selbstproblematisierung letztlich jene Anforderung unter

Beweis gestellt, an der das erzählte Selbst scheitert. Denn wenn die Anerkennbarkeit als professionell therapierendes Subjekt auch darauf beruht, sich als ein Subjekt der Selbstproblematisierung und -kontrolle anerkennbar zu machen, dann kann auch noch das Scheitern an dieser im performativen Vollzug einer Selbstproblematisierung des eigenen Scheiterns (teilweise) rehabilitiert werden. Dass dieser Versuch der Rehabilitierung jedoch prekär ist, darauf deutet die Art und Weise des Sprechens von Therapeut Rullig hin.

Auffällig daran sind die Inkohärenz, der Mangel an Fixierung sowie der flapsig-humorvolle Stil, welche die Bewertung von Unaufmerksamkeit als „Sauerei“ umspülen. So überspitzt die Beschreibung seines Verhaltens als ‚Kampf mit dem Schlaf‘ oder des ‚Weglaufens‘ des Patienten das Verhalten des erzählten Selbst – entsprechende Konturen werden somit zunächst nicht erkennbar gemacht. Erst als ich als Interviewerin diese flapsig-humorvolle Beschreibung in eine ernste Nachfrage überführe – die Frage nämlich, ob der Patient nicht mehr zur Therapie erschienen sei –, wendet der Therapeut Rullig sich selbst ernst zu. Doch dabei legt er sich nicht auf eine Beschreibung fest: Er nennt verschiedene Möglichkeiten wie er sich verhalten haben könnte und eröffnet mit einem „oder so ne“ weitere. Damit bleibt letztlich unklar, was genau das Vergehen seines erzählten Selbst war – wodurch er sich letztendlich auch einem finalen Urteil entzieht.

Gleichzeitig tritt Therapeut Rullig im Sprechen als Kommentator seines gescheiterten Selbst auf – er kritisiert sich im Interview selbst, statt sich wie Therapeutin Jost als Subjekt der Selbstkritik zu beschreiben: Er erhebt sich zu seinem eigenen Richter, ohne den Anlass seiner Verurteilung genauer zu enthüllen. Aus seiner Sprecherposition heraus bewertet er seine Unaufmerksamkeit als „Sauerei“, verstärkt durch den Zusatz „natürlich“, und lobt den Patienten. So nimmt er gleichzeitig eine Distanzierung zum erzählten Selbst vor: Als Sprecher entzieht er seinem erzählten Selbst die Zustimmung zur ‚Tat‘. In diesem Sprcchen nimmt er also zugleich eine Identifizierung wie auch eine Desidentifizierung mit dem gescheiterten Selbst vor.

Vergleich und Diskussion der Ergebnisse

Beide Therapeut_innen sprechen im Interview unaufgefordert Gefühle an, die sie selbst im Sprechen als unangemessen markieren, und üben so Selbstkritik bezüglich ihrer professionellen Affektivität. Paradoxerweise weisen sie sich jedoch gerade dadurch als professionell aus – und zwar, weil sie so dem Anspruch nachkommen, sich selbst und ihre Gefühle problematisieren zu können. Dies kann als eine Voraussetzung interpretiert werden, um ebendiese Gefühle kontrollieren zu können. Zugleich bewerten beide ihre jeweiligen Gefühle gemäß der Ordnung therapeutischer Professionalität und bekennen sich damit auch zu dieser. Vor dem Hintergrund der Geschichte des Konzepts der Gegenübertragung ist es überraschend, dass beide Therapeut_innen weder überlegen, ihre Gefühle als Information über die Persönlichkeit der Patient_in auf diese zurückzuwenden, noch in Erwägung ziehen, ihre Gefühle mit ihren Patient_innen zu teilen. Wird hier also auch noch einhundert Jahre später das defensive Modell der Gegenübertragung (re-)produziert? Eine andere Interpretation wäre, dass die Therapeut_innen es beherrschen, ihre Gefühle durchaus professionell zu unterscheiden: in solche, die vor den Patient_innen verhüllt werden sollen (was auf jene, um die es in den Interviews ging, zuträfe), in andere, die als Zeichen für das Innere der Patient_innen gelesen werden, und wieder andere, die es im Sinne eines Aufbaus einer persönlichen Beziehung zu teilen gilt. Damit würde ein Verständnis therapeutischer Professionalität (re-)produziert, in dem ebenjene Fähigkeit der Differenzierung von Gefühlen vorausgesetzt wird – und praktisch angewandt: Die eigenen Gefühle würden dann im Interview als solche der ersten Kategorie behandelt werden. Darüber hinaus wird in den Szenen deutlich, dass psychotherapeutische Professionalität nicht nur als Gefühlsbeschränkung verstanden wird (z.B. von sexueller Anziehung), sondern eben gerade auch als eine spezifische Affektmobilisierung.[8] Diese ist unter anderem durch Aufmerksamkeit gekenn-

8 Anstelle eine dichotomen und hierarchischen Gegenüberstellung von affektvollen vs. -neutralen Praktiken (die zugleich das Weibliche dem Männlichen und das Wilde dem Zivilisierten unterordnet), weisen auch vermeintlich affektneutrale Praktiken eine spezifische Affektivität auf: „Wissenschaftliche Praktiken im Rahmen des modernen Feldes der Natur- oder Geisteswissenschaften beispielsweise sind bei näherer Analyse vermutlich nicht ohne eine Affektstruktur der Neugierde des zugewandten Interesses am Zusammenhang der Dinge zu denken" (Reckwitz, 2016, S. 171).

zeichnet, wie in der Interviewsequenz mit dem Therapeuten Rullig deutlich wird. Sie umfasst aber auch eine Art *reflexiver Affektivität*: also die Fähigkeit bzw. Dispositionalität des Körpers, von unprofessionellen Affizierungen, die in einem anderen Kontext positive Valenz haben können (z.B. sexuelle Anziehung), negativ affiziert zu werden (z.B. Erschrecken).

Die Gefühlsproblematisierungen unterscheiden sich nicht nur hinsichtlich des thematisierten Gefühls. Sehr verschieden ist auch die Art und Weise, wie die Gefühlsproblematisierung vollzogen wird. Therapeutin Jost *erzählt* von einem therapeutischen Selbst, welches auf sexuelle Anziehung mit einem professionellen Gefühl (Erschrecken, Sorge) reagiert und dieses unter Zuhilfenahme von Supervision als Selbstthematisierungspraktik zu kontrollieren vermag. Als Sprecherin tritt sie hinter das erzählte Selbst zurück und verschmilzt so mit diesem: Sie weist sich also als professionell aus, indem sie sich mit einer gelungenen Gefühlsproblematisierung und -kontrolle identifiziert und diese als Evidenz anführt. Therapeut Rullig dagegen entwirft ein Selbst, das an der Problematisierung und Kontrolle der eigenen Unaufmerksamkeit scheitert, und distanziert sich als Sprecher davon. Zugleich bringt er sich gerade im performativen Vollzug dieser Selbstkritik als professionelles Therapiesubjekt hervor. Auch der Horizont der Problematisierung ist ein anderer: Bei Therapeutin Jost ist es die Krise, bei Therapeut Rullig die Moral. Im direkten Vergleich wird die jeweilige Bedeutung bzw. Wirkung der Problematisierungshorizonte besonders deutlich. Die Problematisierung im Modus der Krise bedeutet ein Gefühl als Herausforderung. So wird ein Bezug auf die Zukunft eingeräumt, in der die Krise gelöst und überwunden werden kann. Dies setzt jedoch voraus, dass ein bestimmtes Gefühl rechtzeitig als unangemessen erkannt wird. Therapeut Rullig problematisiert die nicht kontrollierte Unaufmerksamkeit nachträglich moralisch. In diesem Urteil gibt er zu erkennen, dass er um seine Schuld weiß, und zeigt sich einsichtig.

Zuletzt lassen sich noch bestimmte *Merkmale der Gefühlsthematisierungen* ausmachen, die als spezifische Ausformung dieser Praktik im Interview betrachtet werden können. Die Interviewten setzen sich zu Erfahrungen ins Verhältnis, die sie in der entfernteren und nicht näher bestimmten Vergangenheit lokalisieren. Dabei wird das Problem, das im Sprechen hergestellt wird, nicht als dringlich markiert. Zugleich wird die Problematisierung immer wieder abgeschwächt und auf Distanz zur Sprecher_in gebracht, z.B. durch ein Lachen oder ironische Kommentare. So wird Souveränität gegenüber den problematisierten Gefühlen hergestellt. Diese Souveränität wird auch durch die unmissverständliche und klar orientierte Bewertung und Kategorisierung der Gefühle gestützt. Es ist zu erwarten, dass dies z.B. bei Gefühlsproblematisierungen in der Supervision anders ist: dass dort also Gefühle problematisiert werden, zu denen sich die Therapeut_innen eventuell (noch) nicht derart distanziert und relativ souverän ins Verhältnis setzen können.

Fazit

In diesem Beitrag wurde vorgeschlagen, diese Art der Gefühlsproblematisierungen als Subjektivierungspraktik zu perspektivieren. Anhand von zwei Szenen wurde analysiert, *wie* sich die Interviewten in der Interviewsituation als professionelle therapeutische Subjekte hervorbringen, indem sie ihre Gefühle gemäß den Anforderungen, die durch die therapeutische Situation entstehen, bewerten können – und dabei auf unterschiedliche Weise zu erkennen geben, dass sie die Praktik der Gefühlsthematisierung und -kategorisierung beherrschen. Dabei wurde auch angesprochen, dass der Horizont, in dem die Gefühle problematisiert werden, in beiden Szenen je ein anderer ist. Während Therapeutin Jost sexuelle Anziehung als eigene Krise bedeutet, wird im Sprechen von Therapeut Rullig Unaufmerksamkeit als moralisches Vergehen markiert. Dabei strukturiert der jeweilige Horizont das Ins-Verhältnis-Setzen zu den Gefühlen und dem entworfenen Selbst. Wie bereits angedeutet, kann aus praxistheoretischer Perspektive die Hypothese aufgestellt werden, dass dies nicht nur eine kognitiv-rationale, sondern auch eine *affektive Reflexivierung* umfasst (vgl. Reckwitz, 2015, 2016). Bezogen auf Gefühlproblematisierungen bedeutet das, dass diese das sprechende Subjekt und das thematisierte Gefühl durch einen negativen Affekt miteinander verbinden. Damit werden sexuelle Anziehung bzw. Unaufmerksamkeit zu „Affektgeneratoren" (Reckwitz, 2016, S. 175), die sich jedoch je nach Horizont, vor dem das Problem bedeutet wird, unterscheiden: Sexuelle Anziehung als Krise produziert Überforderung („oh Gott, das is jetz aber schwierig"), Unaufmerksamkeit als moralisches Vergehen produziert Schuld („is natürlich ne Sauerei"). Eine genauere Analyse der unterschiedlichen Problematisierungshorizonte unter Berücksichtigung der damit verbundenen Affizierung im Kontext einer Subjektivierung als therapeutisches Subjekt erscheint sowohl theoretisch als auch gegenstandsbezogen relevant.

Die Fähigkeit, aus einem diffusen „Stimmungsmeer" (Hahn, 1997, S. 166) Gefühle zu machen – also dieses Stimmungsmeer einem modernen psychologischen Modell folgend als die eigenen, inneren Gefühle zu formen – und sie gemäß praktikenspezifischer Anforderungen zu problematisieren und zu kontrollieren, lässt sich dabei nicht nur als ein professioneller Anspruch begreifen. Wie einleitend bereits angesprochen, scheint diese Selbstkritik vielmehr in einem Zusammenhang mit einem Modell moderner Subjektivität zu stehen, das auch in anderen Praktiken, z.B. intimen Beziehungen, gefordert und dabei auch produziert wird. Diese Überlegung schließt an Arbeiten an, die Gefühlskontrolle (meist in einem rein restriktiven Sinne verstanden und in diesem Sinne auf bestimmte Affekte beschränkt) mit modernen Gesellschaften verknüpfen. So liest Eva Illouz Norbert Elias' Überlegungen aus seinem Werk *Über den Prozeß der Zivilisation* dahingehend, dass „emotionale Selbstkontrolle als Resultat der modernen, also seit dem 17. Jahrhundert fortschreitenden Differenzierung von Funktionen und Netzen der Interdependenz [zu] verstehen [ist], die das Selbst auf eine größere Zahl sozialer Interaktionen hin ausrichten" (Illouz, 2011, S. 113–114). Nicht nur die Zahl der Interaktionen steigt dabei an, sondern auch ihre Differenzierung: Es entstehen miteinander verwobene, aber mit einer je spezifischen Eigenlogik ausgestattete Praktikenkomplexe, die ein je spezifisches Handeln und Fühlen erfordern und formen. Wie insbesondere die Interviewsequenz mit der Therapeutin plastisch zeigt – und in Einklang mit einer sozialtheoretischen Perspektive, in der die Widersprüchlichkeit und Heterogenität sozialer Praxis berücksichtigt wird –, können sich diese Praktikenkomplexe und Aufforderungen durchaus überlagern. Die Fähigkeit, die eigenen Gefühle im Spiegel der jeweiligen Ordnung der Praktik *ratio-affektiv* zu reflektieren, lässt sich damit erstens als eine Form der Bearbeitung der Komplexität moderner Gesellschaften begreifen: also als Befähigung, sich in verschiedenen Situationen je anders angemessen zu verhalten und sich diesen Anforderungen entsprechend auch einer

Selbstkritik unterziehen zu können. Denn die zunehmende Differenzierung der Gesellschaft geht auch mit einem Rückgang allgemeingültiger Normen und einem Aufstieg des Selbst einher, das zum Stützpunkt moderner Regierung wird (Foucault, 2012b). Vor diesem Hintergrund kann vermutet werden, dass die Reflexion und Regulierung der eigenen Gefühle zweitens auch eine flexible und individualisierte Form der Kontingenzschließung und Orientierung bietet (vgl. Shachack, 2018; Schützeichel, 2010), die an die Herausbildung eines starken Selbst anschließt bzw. diese stützt. Dabei gilt die moderne Psychologie und Psychotherapie in der (kultur-)soziologischen Theorie seit Langem als besonderer Schauplatz dieser Herausbildung: In den Blick gerät dabei meist jedoch die Formierung der Individuen, die Psychotherapie in Anspruch nehmen, und nicht jene, welche sie anbieten. Dieser Beitrag konnte zeigen, dass die Norm der Selbstreflexion und -regulierung nicht einseitig die Patient_innen betrifft. Sondern dass sie als Prinzip der Anerkennungsordnung in der therapeutischen Praxis operiert – in deren Angesicht sich auch die Therapeut_innen formen.

Literatur

Alkemeyer, T., Budde, G., & Freist, D. (2013). Einleitung. In T. Alkemeyer, G. Budde & D. Freist (Hrsg.), *Selbst-Bildungen. Soziale und kulturelle Praktiken der Subjektivierung* (S. 9–30). Bielefeld: Transcript.

Bohnsack, R., Nentwig-Gesemann, I., & Nohl, A.-M. (Hrsg.) (2013). *Die dokumentarische Methode und ihre Forschungspraxis. Grundlagen qualitativer Sozialforschung* (3. Aufl.). Wiesbaden: Springer VS.

Butler, J. (1991). *Das Unbehagen der Geschlechter*. Frankfurt a.M.: Suhrkamp.

Butler, J. (2006). *Haß spricht. Zur Politik des Performativen*. Frankfurt a.M.: Suhrkamp.

Eitler, P., & Elberfeld, J. (2015). Von der Gesellschaftsgeschichte zur Zeitgeschichte des Selbst – und zurück. In P. Eitler & J. Elberfeld (Hrsg.), *Zeitgeschichte des Selbst. Therapeutisierung – Politisierung – Emotionalisierung* (S. 7–30). Bielefeld: Transcript.

Fegter, S., et al. (Hrsg.) (2015). *Erziehungswissenschaftliche Diskursforschung. Empirische Analysen zu Bildungs- und Erziehungsverhältnissen*. Wiesbaden: Springer VS.

Foucault, M. (2012a). *Der Wille zum Wissen. Sexualität und Wahrheit I*. Frankfurt a.M.: Suhrkamp. (Dt. Erstausgabe 1983.)

Foucault, M. (2012b). Die Gouvernementalität. In U. Bröckling, S. Krasmann & T. Lemke (Hrsg.), *Gouvernementalität der Gegenwart. Studien zur Ökonomisierung des Sozialen* (S. 41–67). Frankfurt a.M.: Suhrkamp.

Foucault, M. (2015). *Überwachen und Strafen. Die Geburt des Gefängnisses*. Frankfurt a.M.: Suhrkamp. (Dt. Erstausgabe 1994.)

Greenson, R. R. (2007). *Technik und Praxis der Psychoanalyse*. Stuttgart: Klett-Cotta. (Dt. Erstausgabe 1973.)

Hahn, A. (1997). Zur Soziologie der Beichte und anderer Formen institutionalisierter Bekenntnisse: Selbstthematisierung und Zivilisationsprozeß. In J. Friedrichs, K. U. Mayer & W. Schluchter (Hrsg.), *Soziologische Theorie und Empirie* (S. 150–177). Wiesbaden: VS.

Hahn, A., & Willems, H. (1993). Schuld und Bekenntnis in Beichte und Therapie. *Kölner Zeitschrift für Soziologie und Sozialpsychologie*, *33*, 311–330.

Heimann, P. (2016). Zur Gegenübertragung (1949/50). In P. Heimann, *Gegenübertragung und andere Schriften zur Psychoanalyse. Vorträge und Aufsätze aus den Jahren 1942–1980* (S. 111–117). Stuttgart: Klett-Cotta.

Illouz, E. (2011). *Die Errettung der modernen Seele. Therapien, Gefühle und die Kultur der Selbsthilfe*. Berlin: Suhrkamp.

Körner, J. (2018). *Die Psychodynamik von Übertragung und Gegenübertragung*. Göttingen: Vandenhoeck & Ruprecht.

Küchenhoff, J. (2009). Mitspieler und Kritiker. Die kritische Hermeneutik des psychotherapeutischen Gesprächs. In R. Jaeggi & T. Wesche (Hrsg.), *Was ist Kritik?* (S. 299–318). Frankfurt a.M.: Suhrkamp.

Lucius-Hoene, G., & Deppermann, A. (2002). *Rekonstruktion narrativer Identität. Ein Arbeitsbuch zur Analyse narrativer Interviews*. Opladen: Leske + Budrich.

Maasen, S. (2011). Das beratene Selbst. Zur Genealogie der Therapeutisierung in den ‚langen' Siebzigern: Eine Perspektivierung. In S. Maasen, J. Elberfeld, P. Eitler & M. Tändler (Hrsg.), *Das beratene Selbst. Zur Genealogie der Therapeutisierung in den ‚langen' Siebzigern* (S. 7–33). Bielefeld: Transcript.

Reckwitz, A. (2008). *Subjekt*. Bielefeld: Transcript.

Reckwitz, A. (2015). Auf dem Weg zu einer praxeologischen Analyse des Selbst. In P. Eitler & J. Elberfeld (Hrsg.), *Zeitgeschichte des Selbst. Therapeutisierung – Politisierung – Emotionalisierung* (S. 31–45). Bielefeld: Transcript.

Reckwitz, A. (2016). Praktiken und ihre Affekte. In H. Schäfer (Hrsg.), *Praxistheorie* (S. 163–180). Bielefeld: Transcript.

Reh, S., & Ricken, N. (2012). Das Konzept der Adressierung. Zur Methodologie einer qualitativ-empirischen Erforschung von Subjektivation. In I. Miethe & H.-R. Müller (Hrsg.), *Qualitative Bildungsforschung und Bildungstheorie* (S. 35–56). Berlin, Opladen: Budrich.

Ricken, N. (2013). Anerkennung als Adressierung: Über die Bedeutung von Anerkennung für Subjektivationsprozesse. In T. Alkemeyer, G. Budde & D. Freist (Hrsg.), *Selbst-Bildungen. Soziale und kulturelle Praktiken der Subjektivierung* (S. 69–100). Bielefeld: Transcript.

Rose, N. (1996). *Inventing Our Selves. Psychology, Power, and Personhood*. Cambridge: Cambridge University Press.

Schützeichel, R. (2010). Kontingenzarbeit: Über den Funktionsbereich der psycho-sozialen Arbeit. In M. N. Ebertz & R. Schützeichel (Hrsg.), *Sinnstiftung als Beruf* (S. 129–144). Wiesbaden: VS.

Shachak, M. (2018). (Aus)tausch der Gefühle. Über die Kommodifizierung von Emotionen in der Psychotherapie. In E. Illouz (Hrsg.), *Wa(h)re Gefühle. Authentizität im Konsumkapitalismus* (S. 203–236). Berlin: Suhrkamp.

Sonntag, M. (1988). *Die Seele als Politikum. Psychologie und die Produktion des Individuums*. Berlin: Reimer.

Thomä, H., & Kächele, H. (2006). *Psychoanalytische Therapie. Grundlagen* (3. Aufl.). Heidelberg: Springer.

Turner, R. (1976). Einige formale Eigenschaften des therapeutischen Gesprächs. In M. Auwärter, E. Kirsch & K. Schröter (Hrsg.), *Seminar Kommunikation, Interaktion, Identität* (S. 140–190). Frankfurt a.M.: Suhrkamp.

Wrana, D. (2015). Zur Analyse von Positionierungen in diskursiven Praktiken. Methodologische Reflexionen anhand von zwei Studien. In S. Fegter et al. (Hrsg.), *Erziehungswissenschaftliche Diskursforschung. Empirische Analysen zu Bildungs- und Erziehungsverhältnissen* (S. 123–142). Wiesbaden: Springer VS.

Der Elefant auf der Couch: Argumentationsweisen im Diskurs um die Nebenwirkungen von Psychotherapie

David Keller

Abstract

Der Artikel untersucht das seit einigen Jahren vermehrt in der psychiatrischen und klinisch-psychologischen Fachöffentlichkeit diskutierte Phänomen der ‚Nebenwirkungen' von Psychotherapie. Anhand exemplarischer Publikationen aus dem angloamerikanischen und deutschen Sprachraum werden die rhetorischen Strategien und Denkfiguren herausgearbeitet, die den Diskurs auf einer fundamentalen Ebene strukturieren, um darauf aufbauend nach der gegenwärtigen Lage und Logik des klinisch ausgerichteten „psy-complex" (Rose, 1998) zu fragen. Die rezente Hinwendung zu Nebenwirkungen erweist sich aus dieser Perspektive als Effekt und logische Folge von Therapeutisierungsprozessen, in deren Kern die Disziplinen Psychiatrie und Klinische Psychologie – mit ihren jeweiligen Dynamiken und (Konkurrenz-)Positionen – angesiedelt sind. Zugleich lässt sich die Art und Weise, wie Nebenwirkungen konzeptualisiert werden, als fortschreitende Medikalisierung des Psychischen fassen – mit ambivalenten Effekten, die zu einer kritischen Reflexion einladen.

* * *

The elephant on the couch: Investigating the arguments that structure the discourse on psychotherapy's side effects

The article investigates the phenomenon of 'side effects' of psychotherapy, a subject that has gained traction in the disciplinary discourse of psychiatry and clinical psychology in recent years. Based on exemplary English and German publications, it identifies the rhetorical strategies and figures of thought that both structure the discourse at a fundamental level. Building on this approach, it critically interrogates the contemporary position and logic of the clinically-oriented "psy-complex" (Rose, 1998). Foregrounding this perspective, the study inquires into the recent turn to "side effects" that appears as an effect and logical consequence of the processes of therapeutization. The disciplines of psychiatry and psychotherapy form the core of the latter operation – with their respective dynamics and (competing) positions. The study also proposes that we conceive side effects as an ever-progressing medicalization of the psyche – with ambivalent effects that invite critical reflection.

* * *

2009 erschien im *Australian & New Zealand Journal of Psychiatry* ein Leitartikel, der sich mit dem Thema „Side-effects of psychotherapy" befasste. Unter dem vielsagenden Titel „The elephant on the couch" wiesen Michael Berk, Pro-

V. Balz und L. Malich (Hrsg.), *Psychologie und Kritik*,
https://doi.org/10.1007/978-3-658-29486-1_11

fessor für Psychiatrie an der University of Melbourne, und Gordon Parker, Professor an der University of New South Wales, Nebenwirkungen, die als Begleiterscheinung und Folge einer Psychotherapie auftraten, als großes, von der eigenen Community bislang weitgehend ignoriertes Problem aus (Berk & Parker, 2009). Berk und Parkers Leitartikel betrat mit seinem Fokus auf Nebenwirkungen jedoch kein Neuland – vielmehr handelte es sich um ein pointiertes Beispiel für eine seit der Jahrhundertwende kontinuierlich wachsende Zahl von Publikationen zu diesem Themengebiet.[1]

So liegen mittlerweile empirische Studien aus verschiedenen Ländern vor, die der Verbreitung und Ausprägung unerwünschter Psychotherapie-Effekte nachgehen, zudem haben sich theoretische Beiträge dem Phänomen aus einer konzeptuellen Perspektive angenähert. Darüber hinaus sind psychometrische Skalen für die Erfassung von Nebenwirkungen für die klinische Praxis, aber auch den Forschungskontext publiziert worden (Ladwig, Rief & Nestoriuc, 2014; Parker et al., 2013). Die vermehrte Aufmerksamkeit Nebenwirkungen gegenüber hat zu dem Plädoyer geführt, einerseits entsprechendes Wissen in die psychotherapeutische Aus- und Weiterbildung einzubetten, andererseits potentielle Patient_innen über mögliche unerwünschte Nebeneffekte umfassend aufzuklären. Innerhalb weniger Jahre haben Nebenwirkungen damit die Kontur eines eigenen Forschungsobjekts angenommen, das von verschiedenen Instanzen und Akteur_innen konsolidiert wird: Der klinischen Forschung aus Psychiatrie und Psychologie, engagierten Praktiker_innen, die dazu in den Publikationsorganen ihrer Fachvereinigungen veröffentlichen, wie auch Skalen und Checklisten, mit denen die Detektion entsprechender Nebenwirkungen möglich werden soll.

Diese jüngere Hinwendung zu möglichen Nebenwirkungen, ungünstigen Effekten oder auch negativen Folgen psychotherapeutischer Behandlungen erweist sich als denkwürdig, wenn sie in den größeren Kontext der Psychotherapieforschung eingeordnet wird. Dass Psychotherapie ‚wirkt' und bei einer Viel-

1 Im letzten Drittel des 20. Jahrhunderts gab es bereits vereinzelte Publikationen zu den potentiell negativen Effekten von Psychotherapie, jedoch primär unter anderen Vorzeichen (z.B. der Identifikation von Behandlungsfehlern oder -misserfolgen und den sie begünstigenden Faktoren). Eine Reihe entsprechender Studien lässt sich auf die 1980er Jahre datieren. Für den englischen Sprachraum siehe zum Beispiel Mays & Franks (1985); für den deutschen Sprachraum Kleiber & Kuhr (1988).

zahl von psychischen Beschwerden nützlich ist, genießt innerhalb der verschiedenen Professionen im Gesundheitssystem wie auch in der öffentlichen Wahrnehmung weithin Anerkennung. Historisch gesehen, handelt es sich dabei jedoch um eine Auffassung jüngeren Datums. Klassische Überblicksdarstellungen wählen als entscheidendes Ausgangsszenario der Entstehung der ‚modernen' Psychotherapieforschung im Regelfall die Kritik Hans Jürgen Eysencks an den Wirksamkeitsbehauptungen psychotherapeutischer Behandlungen (z.B. Lambert, 2011): In einer breit rezipierten Studie, die aufgrund ihrer Befunde, aber auch des larmoyanten Sprachstils in die Annalen der Psychologiegeschichte eingehen sollte, war Eysenck 1952 auf Basis bereits publizierter Untersuchungen zu der Schlussfolgerung gekommen, dass es sich bei der Vorstellung, Psychotherapie könne helfen und heilen, um bloßes Wunschdenken handele, das den Fakten zuwiderlaufe (Eysenck, 1952). Eysencks Kritik, die sich mit ihrem quantitativen Gruppenvergleich an den Prüfformaten der biomedizinischen Forschung orientierte, wurde im Feld kontrovers diskutiert. In der zweiten Hälfte des 20. Jahrhunderts ebnete sie jedoch einem Forschungsfeld den Weg, das es sich zur Aufgabe machen sollte, die Effekte von Psychotherapie zu evaluieren und mit den Mitteln empirischer Methodik abzusichern.[2] Heute ist es breiter wissenschaftlicher Konsens, dass Patient_innen von Psychotherapie profitieren können. Die komplizierte Geschichte der Psychotherapie-Wirksamkeitsforschung ließe sich – wenn auch merklich verkürzt – auf den Satz herunterbrechen, dass sich das Fach im internen Diskurs auf eine selbstbewusste Behauptung der eigenen Effektivität verständigt hat. Fundiert wird diese Position wiederum von einem biomedizinischen Konzept von Evidenz, das auf die Verkoppelung von statistischen Prüfkriterien mit spezifischen Versuchs- oder Testplänen setzt. Die erfolgreiche Positionierung der durch zahlreiche Studien untermauerten Wirksamkeitsbehauptungen

2 Was die Überprüfung der generellen Effekte psychotherapeutischer Behandlung angeht, wurden beispielsweise Versuchspläne üblich, in denen die Teilnehmer_innen per Zufall verschiedenen Bedingungen (z.B. der Behandlungsgruppe oder der Kontrollgruppe) zugewiesen wurden – eine Technik, die Eysenck selbst noch nicht angewendet hatte. Ab den 1970er Jahren rückte dann der Wirksamkeitsvergleich verschiedener Interventionen in den Blick der Forschung, zudem wurde die Technik der Metaanalyse eingesetzt, um auf Basis der statistischen Aggregierung und Bewertung von Einzelstudien zu allgemeinen und systematischen Aussagen über die Wirksamkeit von Psychotherapie zu gelangen. Siehe dazu Lambert (2011, S. 303); Lambert, Bergin & Garfield (2002, S. 33).

spiegelt sich unmittelbar in den nationalen Behandlungsleitlinien zu verschiedenen psychischen Störungen wider, die eine Psychotherapie mitunter als Maßnahme der ersten Wahl empfehlen.[3] Scheint sich die kritische Behauptung der Wirkungslosigkeit von Psychotherapie aus dem Fachdiskurs und der Medienöffentlichkeit weitgehend verabschiedet zu haben, ist an ihre Stelle eine Auseinandersetzung mit den ‚Schattenseiten' von psychotherapeutischen Behandlungen getreten, die in der Diskussion um potentielle Nebenwirkungen ihren Ausdruck findet. Mit ihnen hat eine voraussetzungsreiche Figur Eingang in den Fachdiskurs gefunden, die binär ausgerichtete Vorstellungen von der Wirksamkeit beziehungsweise Wirkungslosigkeit psychotherapeutischer Interventionen durchkreuzt.

Komplex strukturiert, ist diese ‚Figur des Dritten'[4] zunächst aus epistemologischer Perspektive interessant, weil sie fundamentale Fragen zum Wirksamwerden psychologischer Praktiken wie auch zur Identifikation ihrer jeweiligen Effekte berührt. Auf einer allgemeineren Ebene lässt sich die Debatte um Nebenwirkungen darüber hinaus als jüngeres Beispiel einer kritischen Bewegung innerhalb der „psy disciplines" (Rose, 1998, S. 11) in den Blick nehmen. Diese hat es sich zur Aufgabe gemacht, mit entsprechenden Publikationen ein bislang gemiedenes Thema auf die Fachagenda zu setzen. Um Aufklärung und Transparenz bemüht, halten die Protagonist_innen, die sich in der Debatte zu Wort melden, dem eigenen Betätigungsfeld gewissermaßen den Spiegel vor, indem sie für die rigorose Analyse unerwünschter Therapieeffekte plädieren und ihre Bedeutsamkeit für die Behandlung vor Augen führen. Auffällig ist dabei, dass die Debatte von Akteur_innen mit unterschiedlicher institutioneller Anbindung und disziplinärer Verortung, aber auch Motivation und Positionierung bespielt wird. Vertreter_innen aus der Psychiatrie gehören ebenso dazu wie in der Klinischen Psychologie und Psychotherapie, ihrer Erforschung und Praxis, Tätige. Was die Akteur_innen jedoch eint, ist eine kritische Haltung gegenüber dem konstatierten

3 Siehe zum Beispiel die Empfehlungen des britischen National Institute for Health and Care Excellence zur Behandlung von „Anxiety disorders", das explizit von evidenzbasierten psychologischen Interventionen spricht (NICE, 2014, S. 18).

4 Die epistemologische Dimension von ‚Figuren des Dritten' hat in jüngerer Zeit auch die kulturwissenschaftliche Forschung beschäftigt; siehe dazu Koschorke (2010).

Status quo. Ihre Positionen werden zugleich von spezifischen rhetorischen Strategien und Denkfiguren untermauert, die den Diskurs um Nebenwirkungen strukturieren.

Der vorliegende Artikel setzt an dieser Ebene an: Inspiriert von der jüngeren Forschung zur ‚rhetoric of health and medicine' (z.B. Derkatch & Segal, 2005; Lyne, 2001), erkundet er anhand exemplarischer Publikationen aus dem angloamerikanischen und deutschen Sprachraum die im Diskurs um Nebenwirkungen zur Wirkung kommenden sprachlichen Argumentationen und ihre zugrunde liegenden Denkweisen. Ihre Analyse ist aufschlussreich, weil sie deutlich macht, mit welchen diskursiven Mitteln Nebenwirkungen als Wissensobjekt konturiert werden. Zugleich ermöglicht ihre Betrachtung, daran anknüpfende Überlegungen zur gegenwärtigen Lage und Logik des klinisch ausgerichteten „psycomplex" (Rose, 1998) anzustellen, der aufgrund der in ihm zusammenkommenden Akteur_innen und Strukturen wie auch seiner ihm zugeschriebenen Handlungsmacht zuletzt pointiert als „therapeutisch-industrieller Komplex" (Anhorn, 2016, S. XVII) charakterisiert wurde.

Im Folgenden wird die These vertreten, dass die rezente Hinwendung zu Nebenwirkungen Effekt und logische Folge von Therapeutisierungsprozessen ist, in deren Kern die Disziplinen Psychiatrie und Klinische Psychologie – mit ihren jeweiligen Dynamiken und (Konkurrenz-)Positionen – angesiedelt sind.[5] Die Art und Weise, wie Nebenwirkungen konzeptualisiert werden, steht zugleich für eine fortschreitende Medikalisierung des Psychischen und seiner Behandlung – mit ambivalenten Effekten, die gerade im Diskurs um Nebenwirkungen greifbar werden und wiederum zu einer kritischen Betrachtung dieses um Kritik bemühten Diskurses einladen.

5 Der Terminus ‚Therapeutisierung' wird hier als analytischer Oberbegriff verwendet. Er eignet sich insbesondere zur Charakterisierung des Ineinandergreifens von Psychologisierungs-, Psychiatrisierungs- oder auch Medikalisierungsprozessen, in deren Folge bestimmte Phänomene als ‚behandlungsbedürftig' markiert und verschiedenen Maßnahmen bzw. Interventionen zugeführt werden, an denen wiederum unterschiedliche Professionen, Disziplinen, Institutionen und Strukturen beteiligt sind. Für eine differenzierte Darstellung siehe Anhorn & Balzereit (2016, S. 16–20).

Nebenwirkungen von Psychotherapie – Rahmungen, Vergleiche und Positionen

Der 2009 von Berk und Parker veröffentlichte Artikel betrachtete das Problem von Nebenwirkungen nicht isoliert. Vielmehr beklagten die Psychiater ungleiche Standards bei der Beurteilung psychotherapeutischer im Vergleich zu pharmakologischen Behandlungen – in der Forschung und Praxis, aber auch aufseiten der Patient_innen. Letztere würden bei der Verschreibung eines Medikaments mit größter Wahrscheinlichkeit nach den zu erwartenden Nebenwirkungen fragen, sich aber in den seltensten Fällen über schädliche Psychotherapiewirkungen informieren (Berk & Parker, 2009, S. 787). Gegen die Annahme, dass die mit Psychotherapie verbundenen „adverse events" als leicht anzusehen seien, führten Berk und Parker deshalb eine ganze Reihe von Beispielen an, denen sie darüber hinaus substantielle Folgekosten attestierten. Ihre Forderung fiel mit Blick auf die identifizierte Problemlage deutlich aus: „We suggest that there is a need for greater awareness and appropriate monitoring of risks, and that pursuit of this proposition will advance the risk benefit-ratio of psychological treatments" (ebd., S. 793). Vor allem wurde für die Notwendigkeit einer avancierten Begleitforschung plädiert, die sich auf randomisiert-kontrollierte Wirksamkeitsstudien, Untersuchungen der klinischen Effektivität wie auch die Implementierung entsprechender Detektionsinstrumente in der Praxis stützen sollte. In dem Artikel wurden psychotherapeutische und pharmakologische Behandlungen damit über ihren direkten Vergleich auf eine gemeinsame Ebene gestellt. Von ökonomischen Überlegungen getragen, wurde zudem für eine strenge Kosten-Nutzen-Analyse auf Basis eines genauen Risiko-Monitorings plädiert. Er spiegelt damit eine Argumentation, die die britischen Psychiater David J. Nutt und Michael Sharpe bereits 2008 im *Journal of Psychopharmacology* vertreten hatten (Nutt & Sharpe, 2008), und zeigt auf einer allgemeineren Ebene die zentrale Bedeutung, die der Psychopharmakologie gegenwärtig innerhalb der Psychiatrie beigemessen wird (Moncrieff, 2006, S. 116).

In Anbetracht der Überprüfung von Antidepressiva aus der SSRI-Klasse, die das British Committee on Safety of Medicines (CSM) und die American Food and Drug Administration (FDA) vorgenommen hatten, kritisierten Nutt und Sharpe eine voreingenommene mediale Berichterstattung über den Vorgang:[6] „In much of the prior and subsequent reporting of this issue, two assumptions have consistently been aired. The first is that psychotherapy is equally effective as drugs and the second is that since psychotherapy is not a drug, it is necessarily safer than drug treatments. From these two assumptions emerges a common presumption that psychotherapy should be the preferred approach for many if not most cases of depressive and anxiety disorders" (Nutt & Sharpe, 2008, S. 3). In ihrem Artikel traten Nutt und Sharpe dazu an, diese Postulate auf ihren ‚Wahrheitsgehalt' zu überprüfen. Die Autoren arbeiteten hierbei eine ganze Reihe negativer Therapie-Effekte heraus, die von Symptomverschlechterungen als Folge spezifischer Behandlungsansätze bis hin zu der Gefahr falscher Missbrauchsbezichtigungen durch therapeutisch induzierte Fehlerinnerungen reichten – mögliche Folgeschäden einer Therapie, die bislang erfolgreich ausgeblendet worden seien: „Unfortunately, many psychotherapy trials have not even considered the possibility that their treatment could harm, perhaps because of the assumption (wishful thinking?) by both therapists and the public that as psychotherapy is only talking (with perhaps a little exposure) no possible harm could ensue" (ebd., S. 4). Mit Blick auf diese Situation war für Nutt und Sharpe die Sachlage klar: „Taken together, it is clear that psychotherapy is not necessarily always the benign yet efficacious therapy that seems to be generally assumed" (ebd., S. 5). Vor allem monierten die Psychiater die unterschiedlichen Beurteilungskriterien, die an eine Psycho- bzw. Pharmakotherapie angelegt wurden. Mussten für die Zulassung eines neuen Medikaments umfangreiche Voraussetzungen erfüllt und strenge Regularien eingehalten werden, gelte für die Psychotherapie keine dieser Bedingungen. In Analogie zur Dokumentation von Medikamentennebenwirkungen mit dem etablierten „Yellow-Card"-Schema (MHRA, 2019)

6 Die britische Zulassungsbehörde MHRA hatte 2003 die Empfehlung ausgesprochen, SSRI-Präparate zur Behandlung von Depressionen bei Jugendlichen wegen ihrer mangelnden Evidenz und der Gefahr eines vergrößerten Suizidrisikos nicht mehr einzusetzen. Die amerikanische Zulassungsbehörde FDA führte daraufhin eine eigene Untersuchung durch, die die Vorbehalte bestätigte. In der Folge wurden zahlreiche Antidepressiva-Präparate mit einem Warnhinweis versehen, der auf die mögliche Steigerung der Suizidalität bei Heranwachsenden hinwies. Die wissenschaftliche Grundlage für diese Maßnahme ist im Fach selbst wiederum in Zweifel gezogen worden. Siehe dazu Ho (2012).

schlugen die Autoren deshalb die Einführung einer „pink card" vor, mittels derer Probleme in der Psychotherapie berichtet werden konnten. Davor bedurfte es jedoch noch etwas anderem: „But before all this and before rolling out psychotherapy in place of drug treatment, proper controlled assessments of efficacy and of safety need to be carried out" (Nutt & Sharpe, 2008, S. 5).

In ihren Argumentationsweisen weitgehend übereinstimmend, positionierten sich die beiden Leitartikel damit gegen wahrgenommene Unterschiede in der allgemeinen Behandlung und Betrachtung verschiedener Therapieoptionen. Ausgehend von der Pharmakotherapie, führten die australischen wie die britischen Kritiker Maßnahmen der Überprüfung, Zulassung und Überwachung von Medikamenten als Modelle bester Praxis ein, die in diesem Zuge zur Messlatte der Bewährung psychotherapeutischer Behandlungen erhoben wurden.

In der Debatte um die Nebenwirkungen von Psychotherapie kommt damit ein biomedizinisches Rahmenmodell in prononcierter Form zum Vorschein, das den Diskurs auf grundlegender Ebene strukturiert. Mit diesem Modell gehen wiederum eine ganze Reihe von Vorstellungen und Praktiken einher, die nicht nur die Konzeption, sondern auch die Behandlung psychischen Leids betreffen. Sie zeigen sich auf einer nosologischen Ebene in der Idee der Messbarkeit psychischer Auffälligkeiten anhand umschriebener Symptomgruppen wie auch in ihrer Überführung in diskrete Diagnosen. Aus methodischer Warte sind damit zugleich statistische Techniken und Forschungsstrategien aufgerufen, die sich unter dem Oberbegriff der ‚evidenzbasierten Medizin' zusammenfassen lassen und beispielsweise in der randomisiert-kontrollierten Studie ihre prototypische Realisierung finden (vgl. dazu Healy, 1997).[7]

Dieses Rahmenmodell wird auch in der rhetorischen Eingemeindung von psychotherapeutischen Praktiken in das Feld medizinischer Maßnahmen deutlich. In einer frühen Überblicksdarstellung zu den unerwünschten Effekten von Psychotherapie argumentierte der Klinische Psychologe und Verhaltenstherapeut David C. Mohr Mitte der 1990er Jahre beispielsweise, dass negative Auswirkungen gewissermaßen zu therapeutischen Maßnahmen dazugehören würden – unabhängig davon, ob es sich um Stoffwirkungen oder invasive Eingriffe handele:

---

7 Für eine epistemologische Perspektive auf die evidenzbasierte Medizin siehe Rogers & Hutchison (2017).

„That psychotherapy can have negative outcomes is hardly surprising – indeed this places it in the company of almost all other therapeutic interventions with human beings, from aspirin to laser surgery“ (Mohr, 1995, S. 2). Diese Position wird auch in einem gut zwei Jahrzehnte später veröffentlichten Editorial des *British Journal of Psychiatry* vertreten: „It is unsurprising that psychotherapy can have negative outcomes; indeed, it simply indicates that psychological treatments are similar to almost every other therapeutic intervention used in medicine or mental health, from aspirin to brain surgery“ (Scott & Young, 2016, S. 208). Ähnliche Argumentationsmuster finden sich in den Veröffentlichungen einer Berliner Forschungsgruppe, die seit 2008 eine ganze Reihe deutsch- und englischsprachiger Publikationen zum Phänomen der Nebenwirkungen vorgelegt hat – darunter auch einen Sammelband, der nun in der zweiten Auflage vorliegt (Linden & Strauß, 2018). Die Effektivität einer Behandlung wird hier beispielsweise rhetorisch direkt mit ihrem Nebenwirkungsprofil verknüpft: „There is (…) some evidence which suggests that psychotherapy can have frequent or serious negative consequences, like all effective treatments“ (Linden & Schermuly-Haupt, 2014, S. 306). Nebenwirkungen, so ließe sich schlussfolgern, bezeugen damit indirekt die Potenz und Wirksamkeit einer Behandlungsform. Anschaulich wird dies auch in einem expliziten Vergleich zwischen psychotherapeutischen Behandlungen und chirurgischen Eingriffen: „The difference between correct and incorrect psychotherapeutic technical procedures is in psychotherapy, similar to surgery, often very small“ (Linden, 2013, S. 290). Psychotherapie wird durch diese rhetorische Strategie als eine potente, aber auch höchst delikate Methode ausgewiesen, deren Behandlungsschritte exakt und präzise ausgeführt werden müssen, um keinen Schaden hervorzurufen. Dass Psychotherapie nicht harmloser sein kann als die in der Öffentlichkeit schlechter beleumundete Pharmakotherapie, wird auch über den direkten Vergleich der Auftretenswahrscheinlichkeit ihrer nicht gewünschten Effekte verdeutlicht: „[E]stimates are that the rate of unwanted effects is between 3 % and 15 % of the cases, which is similar to that of pharmacotherapy“ (ebd., S. 286). Von dieser Warte aus bestehen zudem motivationale und strukturelle Analogien zwischen den verschiedenen Akteur_innen innerhalb des Gesundheitssystems, sodass keine ihrer Parteien mit einem Vertrauensvorschuss bedacht werden könne: „As therapists and scientists alike are to some degree salesmen of ,their' treatment, they are as trustworthy as pharmaceutical companies. They have good intentions and conflicts of interest as well. Like in pharmacotherapy, structures are needed to safeguard good clinical practice" (Linden & Schermuly-Haupt, 2014, S. 308).

Die Bedeutung der Pharmakotherapie als zentrale Folie zeigt sich auch in den bislang publizierten Definitionsversuchen von Nebenwirkungen. In einer Veröffentlichung in der Fachzeitschrift *World Psychiatry* heißt es etwa: „Learning from the assessment of side effects in pharmacotherapy, a distinction must be made between side effects, unwanted events, adverse treatment reactions, treatment failure, malpractice effects, side effect profile, and contraindications" (Linden & Schermuly-Haupt, 2014, S. 306). Nebenwirkungen liegen diesem Ansatz zufolge dann vor, wenn es zu negativen Reaktionen auf Basis einer korrekt angewendeten Behandlung komme: „Side effects which occur routinely when applying a special type of treatment constitute the ,side effect profile' of that treatment. (…) ,Contraindications' are serious side effects which must be expected in special types of patients and which render not applicable that type of treatment in those patients" (ebd.).

Aufgerufen sind damit auch Fragen des praktischen Umgangs mit potentiell negativen Effekten von Psychotherapie (z.B. Dimidjian & Hollon, 2010). Die Aufmerksamkeit Nebenwirkungen gegenüber hat beispielsweise zu der Überlegung geführt, ob Psychotherapie mit einem eigenen Warnhinweis versehen werden sollte. Explizit wurde diese Frage in einem Kommentar des *American Psychologist* aufgeworfen. Der Autor Charles Boisvert, Professor für Klinische Psychologie und Verhaltenstherapie aus Rhode Island, bezog sich in seinen Überlegungen wiederum auf das besagte Monitoring-System der Food and Drug Administration und ihre Entscheidung, die Verpackungen verschiedener Antidepressiva-Präparate mit einem „black box warning" zu versehen (Boisvert, 2010). Die Idee einer Packungsbeilage für Psychotherapie, die über mögliche Risiken und Nebenwirkungen aufklärt, wurde im Nachgang auch von der populären deutschsprachigen Presse (Sonnenmoser, 2010; Schramm, 2012) sowie dem Ratgebersegment aufgegriffen (Stiftung Warentest, 2015). Fertige „Beipackzettel", die in der psychotherapeutischen Praxis benutzt werden können, liegen für den deutschen Sprachraum mittlerweile ebenfalls vor (Leitner, Schigl & Märtens, 2014).

Pharmako-Logik – gestern und heute

Die Denkfiguren, die in der Debatte um die Wirkungen und Nebenwirkungen von Psychotherapie zum Tragen kommen, finden ihre historische Entsprechung in der sogenannten *drug metaphor*, die im Fachdiskurs bereits wesentlich früher aufgeworfen wurde. In den 1980er Jahren beispielsweise wartete die moderne Psychopharmakologie mit verschiedenen Substanzen zur gezielten Behandlung von psychischen Störungen auf; zugleich sah sich die biologische Psychiatrie einer wachsenden Opposition seitens gemeindeorientierter und pharmakotherapiekritischer Stimmen gegenüber.[8] Anschaulich wird eine solche stoff- und substanzbezogene Metaphorik beispielsweise in einem theoretischen Beitrag im *Journal of Consulting and Clinical Psychology* (Yeaton & Sechrest, 1981). Die beiden Psychologen William H. Yeaton und Lee Sechrest hatten darin einen Vergleich von psychotherapeutischen mit medizinischen Interventionen unter der Perspektive ihrer Stärke, Integrität und Effektivität vorgenommen. Als Beispiele aus dem medizinischen Bereich führten sie hierbei hochwirksame medikamentöse Behandlungen an, die in der Chemotherapie und zur Schmerzlinderung eingesetzt wurden. Was bei pharmakologischen Stoffen die Dosis und Reinheit der verabreichten Substanz ausmache, sollte aus der Perspektive der Autoren auch im Falle psychotherapeutischer Interventionen definiert werden können. Wirksame Behandlungsformen wären deshalb solche, die rein und hochdosiert zur Anwendung kämen, darüber hinaus aber auch im Sinne eines vorab definierten Behandlungsprotokolls durchgeführt würden.

Yeatons und Sechrests Artikel, der dahingehend sensibilisieren wollte, nach den spezifischen Ingredienzen und Determinanten einer effektiven, therapeutisch angeleiteten Veränderung zu fragen, steht stellvertretend für einen biomedizinisch-pharmakologischen Denkstil, der sich zu dieser Zeit in einer ganzen Reihe von Forschungs- und Praxisbemühungen niederschlagen sollte. Zu den besonders

8 Zur Behandlung von Erregungszuständen und psychotischem Erleben zählten dazu beispielsweise verschiedene Neuroleptika (z.B. Haloperidol), aber auch Beruhigungsmittel aus der Gruppe der Benzodiazepine (z.B. Diazepam). Für die Behandlung von Depressionen standen Substanzen aus der Gruppe der Trizyklika (z.B. Imipramin) zur Verfügung. Siehe dazu Stolerman & Price (2015). Für einen Überblick über psychiatriekritische Positionen in den 1980er Jahren siehe Rose (1986).

prominenten Beispielen gehörte hier das groß angelegte Treatment of Depression Collaborative Research Program – die erste Multicenter-Studie, in der die Effekte von Psycho- und Pharmakotherapie auf randomisiert-kontrollierte Weise miteinander verglichen wurden (Elkin et al., 1985). Studien zum Vergleich zwischen medikamentösen und psychotherapeutischen Behandlungen waren bereits in den 1960er und 1970er Jahren veröffentlicht worden, ohne dass es dazu jedoch eine einheitliche Methodik gegeben hätte (siehe Smith, Glass & Miller, 1980, S. 253–261). Vom US-amerikanischen National Institute of Health initiiert, das wiederum langjährige Erfahrung in der Durchführung von Multicenter-Studien zu psychopharmakologischen Substanzen hatte, entwickelte sich die Konzeption der Studie in den Folgejahren zum wegweisenden Modell für die allgemeine Psychotherapieforschung.[9] Ein randomisiert-kontrolliertes Studiendesign, das sich in den 1950er und 1960er Jahren zum Goldstandard der Psychopharmaka-Wirksamkeitsbeurteilung etabliert hatte, wurde so auch zum zentralen Prüfkriterium nicht-medikamentöser Therapieansätze (Healy, 1997).[10] Darüber hinaus kam es zu der Veröffentlichung standardisierter Manuale, die in kondensierter Weise über die Durchführung spezifischer Techniken informierten und damit wiederum die Idee einer gezielten Verabreichung psychotherapeutischer Ingredienzen aufriefen. Zunächst hatte diese Entwicklung im Kontext der Verhaltenstherapie und ihrer wissenschaftlichen Begleitforschung eingesetzt, sie wurde dann aber auch von anderen Therapieschulen übernommen (z.B. Luborsky & DeRubeis, 1984; Klerman et al., 1984). Die Manualisierung erschien aus der Perspektive ihrer Befürworter_innen nicht nur als Beitrag zur Qualitätssicherung, sie fügte sich auch harmonisch in die Vorstellung einer evidenzbasierten Praxis ein, deren Wirksamkeit über kontrollierte Studien zu prüfen war.

Gegen die Auffassungen von Psychotherapie im Sinne dieser Pharmako-Logik formierte sich in den späten 1980er Jahren jedoch auch Opposition. Ein

9 Während eine Gruppe das Antidepressivum Imipramin erhielt, wurde mit einer weiteren Gruppe eine kognitive Verhaltenstherapie durchgeführt, bei der dritten kam eine interpersonale Therapie zum Einsatz.

10 Dabei handelt es sich jedoch auch um eine prekäre Technik der Generierung bzw. Stabilisierung von Wissen. Die Soziologin Linsey McGoey (2010) hat beispielsweise argumentiert, dass gerade das Unvermögen von RCTs, zuverlässige Evidenz zur klinischen Wirksamkeit zu generieren, diese als autoritative Technik zur Bewertung von Antidepressiva festgeschrieben habe.

eindrückliches Beispiel dafür findet sich im *Clinical Psychological Review*, in dem die beiden Klinischen Psychologen William Stiles und David Shapiro – mit einiger zeitlicher Verzögerung – eine Replik auf Yeaton und Sechrest platzierten (Stiles & Shapiro, 1989). Angelegt als fundamentale Kritik der konzeptuellen und methodologischen Basis der Psychotherapieforschung, monierten der humanistisch orientierte Stiles und der Psychoanalytiker Shapiro, dass diese einem Paradigma folge, das den Austausch zwischen Behandler_in und Klient_in als Transfer aktiver Inhaltsstoffe verstehe, die in unterschiedlichen Dosierungen verabreicht würden. Eine Unterscheidung zwischen aktiven und passiven Inhaltsstoffen laufe im Falle der Psychotherapie jedoch ins Leere; vor allem aber hatte aus der Sicht der Autoren eine solche pharmakologisch inspirierte Konzeptualisierung zu einem Stillstand der Psychotherapieforschung geführt. Anstelle dem Modell der *drug metaphor* zu folgen, plädierten Stiles und Shapiro deshalb für komparative Fallstudien und eine individualisierte Perspektive, die sich den transaktionalen Prozessen innerhalb des Therapiegeschehens widmen und damit zugleich zentrale Prämissen ihrer jeweiligen therapeutischen Schulen reflektieren solle.

Stiles und Shapiro setzten sich mit ihrer alternativen Methodologie, die – inspiriert von einer klient_innenzentrierten und tiefenpsychologischen Perspektive – von quantitativen Gruppenvergleichen absah und stattdessen auf das Individuum abzielte, nicht durch. Vielmehr konnte sich ein der klinisch-pharmakologischen Forschung entlehntes Experimentalprogramm zum zentralen Anker der Psychotherapie-Wirksamkeitsforschung entwickeln – trotz kritischer Stimmen und konkreter Schwierigkeiten bei seiner Implementierung.[11] Gerade die psychiatrische Seite nahm die entsprechenden Evaluationstechniken auch zum Anlass, von der Psychotherapie Effektivitäts- und Sicherheitsbelege einzufordern, wie sie für Medikamente als Standard gesetzt worden waren. Die jüngst in der Debatte um Nebenwirkungen mobilisierten Kritikpunkte sind damit nicht neu – tatsächlich handelt es sich um eine Aktualisierung von Positionen, die von einzel-

11 Deutlich wird dies auch bei dem Einzug von Placebowirkungen in die Psychotherapieforschung in den 1990er Jahren. Ihre Konzeptualisierung erfolgte nach dem Vorbild von Medikamentenstudien, wobei dieses Vorgehen wiederum kontrovers diskutiert wurde. Für eine kritische Betrachtung des biomedizinischen Modells mitsamt seiner Effekte für die Psychotherapie und ihre Erforschung siehe Deacon (2013); Johnstone (2006).

nen, insbesondere medizinisch orientierten Fachvertreter_innen bereits im letzten Drittel des 20. Jahrhunderts vorgebracht wurden.[12]

Nebenwirkungen im Diskurs – Ambivalenzen und Grenzen der Kritik

Aus einer Metaperspektive betrachtet, lässt sich die seit einigen Jahren zu beobachtende Debatte um Nebenwirkungen als Folgeeffekt einer umfassenden Therapeutisierung fassen, die sich wiederum aus Vorgängen der Psychologisierung, Psychiatrisierung und insbesondere Medikalisierung speist (vgl. Anhorn & Balzereit, 2016). Nebenwirkungen haben als Resultat gerade dieser medikalisierten Perspektive auf die Psyche nicht nur den Status eines relevanten Diskursobjekts eingenommen – die psychotherapeutische Praxis wird wiederum rekursiv und in einem sich wechselseitig stabilisierenden Vorgang als medizinische Maßnahme festgeschrieben, an die sich entsprechende Forderungen einer analogen Regulierung anschließen lassen. Der Appell, sich nun den Nebenwirkungen psychotherapeutischer Behandlungen zuzuwenden, erscheint als folgerichtiger Konsolidierungs- und Professionalisierungsschritt eines mit konkurrierenden therapeutischen Angeboten versehenen Behandlungsfeldes, in denen die Klinische Psychologie und die Psychiatrie wiederum eine Kardinalstellung besetzen. Bedeutsam werden hier jedoch auch soziopolitische und gesundheitsökonomische Direktiven innerhalb des „therapeutisch-industriellen Komplexes“ (Anhorn, 2016, S. XVII), die z.B. in den Appellen für eine rigorose Kosten-Nutzen-Analyse entsprechender Interventionen ihren Ausdruck finden.

Ob ökonomisch begründete Vergleiche zwischen pharmakologischen und nicht-pharmakologischen Ansätzen von den verwendeten Parametern her als angemessen und fair zu bewerten sind, ist in diesem Zusammenhang bereits kri-

12 Ein prominentes Beispiel ist hier der Psychiater Gerald L. Klerman, der in der US-amerikanischen Psychiatrie als besonders profilierter Advokat des randomisiert-kontrollierten Wirksamkeitsnachweises auftrat und mit seiner Interpersonalen Psychotherapie wiederum eine an diesem Evaluationsmodell orientierte manualisierte Therapieform zur Behandlung depressiver Störungen entwickelte. Klerman trat vor allem für eine genaue Wirksamkeits- und Sicherheitsprüfung von psychotherapeutischen Maßnahmen ein und forderte eine Evaluation ‚auf Augenhöhe‘ der Psychopharmakologie. Siehe dazu z.B. Klerman (1983); Healy (1997, S. 247–249).

tisch diskutiert worden (Gaudiano & Miller, 2013). Einmal mehr zeigt die Analyse der rhetorischen Figuren jedoch, dass die kritische Binnenperspektive, die in der Debatte von den jeweiligen Autor_innen gegenüber dem Status quo der Psychotherapie artikuliert wird, allein im Denkraum des hegemonialen ‚Psy'-Diskurses mit seinen spezifischen epistemologischen Prämissen operiert. Greifbar wird dieser Denkraum etwa in der Forderung nach präziseren und differenzierteren Bestimmungen, an die sich, der wissenschaftlichen Fortschrittslogik gemäß, entsprechende Operationalisierungs- und Messbarkeitsdesiderate anschließen (vgl. Anhorn, 2016, S. XV–XVI). Das Potential einer grundlegenden kritischen Reflexion mit der Option einer sich möglicherweise daraus ergebenden Neubestimmung wird auf diese Weise nicht ausgeschöpft – unabhängig von dem berechtigten und ethisch gebotenen Anliegen, bislang nicht adäquat adressierte Fragen zur Aufklärung, Transparenz und zum Schutze derjenigen, die entsprechende therapeutische Behandlungen eingehen, in den Mittelpunkt der Auseinandersetzungen zu rücken.

Die Denkfiguren und Argumentationsmuster, die in dem Diskurs ausgemacht werden können, produzieren darüber hinaus ambivalente Effekte, die letztlich zu fundamentalen Fragen führen. Diese können als Ausgangspunkt dienen, um Überlegungen zur Identität und Zukunft der Psychotherapie und ihrem Stellenwert im 21. Jahrhundert im Allgemeinen wie auch zu ihrer grundlegenden epistemologischen Verfassung anzustellen. In die Zukunft gedacht, stellt sich beispielsweise die Frage, wo und wann die Grenzen der Standardisier- und Formalisierbarkeit psychotherapeutischen Handelns erreicht sein werden. Die unreflektierte Analogisierung von Psychotherapie und pharmakologischer Behandlung kann hier etwa Gefahr laufen, in einem eindimensionalen Verständnis zu münden: Psychotherapie wird in einem solchen Szenario zur Verabreichung eines vorab definierten Maßes an für wirksam erachteter Ingredienzen. Der individuelle Raum, der sich in der psychotherapeutischen Begegnung eröffnet, wird reduziert auf eine technische Behandlung, die nur wenig Reflexionsmöglichkeit über das prozessuale Geschehen und die Beziehungsdynamik zwischen den jeweils beteiligten Personen bietet. Das pharmakologische Modell würde in dieser Zukunftsvorstellung seine hegemoniale Stellung weiter konsolidieren und schließlich die Definitionshoheit über den psychotherapeutischen Raum erhalten.

Künftig könnten sich daran wiederum Verschiebungen anschließen, die letztlich in der Dominanz rein medikamentöser Behandlungsoptionen resultieren.

Mögen die biomedizinischen Argumentationsmuster zunächst griffige Heuristiken anbieten, so werden ihre Grenzen insbesondere dann offensichtlich, wenn es um grundlegende epistemologische Bestimmungen, aber auch ganz praktische Aspekte geht. Der Versuch der Klassifikation unerwünschter Therapiefolgen macht beispielsweise deutlich, dass sich Psychotherapie-Nebenwirkungen auf der konzeptuellen Ebene nicht direkt im Sinne der Pharmakologie modellieren lassen, weil diese – im Unterschied zur Medikamentenwirkung – oft mit konkreten Handlungsweisen der Behandler_innen in Verbindung stehen, die eine Psychotherapie ‚verabreichen' (Linden, 2013). Ungeachtet dessen produzieren jedoch auch psychotrope Substanzen überaus komplexe Effekte, weil sie in ihrem Wirksamwerden zugleich kulturell und chemisch verfasst sind und an einem nur schwer definierbaren Ort wirken, an dem *soma* und *psyche* aufeinandertreffen (siehe Pignarre, 2006; Tornay, 2016). Offenkundig werden die Übersetzungsschwierigkeiten auch in den Überlegungen zu einem *black box warning* für Psychotherapie. Der etablierte Warnhinweis auf entsprechenden Pharmakapräparaten stimulierte zwar entsprechende Denkanstöße innerhalb der psychotherapeutischen Community – wie Boisverts Betrachtung im *American Psychologist* deutlich macht, resultierten aus der Idee jedoch keine praktikablen Lösungsansätze.

Das Wissensobjekt ‚Nebenwirkungen' entpuppt sich damit als hochkomplexe, voraussetzungsreiche Figur. Die in der Debatte mobilisierten Metaphern und Zugriffsweisen vermögen es, ihr eine initiale Kontur zu verleihen, sie münden jedoch letztlich in einem unwegsamen epistemologischen Terrain. Vor allem offenbaren die Brüche und Inkommensurabilitäten, die bei den Übertragungsversuchen in der Theorie und Praxis offenbar werden, die ambivalenten Effekte eines biomedizinischen Blicks in der Formatierung entsprechender Phänomene. Welche konkreten Wirkungen – und damit auch Nebenwirkungen – der Nebenwirkungsdiskurs zeitigen wird und was dies für die Zukunft der Psychotherapie innerhalb des „psy-complex" (Rose, 1998) im Allgemeinen bedeutet, wird sich erst noch zeigen.

Literatur

Anhorn, R. (2016). Vorwort. In R. Anhorn & M. Balzereit (Hrsg.), *Handbuch Therapeutisierung und Soziale Arbeit* (S. XIII–XXIII). Wiesbaden: Springer VS.

Anhorn, R., & Balzereit, M. (2016). Die „Arbeit am Sozialen" als „Arbeit am Selbst" – Herrschaft, Soziale Arbeit und die therapeutische Regierungsweise im Neo-Liberalismus: Einführende Skizzierung eines Theorie- und Forschungsprogramms. In R. Anhorn & M. Balzereit (Hrsg.), *Handbuch Therapeutisierung und Soziale Arbeit* (S. 3–203). Wiesbaden: Springer VS.

Berk, M., & Parker, G. (2009). The elephant on the couch: Side-effects of psychotherapy. *Australian & New Zealand Journal of Psychiatry, 43*(9), 787–794.

Boisvert, C. M. (2010). Negative treatment effects: Is it time for a black box warning? *American Psychologist, 65*(7), 680–681.

Deacon, B. J. (2013). The biomedical model of mental disorder: A critical analysis of its validity, utility, and effects on psychotherapy research. *Clinical Psychology Review, 33*(7), 846–861.

Derkatch, C., & Segal, J. Z. (2005). Realms of rhetoric in health and medicine. *University of Toronto Medical Journal, 82*(2), 138–142.

Dimidjian, S., & Hollon, S. D. (2010). How would we know if psychotherapy were harmful? *American Psychologist, 65*(1), 21–33.

Elkin, I., Parloff, M. B., Hadley, S. W., & Autry, J. H. (1985). NIMH Treatment of Depression Collaborative Research Program: Background and research plan. *Archives of General Psychiatry, 42*(3), 305–316.

Eysenck, H. J. (1952). The effects of psychotherapy: An evaluation. *Journal of Consulting Psychology, 16*(5), 319–324.

Gaudiano, B. A., & Miller I. W. (2013). The evidence-based practice of psychotherapy: Facing the challenges that lie ahead. *Clinical Psychology Review, 33*(7), 813–824.

Healy, D. (1997). *The Antidepressant Era*. Cambridge, MA: Harvard University Press.

Ho, D. (2012). Antidepressants and the FDA's black-box warning: Determining a rational public policy in the absence of sufficient evidence. *Virtual Mentor – AMA Journal of Ethics, 14*(6), 483–488.

Johnstone, L. (2006). The limits of biomedical models of distress. In D. B. Double (Hrsg.), *Critical Psychiatry: The Limits of Madness* (S. 81–98). Basingstoke: Palgrave Macmillan.

Kleiber, D., & Kuhr, A. (Hrsg.) (1988). *Handlungsfehler und Mißerfolge in der Psychotherapie. Beiträge zur psychosozialen Praxis*. Tübingen: dgvt-Verlag.

Klerman, G. L., Weissman, M. M., Rounsaville, B. J., & Chevron, E. S. (1984). *Interpersonal Psychotherapy of Depression: A Brief, Focused, Specific Therapy*. New York: Basic Books.

Klerman, G. L. (1983). The efficacy of psychotherapy as the basis for public policy. *American Psychologist, 38*(8), 929–934.

Koschorke, A. (2010). Ein neues Paradigma der Kulturwissenschaften. In E. Eßlinger, T. Schlechtriemen, D. Schweitzer & A. Zons (Hrsg.), *Die Figur des Dritten. Ein kulturwissenschaftliches Paradigma* (S. 9–31). Berlin: Suhrkamp.

Ladwig, I., Rief, W., & Nestoriuc Y. (2014). Welche Risiken und Nebenwirkungen hat Psychotherapie? – Entwicklung des Inventars zur Erfassung Negativer Effekte von Psychotherapie (INEP). *Verhaltenstherapie, 24*(4), 252–263.

Lambert, M. J. (2011). Psychotherapy research and its achievements. In J. C. Norcross, G. R. VandenBos & D. K. Freedheim (Hrsg.), *History of Psychotherapy: Continuity and Change* (2. Aufl., S. 299–332). Washington, D.C.: American Psychological Association.

Lambert, M. J., Bergin, A. E., & Garfield, S. L. (2013). Einleitung und historischer Überblick. In M. J. Lambert (Hrsg.), *Bergin & Garfields Handbuch der Psychotherapie und Verhaltensmodifikation* (S. 31–58). Tübingen: dgvt-Verlag.

Leitner, A., Schigl, B., & Märtens, M. (Hrsg.) (2014). *Wirkung, Risiken und Nebenwirkungen von Psychotherapie. Ein Beipackzettel für TherapeutInnen und PatientInnen*. Wien: facultas.wuv.

Linden, M. (2013). How to define, find and classify side effects in psychotherapy: From unwanted events to adverse treatment reactions. *Clinical Psychology and Psychotherapy*, *20*(4), 286–296.

Linden, M., & Schermuly-Haupt, M.-L. (2014). Definition, assessment and rate of psychotherapy side effects. *World Psychiatry*, *13*(3), 306–309.

Linden, M., & Strauß, B. (Hrsg.) (2018). *Risiken und Nebenwirkungen von Psychotherapie. Erfassung, Bewältigung, Risikovermeidung* (2. Aufl.). Berlin: MWV Medizinisch Wissenschaftliche Verlagsgesellschaft.

Luborsky, L., & DeRubeis, R. J. (1984). The use of psychotherapy treatment manuals: A small revolution in psychotherapy research style. *Clinical Psychology Review*, *4*(1), 5–14.

Lyne, J. (2001). Contours of intervention: How rhetoric matters to biomedicine. *Journal of Medical Humanities*, *22*(1), 3–13.

Mays, D. T., & Franks C. M. (Hrsg.) (1985). *Negative Outcome in Psychotherapy and What To Do About It*. New York: Springer.

McGoey, L. (2010). Profitable failure: Antidepressant drugs and the triumph of flawed experiments. *History of the Human Sciences*, *23*(1), 58–78.

MHRA. (2019). Reporting site for the Yellow Card Scheme. https://yellowcard.mhra.gov.uk/.

Mohr, D. C. (1995). Negative outcome in psychotherapy: A critical review. *Clinical Psychology: Science and Practice*, *2*(1), 1–27.

Moncrieff, J. (2006). The politics of psychiatric drug treatment. In D. B. Double (Hrsg.), *Critical Psychiatry. The Limits of Madness* (S. 115–132). Basingstoke: Palgrave Macmillan.

NICE (2014). *Anxiety Disorders. Quality Standard (QS53)*. Published 6 February 2014. https://www.nice.org.uk/guidance/qs53/resources/anxiety-disorders-pdf-2098725496261.

Nutt, D. J., & Sharpe, M. (2008). Uncritical positive regard? Issues in the efficacy and safety of psychotherapy. *Journal of Psychopharmacology*, *22*(1), 3–6.

Parker, G., Fletcher, K., Berk, M., & Paterson, A. (2013). Development of a measure quantifying adverse psychotherapeutic ingredients: The Experiences of Therapy Questionnaire (ETQ). *Psychiatry Research*, *206*(2–3), 293–301.

Pignarre, P. (2006). *Psychotrope Kräfte. Patienten, Macht, Psychopharmaka*. Zürich, Berlin: diaphanes.

Rogers, W., & Hutchison, K. (2017). Evidence-based medicine in theory and practice: Epistemological and normative issues. In T. Schramme & S. Edwards (Hrsg.), *Handbook of the Philosophy of Medicine* (S. 851–872). Dordrecht: Springer.

Rose, N. (1986). Psychiatry: The discipline of mental health. In P. Miller & N. Rose (Hrsg.), *The Power of Psychiatry* (S. 43–84). Cambridge, UK: Polity Press.

Rose, N. (1998). *Inventing Our Selves: Psychology, Power, and Personhood*. Cambridge, UK, New York: Cambridge University Press.

Schramm, S. (2012). Der Psychotherapie fehlt der Beipackzettel. *Die Zeit*, 48/2012. https://www.zeit.de/2012/48/Psychotherapie-Nebenwirkung-Beipackzettel/komplettansicht.

Scott, J., & Young, A. H. (2016). Psychotherapies should be assessed for both benefit and harm. *The British Journal of Psychiatry*, *208*(3), 208–209.

Smith, M. L., Glass, G. V., & Miller, T. I. (1980). *The Benefits of Psychotherapy*. Baltimore, London: Johns Hopkins University Press.

Sonnenmoser, M. (2010). „Beipackzettel" für die Psychotherapie. *Deutsches Ärzteblatt PP*, *9*(8), 353.

Stiftung Warentest. (2015). Licht und Schatten. *test*, 11/2015, 96–97.

Stiles, W. B., & Shapiro, D. A. (1989). Abuse of the drug metaphor in psychotherapy process-outcome research. *Clinical Psychological Review*, *9*(4), 521–543.

Stolerman, I. P., & Price, L. H. (Hrsg.) (2015). *Encyclopedia of Psychopharmacology* (2. Aufl.). Berlin, Heidelberg: Springer.

Tornay, M. (2016). *Zugriffe auf das Ich. Psychoaktive Stoffe und Personenkonzepte in der Schweiz, 1945 bis 1980*. Tübingen: Mohr Siebeck.

Yeaton, W. H., & Sechrest, L. (1981). Critical dimensions in the choice and maintenance of successful treatments: Strength, integrity, and effectiveness. *Journal of Consulting and Clinical Psychology*, *49*(2), 156–167.

IV

Feministische und postkoloniale Kritiken der Psychologie
–
Feminist and postcolonial criticism of psychology

Feminist psychology and the new spirit of capitalism: Austrian feminist psychologists and new modes of work in the late 20th century

Nora Ruck, Vera Luckgei, Lisa Wanner, and Elisabeth Parzer

Abstract

This paper explores the ways in which feminist psychologists at an Austrian women's counseling center both created and criticized their own working conditions during the mid 1980ies until the early 1990ies. Looking at both their concreted practices of counseling and of critique and at large scale social transformations in the sphere of work we analyze how these feminist psychologists produced psychological knowledge on the basis of which they criticized the social status quo. We also inquire what alternatives they envisioned and realized and how these alternatives rooted in larger scale transformations of society and how they fed back into society. We locate our analysis within a contextual history of psychology and focus on new modes of being and working that activists of the second wave of feminism paved the way for mostly in the form of women's collectives and feminist project work, in order to situate the psychological knowledge produced by feminist psychologists and psychosocial practitioners working at a counseling center for women. In a next step, we rely on the concept of the new spirit of capitalism and the role of critique in societal transformation in order to analyze how feminist counseling centers were not only rooted in their social, cultural, and economic contexts, but also fed back into these contexts by co-creating new modes of work while at the same time critically reflecting upon their own working conditions. We thus describe the relationship between feminist psychology and its social context as circular: While women's counseling centers were both affected and brought forth by their social context, their efforts and activities changed not only the psychosocial support system, but also the working conditions in this field.

* * *

Feministische Psychologie und der neue Geist des Kapitalismus: Österreichische feministische Psychologinnen und neue Arbeitsverhältnisse im späten 20. Jahrhundert

In diesem Beitrag wird untersucht, wie feministische Psychologinnen in einer österreichischen Frauenberatungsstelle von Mitte der 1980er Jahre bis Anfang der 1990er Jahre ihre eigenen Arbeitsbedingungen schufen und kritisierten. Betrachtet man sowohl ihre konkreten Praktiken der Beratung und der Kritik als auch die groß angelegten gesellschaftlichen Transformationen im Bereich der Erwerbsarbeit, so zeigt sich, wie diese feministischen Psychologinnen psychologisches Wissen erzeugten, auf dessen Grundlage sie den sozialen Status quo kritisierten. Wir fragen darüber hinaus, welche Alternativen sie imaginierten und realisierten und wie diese Alternativen zum einen in größeren gesellschaftlichen Transformationsprozessen wurzeln und diese zum anderen aber auch verstärken. Wir verorten unsere Analyse in einer kontextuellen Geschichte der Psychologie und konzentrieren uns auf neue Seins- und Arbeitsmethoden, die Aktivistinnen der zweiten Welle des Feminismus vor allem in Form von Frauenkollektiven und feministischer Projektarbeit ermöglichten. So wollen wir auch das psychologische Wissen von feministischen Psychologinnen und psycho-

V. Balz und L. Malich (Hrsg.), *Psychologie und Kritik*,
https://doi.org/10.1007/978-3-658-29486-1_12

sozialen Praktiker*innen, die in einer Frauenberatungsstelle arbeiten, kontextualisieren. In einem nächsten Schritt stützen wir uns auf das Konzept des ‚neuen Geist des Kapitalismus' und fokussieren damit auf die Rolle der Kritik in der gesellschaftlichen Transformation, um zu analysieren, wie feministische Beratungszentren nicht nur in ihrem sozialen, kulturellen und wirtschaftlichen Kontext verwurzelt waren, sondern auch in diese Kontexte zurückgeführt wurden, indem sie neue Arbeitsweisen mitgestalteten und gleichzeitig ihre eigenen Arbeitsbedingungen kritisch reflektierten. Wir beschreiben daher die Beziehung zwischen der feministischen Psychologie und ihrem sozialen Kontext als zirkulär: Während Frauenberatungsstellen durch ihren sozialen Kontext beeinflusst und hervorgebracht wurden, veränderten ihre Bemühungen und Aktivitäten nicht nur das psychosoziale Unterstützungssystem, sondern auch die Arbeitsbedingungen in diesem Bereich.

* * *

Feminist psychologies are prime examples of intersecting cultures of critique in psychology: Deeply rooted in non-academic cultures of critique that engage with psychological issues, e.g., women's groups of the second wave of the women's movement or women's counseling collectives, they formed alternative psychologies that were often applied and/or further developed in autonomous women's projects and psychosocial counseling centers, and have gained a foothold in academic psychology in many countries around the world (see Rutherford et al., 2011). In this paper we draw on Austrian feminist psychology in order to explore the interrelations between activism and psychology on the one hand, and social changes and the feminist psychological critique of society on the other.

In Austria as in many other countries, activists in the women's movement started to employ rather psychologized activist techniques such as "consciousness-raising" and criticized the sexism and androcentrism of psychology and psychotherapy. Soon activists founded feminist counseling and therapy centers, authored articles and books, organized congresses on feminist therapy, and taught at universities and other institutions of higher education. They used their psychological expertise as well as their own experiences to develop social critique and to explore alternatives.

Our general aim in this paper is to explore the relations between cultures of critique in feminist psychology and large-scale social relations. We analyze, in particular, alternative modes of work in the psychosocial sector that were initiated and experimented with, but also criticized by members of one of Austria's first counseling centers for women, the Viennese nonprofit organization *Frauen beraten Frauen* (now *Frauen* beraten Frauen**). How did feminist psychologists produce psychological knowledge on the basis of which they criticized the social status quo? What alternatives did they envision and realize? How were these alternatives rooted in larger scale transformations of society, and how did they feed back into society?

In the spirit of a feminist contextual history of psychology (see Bohan, 1990) we focus on new modes of being and working that activists of the second wave of feminism paved the way for mostly in the form of women's collectives and feminist project work, in order to situate the psychological knowledge produced by feminist psychologists and psychosocial practitioners working at *Frauen beraten Frauen*. In a next step, we rely on the concept of the new spirit of capitalism and the role of critique in societal transformation (see Boltanski & Chiapello, 2007; Fraser, 2009) in order to analyze how feminist counseling centers were not only rooted in their social, cultural, and economic contexts, but also fed back into these contexts by co-creating new modes of work while at the same time critically reflecting upon their own working conditions. We thus describe the relationship between feminist psychology and its social context as circular: While women's counseling centers were both affected and brought forth by their social context, their efforts and activities changed not only the psychosocial support system, but also the working conditions in this field.

Women's collectives and feminist psychosocial project work: Between psychosocial service and political intervention

Feminist psychology is rooted in the women's movement, especially in the branches of feminist activism that developed in many industrialized countries during the 1960s and 1970s, which are often subsumed under the "second wave" label. Nancy Adamson, Linda Briskin, and Margaret McPhail (1988, p. 30) have differentiated the feminist strategies of the second wave into "reform" (liberal feminism), "creation of alternatives" (radical feminism), and "structural change" (socialist feminism). Among the most significant alternatives developed by radical feminists were new structures and modes of organizing, which were modeled on consciousness-raising groups (CR groups; see Ristock, 1991). These organizational modes were developed within and had a profound impact both on women's collectives during the 1970s and on women's projects of the 1980s and 1990s. It is within such projects that Austrian feminist psychologists and other health practitioners incepted entirely new forms of psychosocial services for women starting in the mid- to late 1970s and early 1980s.

The beginning of the Austrian women's movement is associated with the founding of the activist collective *AUF* (*Aktion Unabhängiger Frauen*, "Autonomous Women's Initiative") in 1972 (see Geiger, 2012). Like many radical feminist groups in North America, *AUF* aimed to raise consciousness on a collective level and initiated CR groups that were inspired by their U.S. American counterparts. At *AUF* and other Austrian feminist collectives, these and similar groups came to be known under various names: they were referred to as contact groups (*Kontaktgruppen*), self-awareness groups (*Selbsterfahrungsgruppen*), or self-help groups (*Selbsthilfegruppen*), and each of these categories was dedicated to slightly different problems and topics. An essential component of CR groups, and of radical feminism more generally, was their critique of traditional structures and processes of organizing, as well as their experimenting with new modes of organizing. The founding of women's groups and, later, women's centers, which took place pretty much wherever the second wave occurred, was an essential part of the women's movement and was also instrumental in bringing about a feminist psychology.

Naomi Rosenthal considers CR groups, where women got together to talk about and analyze the social roots of their experiences, as an "organizational bridge" (Rosenthal, 1984, p. 313) between social and psychological liberation that had been championed by North American radical feminists since the late 1960s. Typically, women would get together in small groups in order to talk about their experiences (of oppression) and they would analyze the social roots and conditions of their oppression. One of the most important features of CR groups was the absence of a group leader and of (official) hierarchies. These organizational principles were in turn applied to other women's collectives, which emphasized equality and sisterhood and tried to operate without leadership and hierarchy. Often, but certainly not always, these collectives would function on the basis of many small groups, each of which was represented at a central collective, which dealt with the administrative parts of the organization (see Ristock, 1991).

While radical feminist activists, who had developed consciousness-raising as a tool to effect revolution, had explicitly maintained that consciousness-raising was not therapy but an instrument for collective action, CR groups in North America entered a process of increasing psychologization already in the early 1970s (see Rosenthal, 1984; Ruck, 2015). Radical feminists associated with the founding of the first CR groups complained about the psychologized ways in which consciousness-raising was used, and by the late 1970s were urging feminists to go back to the roots of consciousness-raising (Sarachild, 1978). Radical feminist Irene Peslikis even included "thinking that women's liberation is therapy" (Peslikis, 1970, p. 81) in her list of "resistances to consciousness," i.e., as a possible reason why women could not become cognizant of their own oppression. In her view, equating women's liberation with therapy prevented women from understanding and fighting the roots of their oppression. While the psychologization of consciousness-raising was considered to be problematic by some feminists, it also laid the foundation for women's projects that would attend to and try to alleviate psychological suffering within an increasingly professionalized context of women's counseling centers.

In Austria, the women's movement entered a phase of increasingly professionalized feminist project work during the 1980s and 1990s (see Geiger, 2012), when women founded their own publishing houses, magazines, book shops, bands, shelters, counseling centers, and health centers. In 1979, a number of women who either worked in the psychosocial sector or studied in this field met and later founded the first feminist counseling center in Austria, the nonprofit organization *Frauen beraten Frauen* ("Women Counsel Women") (Stromberger & Scherl, 1988), which is now called *Frauen* beraten Frauen** in order to emphasize its non-essentialist definition of women*. The founding members met in psychotherapy training (Verein Frauen Beraten Frauen, 1985) and the founding group consisted of one teacher, one social worker, one physiotherapist working at a psychiatric institution, one psychologist, and one student of psychology;

most of them were already working in the psychosocial sector. Soon the team was complemented with lawyers and physicians (Stromberger & Scherl, 1988).

Founding members Christine Stromberger and Margot Scherl related that they "had diverse relations with the women's movement, which ranged from mere sympathy to active engagement, and which intensified over the course of our collaboration" (Stromberger & Scherl, 1988, p. 98; transl. N.R.). They also described the group as politicized for feminist issues "by the women's movement, by discussions, by women's groups, by readings, by information about women's initiatives abroad and by their own work in the psychosocial field" (p. 371; transl. N.R.). As envisioned by its founding members, the counseling center built on two observations (Stromberger & Scherl, 1988): First, women seemed to be more prone to seek medical support as well as counseling and psychotherapy, and second, most counseling institutions centered on symptoms rather than taking into account their underlying causes and crises. In traditional counseling, women were regarded as their social roles, not as subjects who acted within complex conditions. The founding members pointed out that neglecting women's social situation prevented efficient counseling, therapy, and treatment. By contrast, they wanted to foreground objective living conditions and to raise women's consciousness for the relation between their subjective suffering and their objective situation rather than psychologizing women's suffering. The interdisciplinarity of the founding group was supposed to account for the fact that women sought psychosocial support for diverse reasons and within complex circumstances.

The women worked towards opening the counseling center for women from late 1979 onwards. The women's health movement, which is said to have originated in Boston in 1969 and to have internationalized from there (see Hildebrandt, 1992, p. 142) had a significant impact on these early days of feminist psychology in Vienna. In Germany, women's therapy centers, which were inspired by initiatives in the U.S., were initiated from the late 1970s onwards. The *FrauenTherapieZentrum* ("Women's Therapy Center") in Munich (founded in 1979), in particular, provided tangible inspiration for women in Vienna (Verein Frauen Beraten Frauen, 1985, p. 99). As there were no similar initiatives in Austria yet, founding members of *Frauen beraten Frauen* visited women's counseling initiatives and women's therapy conventions in Germany (see Luckgei, 2018). In May 1980, the women met German feminist therapist Sabine Scheffler, who would later play a significant role in the development of Austrian feminist psychology, at a women's therapy convention in Zülpich. In August, the women founded the non-profit organization *Frauen beraten Frauen*.

While its financial situation remained precarious throughout the years (see below), *Frauen beraten Frauen* soon gained social and professional recognition and the demand for its services was high. The women also established cooperative arrangements with other institutions in the psychosocial sector, and women were often referred to the counseling center by independent physicians and therapists as well as by official institutions of the City of Vienna. In 1984, the women opened a family counseling center (Stromberger & Scherl, 1988), a decision they did not make lightly as it sparked "tedious discussions" about "the risk of losing our identity as a 'women's project'" (Stromberger, 1986, p. 102; transl. N.R.). In 1987, the center supported about 100 women per week (Frauen beraten Frauen, 1987a).

Feminist counseling centers like *Frauen beraten Frauen* politicized psychological problems, thus paying tribute to the iconic slogan of the women's movement, "the personal is political." The activities of *Frauen beraten Frauen* were thus located on the intersection between psychosocial services and sociopolitical engagement. The themes and issues they tackled were manifold: In autumn 1984, for example, the center offered information evenings on the following subjects (Frauen beraten Frauen, 1984b): divorce; aging; mental illness; women who (want to) live together; women as consumers of sleeping pills, pain killers, stimulants, and tranquilizers; autonomously managed workplaces; pregnancy and maternity; making contact; making music; experiences with physicians; and a shared interest board. In the spring 1985, weekend seminars on "therapeutic theater," "contraception through self-observation," "women's vacation in Italy," and a "discussion on sexual harassment at the work place" were advertised (Frauen beraten Frauen, 1985; transl. N.R.).

The counseling center also engaged with and commented on state politics. In August 1992, for example, members sent a letter to Austrian Chancellor Franz Vranitzky, in which they expressed "great anger" at the "recent media campaign against the activities of the Ministry of Women's Affairs and against Minister of Women's Affairs Johanna Dohnal" (Frauen beraten Frauen, 1992; transl. N.R.). They further explained:

> "We resent the un-objective and media-politically lowbrow gathering of points of criticism, which fails to depict any facts and socio-political conditions. Implicitly, this media campaign is an attack against existing women's projects and their activities and we are taking a clear stand against this. Women's politics, a minor budgetary item of the total budget anyway, must not fall prey to conservative tendencies or adjustments resulting from consolidation. For this reason, we appeal to you, Mister Chancellor, to oppose this turn and to publicly and politically endorse women's politics and the activities of women's projects" (Frauen beraten Frauen, 1992; transl. N.R.).

The feminist psychologies developed by the women of *Frauen beraten Frauen* made their way into the university, at least for a while. In 1984, a number of members were recruited into the teaching community of the Department of Psychology at the University of Vienna (see Luckgei, Ruck, & Slunecko, in press). They there initiated a phase of feminist psychological teaching at the University of Vienna that lasted for about fifteen years: Between 1984 and 2000, the Department of Psychology at the University of Vienna offered about 200 courses on the psychology of women – up to ten seminars per semester during the mid-1990s, and about five to six seminars per semester from the late 1990s until 2000. Students would learn about topics like gendered socialization, women specific experiences like pregnancy and menopause, violence against women, women in work settings, psychoanalytic and feminist theories of sexuality, and many others. These courses were so popular that lecturers constantly needed larger seminar rooms, and experimented with didactic methods that could accommodate large numbers of students.

Although the combined efforts of feminist psychologists and students of psychology had turned the University of Vienna into an inofficial and "temporary hub in feminist psychological university teaching" (see Luckgei, Ruck, & Slunecko, in press), this climax in feminist psychological teaching at the University of Vienna came to a rather abrupt end at the turn of the century – not least because these feminist psychologists remained in temporary and often precarious positions as adjunct lecturers or guest professors, and because the Department of Psychology failed to make feminist psychological courses and topics mandatory in the curriculum (see Luckgei, 2018).

Precarious institutionalization: Working conditions at psychosocial women's projects

The women's movement was an indispensable condition for the founding of feminist counseling centers like *Frauen beraten Frauen.* This anchoring in the women's movement is evident on many levels, including, the center's general mission, the multi-professional nature of the team, and the nature of its activities. While the women's movement was a necessary social condition for feminist psychology as envisioned and practiced in initiatives such as *Frauen beraten Frauen*, the women's efforts might have flagged had official politics not begun to provide support. In order to establish a more long-term institutional structure, the center became reliant on another institutional and structural logic: the corporatist welfare state on the federal, state, and municipal levels, as funding would come from many mostly government sources.

In his second year as Austrian Chancellor, social democrat Bruno Kreisky created the position of "State Secretary for Women's Affairs," which was held by Elfriede Karl from 1971 until 1979 and by Johanna Dohnal from 1979 until 1990 (see Feigl, 2002), and which would play a substantial role for women's projects all over Austria. According to *Frauen beraten Frauen*, Dohnal, who would later become Austria's first Minister for Women's Affairs, supported the counseling center throughout the years, starting with the pragmatic but significant act of providing rooms (Verein Frauen Beraten Frauen, 1985, p. 102). The women were thus able to move into a basement location in a *Gemeindebau* ("municipality building") in the traditionally working-class sixteenth district of Vienna. The location housed the office of the NPO of the Viennese women's shelters *Soziale Hilfe für gefährdete Frauen und ihre Kinder* ("Social support for vulnerable women and their children") and was offered for use free of charge.

The counseling center did not even pay telephone or electricity bills (see Luckgei, 2018). In an oral history interview, Christine Stromberger remembered these early events as follows: "A basement office in the sixteenth district of Vienna, all the way in the outskirts of Vienna, was were we spent our beginnings. She [Johanna Dohnal] organized our first 50,000 shillings from her Minister of Health colleague. Anyway, we were in contact and she immediately understood that what we were doing was important and good" (Stromberger, 2016, p. 20; transl. N.R.).

Janice Ristock (1991) has described the ambivalence between trying to provide alternative and autonomous feminist services, while depending on the state for funding as a particular source of stress for women's collectives. The inherent contradiction of this arrangement is certainly one cause for stress; another strain that particularly impacted *Frauen beraten Frauen* was the unpredictability and precariousness of funding. The quarters were "much too small" (Verein Frauen Beraten Frauen, 1985, p. 104; transl. N.R.) and the initial funding was not nearly enough to pay all members. Funding remained precarious and dependent on multiple sources throughout, and the women worked under rather dire conditions: At first, the women working at the counseling center did so for free for about five to ten hours per week (Verein Frauen Beraten Frauen, 1985, p. 100). That they aimed to create jobs for themselves and help other women create their own working conditions can be witnessed by an event organized by *Frauen beraten Frauen* in 1984: In a newsletter (Frauen beraten Frauen, 1984a) *Frauen beraten Frauen* announced a discussion on the topic "'Create your own jobs' – with humane working conditions!" with an economist from an NGO devoted to promoting self-organized business ventures.

The financial situation improved somewhat over the years. Two women worked for the City of Vienna first and then transferred to *Frauen beraten Frauen*; several initiatives by the Austrian Unemployment Agency also allowed at least temporary and part-time employment for several women. In 1984, running a family counseling center opened up new funding opportunities that would also change the personnel structure: Family counseling centers were required to employ at least one medical doctor, one lawyer, one psychologist, and one social worker for a certain number of hours weekly. Due to these provisions, the team was diversified professionally in a way that had not been the case during the very first years. From the mid-1980s until the 1990s, *Frauen beraten Frauen* was funded by various federal, state, and municipal government sources including the City of Vienna, the Ministry of Family Affairs (which in some governments was the Ministry for Family, Youth, and Consumer Protection), the Job Market Service, the Ministry of Women's Affairs, and the Ministry of Social Affairs, as well as by private donations (Frauen beraten Frauen, 1986).

The members described their experiences during their first few years in the following way:

> "From now on we not only pursue our diverse activities in other fields but also invest in weekly meetings, public relations, and grant application and management activities, as well as five to ten hours per week and woman for telephone duty, initial interviews, team meetings, and more and more group and individual counseling sessions, because the demand was enormous from the beginning" (Verein Frauen Beraten Frauen, 1985, p. 104; transl. N.R.).

Financial strains would be a constant flow that would ebb on and off over the years. In June 1987, *Frauen beraten Frauen* informed readers of their newsletter about enormous cutbacks by the federal government (Frauen beraten Frauen, 1987a). Not only was funding for the counseling center reduced, according to the newsletter the government even withdrew subsidies already included in budget planning. First, the center asked their newsletter readers for donations; somewhat later (Frauen beraten Frauen, 1987b; 1987c; 1988) they were able to win more than a dozen prominent Austrians (all but a few of whom were women) as honorary members, among others, State Secretary for Women's Affairs Johanna Dohnal, performance artist Valie Export, writer Elfriede Jelinek, and painter Maria Lassnig. Christine Stromberger and Margot Scherl (1988) described their dire financial situation as follows:

> "The precariousness of the financial situation remained a fact; the vast majority of funding is temporary and has to be begged for year for year; sometimes the staff is not adequately paid. Psychosocial work, especially in the therapy sector, requires the development of lasting and

> trusting relationships between client and therapist, however – thus, the continuity of our work is constantly under threat" (Stromberger & Scherl, 1988, p. 373; transl. N.R.).

The women's efforts seem to have paid off temporarily. In March 1989 (Frauen beraten Frauen, 1989a) *Frauen beraten Frauen* informed newsletter readers about financial contributions from federal Minister Hilde Hawlicek, which allowed the counseling center to broaden its activities to include video screenings. A few months later (Frauen beraten Frauen, 1989b) the center expanded its telephone services to daily accessibility.

In 1990 Johanna Dohnal was appointed Austria's first Minister of Women's Affairs and served in this capacity until 1995 (Thurner & Weiss, 2008). She was in direct dialog with many autonomous women's initiatives, including *Frauen beraten Frauen*. Hardly a Minster of Women's Affairs after Dohnal seems to have held such direct and close contact with the women's movement and with independent women's collectives and projects. A major turning point occurred in the year 2000, however. The Social Democratic government was replaced by a coalition of the right-wing Freedom Party and the Conservative People's Party, and the right-wing politician Elisabeth Sickl and, shortly thereafter, her fellow party member Herbert Haupt, were appointed to the Ministry of Women's Affairs. In a conversation with Christina Thürmer-Rohr and Sabine Scheffler, founding member Margot Scherl mentioned that "the dialogical principle" (Scherl & Fritz, 2010, p. 35; transl. N.R.) fundamentally changed at this point:

> "[Before 2000] we succeeded in establishing a good atmosphere for negotiating with politicians. Since 2000, however, we cannot go there again. We only negotiate with government officials but never with politicians themselves. The conversation has ended, even when we are writing letters or emails. I have no idea how to pick up the thread again, how to enter the conversation again, how does dialog with official politics work?" (Scherl & Fritz, 2010, p. 35; transl. N.R.)

In addition to ending the direct dialog with women's projects after 2000, Minister of Women's Affairs Herbert Haupt also shifted the ministry's agendas to men's politics. Despite this nadir that lasted until 2006, *Frauen beraten Frauen* still exists, now under the name *Frauen* beraten Frauen**.

Feminism and the new spirit of capitalism: On the relation between critique and society

Janice Ristock (1991) has pointed to the ambivalence between aiming for autonomy on the one hand, and depending on public funding on the other. This contradiction pertains to the vast majority of entities in the so-called "third or non-profit sector," of which feminist counseling centers are just one part. This sector has undergone major changes that have been dubbed the "managerialization" of the non-profit sector, which has steadily increased since the 1990s along with large-scale neoliberalization processes (see Leitner et al., 2008). Not only have management and fundraising activities in non-profit organizations increased exponentially since then, the examples recounted above also serve to illustrate just how unpredictable funding for feminist as well as other autonomous counseling centers was and still is. Evidently, feminist counseling centers like *Frauen beraten Frauen* are entrenched in large-scale economic conditions and are deeply implicated in transformations in the sphere of work that go beyond the concrete organization at stake.

Luc Boltanski's and Éve Chiapello's seminal work *The New Spirit of Capitalism* provides a starting point to reflect on the relation between (cultures of) critique in psychology and large-scale social developments. Boltanski and Chiapello (2007) somewhat (in)famously proposed to explore the critique of society as a major factor in the restructuring of society. In their view, it was not least the critique of society formulated by the new social movements of the 1960s and 1970s that allowed for the development of new capitalist arrangements during the 1980s and 1990s. Boltanski and Chiapello argue that it was the new social movements, of all things, that provided a justification for a new capitalist order and thus co-produced changes in modes of production and in the political regulation of production that occurred somewhat later.

Boltanski and Chiapello (2007) take up Max Weber's argument that capitalism needed to provide people with a motivation to partake, which Weber had called the "spirit of capitalism" and related to the "Protestant work ethic." As humans cannot be forced to partake in capitalism – or at least not by capitalism itself, as the power of force is vested in the state – individuals need to be committed to and engaged in capitalism by means of "justification." Boltanski and Chiapello argue that capitalism cannot create such justification in and of itself, but depends on other orders of justification they call *cities*. In modern societies, cities determine orders of worth according to which individuals are evaluated and hierarchically ordered. These are not ideologies in the sense of "an illusion with no impact on events in the world," because they must "to a certain extent, deliver on [their] promises" (Boltanski & Chiapello, 2007, p. 488). This is why Boltanski and Chiapello attribute such a significant role to the *critique* of capitalism in the transformation of capitalism. They even propose that "[t]he principal operator of creation and transformation of the spirit of capitalism is critique" (p. 489). In particular, they argue that during the 1980s and 1990s, capitalism incorporated an *artistic critique* of the 1960s and 1970s, i.e., a critique of capitalist working conditions as producing alienation and of hindering individual self-realization and creativity.

When analyzing management literature of the 1990s, Boltanski and Chiapello found a new order of justification they called the "projective city" (as in "projects" – the French original is "*cité par projets*"), which has, in their view, incorporated the artistic critique of capitalism of the new social movements of the 1960s and 1970s. Values such as self-actualization and creativity served to justify a new capitalist order based on self-exploitation rather than exploitation. Workers now motivate themselves for increasingly precarious jobs in conditions of ever growing competition by an order of justification that evaluates worth in the sphere of work according to characteristics like adaptivity, flexibility, and mobility, activity and autonomy in generating "projects," initiating contacts and keeping "networks," leading and serving with enthusiasm and tolerance without being authoritarian or hierarchic. The projective city is based on "relationships" and leaves behind classic dichotomies: work versus not-work, stability versus instability, paid work versus unpaid work, self-interest versus care for others.

Nancy Fraser (2009) has pushed this argument about the role of social and cultural critique in societal change further in order to make it applicable for the role of the second wave of the women's movement in the large-scale transformations of the 1980s and 1990s. According to Fraser it was no coincidence that the second wave of the women's movement erupted mostly in OECD welfare states and ex-colonial developmental states of the postwar period. All of these states shared the core characteristics of state-organized capitalism, and the critique of the second wave targeted exactly these features.

Fraser (2009) explains that second-wave protests focused on four pillars of state-organized capitalism: (1) Economism, i.e., the assumption that social justice was mainly a matter of economic redistribution based on class; (2) the androcentrism of state-organized capitalism that centered around the male breadwinner model; (3) the bureaucracy of etatism that turned citizens into passive taxpayers, consumers, and clients; (4) and Westphalianism, i.e., the restricting of solidarity and social justice to members of nation-states. Fraser (2009) argues that second-wave feminists countered (1) economism by politicizing the personal and by expanding the analysis of social axes that could harbor social injustices; (2) androcentrism by criticizing a capitalist gendered division of labor that relied on women's unpaid reproductive labor and by aiming at a complete transformation of the system's "deep structures and animating values" (p. 105); and (3) etatism by developing new modes of political organizing based on "a horizontal counter-ethos of sisterly connection" of consciousness-raising and by envisioning "a participatory-democratic state that empowered its citizens" (p. 106). Fraser calls the second wave more "ambivalent" about (4) the Westphalian aspects of state-organized capitalism, however; while cognizant of transborder injustices, most activists considered the state as the primary addressee of their demands.

Based on this analysis, Fraser (2009) explores the thesis that "the cultural changes jump-started by the second wave, salutary in themselves, have served to legitimate a structural transformation of capitalist society that runs directly counter to feminist visions of a just society" (p. 99). During the late 1970s and more so during the 1980s, the state-organized variant of capitalism that had been the target of second-wave feminist critique transformed into a more neoliberal one that, in the political regulation of the economy, aimed at privatization and deregulation, invoked personal responsibility, and sought to increase competition. The restructuring of capitalism, the justifications for which have been studied in detail by Boltanski and Chiapello, developed in tandem with the second wave of the women's movement and, most importantly, with its so-called "project phase." Fraser thus argues that "aspirations that had a clear emancipatory thrust in the context of state-organized capitalism assumed a far more ambiguous meaning in the neoliberal era" (p. 108). The second wave of the women's movement had originally interwoven economic, cultural, and political critiques of capitalism, but these three strands were later separated and partially and selectively recuperated by capitalism: "In a fine instance of the cunning of history, utopian desires found a second life as feelings currents that legitimated the transition to a new form of capitalism: post-Fordist, transnational, and neoliberal" (Fraser, 2009, p. 99).

These analyses of the role of (femininist) critique in transforming the sphere of work help to further explicate the ambivalences women's counseling collectives were entrenched in during the project phase of the women's movement. Most women's projects like *Frauen beraten Frauen* were precariously funded and demanded extraordinarily high levels of commitment and engagement, while aiming not only at autonomy but also at creating "humane" working conditions. As political collectives turned into projects and feminists achieved their aim of creating their own jobs, work that was once voluntary and unpaid often turned into precarious and insufficiently paid jobs that demanded high levels of self-exploitation, i.e., into a few paid positions that still required work beyond pay by a few salaried staff members, as well as by other women who would put in unpaid hours of work. In this respect the women at a Canadian women's counseling center criticized that, years after its inception, their center still needed to rely on volunteers: "contrary to popular opinion, a woman's time and work are valuable and should be paid for" (Kotyk, 1973, p. 1). That feminists kept at it despite economically dire working conditions may have been due mainly to their feminist principles: their work carried meaning because it allowed them to support women and work in a way congruent with feminist ethics and politics. It is in this sense that we here understand Fraser's argument that "second-wave feminism has unwittingly supplied a key ingredient of [...] 'the new spirit of capitalism'" (Fraser, 2009, p. 98).

Feminist project work drew on a variety of feminist principles. These projects often took with them the organizational structures radical feminists had experimented with in CR groups, and incepted new modes of working together that emphasized relationships, sisterhood, political objectives, and the absence of hierarchies. It was these feminist principles that allowed the women at *Frauen beraten Frauen* to support and – probably – politicize countless women. It further made it possible to fill a void in the counseling landscape for women and to work – pending funding – in a rather self-determined and autonomous fashion. In a cunning of history, however, it was probably the very same principles that made it both possible and necessary for the women to endure a level of precariousness and self-exploitation they might not have tolerated in any other workplace.

Feminist psychologists apply a feminist culture of critique to the jobs they created for themselves

The women at *Frauen beraten Frauen* not only initiated and established new modes of project work, but also experimented with ways to reflect upon and criticize the very working conditions they had helped co-create. From the very beginning, the women at *Frauen beraten Frauen* analyzed and criticized their working conditions as part of a larger critique of society. In order to deal with the strain of precarious self-organization, the women hired Sabine Scheffler as a supervisor in November 1981. For their tenth anniversary in 1991, the counseling center organized a conference called "Interplay and Counterpoint. Women – Team – Work" (transl. N.R.) that was dedicated to examining the working conditions women's projects had created in their aim to stay autonomous while institutionalizing and that was later published in the form of a collection containing both papers and workshop notes (Frauenberatung Wien, 1993).

Scheffler, for example, described the "double strategy of the women's movement". On the one hand, a "politics of demands" (Scheffler, 1993, p. 44;

transl. N.R.), claimed the equality of women and men and aimed at a participation of women in political and economic power. This form of politics addressed the structural level. On the other hand, an "experiential notion of power" (p. 44; transl. N.R.) was attuned to the personal level, as it attended to concrete experiences of power, dominance, and oppression that women made in their everyday lives. The slogan "The personal is political" not only drew attention to layers of male dominance, power, and violence that had previously been taboo because they had been protected by the "private sphere," but also targeted the strong welfare state. As women realized in CR groups that the material, social, and personal existence of women was inextricably interwoven with patriarchy, they began to create alternatives. Scheffler, however, elaborated on the contradictions and problems that arose in these very working conditions feminists had themselves created. She characterized women's project work as traversed by many tensions or ambivalences:

> "Bridging practical political objectives and psychosocial services;
> Institutionalizing while staying autonomous;
> Interweaving process, development, movement, and organization,
> Working collectively and without official hierarchies,
> Elevating socially marginal and taboo themes into legitimate work content"
> (Scheffler, 1993, p. 49; transl. N.R.).

These characteristics – many of which are probably true for any kind of project work rooted in social movements – came with both upsides and downsides, according to Scheffler and other presenters at the conference. As upsides, Scheffler listed the fact that feminist project work had identified gaps in public consciousness and that public service had taken these themes up, that members of projects were peers who espoused high levels of identification and solidarity, that continuity was realized through the ability to form and keep relationships and through commitment to the cause, that there was a high level of mutual care, concern, and support as well as a climate of affection and tolerance. Participants in a workshop on project work (Metzger, 1993) furthermore noted as upsides that the contents and modes of their work could be determined autonomously and that they could work towards a higher goal of changing society and of developing holistic solutions.

As downsides, Scheffler (1993) noted that project women constantly worried about the financial situation of their project and needed to engage in efforts to be heard and to raise public consciousness. Furthermore, matters of mutual attachment and dependency could not be talked about and were suppressed, there was little response and clear positioning, differences and otherness were avoided, and imaginations of superiority and inappropriate expectations of each other abounded. Workshop participants also listed financial insecurity, self-exploitation, low social status, staff shortages, competition on the inside and on the outside, and the lack of boundaries. Furthermore, "being a sworn ideological community effected an intertwining of emotional, professional, and material needs," as Scheffler (1993, p. 51; transl. N.R.) formulated it. She elaborated that the lack of hierarchy in women's projects often led to a "quasi natural" structure that resembled the family socialization of the team members. In this context, conflicts were often about the imagined power of others and about desires for autonomy and independence.

Marie Sichtermann criticized that in women's projects, women communicated in the mode of a CR group, i.e., via "total identification" (1993, p. 60; transl. N.R.). This mode, in which each speaker is identified with everything they say "as a person," precluded a "healthy culture of conflict and debate" because women took criticism personally. She also explained that members in women's projects always embodied two roles at the same time, a split consciousness, so to speak, as they were employer and employee in personal union. To Sichtermann, this was especially problematic because these two roles also embodied two different societal positions with vastly diverging interests that could hardly be reconciled within one person.

These reflections make evident that the jobs the women at *Frauen beraten Frauen* had created for themselves came with an ambivalence that was typical not only for women's collectives (see Ristock, 1990), but for some of the larger changes in the sphere of work that have been identified as neoliberal or post-Fordist. Members at *Frauen beraten Frauen* were far from naively embracing the working conditions they had helped co-create, though. Quite on the contrary, they developed modes of criticizing both the political and the psychological dimensions of these working conditions.

Conclusion

We have argued that women's projects co-created working conditions based on principles of feminist activism, such as the absence of hierarchies, relationality, sisterhood, and the politicizing of the personal. Feminist psychosocial projects such as *Frauen beraten Frauen* not only aimed to build a system of support for women that would do justice to women's psychosocial realities but also to create jobs that would allow themselves to realize these objectives, while at the same time bringing into existence more humane working conditions. While realizing alternative modes of work, feminist psychologists at *Frauen beraten Frauen* also established a culture of critique that scrutinized and criticized the conditions under which they worked on both a structural and a psychological level.

Epistemologically, this form of turning (oppressive) experiences into analysis and into critique is rooted in feminist consciousness-raising. In consciousness-raising, two cultures of critique interlock: feminist activism and psychology. In other words, consciousness-raising was itself made possible by a mode of feminist activism that emphasized the role of psychology in social liberation. Radical feminism was not the only radical movement since the late 1960s to assume that consciousness has a significant part in any social struggle. However, as Rosenthal (1984) pointed out, not all social movements aimed at connecting social and psychological liberation as systematically as feminists did: "[T]he women's liberation movement created, for the first time, an organizational bridge between the two foci, and that bridge was consciousness raising" (Rosenthal, 1984, p. 313). However, the role of psychology in radical feminist theory and practice was controversial from the beginning: while radical feminists, in particular, believed that social liberation needed to be complemented with psychological liberation, they criticized attempts to turn consciousness-raising into therapy.

Nevertheless, attending to the role of psychological mechanisms in both oppression and liberation was an indispensable ingredient for the culture of critique practiced by radical feminists and by feminist psychologists as well. It is against the backdrop of an already somewhat psychologized stream of feminist activism that women at *Frauen beraten Frauen* created a feminist psychosocial support system that did justice to women's experiences and needs, and that also made it both possible and necessary for them to reflect upon their own experiences of founding and working at a counseling center for women. Based on their own experiences, feminist psychologists developed a critique of the working conditions that were just about to develop at the time. As we have argued, the relation between women's counseling centers and their social context was circular: Women's counseling centers were evidently affected and brought forth by their social context, but their efforts and activities also fed back into it, changing not only the psychosocial support system but also the working conditions in this field.

References

Adamson, N., Briskin, L., & McPhail, M. (1988). *Feminist Organizing for Change: The Contemporary Women's Movement in Canada.* Toronto: Oxford University Press.

Bohan, J. S. (1990). Contextual history: A framework for re-placing women in the history of psychology. *Psychology of Women Quarterly, 14*(2), 213–227.

Boltanski, L., & Chiapello, È. (2007). *The New Spirit of Capitalism.* London, New York: Verso.

Feigl, S. (2002). *Was gehen mich seine Knöpfe an? Johanna Dohnal: Eine Biografie.* Vienna: Ueberreuter.

Fraser, N. (2009). Feminism, capitalism and the cunning of history. *New Left Review, 56* (March/April), 97–117.

Frauenberatung Wien (Ed.) (1993). *Zusammenspiel und Kontrapunkt: Frauen – Team – Arbeit: Tagungsband anläßlich des gleichnamigen Kongresses am 6. und 7. Dezember 1991 zum zehnjährigen Bestehen von Frauen Beraten Frauen in Wien.* Vienna: Wiener Frauenverlag.

Frauen beraten Frauen. (1984a). Aussendung February 23, 1984. Archived at Stichwort: Archiv der Frauen- und Lesbenbewegung Vienna.

Frauen beraten Frauen. (1984b). Aussendung September 27, 1984. Archived at Stichwort: Archiv der Frauen- und Lesbenbewegung Vienna.

Frauen beraten Frauen. (1985). Aussendung April 11, 1985. Archived at Stichwort: Archiv der Frauen- und Lesbenbewegung Vienna.

Frauen beraten Frauen. (1986). Aussendung June, 1986. Archived at Stichwort: Archiv der Frauen- und Lesbenbewegung Vienna.

Frauen beraten Frauen. (1987a). Aussendung (Nr. VI) June, 1987. Archived at Stichwort: Archiv der Frauen- und Lesbenbewegung Vienna.

Frauen beraten Frauen. (1987b). Aussendung (Nr. VII) October, 1987. Archived at Stichwort: Archiv der Frauen- und Lesbenbewegung Vienna.

Frauen beraten Frauen. (1987c). Aussendung (Nr. VIII) December, 1987. Archived at Stichwort: Archiv der Frauen- und Lesbenbewegung Vienna.

Frauen beraten Frauen. (1988). Aussendung (Nr. IX) March, 1988. Archived at Stichwort: Archiv der Frauen- und Lesbenbewegung Vienna.

Frauen beraten Frauen. (1989a). Aussendung (Nr. 14) March, 1989. Archived at Stichwort: Archiv der Frauen- und Lesbenbewegung Vienna.

Frauen beraten Frauen. (1989b). Aussendung (Nr. 15) June, 1989. Archived at Stichwort: Archiv der Frauen- und Lesbenbewegung Vienna.

Frauen beraten Frauen. (1992). *Brief an Bundeskanzler Franz Vranitzky vom 10. August 1992* [Letter to the Federal Chancellor Franz Vranitzky, August 10, 1992]. Archived at Stichwort: Archiv der Frauen- und Lesbenbewegung Vienna.

Geiger, B. (2012). "viel geschehen" – frauenbewegte Kontexte der 'zweiten Welle' in Österreich. In B. Krondorfer & H. Grammel (Eds.), *Frauen-Fragen: 100 Jahre Bewegung, Reflexion, Vision* (pp. 51–60). Vienna: Promedia.

Hildebrandt, H. (1992). *Gesundheitsbewegungen in den USA: Neue Initiativen im "anderen Amerika"*. Opladen: Leske + Budrich.

Kotyk, M. (1973). Summer Challenge Report. Canadian Women's Movement Archives (X10-1, Box 143, O.F.Y 1972, 1973, 1974). University of Ottawa Special Collections, Ottawa, ON.

Leitner, J., Maier, F., Meyer, M., & Millner, R. (2008). Managerialismus in Nonprofit Organisationen: Zur Untersuchung von Wirkungen und unerwünschten Nebenwirkungen. In R. Schauer, B. Helmig, R. Putschert, & D. Witt (Eds.), *Steuerung und Kontrolle in Nonprofit-Organisationen: 8. Colloquium der NPO-Forscher im deutschsprachigen Raum: Johannes Kepler Universität Linz, 17–18. April 2008: Eine Dokumentation* (pp. 89–112). Linz: Trauner.

Luckgei, V. (2018). *Feministische Psychologie in Wien*. Unpublished master's thesis, University of Vienna, Austria.

Luckgei, V., Ruck, N., & Slunecko, T. (in press). Feminist psychology at the University of Vienna, 1984–2000: A case study of a temporary hub in feminist psychological university teaching. In W. Pickren (Ed.), *Oxford Encyclopedia of the History of Psychology*. New York: Oxford University Press.

Metzger, M. (1993). Workshop: Frauenprojekte – Institutionen. Beziehungen zwischen Autonomie und Abhängigkeit. In Frauenberatung Wien (Ed.), *Zusammenspiel und Kontrapunkt: Frauen – Team – Arbeit: Tagungsband anläßlich des gleichnamigen Kongresses am 6. und 7. Dezember 1991 zum zehnjährigen Bestehen von Frauen Beraten Frauen in Wien* (pp. 101–109). Vienna: Wiener Frauenverlag.

Peslikis, I. (1970). Resistances to consciousness. In S. Firestone & A. Koedt (Eds.), *Notes from the Second Year: Women's Liberation. Major Writings of the Radical Feminists* (p. 81). Women's Liberation Movement Collection, Duke University Digital Collections. Retrieved from https://idn.duke.edu/ark:/87924/r33x35.

Ristock, J. L. (1991). Feminist collectives: The struggles and contradictions in our quest for a "uniquely feminist structure". In J. D. Wine & J. L. Ristock (Eds.), *Women and Social Change: Feminist Activism in Canada* (pp. 41–55). Toronto: James Lorimer and Company.

Rosenthal, N. B. (1984). Consciousness-raising: From revolution to re-evaluation. *Psychology of Women Quarterly, 8*(4), 309–326.

Ruck, N. (2015). Liberating minds: Consciousness-raising as a bridge between feminism and psychology in 1970s Canada. *History of Psychology, 18*(3), 297–311.

Rutherford, A., Capdevila, R., Undurti, V., & Palmary, I. (Eds.) (2011). *Handbook of International Feminisms: Perspectives on Psychology, Women, Culture, and Rights.* New York: Springer SBM.

Sarachild, K. (1978). Consciousness-raising: A radical weapon. In K. Sarachild (Ed.), *Feminist Revolution: Redstockings of the Women's Liberation Movement* (pp. 144–150). New York: Random House.
Scheffler, S. (1993). Wer ist denn nun das schönste Aschenputtel? Zur Stabilität und Institutionalisierung der Frauenprojektarbeit. In Frauenberatung Wien (Ed.), *Zusammenspiel und Kontrapunkt: Frauen – Team – Arbeit: Tagungsband anläßlich des gleichnamigen Kongresses am 6. und 7. Dezember 1991 zum zehnjährigen Bestehen von Frauen Beraten Frauen in Wien* (pp. 41–55). Vienna: Wiener Frauenverlag.
Scherl, M., & Fritz, J. (2014). "Vom Sand im Getriebe zum polierten Stein?" Margot Scherl im Gespräch mit Christina Thürmer-Rohr und Sabine Scheffler. In T. Ebermann, J. Fritz, K. Macke, B. Zehetner & Frauen beraten Frauen (Eds.), *In Anerkennung der Differenz: Feministische Beratung und Psychotherapie* (2nd ed., pp. 21–39). Gießen: Psychosozial Verlag.
Sichtermann, M. (1993). Zur Notwendigkeit einer kreativen Streitkultur in der Frauenbewegung. In Frauenberatung Wien (Ed.), *Zusammenspiel und Kontrapunkt: Frauen – Team – Arbeit: Tagungsband anläßlich des gleichnamigen Kongresses am 6. und 7. Dezember 1991 zum zehnjährigen Bestehen von Frauen Beraten Frauen in Wien* (pp. 57–79). Vienna: Wiener Frauenverlag.
Stromberger, C. (1986). Die Wiener Frauenberatungsstelle. Entwicklung und Erfahrungen eines selbstverwalteten Frauenprojekts. *Österreichische Zeitschrift für Soziologie, 11*(1/2), 101–106.
Stromberger, C., & Scherl, M. (1988). *Frauengesundheitsbewegung – Notwendigkeit und Praxis: Am Beispiel der Wiener Frauenberatungsstelle.* [Unknown source: pp. 369–384]. Archived at Stichwort: Archiv der Frauen- und Lesbenbewegung Vienna.
Stromberger, C. (April 26, 2016). Oral history interview with Christine Stromberger conducted by Vera Luckgei. [Video recording and transcript.]
Thurner, E., & Weiss, A. (Eds.) (2008). *Johanna Dohnal: Innensichten österreichischer Frauenpolitiken: Innsbrucker Vorlesungen.* Innsbruck: Studienverlag.
Verein Frauen Beraten Frauen. (1985). *Frauenberatung: Erfahrungsbericht der Frauenberatungsstelle in Wien.* Vienna: Staatssekretariat für allgemeine Frauenfragen im Bundeskanzleramt.

Encounters between feminism and psychology: Territories of critique and collusion

Alexandra Rutherford

Abstract

The encounters between feminism and psychology have taken various forms. Previously, I have structured these encounters in terms of a tripartite framework: feminism and/in/as psychology (Rutherford & Pettit, 2015). "Feminism and psychology" refers to the relationship between a political/cultural movement and a scientific discipline, and highlights the efforts of participants in each to problematize, or distance from, the other. "Feminism in psychology" refers to the critiques of psychology from within, foregrounding the interventions of self-identified feminists in psychology and their attempts to alter its methods, epistemologies, theories, and practices. Finally, "feminism as psychology/psychology as feminism" explores the conceptual and cultural linkages and elisions between the two, or the ways in which feminism has become psychologized, and psychology has absorbed feminist critique into its "business as usual." In this chapter, I explore the encounters between feminism and P/psychology by asking the questions: How, where, in what forms, and with what consequences have feminism and P/psychology related to one another? Under what intellectual, cultural, economic, and political conditions have they parted ways, emulsified, or made common cause, and to what intellectual and material effects? I use three United-States-based case studies spanning the 1950s to the present, that exemplify the porous boundaries of P/psychology, highlighting the non-academic, non-disciplinary territories where feminism and P/psychology have come together in diverse ways. I conclude that only by attending to these diverse territories can we account for and understand the ubiquity, appeal, and influence of psychological thinking in society, and unpack the influence of feminism and psychology on gender ideologies.

* * *

Begegnungen zwischen Feminismus und Psychologie: Territorien der Kritik und Kooperation

In ihrer Geschichte überkreuzten sich Feminismus und Psychologie auf verschiedene Art und Weise. In vorangehenden Arbeiten habe ich dieses Aufeinandertreffen in drei Dimensionen untergliedert: Feminismus und/oder/als Psychologie (Rutherford & Pettit, 2015). Die Dimension ‚Feminismus und Psychologie' bezieht sich auf die Beziehung zwischen einer politisch-kulturellen Bewegung und einer wissenschaftlichen Disziplin und hebt die Bemühungen der jeweiligen Vertreter_innen hervor, die entsprechend andere Seite zu problematisieren oder sich von dieser zu distanzieren. ‚Feminismus in der Psychologie' bezieht sich auf die Kritik der Psychologie von innen heraus. Diese Dimension stellt die Interventionen der selbst-identifizierten Feminist_innen in der Psychologie ebenso in den Vordergrund wie ihre Versuche, psychologische Methoden, Epistemologien, Theorien und Praktiken zu verändern. Schließlich untersucht ‚Feminismus als Psychologie/Psychologie als Feminismus' die konzeptionellen wie kulturellen Verbindungen und Auslassungen zwischen beiden. Dazu gehört nicht nur die Art und Weise, wie feministische Positionen psychologisiert wurden, sondern auch, wie die Psychologie feministische Kritik in ihr ‚Business as usual' aufgenommen hat. In dem vorliegenden

V. Balz und L. Malich (Hrsg.), *Psychologie und Kritik*,
https://doi.org/10.1007/978-3-658-29486-1_13

Kapitel untersuche ich die Begegnungen zwischen Feminismus und Psychologie, indem ich den folgenden Fragen nachgehe: Wie, wo, in welchen Formen und mit welchen Konsequenzen interagieren Feminismus und Psychologie miteinander? Unter welchen intellektuellen, kulturellen, wirtschaftlichen und politischen Bedingungen haben sie sich getrennt, verknüpft oder gemeinsame Sache gemacht? Und dies mit welchen intellektuellen und materiellen Konsequenzen? Um diese Fragen zu beantworten, widme ich mich drei Fallstudien aus den Vereinigten Staaten, die die Zeitspanne von den 1950er Jahren bis heute abdecken. Hierbei sollen die nicht-akademischen und nicht-disziplinären Gebiete besonders hervorgehoben werden, in denen Feminismus und Psychologie auf unterschiedliche Weise in Kontakt kamen, um so die porösen Grenzen der Psychologie zu veranschaulichen. Insgesamt argumentiert der Beitrag, dass wir nur über die Beschäftigung mit diesen heterogenen Gebieten verstehen können, wie allgegenwärtig und einflussreich psychologisches Denken in der Gesellschaft geworden ist und auf welche Weise Feminismus und Psychologie heutige Geschlechterideologien prägen.

* * *

About three decades ago, critical feminist psychologist Corinne Squire remarked: "[S]haring the insights of feminism and psychology could be helpful to both. But they have yet to establish a productive relationship" (Squire, 1989). This rather pessimistic assessment came after at least 20 years of identifiably feminist work/feminists working in Psychology. About a decade after Squire's observation, another feminist psychologist, Mary Crawford wrote, "The relationship between feminism and psychology seems less a marriage and more a furtive, clandestine affair, with psychology defining the limits of the relationship and keeping feminism firmly in its place" (1998, p. 62). Both of these observations suggest that feminist critiques of Psychology's disciplinary practices, methods and methodologies, epistemologies, and theories had made a limited impact in shifting these fundamental aspects of the field. More than a decade into the 21st century, yet another analysis corroborated this finding, concluding that especially in terms of methodology and epistemology, feminist critiques had wielded little influence (Eagly & Riger, 2014). Today, many feminist psychologists, especially in the United States and Canada, continue to be frustrated by the constraints of their disciplinary positioning and continue to wonder if feminist theory and critique have a place in Psychology. Mainstream P/psychology[1] re-

1 Here and throughout this chapter I will capitalize Psychology when referring to the academic or professional institution/discipline itself, and I will use small 'p' psychology when referring to the body of work that is produced by academicians and professionals in the field, as well as

mains enthralled by the claims of evolutionary psychology, claims that buttress the inherent "truth" or "naturalness" of traditional sex roles and provide just-so stories about male-female differences (for a review see Ruck, 2016). This ongoing preoccupation is accompanied by a renewed emphasis on biological reductionism, especially the naïve use of functional neuroimaging to portray the neurological "reality" of "male brains" and "female brains" (Jordan-Young, 2011). Debates about why women are underrepresented in STEM disciplines, despite sophisticated work analyzing the multiple social and structural forces at play, nonetheless continue to call forth proclamations that women are not hard-wired for hard science and technology. In tandem with the rise of neoliberalism and "post" feminism, with which P/psychology has in many ways colluded, we appear to be at something of an impasse with respect to mobilizing the transformative potential of feminist psychology – at least in North America (Rutherford, 2018). This is despite the "mainstreaming" of research on the psychology of women and gender (Eagly et al., 2012).

In this chapter I continue to ponder the encounters between feminism and P/psychology – but from a different vantage point. This vantage point relies less on demarcating the disciplinary boundaries of Psychology to assess whether feminist critique has made a difference, and instead emphasizes a P/psychology with highly porous boundaries. For although I certainly sympathize with my fellow feminist psychologists' sentiments, when I think about exploring territories of critique I am less bothered by the probably unanswerable question of *whether* feminist critique has changed P/psychology (or even vice versa), and I am more interested in the question of how, where, in what forms, and with what consequences feminism and P/psychology have related to one another. Under what intellectual, cultural, economic, and political conditions have they parted ways, emulsified, or made common cause, and to what intellectual and material effects? These are, of course, distinctly *historical* questions, and ones that have much to offer our contemporary understanding of the psychology of gender and gender ideologies.

psychological thinking/discourse that circulates in popular forms. When referring to both, or when the distinction between the two becomes blurry, I will use P/psychology.

In this volume we consider the different "territories of critique" in psychology to map some of the relationships among these territories, suggest new ones, and examine how they function to challenge, disrupt, or maintain typical ways of knowing in psychology and the nature of what it is possible to know. My work over the past number of years has been concerned broadly with the relationship between feminism – defined variously as a political movement, a body of theory, and a form of critique – and P/psychology – as subject matter, practice, popular discourse, and discipline, a discipline that of course encompasses gender itself as an object of study. More recently, I have been tracing the places where feminism and psychology have come together in the public, non-academic sphere (see Held & Rutherford, 2012; Rutherford, 2017a; 2017b; Rutherford & Pettit, 2015) and especially where they have interacted with policy-making (Kim & Rutherford, 2015; Rutherford, 2018a).

My broad goal here is to trace some of the paths or circuits that feminism has forged through and between these territories, but with an emphasis on the places where psychology has overflowed its disciplinary boundaries. As historian Mike Pettit and I have noted,

> "Attending to feminist concerns offers a way to trace the leakages between the academy and its publics. Debates over the nature and nurture of women's minds often take place in the contentious public sphere rather than the insulated ivory tower because they have real implications for policy and everyday life" (Rutherford & Pettit, 2015, p. 231).

To do so I will provide a rather kaleidoscopic tour through a number of territories where feminism and psychology have come together outside the strict disciplinary boundaries of academic Psychology, although they remain in interaction with them. As we travel, I invite readers to confront the question historian Mitchell Ash has posed: "What are psychology's territories, and where might they be located?" (Ash, 2007, p. 1). In the case of gender, gender roles, and gender ideologies, these territories are diverse and far-flung.

I will start this tour of psychology's territories in that most gender-inauspicious of decades, the 1950s, in national debates about the effects of working mothers on child development that took place in the United States (U.S.). These debates were addressed from within the academy, to be sure. Many psy-experts such as attachment theorist John Bowlby, psychiatrist and sociologist Farnham and Lundberg, and psychiatrist Edward Strecker, used their research to advance the idea that mothers who worked outside the home would cause emotional damage in their young children (see Vicedo, 2013). But the "problem" of the working mother was as much a social, political, and economic problem as an academic one. Non-governmental and governmental groups got involved and drew upon psychological expertise. Some of this expertise turned out to be – at least covertly – feminist, inasmuch as these experts refused to problematize women and espoused gender-egalitarian ideals in a decade noteworthy for its gender conservatism (see Breines, 1986).

I will then turn to the popular advice of U.S.-based psychologist Dr. Joyce Brothers, who achieved a high level of public influence and recognition for half of the 20th century. Writing a syndicated newspaper column and appearing widely on television and radio, Brothers drew strategically on empirical research from feminist psychologists to make her case for the centrality of work and careers in the lives of women. Her insistence that women be accorded equal opportunity to pursue and achieve satisfaction in careers outside their marital and domestic roles was a hallmark of her feminism. Finally, I move to the boardrooms of corporate America to demonstrate a somewhat unsettling relationship between feminism and psychology in the form of global development initiatives to harness the power of The Girl Effect.

In each of these territories, feminism and psychology come together in different ways, to enact different ends. Through these different cases, I show the diversity of forms the relationship between feminism and psychology has taken, problematizing the notion that psychologization exerts a unidirectional influence in American life. While feminism has occasionally been co-opted by psychologization, it has also helped psychologists resist this co-optation by highlighting the structural aspects of women's lives that affect their psychological well-being. Further, I argue, like Ash, that only by attending to psychology's diverse territories can we adequately account for and understand the ubiquity, appeal, and influence of psychological thinking in society.

Feminism and psychology at the Commission on the Education of Women

After the official conclusion of World War II in 1945, the United States was thrown into a long period of social, political, and economic change, propelled in part by the developing Cold War with the Soviet Union (for essays on Cold War social science see Backhouse & Fontaine, 2010; Solovey & Craven, 2012). The ability of the U.S. to compete successfully with its Cold War counterpart in diverse scientific and technological arenas was actually tied, in some significant ways, to gender roles and gender ideologies. The Soviet Union had, on average, more women scientists and engineers than the United States. In the commonly-invoked phrase of the time, it had harnessed its *womanpower* more efficiently. What was the United States to do? One obvious approach was to educate and train more women for the workforce generally, and for scientific and technical positions specifically. But this approach evoked intense ambivalence in a society also focused on the cult of domesticity for women. To resolve this ambivalence, social scientists, and specifically psychologists, were called in to help.

Psychologists were drawn into two national initiatives in this period that dealt with the appropriate education and training of women in U.S. society: the American Council on Education's *Commission on the Education of Women* (1953–1962), and the National Manpower Commission-sponsored conferences on *Womanpower* held throughout the 1950s. Although both of these initiatives have been analyzed by historians, the specific role of psychological expertise and its proto-feminist agenda have not been unpacked. In this section, I will briefly describe the contributions of psychologist Marie Jahoda to the *Commission on the Education of Women* (CEW) as an example of an extra-disciplinary arena where psychological expertise was sought, and where a proto-feminist critique unfolded.[2]

The CEW was established in 1953 as a special project of the American Council on Education. Its mandate was to explore how to best serve women in

2 For additional analysis of these forums, including psychologists' involvement in the conferences on *Womanpower* see Rutherford (2017a). Portions of this section draw from this previously published work.

higher education during a period of changing social conditions. As Eisenmann has written,

> "Created at a time when women were receiving mixed messages about their responsibilities to family and nation, the Commission on the Education of Women accepted the task of translating these expectations into educational programming for women. They turned to the new tool of social science research, often finding *psychological* explanations for women's educational choices the most convincing" (Eisenmann, 2006, p. 88).

At one of its earliest meetings, in June of 1953, the CEW invited seven prominent scholars to contribute papers for the Commission's consideration. They asked the authors to outline what they saw as the most important problems relevant to the influence that education, social attitudes, and cultural patterns had upon women in the development of their personalities, the use of their aptitudes, and the nature of their contributions to American society (from Eisenmann, 2006, p. 94).

Among the seven invitees were four psychologists. One of these psychologists was Marie Jahoda, a social psychologist trained at the University of Vienna (for more on Jahoda see Cook, 1990; Rutherford, Unger, & Cherry, 2011). At the time of her CEW involvement, Jahoda was a member of the New York University-based Research Center for Human Relations. As a researcher, she is not known today – nor was she known then – for her contributions to the psychology of women. This subfield of psychology did not coalesce formally until the 1970s (see Rutherford & Granek, 2010; Rutherford, Marecek, & Sheese, 2012). Jahoda had established her research credentials with a pioneering study of the social and psychological effects of almost total unemployment on a small town in Austria in the 1930s (Jahoda, Lazarsfeld, & Zeisel, 1933/1971). She also did work on race relations, the authoritarian personality, and community mental health. As far as I am aware, she never explicitly identified as a feminist. As Johnston and Johnson (2008) have written of women psychologists working in this mid-century period, "While quietly rewriting the old rules prohibiting the combining of work and motherhood, this group did not promote that goal actively, nor did they promote attention to any other feminist objectives that we associate with the second-wave activists of the 1970s" (p. 53). So what did Jahoda – who was herself a woman, a worker, and a mother – quietly contribute to this national dialogue about women, education, and work?

Jahoda's (unpublished) contribution to the 1953 CEW meeting was titled "Some remarks on the actual and potential contribution of women to American society." At the outset of her paper she noted the unsystematic nature of the research then available on women's roles in society and its lack of connection to policy. She also highlighted that the normative question of what women's role in society *ought* to be was *not* a question for science. However, scientists could compile the current cultural values and document their impact on women. She would actually circle back to this statement, for although – as requested – she provided the CEW with a conceptual paper outlining a possible research program that might ascertain this impact, she would subsequently find that it was not so easy to separate values from science.

After this first meeting Jahoda remained involved with the CEW and further explored the topic of women and work, a topic in which she had become considerably interested. She obtained grant funding to conduct a series of life history interviews with working women. In this study, her orienting question was "What difficulties do women experience as they attempt to balance employed and domestic roles?" The only publication that resulted from this research appeared in *The Educational Record*, an American Council on Education publication, in October 1955. It was titled "Psychological problems of women in different social roles: A case history of problem formulation in research," co-authored with Joan Havel (Jahoda & Havel, 1955). As Cherry (2011) has shown, this publication is interesting not primarily for its research findings, but because it exposes how the researchers became reflexively aware of their own assumptions, values, and attitudes in the course of doing the research. As they put it, the idea that women face "a problem," or a "dilemma" at this point in history, with its accompanying psychological conflict, was an assumption that was "accepted without question by us as psychologists, when we proposed doing research in the area" (Jahoda & Havel, 1955, p. 325).

This, they later acknowledged, was despite the fact that as women who were themselves balancing employed and domestic roles, they didn't see *their* lives as problems: they saw themselves as "reasonably good psychologists," and "reasonably well-integrated as women" (p. 327). And despite Jahoda's insistence in her earlier report for the CEW that science could address the *impact* of extant cultural expectations on women but *not* render judgment on those expectations, she noted that in the course of the interviews she was often impelled to render judgment: "We held strong opinions about certain facets of women's life – as, for instance, equality of educational opportunity, freedom to work or not to work. But this we had realized. More surprising was that the expression of contrary opinions could still rouse us to impatience, even to anger, that our thinking had, at times, more of passion than was quite proper, that we sometimes had an urge to teach rather than to explore" (pp. 327–328).

What Jahoda and Havel actually found in their life history interviews with fifteen older working women was not a straightforward narrative about the difficulty of balancing personal and professional roles over the course of their lives, but rather the irrelevance of the role concept itself. In their narratives, women did not parse their lives into "roles," and therefore the popular notion of "role conflict" did not adequately capture their experiences. Jahoda and Havel thus questioned the meaning and relevance of *conflict* as a central problematic, writing: "Women are often written of as though, because they have conflicts, something were radically wrong with them… Yet life without conflict is inconceivable, and this is true for men as well as for women" (p. 334). And later: "Even though the general debate on women focuses on problems and conflicts, it is equally important to study the positive aspects of life patterns" (p. 334). In challenging the notion that *conflict* was actually a problem, and, even more, that it was a problem unique to women, Jahoda and Havel attempted to shift the terms of the debate.

I would argue that the involvement of Jahoda and several other women psychologists in these national-level commissions, during a period before the formation of any disciplinary entity concerned with the psychology of women or gender, shows that the project of a feminist psychology was already being undertaken – just not always in the academy itself. That is, there was subtle resistance by women psychologists like Jahoda to the unique problematization of women's lives and an implicit commitment to equality of opportunity. Despite the presence of many gender-conservatives in this period, many of whom were psy-experts, the economic and political pressures of the Cold War provided an opening for an alternative, proto-feminist critique to stake its territory.

Feminism and psychology in the living rooms of America: The selective feminism of Dr. Joyce Brothers

I turn now to another of psychology's territories, and to a rather unlikely source of feminist critique: the popular advice of Dr. Joyce Brothers. From the late 1950s through the 1990s, Dr. Joyce Brothers was the face and voice of psychology to the American public. As one commentator in the mid-1970s put it, Dr. Joyce Brothers "*is* psychology to millions of Americans" (Locher, 1975, p. 76). As the first psychologist to leverage television to bring psychology into the living rooms of America, Brothers was a pathbreaker in media psychology – the founding mother of TV psychology, as her biographer Kathleen Collins (2016) has put it. But before she became a celebrity, Brothers earned her PhD in experimental psychology at New York City's prestigious Columbia University. Her media career began when she became, in 1955, the first woman to win top prize on the popular game show "The 64,000 dollar question." As a recent PhD and a new mother, and in need of money during her husband's low-paying medical residency, Brothers decided to try and become a contestant on the show. To do so, she learned everything she could about an incongruous subject – boxing. Armed with a near-photographic memory and steadfast determination to win, she correctly answered the $64,000 question and became a media darling.

Based upon her wildly successful game show stint and her desire to translate findings from academic psychology into everyday language, she began a media career encompassing print, radio, television, and even movies. She wrote a syndicated column that appeared in over 300 newspapers. Her monthly *Good Housekeeping* column started in 1963 and continued for over 40 years. She also hosted several television shows; the first – the Dr. Joyce Brothers Show – debuted in 1958 on NBC.

In addition to these accomplishments, she also wrote 10 popular advice books – almost all targeted to women readers. The first, appearing in 1961, was simply titled *Woman* (Brothers, 1961). It offered practical advice to young women on how to be popular, attract a mate, and choose a husband. Perhaps not surprisingly given the social mores of the era (Betty Friedan's *The Feminine Mystique* would not appear for another two years), Brothers' advice drew unabashedly on traditional gender roles and stereotypes, exhorting women to subordinate their own needs to those of the young men they hoped to lure into marriage. In 1972, she published a guide for women on how to achieve "liberated" love and marriage (Brothers, 1972). Later in her life, reflecting her own struggles after the death of her husband in 1989, she wrote *Widowed* (Brothers, 1992).

That her guide to "liberated" relationships appeared in 1972, at the height of the women's liberation movement invites the question "What was Brothers' relationship to feminism?" and further, "What was her relationship to the academic feminist psychology that was developing in tandem with the women's movement?" Given that she prided herself on delivering scientific psychology to her readers and viewers, did she draw on feminist psychology, and if so, in what ways? What kind of psychology, and indeed feminism, did she convey to the American public?

As historian Andrew Heinze has written, Brothers idolized the institution of marriage for both men and women, seeing it as a key component of life satisfaction for both sexes (Heinze, 2004). The problem, according to her, was that married women were often denied another route to self-fulfillment by virtue of their married status, that is, they were denied access to fulfilling work. The key to a married woman's – or any woman's – happiness, in Brothers' view, was that she be able to pursue her own interests either through paid work outside the home, or through an avocation.

If Brothers idolized marriage, she idolized gender equality in the world of work even more. One of her most consistent messages was the important role that work plays in the lives of women; in fact, this was the key to a "liberated marriage" and a topic she returned to time and time again. Brothers was insistent that women and men should both have access to all kinds of work; women should not be restricted to stereotypically feminine occupations, nor should men be restricted to masculine ones. Despite extolling male-female difference in the relationship realm, she downplayed the importance of these differences in pursuing careers. She drew on the emerging psychology of women to substantiate her position. In a script from the late 1960s or early 1970s for her radio program *Monitor*, she cited psychologist Lois Meek Stolz, who wrote about the effects of maternal employment on children:

> "The increase in the number of working wives has caused some alarm among those who remember the studies that once showed that children suffered when mothers were employed. Psychologists have been busily re-examining this evidence, and conducting new research… Their investigations are reassuring. Many of the old studies made no distinction between mothers who worked from choice, and mothers who worked from necessity because the husband was unemployed, unemployable, or had deserted. It was the children from these broken homes who presented the emotional and delinquency problems says psychologist Lois Meek Stolz of Stanford University. New studies of seriously disturbed children from non-broken homes find that there are as many from families in which the mother is a full-time homemaker."[3]

Also around this time, Brothers wrote a series of radio shows on the "breakdown of the nuclear family" and consistently drew on psychological research to show that working mothers were not harmful to their children. In the 4th episode of the 5-part series, she looked at communes as alternatives to traditional family life. After citing Margaret Mead's position that children need to grow up in situations where they have contact with adults other than the parents or primary caregivers, she cited feminist Kate Millett on the value of communes:

> "Feminists see non-sexist communes as ending female financial dependence on men, and of being a step in the direction toward solving the chores of households by stressing sharing of these tasks and through group cooperation and participation. Author of *Sexual Politics* Kate Millett sees communes as a good alternative to family life and an alternative that could lead to increased freedom for both men and women."[4]

3 Joyce Brothers Papers, Cornell University Archives #4254; Box 10; Folder: Lectures, The Future of Marriage, Women. Undated script.

4 Joyce Brothers Papers, Cornell University Archives #4254 Box 10; Folder: Lectures, The Future of Marriage, Women. Undated script.

So what kind of territory did Dr. Joyce Brothers occupy? She was certainly a selective interlocutor between feminist psychology and its publics. Heinze (2004) has called her a "suburban feminist," given that her rise to popularity coincided with the rise of the American suburbs and her advice was targeted to suburban homemakers. He also called her a "practical feminist," noting that "She introduced millions of homemakers to the new feminism of the 1960s by steering clear of ideology and staying focused on the practical matters of family life" (p. 312).

Collins (2016) has written that Brothers was unapologetic about the traditional dynamics of her own marriage, noting that:

> "More than women's rights in the larger sense, Brothers's focus was on women's and men's well-being in the context of personal relationships, and changing gender roles almost certainly occupied the greatest share of Brothers' advisement for the bulk of her career" (p. 111).

Collins also notes that by subscribing to many of the tenets of second-wave, liberal feminism, such as the importance of financial independence for women, and the right to choose to work, Brothers was a "de facto feminist" (p. 113).

I would suggest that, in the context of her relationship advice, she conveyed a distinctly psychological feminism, using psychological insights and techniques to advise women (and sometimes men) on how to work with (rather than against) existing gender roles and expectations in ways that would fulfill both partners. But to this end, she also drew strategically on feminist psychology to reinforce the needs and rights of women to have equal access to and opportunity in the world of work. From psychological research on sex differences, to the influence of working mothers on family life, Brothers was insistent that women be accorded equal opportunities in the workforce, combined with marriage and motherhood. In this way, she of course espoused the choices she herself had made over the course of her own marriage and career. Her deployment of feminist psychology was selective, and to some degree self-serving.

Brothers' popularity is intertwined with the increasing psychologization of American life in the latter half of the 20th century. Her appeal both signaled and propelled the ascendancy of psychological expertise to create "a larger jurisdiction for psychology" (Maslow, as cited in Herman, 1993, p. 313) in this period. Her strategic use of feminist psychology to support her message of gender equality in education and work was consistent with a form of liberal feminism that did not radically upend the social order, but which nonetheless gained her broad cultural currency, expanding psychology's territory in the process.

Feminism and psychology from corporate America to global development policy: The Girl Effect

The next and final territory is the Nike Corporation, where feminism and psychology have come together to fuel a global development campaign that the Nike Foundation established in 2008, now operating as an independent non-profit organization called simply The Girl Effect. The idea behind The Girl Effect is this: investing in girls in the developing world, especially in their education, will lead to a series of personal decisions and changes such as a later age at marriage, lower rates of teen pregnancy, etc., that will end the intergenerational cycle of poverty that currently cripples the developing world (see Rutherford, 2018b).

So where is the feminism, and the psychology, in The Girl Effect campaign? The feminism is, of course, inherent in the idea that it is girls and women in whom we should be investing. But central to the rhetoric of the "girl effect" is the notion of *empowerment*. Indeed, the engine driving the girl effect is the economic investment in individual girls that will *empower* them to make personal decisions that will ultimately benefit the economy. If individual girls are empowered, economic good will result. The deserving, hard-working, empowered "third-world" girl is positioned as the catalyst for large-scale economic, social, and political change. This is proposed as a feminist project, but it is also a psychological one. Empowerment occupies a territory where feminism – or at least a form of it – and psychology have ostensibly merged.

But feminist psychologists, among other scholars, have pointed out that invoking "empowerment" is a useful device for deflecting attention from the material and structural realities that constrain peoples' abilities to control the circumstances of their lives. Stephanie Riger, a feminist community psychologist, has argued that *psychological* research specifically has reinforced this occlusion by measuring not whether people can gain access to the resources and structural supports they need, but rather, whether they *feel* empowered (Riger, 1993). In the hands of psychological researchers seeking to measure a construct, empowerment has become a distinctly individualized and psychologized phenomenon. It can then be invoked as a feel-good feminist goal when it comes to *empowering* girls and women.

Although feminist scholars have critiqued the psychologization of empowerment, feminist psychologists have also been complicit in this psychologization. In "The myth of empowerment: Women and the therapeutic culture in America," Becker (2005) argues that despite feminism's original focus on structural critique, feminist therapists transformed the concepts of power and empowerment from power as access to material resources to empowerment as a quality internal to the individual. In feminist therapy, empowerment is reframed as access to individual *psychological* resources – "Empowerment is used to induce in women the sense of power, competence, self-esteem, and freedom to make choices in life in the absence of any significant structural change in social conditions" (p. 158).

Feminist media scholars Koffman and Gill (2013) have argued that The Girl Effect entails an intensification of neoliberal entrepreneurialism such that "even a struggle with extreme poverty can be cast in terms of empowerment" (p. 90). The legacies of colonialism and exploitation in the developing world, the ongoing role of the developed world and its institutions in creating and maintaining poverty and dependence, ongoing political instability and violence, and the effects of recurrent natural disasters, are minimized or swept aside in the rush to celebrate the revolutionary potential of "the 12-year-old girl." That is, if we make a small, original, investment in an individual girl, she will be empowered to make individual choices that will generate great returns for herself, her family, her community, her nation, and of course for those transnational corporations who have laid claim to her labor. Nike thus benefits not only from its association with philanthropy, but also through it association with feminism, all the while creating a labor force that it can exploit for its own profit (on the complicity between neoliberalism, capitalism, and post-feminism see McRobbie, 2009; Riordan, 2001; Rutherford, 2018b).

In this territory, feminism and psychology are sutured together in knotty and problematic ways. Feminists – from within and outside the discipline – have simultaneously critiqued the psychologization of empowerment and brought this psychologization into being. By reducing empowerment to the responsibilization of individual girls, it ends up being deployed in a vast and hyperbolized neoliberal scheme to economize their lives and choices (see Murphy, 2017).

Feminism, psychology, and its publics: Moving among territories

What is the conceptual utility of the notion of "territories of critique" in the case of feminism, psychology, and their entangled histories? At the outset, I asked readers to keep in mind Ash's provocation: "What are psychology's territories, and where might they be located?" Ash's response is that psychology's territories cannot be restricted to its disciplinary formulations. When we reconstruct the history of psychology, "all forms of psychological thinking, wherever they may be located institutionally, could and should be included" (Ash, 2007, p. 4). Indeed, as psychological thinking has seeped into almost every aspect of our daily lives, it is hard to imagine any territories that are not psychology's territories. In examining some of the places where feminism and psychology meet – from the government commission, to the popular advice column, to the Nike Foundation – I have shown the different ways feminism and psychology have been conjoined in the service of various agendas. In these territories, feminism has sometimes enabled critique of psychology, as when Marie Jahoda employed reflexivity in her research on working women and concluded that for psychologists and others to make them into problems was actually a mistake. In others, the appeal of psychology has facilitated the communication of feminist values, as when the popularity of psychologist Dr. Joyce Brothers created a large audience for a form of liberal feminism in which she promoted gender equality in the world of work. In the Nike corporation's The Girl Effect campaign, the psychologization of empowerment combined with feminist uplift to valorize the potential of the girl for decidedly anti-feminist aims.

Feminist psychology is a complicated assemblage of people, institutions, ideas, and practices, so to disentangle feminism from P/psychology – while appealing as a conceptual or disciplinary exercise – is probably quite impossible as a practical one. Did Dr. Joyce Brothers offer a trenchant feminist critique in formulating her psychological advice to the American public? Clearly not. But as I have suggested, this is probably the less interesting question. In what ways, under what conditions, and to what effects did she draw on feminist psychology, and what can this tell us about the kinds of feminism and psychology that were conveyed and taken up by her readers? Perhaps even more importantly, what can this tell us about beliefs about *gender* in specific times and places, about moments when these have changed, in what ways, and in tandem with what socio-historical, economic and political conditions? From the Cold War rhetoric of womanpower, to the neoliberal rhetoric of The Girl Effect, in what ways have feminism and psychology functioned to support, reinforce, and occasionally disrupt extant gender ideologies?

To even approach the task of unpacking gender, we of course need much more than academic Psychology. We also need history, philosophy, and ethics. We need the interdisciplinary, transdisciplinary, and especially extra-disciplinary spaces where feminism and psychology meet. To return to Mary Crawford's observation that psychology has kept feminism "firmly in its place," I would contend that feminism and psychology continuously resist being kept firmly in place. Tracing their conjoined historical trajectories will lead to more nuanced understandings of gender and gender ideologies over both time and place.

References

Ash, M. (2007). Psychological thought and practice: Historical and interdisciplinary perspectives. In M. Ash & T. Sturm (Eds.), *Psychology's Territories: Historical and Contemporary Perspectives from Different Disciplines* (pp. 1–27). Mahwah, NJ: Lawrence Erlbaum Associates.

Backhouse, R. E., & Fontaine, P. (Eds.) (2010). *The History of the Social Sciences since 1945.* Cambridge: Cambridge University Press.

Becker, D. (2005). *The Myth of Empowerment: Women and the Therapeutic Culture in America.* New York: New York University Press.

Breines, W. (1986). The 1950s: Gender and some social science. *Sociological Inquiry, 56*, 69–92.

Brothers, J. (1961). *Woman.* Garden City, NJ: Doubleday & Company.

Brothers, J. (1972). *The Brothers System for Liberated Love and Marriage*. New York: Avon Books.

Brothers, J. (1992). *Widowed.* New York: Ballantine.

Cherry, F. (2001). Towards a re-writing of the history of social psychology: An unintended contribution by Marie Jahoda and Joan (Havel) Grant. *History and Philosophy of Psychology Bulletin, 13*(1), 19–24.

Collins, K. (2016). *Dr. Joyce Brothers: The Founding Mother of TV Psychology*. New York: Rowman & Littlefield.

Cook, S. W. (1990). Marie Jahoda (1907–). In A. N. O'Connell & N. Russo (Eds.), *Women in Psychology: A Bio-bibliographic Sourcebook* (pp. 207–219). New York: Greenwood Press.

Crawford, M. (1998). The reciprocity of psychology and popular culture. In E. Burman (Ed.), *Deconstructing Feminist Psychology* (pp. 61–89). London: Sage.

Eagly, A. H., Eaton, A., Rose, S. M., Riger, S., & McHugh, M. C. (2012). Feminism and psychology: Analysis of a half-century of research on women and gender. *American Psychologist, 67*(3), 211–230.

Eagly, A., & Riger, S. (2014). Feminism and psychology: Critiques of methods and epistemology. *American Psychologist, 69*, 685–702.

Eisenmann, L. (2006). *Higher Education for Women in Postwar America, 1945–1965.* Baltimore, MD: The Johns Hopkins University Press.

Heinze, A. R. (2004). *Jews and the American Soul: Human Nature in the 20th Century.* Princeton, Oxford: Princeton University Press.

Herman, E. (1993). *The Romance of American Psychology: Political Culture in the Age of Experts.* Berkeley: University of California Press.

Jahoda, M., & Havel, J. (1955, October). Psychological problems of women in different social roles. *The Educational Record*, 325–335.

Jahoda, M., Lazarsfeld, P. F., & Zeisel, H. (1933/1971). *Marienthal: A Sociography of an Unemployed Community*. London: Tavistock.

Johnston, E., & Johnson, A. (2008). Searching for the second generation of American women psychologists. *History of Psychology, 11*, 40–69.

Jordan-Young, R. M. (2011). *Brainstorm: The Flaws in the Science of Sex Differences.* Cambridge, MA: Harvard University Press.

Held, L., & Rutherford, A. (2012). Can't a mother sing the blues? Postpartum depression and the construction of motherhood in late 20th-century America. *History of Psychology, 15*, 107–123.

Kim, S., & Rutherford, A. (2015). From seduction to sexism: Feminists challenge the ethics of therapist-client sexual relations in 1970s America. *History of Psychology, 18*, 283–296.

Koffman, O., & Gill, R. (2013). 'The revolution will be led by a 12-year-old girl': Girl power and global biopolitics. *Feminist Review, 105*, 83–102.

Locher, F. (1975). Brothers, Joyce. *Contemporary Authors, New Revision Series*, vol. 13, pp. 75–76.

McRobbie, A. (2009). *The Aftermath of Feminism: Gender, Culture, and Social Change*. Thousand Oaks, CA: Sage.
Murphy, M. (2017). *The Economization of Life.* Durham, NC, London: Duke University Press.
Riger, S. (1993). What's wrong with empowerment? *American Journal of Community Psychology, 21*, 279–292.
Riordan, E. (2001). Commodified agents and empowered girls: Consuming and producing feminism. *Journal of Communication Inquiry, 25*, 279–297.
Ruck, N. (2016). Controversies on evolutionism: On the construction of scientific boundaries in public and internal scientific controversies about evolutionary psychology and sociobiology. *Theory & Psychology, 26*, 1–16.
Rutherford, A. (2017a). "Making better use of U.S. women": Psychology, sex roles, and womanpower in post-WWII America. *Journal of the History of the Behavioral Sciences, 53*, 228–245.
Rutherford, A. (2017b). Surveying rape: Feminist social science and the ontological politics of sexual assault. *History of the Human Sciences, 30*(4), 100–123.
Rutherford, A. (2018a). Acknowledging rape: What the origins of the "1 in 5" statistic can teach us about sexual assault policy. *The Behavioral Scientist*, Special Issue "Nudge Turns 10". Retrieved from http://behavioralscientist.org/what-the-origins-of-the-1-in-5-statistic-teaches-us-about-sexual-assault-policy/.
Rutherford. A. (2018). Feminism, psychology and the gendering of neoliberal subjectivity: From critique to disruption. *Theory & Psychology, 28*, 619–644.
Rutherford, A., & Granek, L. (2010). Emergence and development of the psychology of women. In J. C. Chrisler & D. R. McCreary (Eds.), *Handbook of Gender Research in Psychology*, vol. 1 (pp. 19–41). New York: Springer.
Rutherford, A., Marecek, J., & Sheese, K. (2012). Psychology of women and gender. In D. K. Freedheim & I. B. Weiner (Eds.), *Handbook of Psychology*, vol. 1*: History of Psychology* (2nd ed., pp. 279–301). New York: Wiley.
Rutherford, A., & Pettit, M. (2015). Feminism and/in/as psychology: The public sciences of sex and gender. *History of Psychology, 18*(3), 223–237.
Rutherford, A., Unger, R. K., & Cherry, F. C. (2011). Reclaiming SPSSI's sociological past: Marie Jahoda and the immersion tradition in social psychology. *Journal of Social Issues, 67*(1), 41–56.
Solovey, M., & Craven, H. (2012). *Cold War Social Science: Knowledge Production, Liberal Democracy, and Human Nature*. New York: Palgrave Macmillan.
Squire, C. (1989). *Significant Differences: Feminism in Psychology*. London: Routledge.
Vicedo, M. (2013). *The Nature and Nurture of Love: From Imprinting to Attachment in Cold War America*. Chicago: The University of Chicago Press.

Biologisierung des Sozialen: Über die Reproduktion von stereotypen Geschlechtervorstellungen und ‚Rasse'-Konzepten in den kognitiven Neurowissenschaften

Banafsche Sayyad und Sören Krach

Abstract

Weltweit wird an immer mehr Forschungseinrichtungen zu den Themen ‚Sex/Gender-Neuroscience' und ‚Cultural Neuroscience' geforscht. Das schon etabliertere Forschungsfeld der Sex/Gender-Neurosciences entwickelte sich in den 1990er Jahren aus den kognitiven Neurowissenschaften heraus und beschäftigt sich bis in die Gegenwart mit Fragen nach der angenommenen neuralen Fundierung von ‚Geschlecht' und/oder ‚Sexualität' mittels Techniken der funktionellen Bildgebung. In einer Vielzahl dieser Studien wird dabei auf geschlechterstereotype Vorstellungen zurückgegriffen, die dann oftmals unhinterfragt in das Studiendesign einfließen oder die Interpretation der Forschungsergebnisse färben. Nicht selten schwingt darin auch eine Vorstellung von biologischer Zweigeschlechtlichkeit und einer heterosexuellen Norm mit. Der erste Teil des vorliegenden Beitrags fokussiert auf eine kritisch-feministische Auseinandersetzung mit den stereotypen und biologisierenden Argumentationen im Kontext der Sex/Gender-Neurosciences. Der zweite Teil widmet sich der noch relativ jungen Disziplin der Cultural Neurosciences, die nun seit einigen Jahren auch in Deutschland beforscht wird. Die Cultural Neurosciences beschäftigen sich mit Fragen danach, wie sich ‚kulturelle' Phänomene, Erfahrungen und Mechanismen der Interaktion von ‚Kulturen' im menschlichen Gehirn mittels funktioneller Bildgebung abbilden lassen. Dabei können zwei Forschungslinien unterschieden werden: Während eine Linie das Ziel verfolgt, vermeintliche ‚kulturelle Differenzen' auf neuraler Ebene herauszuarbeiten, untersucht die andere Linie ‚universelle biologische Mechanismen' im Verhalten gegenüber ‚fremden Kulturen oder Gruppen' und ‚kulturelles Abgrenzungsverhalten'. Beide Stränge im Feld der Cultural Neurosciences operieren mit Kulturbegriffen, die weder definiert noch reflektiert werden. Stattdessen wird auf Biologie und Abstammung als Bezugsgrößen für ‚Kultur' rekurriert. Eine genaue und kritische Betrachtung beider Themenfelder, Sex/Gender-Neuroscience und Cultural Neuroscience, ist von großer Relevanz, da die Erforschung von ‚Geschlecht' und ‚Kultur' enorme Bedeutung für Fragestellungen der psychologisch/psychiatrischen Neurowissenschaften hat, woraus sich wiederum Konsequenzen für die Gesellschaft ergeben.

* * *

Biologization of the social: On the reproduction of stereotypes of gender and 'race' in cognitive neuroscience

Worldwide, more and more research institutions are conducting research on the topics of 'sex/gender neuroscience' and 'cultural neuroscience'. The already established research field of sex/gender neurosciences developed in the 1990s from the cognitive neurosciences and is still concerned with questions about the assumed neural basis of 'gender' and/or 'sexuality' using functional neuroimaging techniques. In a large number of these studies, patterns of argumentation are based on gender stereotypes, which are then often incorporated unquestioningly into the study design or colour the

V. Balz und L. Malich (Hrsg.), *Psychologie und Kritik*,
https://doi.org/10.1007/978-3-658-29486-1_14

interpretation of the research results. Many of those studies assume a biological bisexuality and a heterosexual norm. The first part of this book chapter is a critical feminist examination of stereotypical and biologizing arguments in the context of sex/gender neurosciences. The second part of the book chapter addresses the still relatively young discipline of cultural neurosciences, which has now been researched in Germany for several years. The cultural neurosciences are concerned with questions of how 'cultural' phenomena, experiences and mechanisms of the interaction of 'cultures' can be understood by means of functional neuroimaging. Two lines of research can be distinguished: While one line pursues the goal of working out supposed 'cultural differences' on a neural level, the other line investigates 'universal biological mechanisms' in behavior towards 'foreign cultures or groups' and 'cultural demarcation behavior'. Both strands of studies in the field of Cultural Neurosciences operate with concepts of culture that are neither defined nor reflected upon. Instead, reference is made to biology and ancestry. A precise and critical examination of both thematic fields, sex/gender neuroscience and cultural neuroscience, is of great relevance, since research into 'gender' and 'culture' is of enormous importance for questions within the psychological/psychiatric neurosciences, which in turn has consequences for society.

* * *

Einleitung

Die kognitiven Neurowissenschaften sind einer der am schnellsten expandierenden Zweige medizinisch-psychologischer Forschung. Sie tragen dazu bei, dass die Psychologisierung zunehmend von einer Biologisierung begleitet ist. Innerhalb der noch recht jungen Disziplin der kognitiven Neurowissenschaften fusionieren mathematische, biologische, medizinische und quantitativ-psychologische Ansätze. Insbesondere die Erforschung der neuralen Grundlagen sozialer und kultureller Prozesse – dazu zählen auch Fragen nach Geschlecht oder ‚Kultur' bzw. ‚Rasse' – hat dabei in den letzten Jahren wesentlich an Bedeutung gewonnen (vgl. auch Abiodun, 2019).

Wie auch bereits in der Einleitung dieses Sammelbandes angedeutet wird, dominieren naturwissenschaftlich-technische Zugangsweisen und Methodiken damit zunehmend einen Bereich, der das Denken und Erleben menschlicher Individuen und sozialer Gruppen erforscht. Dabei stehen die kognitiven Neurowissenschaften, ähnlich wie Medizin und Naturwissenschaften allgemein, in empiristischer Denktradition, d.h. konkret: Die in Experimenten gewonnenen Erkenntnisse werden als naturwissenschaftliche Tatsachen und Fakten wahrgenommen. Wissenschaftliche Erkenntnisprozesse werden als unbeeinflusst von gesellschaftlichen Vorstellungen gedacht (im Sinne eines „The data will survive"-Prinzips).[1] Dementsprechend wird auch das eigene (neuro-)wissenschaftliche Vorgehen als wertneutral und objektiv verstanden. Sozialwissenschaftliche und kulturtheoretische Theorien, die ebendies problematisieren und die die gesellschaftliche Eingebundenheit von wissenschaftlichen Erkenntnissen reflektieren, spielen innerhalb der kognitiven Neurowissenschaften bislang kaum eine Rolle.

Im Mittelpunkt des vorliegenden Beitrages steht die spezifische Art und Weise, wie Geschlecht und ‚Kultur' bzw. ‚Rasse' in neurowissenschaftlichen Fragestellungen untersucht werden. Es wird sich zeigen, dass in den noch recht jungen Forschungsfeldern der Gender/Cultural Neurosciences Begriffe, Kategorien, normative Inhalte usw. aus dem gesellschaftlichen Umfeld übernommen und auf der Ebene der Hypothesengenerierung und Interpretation von Studienergebnissen, meist unhinterfragt, in die Forschung einfließen. Auf diese Weise kommt es zu einer Herausbildung und Verfestigung von Geschlechter- und ‚Kultur-' bzw. ‚Rasse'-Kategorien und damit einhergehenden problematischen Zuschreibungen. Der folgende Beitrag soll verdeutlichen, inwiefern kognitiv neurowissenschaftliche Forschungsarbeiten von einer Integration sozialwissenschaftlicher und philosophischer Perspektiven und Kritiken an einer unreflektierten Verwendung der Begriffe ‚Geschlecht' oder ‚Kultur'/‚Rasse' profitieren würden. Mit diesem Ansatz wird ein Weg eingeschlagen, der deutlich von einer anderen Tradition der Kritik, in der Einleitung des Sammelbandes als erste Kultur der Kritik bezeichnet, zu unterscheiden ist. Diese erste Kultur der Kritik ist innerhalb der neurowissenschaftlichen Forschung verortet und setzt sich mit Fragen nach der Operationalisierung, den Verfahren der Datenerhebung oder der Wahl der Datenanalyseverfahren auseinander. Exemplarisch für solch eine ‚methodische Kritik' kann die nunmehr klassische Analyse von Vul und Kolleg/innen aus dem Jahr 2009 genannt werden, in der die wichtigsten Publikationen zum Themenbereich ‚Social Neuroscience' untersucht wurden. Die Autor/innen konnten darlegen, dass viele der untersuchten Arbeiten statistisch un-

1 Mit dem Einwurf, dass ‚die Daten überleben würden' („The data will survive"), wollte ein Konferenzteilnehmer auf dem dritten Critical Neuroscience Workshop in Marburg (2009) darauf hinweisen, dass die ‚ideale' Analysestrategie immer zu dem ‚richtigen' Ergebnis führen sollte.

möglich hohe oder gar falsche Korrelationen – sogenannte Voodoo-Korrelationen – aufwiesen (Vul et al., 2009). Ihre Arbeit gab den Anstoß für eine ganze Reihe weiterer Fachartikel, die sich ebenso mit Problemen und Missverständnissen auf Ebene der Datenanalyseverfahren beschäftigten (u.a. Bennett, Wolford & Miller, 2009; Button et al., 2013; Kriegeskorte et al., 2009; Lieberman, Berkman & Wager, 2009; Yarkoni, 2009).

Auch wenn mit diesen Untersuchungen etliche methodische Widersprüche in der (kognitiv-)neurowissenschaftlichen Forschung aufgedeckt werden konnten, greift die Zugangsweise an zentralen Stellen zu kurz. Insofern darin vordergründig methodische Versäumnisse behandelt werden, impliziert diese Art von Kritik, dass eine tatsächlich wertneutrale und ‚wahrheitsgetreue' Forschung durch die Einhaltung strenger wissenschaftlicher Standards zu erreichen sei (Martínez Mateo et al., 2013a). Demgegenüber folgt der vorliegende Beitrag der zentralen These aus der Einteilung des Sammelbandes und geht davon aus, dass jegliche Wissensproduktion – unabhängig vom methodischen Vorgehen – im Zusammenhang mit gesellschaftlichen Verhältnissen zu betrachten ist. Folglich entspricht es auch nicht dem Anliegen dieses Beitrags, nach der ‚richtigen' methodischen Herangehensweise zu fragen, sondern die gesellschaftlichen und wissenschaftlichen Zusammenhänge kognitiv-neurowissenschaftlicher Forschung in den Mittelpunkt zu stellen.

Gender und Neuroscience

Als eine der ersten feministischen Kritikerinnen von Geschlechtertheorien der Hirnforschung kann wohl Hedwig Dohm bezeichnet werden (siehe dazu Voß, 2010). Schon Ende des 19. Jahrhunderts problematisierte Dohm, dass aus der Hirnstruktur Charakter- und Verhaltensunterschiede zwischen den Geschlechtern abgeleitet wurden. Auf diese Weise begründeten führende Naturwissenschaftler/innen und Hirnforscher/innen u.a. die fehlende Eignung von Frauen für das Wahlrecht oder für universitäre Bildung. Im Zuge der Akademisierung der Geschlechterforschung in den 1960er und 1970er Jahren sind die Theorien der Hirnforschung bzw. kognitiven Neurowissenschaften zunehmend auch in den

Fokus von geschlechtertheoretischen Analysen gerückt. In diesem Zusammenhang sind die Arbeiten der Ärztin und Neurophysiologin Ruth Bleier (1984; 1986), der Biologin Anne Fausto-Sterling (1992; 2000) und des seit 2010 bestehenden NeuroGenderings Network exemplarisch zu benennen. Immer wieder wurde mit verschiedenen theoretischen und methodischen Herangehensweisen darauf hingewiesen, dass die Natur- bzw. Neurowissenschaften „sich selbst stets als objektiv verstehen, zugleich aber in auffälliger Weise die jeweiligen historischen Geschlechtervorstellungen widerspiegeln und diese damit zugleich legitimieren“ (Palm, 2004, S. 54).

Im folgenden Abschnitt geht es um Geschlechterstereotype und dualistische Vorstellungen, die als Vorannahmen in kognitiv-neurowissenschaftlichen Studien zu finden sind. Dafür wird jeweils kurz in die jeweiligen Begriffe eingeführt und anschließend anhand von Beispielen aus dem Bereich der funktionellen Magnetresonanztomographieforschung (fMRT) diskutiert, welche Problematik entsteht, wenn fMRT-Studien auf Geschlechterstereotype und dualistische Zuschreibungen zurückgreifen.[2]

Geschlechterstereotype

Unter Geschlechterstereotypen werden sozial geteilte Vorstellungen über die charakteristischen Merkmale (Verhalten, Eigenschaften, Fähigkeiten, usw.) von Frauen und Männern verstanden (Eckes, 2010). Geschlechterstereotype über Frauen beschreiben diese unter anderem als sprachlich begabt, emotional, sanft,

2 Die Grundlage für die folgenden Ausführungen bildete die Analyse von 35 fMRT-Studien. Die Auswahl erfolgte anhand folgender Kriterien: (1) Englisch als Publikationssprache, (2) Originalarbeit (Ausschluss von u.a. Reviews, Singe-Case Studies, Meta-Analysen), (3) Funktionelle Magnetresonanztomographie (fMRT) als Methode (Suchwörter: ‚fMRI‘, ‚functional MRI‘; Ausschluss von ‚structural MRI‘, ‚morphometry‘, ‚VBM‘, ‚EEG‘, ‚perfusion‘, ‚PET‘ or ‚DTI‘/‚white matter‘), (4) Publikationsdatum zwischen Januar 2010 und Mai 2015, (5) Untersuchung der neuralen Mechanismen psychologischer Prozesse wie u.a. Gedächtnis, Sprache, Emotion, Kognition, Interaktion oder Aufmerksamkeit sowie *resting state*, (6) Grundlagenforschung (Ausschluss von klinischen Studien) und (7) Fokus auf Humanstudien (Ausschluss von Tierstudien). Um die sehr große Publikationsmenge noch gezielter auf die Forschungsfrage einzugrenzen, wurden in Kombination zu den Suchbegriffen die Schlagwörter ‚gender‘, ‚sex‘ ‚gender/sex‘ verwendet. Für die Studiensuche diente die medizinisch-psychologische Datenbank PubMed (https://www.ncbi.nlm.nih.gov/pubmed/), welche sämtliche international anerkannten Peer-Review-Journale sowie deren Publikationen katalogisiert.

verständnisvoll, zurückhaltend, unsicher, passiv und abhängig im Vergleich zu Männern. Letztere dagegen werden eher als rational, dominant, aktiv, selbstbewusst, unabhängig und räumlich-visuell denkend wahrgenommen (Athenstaedt & Alfermann, 2011; Eckes, 2010). Diese unterschiedlichen Merkmale werden auch unter den Konzepten der *Wärme* oder *Expressivität* bei Frauen (bzw. ‚communion') und den der *Kompetenz* oder *Instrumentalität* bei Männern (‚agency') zusammengefasst (Eckes, 2010). Nach der *social role theory* von Wood und Eagly resultieren Geschlechterstereotype daraus, dass den Geschlechtern Eigenschaften entsprechend ihrer sozialen, insbesondere beruflichen und familiären Rollen zugeschrieben werden. Konkret bedeutet das, dass Frauen deshalb als warm, expressiv usw. gelten, weil sie berufliche Positionen und familiäre Aufgabenbereiche wie Pflege, Haushalt und Kindererziehung ausüben, in denen diese Eigenschaften (vermeintlich) funktional sind (Eagly, Wood & Diekman, 2000; Wood & Eagly, 2012). Umgekehrt würden Männer deshalb mit oben genannten Charakteristika verknüpft, weil sie entsprechende berufliche Positionen besetzen und familiäre Rollen einnehmen.[3]

In vielen fMRT-Studien wird davon ausgegangen, dass die Hirnaktivität von Frauen mit einer höheren Emotionalität verbunden ist, während Kognition/rationales Denken stärker mit der Hirnaktivität von Männern verknüpft wird.[4] So gehen beispielsweise Yin et al. schon in ihrer Forschungshypothese davon aus, dass Frauen während einer psychologischen Aufgabe mehr Bereiche der ‚Emotionsverarbeitung' aktivieren sollten, während Männer stärkere Aktivierungen in Arealen der ‚Kognitionsverarbeitung' aufweisen sollten:

> „Given that the romance perception tasks we would use involve both emotional and cognitive processing, we expected that males would show stronger activation in cognition-related brain

3 Ein weiteres Erklärungsmodell ist das *stereotype content model*, nach dem Wärme und Kompetenz als die beiden inhaltlichen Dimensionen von Stereotypen allgemein angesehen werden und sich diese an dem Status und der Interdependenz (*competition*), die eine Gruppe im Vergleich zur *in-group* hat, orientieren (Fiske et al., 2002). Demnach gelten Frauen allgemein als warm, aber ‚inkompetent', da sie einen im Vergleich zu Männern niedrigeren Status bei gleichzeitig kooperativer Interdependenz haben. Ähnlich wie bei der *social role theory* wird also eine Verbindung zwischen Geschlechterstereotypen und dem sozialem Status angenommen.

4 In acht der analysierten fMRT-Studien fanden sich diese Geschlechterstereotype.

regions when evaluating the degree of romance in various scenarios, while females would show stronger activation in emotion-related regions“ (Yin et al., 2013, S. 2).

Ein weiteres Beispiel findet sich in der Studie von Miyamoto und Kikuchi, in der die Hirnaktivität von Männern als „more cognitively“ interpretiert wird: „In contrast, the male subjects with higher explicit self-esteem showed higher dmPFC activity, possibly because they could process the incongruent situations more cognitively than the female subjects“ (Miyamoto & Kikuchi, 2012, S. 6). Diese hier exemplarisch dargestellten Zuschreibungen decken sich mit weit verbreiteten Geschlechterstereotypen, nach denen Frauen emotionaler seien, während Männer eher zu mehr Rationalität und kognitivem Denken tendieren würden. Einhergehend mit dieser Zuschreibung vermuten einige fMRT-Studien einen Zusammenhang zwischen Hirnaktivität, Geschlecht und bestimmten psychiatrischen Erkrankungen. Vor allem die Hirnaktivität von Frauen wird mit depressiven bzw. affektiven Störungen assoziiert. Dabei wird von einer zu hohen emotionalen Reaktion/Emotionalität oder unzureichender *cognitive control* bei Frauen auf die Entstehung von affektiven Störungen geschlossen, so wie in der Studie von Domes et al.: „This being said, our data in part support the idea that women may be more vulnerable to depression because they tend to be more reactive to emotional stimuli and are less effective in regulating their emotional response“ (Domes et al., 2010, S. 767).

Umgekehrt findet sich auch die Annahme, dass bei Männern ein protektiver Mechanismus der Inhibition Depressionen vorbeugen würde: „A male tendency to respond promptly to even a mild stressor, as was delivered in this task, with activation of inhibitory regions corresponding to elimination of the experience of mild stress might serve a protective function resulting in less vulnerability in males to disorders such as depression“ (Lee et al., 2014, S. 257).[5] Die psychiatri-

5 Lee at al. beziehen sich hier konkret auf: Bebbington, P. (1996). The origins of sex differences in depressive disorder: Bridging the gap. *International Review of Psychiatry*, *8*, 295–332. – Dieser Zusammenhang von Hirnaktivität, Geschlecht und psychiatrischer Erkrankung fand sich in fünf der untersuchten fMRT-Studien. In diesem Zusammenhang ist auch interessant, dass das Untersuchungsmaterial ausschließlich aus Studien bestand, die gesunde Proband/innen untersuchten. Aussagen zur Psychopathologie waren weder Teil der Forschungsfrage, noch waren die Studien für eine Untersuchung dessen konzipiert.

sche Diagnose der Depression erscheint in dieser Logik als die kausale Folge einer Fehlfunktion des weiblichen Gehirns. Als typisch weiblich geltende Charakteristika (in diesem Fall Emotionalität) werden dabei selbst zu etwas Pathologischem, weil sie in einen Zusammenhang mit einer psychiatrischen Störung gestellt werden. Dadurch findet eine Pathologisierung von ‚weiblicher Hirnaktivität' *und* von ‚weiblicher Emotionalität' statt. Weitere gefundene Zuschreibungen in fMRT-Studien sehen einer Verknüpfung der Hirnaktivität mit besseren räumlich-visuellen Fähigkeiten bei Männern bzw. mit sprachlichen Fähigkeiten bei Frauen: „Our rs-fMRI findings were consistent with the behavioral sex difference that men generally perform better in visuospatial processing and women generally excel in language and emotional memory tasks, and may implicate a fundamental difference of neurophysiology between male and female brains" (L. Wang et al., 2012, S. 938).[6]

Eine wissenschaftliche Debatte um mögliche Geschlechterunterschiede in Sprache/Raumkognition gibt es bereits seit den 1960er Jahren und zieht sich bis in die Gegenwart (Palm, 2013). Sie begann, nachdem die Hirnforschung sich Jahre zuvor von der Suche nach allgemeinen Intelligenzunterschieden zwischen den Geschlechtern verabschiedet hatte und dafür spezifische Kognitionsfelder untersuchte (Schmitz, 2006). Auch hierbei handelt es sich um Geschlechterstereotype, die zum Teil auch dafür herangezogen werden, um Frauen die Eignung für naturwissenschaftlich-mathematische Bereiche abzusprechen. Wie weiter oben ausgeführt, sind Geschlechterstereotype eng verknüpft mit traditionellen Geschlechterrollen und gesellschaftlichen Machtunterschieden. Bezogen auf die neurowissenschaftliche Forschung heißt das: Die hier dargestellten normativen Zuschreibungen von Sprache/Raumkognition und Emotionalität/Rationalität affirmieren auch die gegenwärtige Gesellschaftsordnung, in der Frauen und Männer nach wie vor ungleiche soziale Positionen innehaben. Dabei reproduzieren diese Eigenschaftszuweisungen nicht nur Stereotype, sondern darüber hinaus auch *dualistische Vorstellungen* und Vorstellungen von natürlicher Zweigeschlechtlichkeit, wie im nächsten Abschnitt gezeigt wird.

6 Dies zeigte sich in sechs fMRT-Studien.

Dualismen

Der Begriff ‚Dualismus' bezeichnet eine weit verbreitete Wahrnehmung der Welt in Gegensatzpaaren wie Geist/Körper, Kultur/Natur, Mann/Frau, Herr/Sklave oder Okzident/Orient (siehe auch die Analyse der Gegenüberstellung von ‚Osten/Westen' im noch folgenden Unterkapitel „‚Kultur' und Neuroscience"). Dieses erkenntnisleitende Denkprinzip war in der Vergangenheit wiederholt Gegenstand von feministischer Kritik (u.a. Becker-Schmidt, 2010; Fausto-Sterling, 2000). Die feministische Kritik am dualistischen Denkprinzip richtet sich dabei auf drei Aspekte. Erstens stehen sich die dualistischen Kategorien als voneinander getrennte Entitäten gegenüber und schließen sich gegenseitig aus; Weiblichkeit schließt Männlichkeit aus und *vice versa*. Zweitens gibt es eine Verbindung zwischen den Dualismen: Geist, Kultur, Mann, Herr, Aktivität erwecken jeweils vergleichbare Assoziationen; Ähnliches gilt für Körper, Natur, Frau, Sklave, Tier, Passivität. Der dritte und wichtigste Aspekt liegt jedoch in der immanenten Hierarchie, die zwischen den beiden Seiten besteht. So steht der Geist über dem Körper, Mann über Frau usw. Folglich handelt es sich bei Dualismen nicht um ein gleichwertiges, sondern hierarchisch strukturiertes Denkprinzip (Becker-Schmidt, 2010).

Basierend auf dem Grundprinzip der ‚natürlichen Zweigeschlechtlichkeit' (Mann/Frau) werden Zuschreibungen getroffen, die zum Teil selbst in einem dualistischen Verhältnis stehen, wie auch bei Emotionalität/Rationalität und Sprache/Raumkognition. Ein weiteres Beispiel für einen häufig zu findenden Dualismus liegt in der Annahme einer geschlechtlich markierten Bilateralität/Lateralität. Dabei wird die Hirnaktivität von Frauen mit mehr Bilateralität, d.h. stärkerer Zusammenarbeit und Symmetrie der beiden Hirnhälften, verknüpft: „In the current study, women show higher connectivity in both left and right MFG, which might suggest commonalities with studies showing more bilateral activation and connectivity in the female brain" (Hjelmervik et al., 2014, S. 7). Demgegenüber wird eine stärkere Lateralisation mit der Hirnaktivität von Männern verbunden: „These results give support to the hypothesis of a stronger right-hemispheric lateralization in men, which was also associated with a tendency toward better performance in men in this and earlier studies" (Hattemer et al.,

2011, S. 21).[7] Die Theorie einer unterschiedlichen Lateralisation der Geschlechter entstand in den 1970er Jahren und ist bis heute Gegenstand einer kontrovers geführten Debatte in der psychologischen und kognitiv-neurowissenschaftlichen Forschung (Palm, 2013). Aus feministischer Perspektive wurde daran wiederholt kritisiert, dass mit der Vorstellung einer unterschiedlichen Lateralisation des Gehirns implizite Geschlechterassoziationen verknüpft sind: So gehe die Annahme einer stärkeren Lateralisation mit der Vorstellung einer höheren Spezialisierung und Kognition einher (Bleier, 1986; Fausto-Sterling, 2000). Darüber hinaus wurde problematisiert, dass die Lateralisationshypothese verbreitete Stereotype der Männlichkeit und Weiblichkeit bediene, nach denen Männer eher analytisch/fokussiert denken, während das weibliche Denken eher einen ‚Networking'-Charakter aufweise (Kaiser et al., 2009). Ähnliche Geschlechterassoziationen finden sich auch in den analysierten Neuroimaging-Studien wieder:

> „Increased lateralization of language processing in males has been noted in previous studies, with females showing more bilateral activation patterns (…). The present findings align with these results, suggesting that women's language processing is less specialized and more global than that of men. (...) It is important to note that while women showed a more distributed activation pattern, with weaker functional connectivity relative to men, there were no group differences in accuracy or reaction time. (…) One possibility is that women had parallel thought processes (not immediately and directly relevant to the task at hand) occurring simultaneously as they were performing the language task, while men were perhaps more singularly focused on the task at hand" (Kana et al., 2012, S. 23).

Viele der untersuchten Arbeiten treffen also Aussagen über den Zusammenhang zwischen Hirnaktivität, kognitiven Fähigkeiten und Geschlechterunterschieden. Dass dabei nicht nur kognitive/psychologische Unterschiede verhandelt, sondern eben auch stereotype und dualistische Geschlechtervorstellungen reproduziert werden, wird bisher aber kaum reflektiert.[8]

7 Die Zuschreibungen von Lateralität/Bilateralität zeigten sich in insgesamt fünf fMRT Studien.

8 Als eine der wenigen Studien thematisieren z.B. Domes et al. (2010) zwar, dass die Annahme einer stärkeren Emotionalität bei Frauen auch ein Stereotyp ist. Sie gehen dann aber in ihrer Diskussion nicht mehr darauf ein, sondern wenden dieses Stereotyp unkritisch auf ihre Ergebnisse an und ziehen daraus sogar Schlussfolgerungen für eine höhere Anfälligkeit für Depression bei Frauen.

‚Kultur' und Neuroscience

Ein ähnliches Bild ergibt sich, wie im Folgenden deutlich werden wird, auch für den Bereich der ‚Cultural Neuroscience': Weltweit und seit einigen Jahren auch vermehrt in Deutschland wird an verschiedenen Einrichtungen dazu geforscht, ob und auf welche Weise sich ‚kulturelle'[9] Erfahrungen – bzw. Erfahrung in der Interaktion zwischen ‚Kulturen' – auf neuraler Ebene widerspiegeln (Chiao & Ambady, 2007; Losin, Dapretto & Iacoboni, 2010). Dieser noch recht junge Forschungsbereich der sogenannten Kulturellen Neurowissenschaften (Cultural Neuroscience) entwickelte sich in den 2010er Jahren aus den kognitiven Neurowissenschaften heraus und gilt heute als eigenständiger Forschungsbereich mit eigenen Publikationsorganen (u.a. das seit 2013 bei Springer erscheinende Journal *Culture and Brain*) sowie eigenen Konferenzen und Gesellschaften. Entscheidend für die Etablierung des Forschungszweigs war, dass neue bildgebende Verfahren wie die funktionelle Magnetresonanztomographie es erlaubten, Unterschiede zwischen Personen auf neuraler Ebene festzuhalten und sich zugleich von der Tradition der Phrenologie abzugrenzen: Statt der Vermessung von Struktur, Umfang oder Größe des Gehirns konnten nun Aktivierungs- oder Konnektivitätsparameter quantifiziert und verglichen werden (siehe Heinz et al., 2014, oder Teo, 2011, für eine ausführlichen Einblick in die Geschichte der ‚Race Psychology'). Die Messung aufgabenbezogener Hirnaktivierungen bildet laut Cultural Neuroscience „a theoretical and empirical approach to investigate and characterize the mechanisms by which [the] hypothesized bidirectional, mutual constitution of culture, brain, and genes occurs" (Chiao & Ambady, 2007, S. 238). Diese Herangehensweise ermöglichte es zudem, zu begründen, dass in der neuen Betrachtung, im Unterschied zur Tradition der Phrenologie, keine ‚Rassen', sondern ‚kulturelle' Unterschiede im Mittelpunkt stehen (z.B. Chiao, 2009; Han et al., 2013; Han & Northoff, 2008; Losin, Dapretto & Iacoboni, 2010). In diesem neuen Gewand erhält die wissenschaftliche Untersuchung von neuronalen Unterschieden ‚kulturell' definierter Gruppen Eingang in Fachkonferenzen und den

9 ‚Kultur' wird im Folgenden in Anführungszeichen gesetzt, um deutlich zu machen, dass der Begriff aus kulturell-neurowissenschaftlichen Forschungsarbeiten übernommen wurde und nicht die Wortwahl der Autorin/des Autors dieses Artikels entspricht.

aktuellen neurowissenschaftlichen Diskurs. Im Vordergrund stehen dabei nicht nur Fragestellungen, die nach ‚kulturellen Differenzen' (d.h. Differentialismus) suchen, sondern ebenfalls solche, die die universellen und grundlegenden biologischen Mechanismen im Umgang zwischen ‚Kulturen' untersuchen (d.h. Universalismus) (Martínez Mateo et al., 2012; Rose & Rose, 2001).

Differentialismus

Der erste Strang von Forschungsarbeiten zeichnet sich dadurch aus, dass darin von unterschiedlichen ‚kulturellen Identitäten' ausgegangen wird. Diese ‚kulturellen Identitäten' decken sich dabei häufig mit den jeweiligen Nationalitäten der untersuchten Versuchspersonen. Ein Beispiel hierfür ist die Studie von Zhang et al. (2006), die ein ‚Chinese self' postuliert, das sich im Gehirn wiederspiegelt. In der Studie von G. Wang et al. (2012) ist die Rede von „collectivistic brains", wenn die aus Chines/innen bestehenden Stichprobe beschrieben wird. Den Individuen der Stichprobe werden dabei über deren Nationalität (z.B. chinesisch) bestimmte ‚kulturelle' Eigenschaften (z.B. kollektivistisch) zugeschrieben.[10] ‚Kultur' wird also mit ‚Nation' oder der ‚ethnisch' definierten Gruppe über angeblich geteilte Denkmuster und Einstellungen gleichgesetzt. Die Zugehörigkeit eines Individuums zu einer bestimmten ‚Kultur' wird damit als nicht ‚ablegbar' und unveränderbar festgeschrieben. Es handelt sich also um ein essentialistisches Verständnis von ‚Kultur'. Ein Chinese/eine Chinesin ist demnach Teil einer kollektivistischen ‚Kultur' und diese Kategorie der „collectivistic people" (Sul,

10 Die Grundlage für die folgenden Ausführungen bildete die Analyse von 40 fMRT-Studien (Martínez Mateo et al. 2012) sowie zehn Konferenzabstracts der Jahrestagung für Human Brain Mapping (Peking, 2012). Die Auswahl der analysierten Publikationen erfolgte anhand folgender Kriterien: (1) Englisch als Publikationssprache, (2) Originalarbeit (Ausschluss von u.a. Reviews, Singe-Case Studies, Meta-Analysen), (3) Funktionelle Magnetresonanztomographie (fMRT) als Methode (Suchwörter: ‚fMRI', ‚functional MRI'; Ausschluss von ‚structural MRI', ‚morphometry', ‚VBM', ‚EEG', ‚perfusion', ‚PET' or ‚DTI'/'white matter'), (4) Publikationsdatum: alle Arbeiten bis April 2010, (5) Untersuchung der neuralen Mechanismen psychologischer Prozesse wie u.a. Gedächtnis, Sprache, Emotion, Kognition, Interaktion oder Aufmerksamkeit, (6) Fokus auf Humanstudien (Ausschluss von Tierstudien). Um die große Publikationsmenge noch gezielter auf die Forschungsfrage einzuengen, wurden in Kombination zu den Suchbegriffen die Schlagwörter ‚culture', ‚ethnicity' ‚demographic group', ‚race', ‚interdependence/independence', ‚Estern/Western', ‚allocentric/egocentric' oder ‚black/white' verwendet. Für die Studiensuche diente ebenfalls die medizinisch-psychologische Datenbank PubMed (https://www.ncbi.nlm.nih.gov/pubmed/).

Choi & Kang, 2012) wird als homogen verstanden (Martínez Mateo et al., 2013b). Damit kommt diese Verwendung des Kulturbegriffs neo-rassistischen Ansätzen nahe,[11] wonach zwar von ‚kultureller Diversität' ausgegangen wird – und damit klassische Blut-und-Boden-Rassismen abgelöst werden –, dennoch aber die Idee klar definierter und abgrenzbarer ‚kultureller Gruppen' beibehalten wird (Brown, 1993). Hauptgegenstand der Arbeiten, denen eine differentialistische Annahme von ‚Kultur' zugrunde liegt, ist der Vergleich zwischen Personen mit ‚westlich' bzw. ‚östlich' geprägtem Welt- oder Selbstbild (Martínez Mateo et al., 2012). Nahezu alle Cultural-Neuroscience-Studien dieses Komplexes basieren dabei auf den Thesen eines Überblicksartikels von Markus und Kitayama aus dem Jahr 1991, der Wegbereiter für eine stark essentialisierende Sicht auf ‚Kultur' in der Psychologie war. Mit Verweis auf Markus und Kitayama werden heute in zahlreichen Studien im Bereich des Neuroimaging Vergleiche zwischen Chines/innen und US-Amerikaner/innen vorgenommen und gefundene neurale Unterschiede auf die zugrunde liegenden Selbstbilder (d.h. westlich = individualistisches Selbstbild vs. östlich = kollektivistisches Selbstbild) zurückgeführt. Häufig basiert diese Einteilung jedoch auf phänotypischen, ‚rassischen' Kriterien, wenn z.B. ‚Chinese Americans' oder ‚Americans' separat in der Stichprobenbeschreibung aufgelistet werden. So rechtfertigt Shihui Han, einer der prominentesten und einflussreichsten Vertreter der Cultural Neurosciences, beispielsweise die Gruppenzuteilung in seinen Studien anhand phänotypischer Merkmale und definiert „race" als „way of categorizing human beings on the basis of external attributes, such as skin tone and facial and body shapes that differentiate human populations" (Han et al., 2013, S. 340). Die Begriffe ‚Rasse' und ‚Kultur' werden somit austauschbar (zu einer vertieften Kritik siehe Choudhury & Kirmayer, 2009; Heinz et al., 2014; Martínez Mateo et al., 2012, 2013b).

Ähnlich wie in den Studien zum Thema Geschlecht wird auch ‚Kultur' weitestgehend binär verstanden und geht damit zwangsläufig mit einer Hierarchie und Wertung einher (Martínez Mateo et al., 2013b). Viele der Studien im Bereich der Cultural Neurosciences nehmen dabei eine eurozentrische Perspektive ein, bei der Europa/Nordamerika/der Westen als der ‚kulturelle Goldstandard'

11 Balibar & Wallerstein (2011) und Taguieff (1991) sprechen von kulturalistischen und neorassistischen Argumentationsmustern, wenn ‚kulturelle Identität' essentialisiert wird.

fungiert (Oyserman, Coon & Kemmelmeier, 2002), der wie ein „silent referent" (Chakrabarty, 2000, S. 28) gegen jede Abweichung und Differenz gerechnet wird. Offensichtlich werden Hierarchisierungen, wenn Selbstbilder oder Wertorientierungen von Personen, die das Label ‚non-Western/non-European' tragen, mit solchen die als ‚Westerners/European' bezeichnet werden, verglichen werden (z.B. Kobayashi & Temple, 2009, S. 219: „Many non-Western cultures do not construe behaviors as personal and intentional"; oder Losin, Dapretto & Iacoboni, 2010, S. 149: „Three European groups were more susceptible to two of four illusions administered, while 14 non-European groups were more susceptible to the other two illusions") und gleichzeitig der umgekehrte Fall (d.h. ‚Easterners/Asians' vs. ‚non-Easterners/non-Asians') nicht vorzufinden ist. Diese simplifizierende, binäre Sicht auf ‚Kultur' und dem damit einhergehenden Eurozentrismus der Studien liegt die Gefahr zugrunde, postkoloniale und orientalistische Argumentationsmuster zu übernehmen und damit zudem neue, wirkmächtige Bilder zu konstruieren. Viele der Forschungsarbeiten im Bereich der Cultural Neurosciences unterliegen zum Teil genau diesen postkolonialen, orientalistischen Denkmustern. So wird einem wie auch immer definierten ‚westlichen Kulturenkreis' rational-cartesisch geprägtes, dualistisches Denken zugesprochen, während Menschen in Asien holistisches Denken aufweisen würden. So heißt es bei Markus und Kitayama: „[A] holistic view is in opposition to the Cartesian, dualistic tradition that characterizes Western thinking and in which the self is separated from the object and from the natural world" (Markus & Kitayama, 1991, S. 227). Die Hypothesen und Schlussfolgerungen der Arbeiten sind somit keine neutralen Wahrheiten, sondern müssen vielmehr in einem postkolonialen Zusammenhang betrachtet werden.

Universalismus

Der zweite Strang von Arbeiten im Bereich der Cultural Neurosciences basiert auf einer grundlegend anderen Sicht und Verhandlung von ‚Kultur': Im Unterschied zu der skizzierten binären Gegenüberstellung von ‚Kulturen' (Differentialismus) im vorherigen Ansatz liegt hier das Interesse an der Untersuchung menschlicher Gemeinsamkeiten im Verhalten gegenüber einer anderen, fremden ‚Kultur'. Dabei wird davon ausgegangen, dass alle Menschen auf ähnliche Weise

Menschen aus anderen ‚Kulturkreisen' als fremd wahrnehmen. Im Fokus der Studien steht somit die neurowissenschaftliche Untersuchung von kulturellem Abgrenzungsverhalten, wobei dieses als ein universalistisches Verhaltensprinzip angesehen wird. Damit wird Rassismus (verstanden als die Wahrnehmung von Anderen als ‚anders' und deren darin begründete Ausgrenzung) als universelle menschliche Eigenschaft verstanden, deren Entstehung auf der Grundlage neurobiologischer Mechanismen erforscht werden kann und sollte (Martínez Mateo et al., 2012). So beschreiben Hart und Kolleg/innen beispielsweise das Ziel ihrer Forschungsstudie wie folgt: „This study was explicitly designed to assess fMRI responses to outgroup vs ingroup faces across subjects of both races, rather than to assess any differences that might exist between subjects based upon race" (Hart et al., 2000, S. 2352). Über die Kategorie ‚race' wird hier zu erklären versucht, wie Hautfarbe/Gesichtsform zur Gruppenidentifikation beiträgt. Diese Identifikation wird zur Grundlage eines angenommenen generellen Mechanismus, der die Interaktion mit der ‚Fremdgruppe' bestimmt. Damit werden bestimmte rassistische Grundannahmen vorausgesetzt: So wird angenommen, dass erstens Versuchspersonen, die von der Versuchsleitung als ‚schwarz' kategorisiert werden, diese Kategorisierung ebenfalls für sich übernehmen, zweitens sich dementsprechend mit anderen als ‚schwarz' kategorisierten Personen identifizieren, drittens diese Anderen als *in-group* ‚erkennen' und als *in-group* ‚behandeln' sowie viertens als ‚nicht-schwarz' kategorisierte Personen der *out-group* ‚zuordnen' und dementsprechend ‚behandeln'. Die Folge ist, dass man als Versuchsteilnehmer/in dieser von der Studienleitung vorgenommenen Zuschreibung nur schwer entgehen kann. Teo spricht in diesem Zusammenhang von „epistemological violence", die den Versuchspersonen zugefügt wird (Teo, 2011). Der universalistische Erklärungsansatz, dass alle Menschen gleich seien, wird somit schon auf der Ebene der Konzeption des Studiendesigns fallengelassen, indem hervortritt, dass sich dies lediglich auf eine angenommene Gleichheit in der Abgrenzung bezieht. Zudem wird angenommen, dass Praktiken des Ausschlusses Teil einer universellen menschlichen Natur seien und damit keiner bestimmten gesellschaftlichen und historischen Realität angehörten. Die Erklärung für einen solchen universellen Abgrenzungsmechanismus liegt in der Annahme, Kategorisierungen würden eine effizientere mentale Ressourcennutzung ermöglichen.

Dies stelle einen Evolutionsvorteil dar oder habe einen solchen in der Vergangenheit dargestellt (Workman & Reader, 2004). Argumentationen, die sich auf eine angebliche universelle menschliche Natur und Adaptationsvorteile berufen, wurden bereits von Rose und Rose (2001) für ihre Biologisierung von Rassismus und Ausgrenzungsverhalten intensiv kritisiert (siehe auch Abiodun, 2019). Ebenso wird dadurch jegliche Veränderungsmöglichkeit einer auf Hierarchien und Gruppenbildungen beruhenden Gesellschaft ausgeschlossen.

Diskussion

Für die Forschungsbereiche Gender/Cultural Neuroscience wurde gezeigt, wie sich gesellschaftliche Annahmen über Geschlecht und ‚Kultur‘ in die Studienhypothesen und Ergebnisinterpretationen der Studien einschreiben und zugleich durch diese reproduziert werden. Dadurch erhalten sie den Anschein eines naturwissenschaftlich fundierten Wissens, obwohl sie zum Teil unreflektierte Alltagsvorstellungen repräsentieren. Dies kann mitunter zu einer Verstärkung von essentialistischem Denken führen, da die Zuschreibungen als natürliche und statische Wesensmerkmale von Geschlecht und ‚Kultur‘ erscheinen, während der historische und sozial-politische Kontext ausgeblendet wird. Umgekehrt können kognitiv-neurowissenschaftliche Studien, die essentialistische Denkmuster reproduzieren, auch soziale Hierarchien rechtfertigen bzw. stützen. Dieser Befund kollidiert jedoch mit der in den Neurowissenschaften bzw. allgemein in Medizin, Psychologie und Naturwissenschaften vorherrschenden Sichtweise, nach der wissenschaftliche Erkenntnisprozesse unbeeinflusst von gesellschaftlichen Vorstellungen stattfinden. Wie in der Einleitung thematisiert, wird Forschung hier als ein von gesellschaftlichen Alltagsvorstellungen strikt getrennter Raum gesehen. Dementsprechend wird auch das eigene wissenschaftliche Vorgehen als objektiv verstanden. Der vorliegende Beitrag widerspricht einer solchen Ansicht und zeigt demgegenüber, dass Alltagsvorstellungen über das ‚Sein und Können‘ von Geschlechtern und ‚Kulturen‘ sehr wohl das Wissen mit strukturieren, das in der neurowissenschaftlichen Forschung vermittelt wird.

Doch was folgt nun aus diesen Beobachtungen? Um diese Frage nach den Konsequenzen beantworten zu können, muss an dieser Stelle weiter ausgeholt werden: Der vorliegende Beitrag ist mitnichten der erste, der auf einen solchen Zusammenhang zwischen (natur-)wissenschaftlicher Wissensproduktion und gesellschaftlichen Verhältnissen aufmerksam macht (siehe hierzu auch die Einleitung sowie weitere Beiträge in diesem Sammelband). Feministische und postkoloniale Theorien haben wiederholt auf ‚blinde Stellen' und diskriminierende Inhalte aufmerksam gemacht. Umso bemerkenswerter ist es in Anbetracht der jungen Entstehungsgeschichte der Forschung im Bereich der fMRT-Bildgebung, dass weiterhin unreflektierte Annahmen über Geschlecht und ‚Kultur' oder sogar ‚Rasse'-Vorstellungen reproduziert werden. Es stellt sich die Frage, womit diese unreflektierte Wiederholung von problematischen, zum Teil diskriminierenden Theorien und Annahmen zusammenhängt. Als ein wesentlicher Aspekt ist hier sicherlich zu nennen, dass kritische und reflexive Sichtweisen auf das eigene Forschungsfeld bislang wenig Raum in der kognitiv-neurowissenschaftlichen Forschung eingenommen haben. Dies kann mitunter auch als ein Effekt des in der Einleitung des Sammelbandes skizzierten historischen Prozesses gesehen werden, in dessen Folge insbesondere in der Psychologie kritische Ansätze zunehmend ausgegrenzt worden sind und sich eine naturwissenschaftliche Sicht durchgesetzt hat. Ein wichtiger Schritt, der aus den vorliegenden Ergebnissen daher unbedingt folgen sollte, wäre der, die reflexiven Impulse feministischer und postkolonialer Theorien aufzunehmen und einzubauen. Das längerfristige Ziel muss daher in einer transdisziplinären Forschung liegen, bei der kognitiv-neurowissenschaftliche und geisteswissenschaftliche Erkenntnisse gleichsam in den Forschungsprozess mit einfließen können.

Literatur

Abiodun, S. J. (2019). „Seeing color": A discussion of the implications and applications of race in the field of neuroscience. *Frontiers in Human Neuroscience, 13*. https://www.frontiersin.org/article/10.3389/fnhum.2019.00280.

Athenstaedt, U., & Alfermann, D. (2011). *Geschlechterrollen und ihre Folgen. Eine sozialpsychologische Betrachtung*. Stuttgart: Kohlhammer.

Balibar, E., & Wallerstein, I. (2011). *Race, Nation, Class. Ambiguous Identities*. London: Verso.

Becker-Schmidt, R. (2010). Doppelte Vergesellschaftung von Frauen: Divergenzen und Brückenschläge zwischen Privat- und Erwerbsleben. In R. Becker & B. Kortendiek (Hrsg.), *Handbuch Frauen- und Geschlechterforschung. Theorie, Methoden, Empirie* (3. Aufl., S. 65–74). Wiesbaden: VS.

Bennett, C. M., Wolford, G. L., & Miller, M. B. (2009). The principled control of false positives in neuroimaging. *Social Cognitive and Affective Neuroscience*, *4*(4), 417–422. https://doi.org/10.1093/scan/nsp053.

Bleier, R. (1984). *Science and Gender: A Critique of Biology and Its Theories on Women* (2. Aufl.). New York: Pergamon Press.

Bleier, R. (1986). Sex differences research: Science or belief? In R. Bleier (Hrsg.), *Feminist Approaches to Science. The Athene Series* (S. 147–164). New York: Pergamon Press.

Brown, H. R. (1993). Cultural representation and ideological domination. *Social Forces*, *71*(3), 657–676. https://doi.org/10.1093/sf/71.3.657.

Button, K. S., et al. (2013). Power failure: Why small sample size undermines the reliability of neuroscience. *Nature Reviews. Neuroscience*, *14*(5), 365–376. https://doi.org/10.1038/nrn3475.

Chakrabarty, D. (2000). *Provincializing Europe. Postcolonial Thought and Historical Difference.* Princeton: Princeton University Press.

Chiao, J. Y. (Hrsg.) (2009). *Cultural Neuroscience: Cultural Influences on Brain Function.* Amsterdam u.a.: Elsevier.

Chiao, J. Y., & Ambady, N. (2007). Cultural neuroscience: Parsing universality and diversity across levels of analysis. In S. Kitayama & D. Cohen (Hrsg.), *Handbook of Cultural Psychology* (S. 237–254). New York: Guilford Press.

Choudhury, S., & Kirmayer, L. J. (2009). Cultural neuroscience and psychopathology: Prospects for cultural psychiatry. In J. Y. Chiao (Hrsg.), *Cultural Neuroscience: Cultural Influences on Brain Function* (S. 263–283). Amsterdam u.a.: Elsevier.

Domes, G., et al. (2010). The neural correlates of sex differences in emotional reactivity and emotion regulation. *Human Brain Mapping*, *31*(5), 758–769. https://doi.org/10.1002/hbm.20903.

Eagly, A. H., Wood, W., & Diekman, A. B. (2000). Social role theory of sex differences and similarities: A current appraisal. In T. Eckes & H. M. Trautner (Hrsg.), *The Developmental Social Psychology of Gender* (S. 123–174). Mahwah, NJ: Erlbaum.

Eckes, T. (2010). Geschlechterstereotype: Von Rollen, Identitäten und Vorurteilen. In R. Becker & B. Kortendiek (Eds.), *Handbuch Frauen- und Geschlechterforschung. Theorie, Methoden, Empirie* (3. Aufl., S. 178–189). Wiesbaden: VS.

Fausto-Sterling, A. (1992). *Myths of Gender: Biological Theories About Man and Woman* (2. Aufl.). New York: Basic Books.

Fausto-Sterling, A. (2000). *Sexing the Body: Gender Politics and the Construction of Sexuality.* New York: Basic Books.

Fiske, S. T., Cuddy, A. J. C., Glick, P., & Xu, J. (2002). A model of (often mixed) stereotype content: Competence and warmth respectively follow from perceived status and competition. *Journal of Personality and Social Psychology*, *82*(6), 878–902. http://dx.doi.org/10.1037/0022-3514.82.6.878.

Han, S., & Northoff, G. (2008). Culture-sensitive neural substrates of human cognition: A transcultural neuroimaging approach. *Nature Reviews. Neuroscience*, *9*(8), 646–654. https://doi.org/10.1038/nrn2456.

Han, S., et al. (2013). A cultural neuroscience approach to the biosocial nature of the human brain. *Annual Review of Psychology*, *64*, 335–359. https://doi.org/10.1146/annurev-psych-071112-054629.

Hart, A. J., et al. (2000). Differential response in the human amygdala to racial outgroup vs ingroup face stimuli. *Neuroreport*, *11*(11), 2351–2355. http://www.ncbi.nlm.nih.gov/pubmed/10943684

Hattemer, K., et al. (2011). Determination of hemispheric dominance with mental rotation using functional transcranial doppler sonography and fMRI. *Journal of Neuroimaging, 21*(1), 16–23. https://doi.org/10.1111/j.1552-6569.2009.00402.x.

Heinz, A., Müller, D. J., Krach, S., Cabanis, M., & Kluge, U. P. (2014). The uncanny return of the race concept. *Frontiers in Human Neuroscience, 8*, 836. https://doi.org/10.3389/fnhum.2014.00836.

Hjelmervik, H., Hausmann, M., Osnes, B., Westerhausen, R., & Specht, K. (2014). Resting states are resting traits – an fMRI study of sex differences and menstrual cycle effects in resting state cognitive control networks. *PLoS ONE, 9*(7), e103492. https://doi.org/10.1371/journal.pone.0103492.

Kaiser, A., Haller, S., Schmitz, S., & Nitsch, C. (2009). On sex/gender related similarities and differences in fMRI language research. *Brain Research Reviews, 61*(2), 49–59. https://doi.org/10.1016/j.brainresrev.2009.03.005.

Kana, R. K., Murdaugh, D. L., Wolfe, K. R., & Kumar, S. L. (2012). Brain responses mediating idiom comprehension: gender and hemispheric differences. *Brain Research, 1467*, 18–26. https://doi.org/10.1016/j.brainres.2012.05.031.

Kobayashi, C., & Temple, E. (2009). Cultural effects on the neural basis of theory of mind. *Progress in Brain Research, 178*, 213–223. https://doi.org/10.1016/S0079-6123(09)17815-9.

Kriegeskorte, N., Simmons, W. K., Bellgowan, P. S. F., & Baker, C. I. (2009). Circular analysis in systems neuroscience: The dangers of double dipping. *Nature Neuroscience, 12*(5), 535–540. https://doi.org/10.1038/nn.2303.

Lee, M. R., et al. (2014). Gender differences in neural-behavioral response to self-observation during a novel fMRI social stress task. *Neuropsychologia, 53*, 257–263. https://doi.org/10.1016/j.neuropsychologia.2013.11.022.

Lieberman, M. D., Berkman, E. T., & Wager, T. D. (2009). Correlations in social neuroscience aren't voodoo: Commentary on Vul et al. (2009). *Perspectives on Psychological Science : A Journal of the Association for Psychological Science, 4*(3), 299–307. https://doi.org/10.1111/j.1745-6924.2009.01128.x.

Losin, E. A. R., Dapretto, M., & Iacoboni, M. (2010). Culture and neuroscience: Additive or synergistic? *Social Cognitive and Affective Neuroscience, 5*(2–3), 148–158. https://doi.org/10.1093/scan/nsp058.

Markus, H. R., & Kitayama, S. (1991). Culture and the self: Implications for cognition, emotion, and motivation. *Psychological Review, 98*(2), 224–253. https://doi.org/10.1037/0033-295X.98.2.224.

Martínez Mateo, M., Cabanis, M., Cruz de Echeverría Loebell, N., & Krach, S. (2012). Concerns about cultural neurosciences: A critical analysis. *Neuroscience and Biobehavioral Reviews, 36*(1), 152–161. https://doi.org/10.1016/j.neubiorev.2011.05.006.

Martínez Mateo, M., Cabanis, M., Cruz de Echeverría Loebell, N., & Krach, S. (2013a). On the role of critique for science. A reply to Bao and Pöppel. *Neuroscience and Biobehavioral Reviews, 37*(4), 723–725. https://doi.org/10.1016/j.neubiorev.2012.11.006.

Martínez Mateo, M., Cabanis, M., Stenmanns, J., & Krach, S. (2013b). Essentializing the binary self: Individualism and collectivism in cultural neuroscience. *Frontiers in Human Neuroscience, 7*, 289. https://doi.org/10.3389/fnhum.2013.00289.

Miyamoto, R., & Kikuchi, Y. (2012). Gender differences of brain activity in the conflicts based on implicit self-esteem. *PLoS ONE, 7*(5), e37901. https://doi.org/10.1371/journal.pone.0037901.

Oyserman, D., Coon, H. M., & Kemmelmeier, M. (2002). Rethinking individualism and collectivism: Evaluation of theoretical assumptions and meta-analyses. *Psychological Bulletin, 128*(1), 3–72.

Palm, K. (2004). Was bringt die Genderforschung eigentlich den Naturwissenschaften? In S. Schmitz & B. Schinzel (Hrsg.), *Grenzgänge. Genderforschung in Informatik und Naturwissenschaften* (S. 50–64). Königstein i.Ts.: Ulrike Helmer Verlag.

Palm, K. (2013). Begabung, Talent und Geschlecht. Mathematik und Gender. *Berichte und Beiträge des Arbeitskreises Frauen und Mathematik*, *3*, 28–47.

Rose, H., & Rose, S. (2001). *Alas, Poor Darwin: Arguments Against Evolutionary Psychology*. London u.a.: Vintage, Random House.

Schmitz, S. (2006). Hirnbilder im Wandel. Kritische Gedanken zum ‚sexed brain'. In B. Mauss & B. Petersen (Hrsg.), *Das Geschlecht der Biologie* (S. 61–92). Mössingen-Talheim: Talheimer Verlag.

Sul, S., Choi, I., & Kang, P. (2012). Cultural modulation of self-referential brain activity for personality traits and social identities. *Social Neuroscience*, *7*(3), 280–291. https://doi.org/10.1080/17470919.2011.614001.

Taguieff, P.-A. (1991). Die ideologischen Metamorphosen des Rassismus und die Krise des Antirassismus. In U. Bielefeld (Hrsg.), *Das Eigene und das Fremde. Neuer Rassismus in der Alten Welt?* (S. 221–268). Hamburg: Junius.

Teo, T. (2011). Empirical race psychology and the hermeneutics of epistemological violence. *Human Studies*, *34*(3), 237–255. https://doi.org/10.1007/s10746-011-9179-8.

Voß, H.-J. (2010). *Making Sex Revisited: Dekonstruktion des Geschlechts aus biologisch-medizinischer Perspektive*. Bielefeld: Transcript.

Vul, E., Harris, C., Winkielman, P., & Pashler, H. (2009). Puzzlingly high correlations in fMRI studies of emotion, personality, and social Cognition. *Perspectives on Psychological Science*, *4*(3), 274–290. https://doi.org/10.1111/j.1745-6924.2009.01125.x.

Wang, G., et al. (2012). Neural representations of close others in collectivistic brains. *Social Cognitive and Affective Neuroscience*, *7* (2), 222–229. https://doi.org/10.1093/scan/nsr002.

Wang, L., Shen, H., Tang, F., Zang, Y., & Hu, D. (2012). Combined structural and resting-state functional MRI analysis of sexual dimorphism in the young adult human brain: An MVPA approach. *NeuroImage*, *61*(4), 931–940. https://doi.org/10.1016/j.neuroimage.2012.03.080.

Wood, W., & Eagly, A. H. (2012). Biosocial construction of sex differences and similarities in behavior. In M. Zanna & J. Olson (Hrsg.), *Advances in Experimental Social Psychology*, Bd. 46 (S. 55–123). Amsterdam u.a.: Academic Press. https://doi.org/10.1016/B978-0-12-394281-4.00002-7.

Workman, L., & Reader, W. (2004). *Evolutionary Psychology. An Introduction*. Cambridge u.a.: Cambridge University Press.

Yarkoni, T. (2009). Big correlations in little studies: Inflated fMRI correlations reflect low statistical power – commentary on Vul et al. (2009). *Perspectives on Psychological Science : A Journal of the Association for Psychological Science*, *4*(3), 294–298. https://doi.org/10.1111/j.1745-6924.2009.01127.x.

Yin, J., Zhang, J. X., Xie, J., Zou, Z., & Huang, X. (2013). Gender differences in perception of romance in Chinese college students. *PLoS ONE*, *8*(10), e76294. https://doi.org/10.1371/journal.pone.0076294.

Zhang, L., et al. (2006). In search of the Chinese self: An fMRI study. *Science in China. Series C, Life sciences*, *49*(1), 89–96. https://doi.org/10.1007/s11427-004-5105-x.

Coloniality of being and knowledge in the history of psychology

Wade E. Pickren

Abstract

The emergence and growth of the psy-disciplines, accompanied by the psychologization of everyday life, has raised questions about the role of psychology in relation to power. Who does psychology serve? And what are its effects on the person? The author holds that psy-disciplines have largely been managerial in their effects, especially empowering the rise of the neoliberal state in the late 20th century. In the face of such managerialism, can there be a liberatory psychology? The efforts toward a psychology or psychologies of liberation have come primarily from the Global South, as in the work and writings of Paulo Freire and Ignacio Martín-Baró. The author links these efforts to the decolonial turn proffered by the 'Modernity/Coloniality' group led by such scholars as Walter Mignolo and Arturo Escobar. The essay then examines the scholarly discipline of history of psychology in the light of decoloniality and shows how it has been an agent of colonial being and knowledge. Alternatives are offered on how the field can break the legacy of coloniality and move toward a more liberatory stance.

* * *

Zur Kolonialität von Sein und Wissen in der Psychologiegeschichte

Entstehung und Wachstum der Psy-Disziplinen, die mit der Psychologisierung des Alltags einhergingen, haben Fragen nach dem Verhältnis zwischen Psychologie und Macht aufgeworfen. Wem dient die Psychologie? Und welche Wirkungen auf Individuen kann sie haben? In diesem Beitrag soll argumentiert werden, dass die Psy-Disziplinen weitgehend managementorientierte Auswirkungen hatten und so insbesondere den Aufstieg des Neoliberalismus im späten 20. Jahrhundert begünstigten. Kann es angesichts eines solchen psychologischen Managerialismus eine Befreiungspsychologie geben? Entwürfe einer Psychologie (oder pluraler Psychologien) der Befreiung kamen vor allem aus dem globalen Süden und spiegeln sich etwa in den Werken von Paulo Freire und Ignacio Martín-Baró wider. Im Folgenden möchte ich solche Entwürfe mit den dekolonialen Ansätzen verbinden, die die Gruppe ‚Modernidad/Colonialidad' unter der Leitung von Wissenschaftlern wie Walter Mignolo und Arturo Escobar entwickelt hat. Im Anschluss untersucht mein Aufsatz das akademische Feld der Psychologiegeschichte unter der Perspektive des Dekolonialismus und zeigt, wie sie als Agent von kolonialistischem Sein und Wissen fungierte. Abschließend werden alternative Ansätze für das Forschungsfeld eröffnet, die das Erbe des Kolonialismus brechen und eine emanzipativere Haltung befördern.

* * *

V. Balz und L. Malich (Hrsg.), *Psychologie und Kritik*,
https://doi.org/10.1007/978-3-658-29486-1_15

I have long had questions and reservations about the social sciences in general and psychology in particular as to whether they are capable of becoming liberatory, rather than managerial, in their effects. I will address only psychology in this chapter. Psychology's history in the Global North has been decidedly managerial, especially with regard to managing the self. A relevant question about the managerial effect is to ask for whom the self and the world is managed. A short, though incomplete, answer is for extant power structures. This has been a long-standing critique of psychology as Baritz pointed out sixty years ago in his classic conception of psychologists and social scientists as "servants of power" (1960).

More recently, critical theorists have focused on the relationship of psychology with the rise and maintenance of neoliberalism and social conservatism (Cooper, 2017; Rutherford, 2018; Winston, 2018). With the ascendancy of neoliberalism since World War II and its insistence that if the marketplace was allowed to operate without hindrance then each individual would experience the freedom to pursue their own interests and would find their place in social and political life, according to their talents, abilities, and interests (Mirowski & Plehwe, 2009). In neoliberal states, this emphasis on the individual has reconfigured sociality into a congregation of individual entrepreneurs of the self with a consequent reduction in any sense of communal solidarity (Klein, 2017; Pickren, 2018; Sugarman, 2015). As it has throughout its history, psychology has continued to serve the managerial interests of the state and corporations in our neoliberal era. Indeed, the post-WWII rapid growth of clinical and professional psychology was almost entirely due to the infusion of abundant resources into the psy-disciplines in order to maintain social equilibrium in the Cold War era (Herman, 1995; Pickren & Schneider, 2005). In the Global North, psychology has evolved as the facilitator of neoliberalism in the social imaginary.[1]

The emergence and development of psychology as a science and profession in Western societies since the late 19th century depended on an implicit relationship with the state and with societal needs, especially the need for an internal governmentality of the self (Rose, 1999) and harmonization of workers' bodies and minds with the demands of manufactory capitalism (Rabinbach, 1990).

1 See the special issue of *Theory & Psychology*, *28*(6), 2018.

Since World War II, the growth of consumerism in a reflexive, predatory relationship with finance required ever expanding markets to fuel further growth and profits. Over this time period, psychology became one of the primary enablers of neoliberalism's growth, with its emphasis on the self-reliant individual whose value is determined by the market and thus expected to always act in their own self-interest (Greenhouse, 2009). By the end of the 20th century, the psychology practiced in the Global North was deeply embedded in the social imaginary of neoliberalism, consistently preparing individuals to think/act neoliberally (Pickren, 2018). The consequences of psychology's deep relationship with neoliberalism have most often been adverse for social cohesion (Hall & Lamont, 2013) and, through responsibilization, for personal health (Brown & Baker, 2012; Shamir, 2008), among many other negative outcomes. In this conceptualization, then, psychology, at least in its home waters of the Global North, has not been a liberatory force.

Still, there have been significant efforts to create a psychology that is liberatory or, at least, counter to Western or Global North psychology. Space does not permit an exposition of the many indigenous psychologies that have arisen over the last half-century (for a provocative example, see Nwoye, 2015). Here, I will focus on approaches that have links to the decoloniality turn in contemporary scholarship (Escobar, 2007; Mignolo, 2011). I follow Maldonado-Torres (2006; 2007), Mignolo (2011), Mignolo & Walsh (2018), and Sandoval (2000) in their use of decoloniality. While there are important differences in each use, there is the common thread perhaps best expressed by Maldonado-Torres (2006):

> "By decoloniality it is meant here the dismantling of relations of power and conceptions of knowledge that foment the reproduction of racial, gender, and geo-political hierarchies that came into being or found new and more powerful expression in the modern/colonial world" (2006, p. 177).

The point is to challenge and dismantle the coloniality of power generated by European powers and their descendants in the Global North. Genealogies of these approaches may begin with Frantz Fanon's *Black Skin, White Masks* (1952/1967 [English], with its articulation of colonialism's impact on the psyche or with Paulo Freire's *Pedagogy of the Oppressed* (1968/1970 [English]). Though technically an exposition of a critical pedagogy, Freire's argument regards the potential of a critically informed education for the conscientization or development of critical consciousness of the person in the service of resisting oppressive structures. Freire adapted the term from Fanon's *Black Skin, White Masks*. Thus, in both cases the context is resistance to coloniality of being and knowledge, with implications for a liberatory psychology. Informed by liberation theology in Latin America, the Jesuit priest and psychologist, Ignacio Martín-Baró, proposed a liberation psychology (1994) that would be grounded in a preferential option for the poor. That is, psychology's task is to reenvision itself to think and feel from the standpoint of the people it serves, taking into account their hopes, their struggles and their suffering. In the volume of his work translated into English in 1994, Martín-Baró wrote:

> "[A]ny effort at developing a psychology that will contribute to the liberation of our peoples has to mean the creation of a *liberation psychology…To achieve a psychology of liberation demands first that psychology be liberated*" (Martín-Baró, 1994, 25; emphasis added).

Murdered by U.S.-supported death squads in El Salvador in 1989, Martín-Baró's influence remains. This influence has been traced by Burton & Kagan (2005), Burton & Gómez Ordóñez (2015), and Dobles (1990).

What would a decoloniality approach that holds liberatory possibilities mean in the psychology of the Global North? For some years, psychologists have been pointing out the limitations of the research approaches of many of the major scientific fields within psychology. In 2008, developmental psychologist Jeffrey Arnett argued that American psychological research ignored 95% of the world's population by basing its claims on American undergraduates who volunteer, sometimes in near-coercive conditions, for psychological studies by their professors (Arnett 2008). The cultural psychology research of Henrich, Heine, & Norenzayan (2010) charged that most of Western psychology's claims were based on studies with participants from WEIRD countries, where the acronym stands for Western, Educated, Industrialized, Rich, and Democratic. This, they argued, heavily skews the knowledge base of the discipline toward results that describe only a subset of the human population. Implicit, though not cited in these articles, was that scientific and clinical psychology's claims in the Global North were not substantiated by the population of what the late Turkish psychologist, Çiğdem Kağıtçıbaşı, called the Majority World (1996).

Glenn Adams and his colleagues from the University of Kansas and the Costa Rican Liberation Psychology Collective assembled a set of articles on Decolonizing Psychological Science in a special section of the online *Journal of Social and Political Psychology* (*3*[1], 2015). Adams, his co-authors, and the several article authors argue that whatever passes for mainstream psychological science/practice has more or less ignored the impact of its work on the Majority World and has instead served the interests of the privileged in the world. Psychologists in the Global North, Adams et al. write,

> "typically proceed with academic business as usual with few opportunities to reflect on our participation (as both intellectuals and citizens) in ongoing processes of domination that promote exploration, expansion, and growth for a privileged few but undermine sustainable well-being for the vast majority of humanity" (Adams et al., 2015, p. 214).

Although the focus of the special section articles is not historical, the contributors provide examples of coloniality and possible decoloniality approaches to counter the historic absence of Majority World citizens. Hussein Bulhan (2015), addresses how the coloniality of being, "ways of of thinking and behaving that emerged from colonialism" have endured long after the end of political colonialism (2015, p. 241) and has morphed into what he terms metacolonialism. Metacolonialism maintains the cultural and psychological oppression in order to sustain elites who operate the same systems of exploitation introduced by the colonizers. Psychology in a metacolonial state, he argues, serves to justify the oppression through its embrace of Western models of the person and what counts as health, mental and physical. Bharj & Hegarty (2015) address coloniality of being in their experimental study of the impact of the term harem on how the role of women in Muslim society is understood by students in Western societies. The authors conclude that Westerners often draw upon "a history of gendered stereotypes and colonial oppression" regarding Middle Eastern Muslims to interpret women's roles (Bharj & Hegarty, 2015, p. 266). Beyond the critiques of the special section, other contributors offer methods for decolonizing psychology through indigenization (Dudgeon & Walker, 2015; Lacerda, 2015), accompaniment (Segalo, Manoff, & Fine, 2015; Watkins, 2015), and denaturalization (Kurtiş & Adams, 2015; Phillips, Adams & Salter, 2015).

With this context and the examples provided let's turn to history and the history of psychology. Maori educator and theorist, Linda Tuhiwai Smith, in her influential book, *Decolonizing Methodologies: Research and Indigenous Peoples*, laid out the problematic of history and historical scholarship for those who are not native to the Eurocentric sphere (1999; 2012). I quote her here:

> "The negation of indigenous views of history was a critical part of asserting colonial ideology, partly because such views were regarded as clearly "primitive" and "incorrect" and mostly because they challenged and resisted the mission of colonization. Indigenous peoples have also mounted a critique of the way history is told from the perspective of the colonizers. At the same time, however, indigenous groups have argued that history is important for understanding the present and that reclaiming history is a critical and essential aspect of decolonization" (L. Smith, 1999, pp. 29–30).

Thus, psychology and especially its history should be viewed from the perspective of their colonizing agency. If we are willing to examine psychology through a decoloniality lens we may have the beginning of a framework for examining the history of psychology as a sub-disciplinary field. There are three expository avenues. First, history of psychology as a scholarly field should be situated as itself a colonized domain. Second, it should be understood that the field is in a double bind because it also has enacted and replicated epistemologies of violence in its histories of psychology (see Robert Guthrie's excellent, *Even the Rat Was White*, 1998). Third, an avenue that holds the greatest possibility to develop a history of psychology that is truly psychological, firmly grounded in the global humanities, and which contributes to a counter-psychology of liberation would be a model of history grounded in the decolonial option that is linked to non-Western epistemologies, including indigenous knowledges. Space constraints only allow a brief exposition of the latter two avenues.

What do I mean that history of psychology is itself a colonized domain? Let me invoke the work of Latin American theorist, Nelson Maldonado-Torres, especially his influential article, "On the coloniality of being" from 2007:

> "Coloniality (...) refers to long-standing patterns of power that emerged as a result of colonialism, but that define culture, labor, intersubjective relations, and knowledge production well beyond the strict limits of colonial administrations. Thus, coloniality survives colonialism. It is maintained alive in books, in the criteria for academic performance, in cultural patterns, in common sense, in the self-image of peoples, in aspirations of self, and so many other aspects of our modern experience. In a way, as modern subjects we breathe coloniality all the time and everyday" (2007, p. 242).

How might this relate to the topic at hand, the history of psychology as a specialty within psychology. I have argued elsewhere (Pickren, in press) that coloniality is embedded in history of psychology in two ways: it has from its founding been subject to the coloniality of being and in its development it continues to express the coloniality of knowledge. First, the field is itself a target of colonization by the discipline of history, particularly the history of science.

Prior to the 1960s histories of psychology were mostly found in textbooks, with E. G. Boring's *A History of Experimental Psychology* (1929, 2nd ed. 1950) probably being the most well-known. Beginning in the 1960s, a small number of academic psychologists began to be seriously interested in the history of the field. Robert I. Watson and John Popplestone were among the leaders of an effort to develop a scholarly approach to doing historical research. Popplestone and his wife, Marion White McPherson, founded the Archives of the History of Psychology at the University of Akron in 1965, which became and remains a critical resource for the history of American psychology (Baker, 2014). Robert Watson played a key role in founding the APA Division 26, now also known as the Society for the History of Psychology. The Division grew out of a history of psychology interest group that Watson began convening at the annual APA convention in 1960. The interest group grew in numbers and was approved as an APA Division in 1965 with the first formal meeting as a Division held in 1966 (Hilgard, 1982). Thus, the foundation for a recognized field of history within psychology was laid in this period by psychologists, with some help from interested historians. Watson continued as a leader of the nascent field's development, working with other psychologists and some interested historians to create an NSF funded summer institute at the University of New Hampshire in 1968. Out of the Institute, a new multidisciplinary organization was formed, Cheiron: The International Society for the History of Behavioral and Social Sciences. Thirty scholars and students convened and many of them went on to become important contributors to the scholarship of the history of psychology (Scarborough, 2004). Both APA Division 26 and Cheiron continue to the present as viable and lively fora on the history of psychology and the social sciences.

This account is straightforward and true as far as it goes. What it doesn't tell us is what is left out, what other possibilities were foreclosed by the close adherence of psychologists to the approaches of mainstream history and history of science scholarship. The scholarly imaginary of *psychologist-historians* (those trained as psychologists who devote some or all their scholarship to the history of psychology, broadly defined) was colonized by the dominant episteme of Anglo-American empirical history (Pickren, in press). As a result, North American history of psychology continues to function in *coloniality of being* and *knowing* (Maldonado-Torres, 2007) mode in its adoption of methods, criteria for knowledge certification, and scholarly identity. It aspires to be like its betters and it has collaborated in making the disciplines of history and history of science its betters.

The scholarly imaginary, to adapt Taylor's term (2002), of most psychologist-historians is constrained by what historians and historians of science primarily working in an Anglo-American empiricist model count as history, which means that any counter model becomes the Other and not acceptable. To paraphrase Taylor, the Anglo-American empiricist imaginary of history "seems the only possible one, the only one that makes sense" (Taylor, 2002, p. 99). It can be argued that many psychologist-historians have become excellent historians of the field and some have published their work in prominent history of science and American Studies journals. And such results are laudable, but it is the case that these works are drawn from one dominant ontological/epistemological base, that of the Western Enlightenment.

There are multiple examples of psychologist-historians' work that have offered important critiques of psychology and contributed to the development of critical psychology (e.g. Teo, 2015). Others have brought critical perspectives to psychology's history with a criticality based in the Western Enlightenment tradition (e.g. Danziger, 1990; Pickren & Rutherford, 2010; R. Smith, 2013; Teo, 2005; Walsh, Teo, & Baydala, 2014). Certainly, our understanding of psychology's history has been enriched and deepened by these and other contributions. Few have sought to make of their work a truly historical psychology of the type pioneered by Merleau-Ponty in the 1930s and 1940s and more recently championed by Spanish psychologist-historian, Noemi Pizarroso (Merleau-Ponty, 1945/1962; Pizarroso, 2013). What if we took a different tack and sought to construct a history of psychology drawn from a different ontological basis?

There are possibilities that could help the field move from its colonized status, but they would require some new ways of thinking about psychology and history. Indeed, they may require a willingness to learn how to think outside of Western, Eurocentric ontologies and epistemologies. One such readily available resource is *Psychology Beyond Western Perspectives* (Owusu-Bempah & Howitt, 2000), but there are many others. The now well known story offered by prominent psychologist-historian, Kurt Danziger, is still one of the best points of departure for what I mean by thinking outside the Eurocentric Enlightenment rationalist concept of history. *Naming the Mind* (1997) opens with Danziger recounting his experience teaching psychology in Indonesia. Soon after his arrival at the university, he noticed that one of his Indonesian colleagues was also teaching what appeared by title to be a very similar course on Psychology. When he inquired, he discovered that the other course was based on an entirely different literature and drawn from distinctly different sources. I will mention a few other examples here. The suggestions are meant to be provocative rather than exhaustive. Once you begin looking, you will see that there are manifold ways to do history and history of psychology.

Beginning within the Eurocentric frame, the early work of Michel Foucault challenged standard linear thinking about history and about models of progress within history. From his classic, *Folie et Déraison: Histoire de la folie à l'âge classique* (1961; abridged English language edition, *Madness & Civilization*,

1964) to his *Order of Things* (1966/1972), Foucault sought to disrupt traditional ideas about understanding difference over time. In *Order of Things*, he proposed the idea of episteme to argue that each period of history generates possibilities of truth that determine what humans and states can imagine.

Moving beyond Eurocentrism and the Anglo-American empiricist frame, I will suggest two possible avenues to a decoloniality approach to history of psychology. The intellectual cooperative known as *Modernity/Coloniality* has actively sought to think outside the Eurocentric frame. While the group does not espouse homogeneity of practice, there are important commonalities in their work over the last two decades. Many of its members are Latin American, though a number work in countries outside the Global South.[2] A basic argument in the group's work is the imperative to delink from the totalizing claims, both ontological and epistemological, made by the Western Enlightenment. It is not a rejection of rationality or even a negation of Enlightenment rationality, rather it is a rejection of the totalizing claims that it is the only rationality. The implications of Enlightenment rationality include the supposition that Europe and its cognates in North America are the owners of rationality and the center of the possibility of knowledge. It is the Eurocentric world that claims the right to determine what is modern and what is primitive, what is intellectually valid and what is not (see Mignolo, 2011; Mignolo & Walsh, 2018). Eurocentrism, and here it also includes North America and other outposts of Europe, insists on a One-World World (Law, 2011). That is, Eurocentrism insists that its ontologies and epistemologies are the only valid ones. Against this, Modernity/Coloniality and its allies insist on the *pluriverse*, "a world where many worlds fit" (Escobar, 2017, p. xvi), where there are multiple ontological and epistemological formations (Escobar, 2007, 2017).

A quick reference guide for the curious reader on these "worlds otherwise" knowledges include the many chapters of the *Handbook of Critical and Indigenous Methodologies* (Denzin, Lincoln, & L. Smith, 2008), *Indigenous and Decolonizing Studies in Education: Mapping the Long View* (Smith, Tuck, & Yang, 2018), *Just Research in Contentious Times* (Fine, 2017), *Epistemologies of the*

2 A fine introduction to their work can be found in the special issue of *Cultural Studies*, *21*(3–4), that appeared in 2007.

South: Justice against Epistemicide (Santos, 2014), and, of course, the classic and necessary work by Linda Tuhiwai Smith, *Decolonizing Methodologies: Research and Indigenous Peoples* (1999; 2012). It is through reeducating ourselves using such tools that we may be able to exercise the decolonial option in doing the history of psychology. That is, engaging in pluriversal decoloniality may help us create a history of psychology that is deeply psychological by being deeply historical, as Roger Smith has long advocated (1997; 2005).

For readers who wish to examine a model of historical scholarship that relies on a non-Enlightenment epistemological framework, I recommend *Nta'tugwaqanminene: Our Story, Evolution of the Gespe'gewa'gi Mi'gmaq* (2016). It is a contemporary history by the community of Gespe'gewa'gi Mi'gmawei Mawiomi. In it, *they* tell their own story. *Nta'tugwaqanminene* seems both groundbreaking and completely natural, as though one might say, of course, this is how history is told without the colonizers' gaze, without the burden of coloniality.

The Gaspé Peninsula lies on the south side of the St. Lawrence Seaway and is part of the Canadian province of Quebec. European presence on the peninsula began with Jacques Cartier's landing in Gaspe bay in 1534. European settlement was slow for the next 200 years but gradually increased. However, the land has been occupied by the Mi'gmaq for thousands of years. *Nta'tugwaqanminene* is the story of their occupation of the land based on oral histories, archival documents, and genealogies. The history is their history, told by them, recorded by them, with the assistance of a variety of non-Mi'gmaq personnel, from archaeologists to archivists, to historians, to lawyers. The work occupied more than ten years and all the final accounts were read and revised or corrected by the elders of the three native communities of Northern Gespe'gewa'gi. Thus, it is a multiple-authored volume, told by dozens of people, with technical assistance from non-natives. Their story, history, tells of the devastating effects of colonization by French and British, of treachery and betrayal by the colonizers, of the Mi'gmaq making and honoring treaties, only to have the French and British negate them in order to exploit the land and the people. It is also a story of how the Mi'gmaq prevailed by remaining on the land, learning to defend it, and working to restore their rights to self-governance and sovereignty over the territory. Along the way, the reader learns of the spiritual beliefs of the Mi'gmaq, their social relations, and discovers a psychology grounded in deep connection with the land they have long inhabited and which is central to their identity.

The overall effect of *Nta'tugwaqanminene* is one of respect and recognition. It is not a story built on Eurocentric logic or rationality. Rather, it is an account that is based on an ontological foundation that is particular to this group over its history. In that sense, it is an approach that honors and respects difference, that counters Enlightenment rationality with the rationality of people who live in close spiritual and physical conjunction with the land that is part of their identity as humans on the planet.

Finally, history of psychology as an academic discipline holds great possibilities for helping to create a critical, liberatory psychology that can help to make a positive difference in human lives in many cultural settings. It will not fulfill this promise by continuing to rely primarily on methods that are determined only by Western ontologies and epistemologies, as important as the territories of critique are that are based in them. We know alternative models now exist. It is hoped that those of us whose scholarly and social imaginaries are steeped in the Western Enlightenment will be bold enough to venture into those intellectual/cultural contact zones where possibilities of liberation lie.

References

Adams, G., Dobles, I., Gómez, L. H., Kurtiş, T., & Molina, L. E. (2015). Decolonizing psychological science: Introduction to the special thematic section. *Journal of Social and Political Psychology*, *3*, 213–238.

Arnett, J. J. (2008). The neglected 95%: Why American psychology needs to become less American. *American Psychologist*, *63*, 602–614.

Baker, D. B. (2014). Eloge: John A. Popplestone, 1928–2013. *Isis*, *105*, 825–826.

Baritz, L. (1960). *Servants of Power: A History of the Use of Social Science in American Industry*. Middletown, CT: Wesleyan University Press.

Bharj, N., & Hegarty, P. (2015). A postcolonial feminist critique of harem analogies in psychological science. *Journal of Social and Political Psychology*, *3*, 257–275.

Boring, E. G. (1929). *A History of Experimental Psychology*. New York: Appleton-Century.

Boring, E. G. (1950). *A History of Experimental Psychology* (2nd ed.). New York: Appleton-Century-Crofts.

Brown, B. J., & Baker, S. (2012). *Responsible Citizens: Individuals, Health and Policy Under Neoliberalism*. London: Anthem Press.

Bulhan, H. A. (2015). Stages of colonialism in Africa: From occupation of land to occupation of being. *Journal of Social and Political Psychology*, *3*, 239–256.

Burton, M., & Gómez Ordóñez, L. H. (2015). Liberation psychology: Another kind of critical psychology. In I. Parker (Ed.), *Handbook of Critical Psychology* (pp. 248–255). New York, USA: Routledge.
Burton, M., & Kagan, C. (2005). Liberation social psychology: Learning from Latin America. *Journal of Community & Applied Social Psychology, 15*, 63–78.
Cooper, M. (2017). *Family Values: Between Neoliberalism and the New Social Conservatism.* New York: Zone Books.
Danziger, K. (1990). *Constructing the Subject: Historical Origins of Psychological Research.* New York: Cambridge University Press.
Danziger, K. (1997). *Naming the Mind: How Psychology Found its Language.* Thousand Oaks, CA: Sage.
Denzin, N., Lincoln, Y., & Smith, L. T. (Eds.). *Handbook of Critical and Indigenous Methodologies.* Thousand Oaks, CA: Sage.
de Sousa Santos, B. (2014). *Epistemologies of the South: Justice Against Epistemicide.* Boulder, CO: Paradigm Publishers.
Dobles, I. (1990). Ignacio Martín-Baró y el estudio de la opinión publica en El Salvador y en América Central: Contextualización, referentes epistemológicos y metodológicos [Ignacio Martín-Baró and the study of public opinion in El Salvador and Central America: Contextualization, epistemological and methodological references]. *Boletin Avepso. Asociación Venezolana de Psicología Social, 13*(3), 3–11.
Dudgeon, P., & Walker, R. (2015). Decolonizing Australian psychology: Discourses, strategies, and practice. *Journal of Social and Political Psychology, 3*, 276–297.
Escobar, A. (2007). Worlds and knowledges otherwise: The Latin American modernity/coloniality research program. *Cultural Studies, 21*, 179–210.
Escobar, A. (2017). *Designs for the Pluriverse: Radical Interdependence, Autonomy, and the Making of Worlds.* Durham, NC: Duke University Press.
Fanon, F. (1952/1967). *Black Skin, White Masks* (C. L. Markmann, transl.). New York: Grove Press.
Fine, M. (2017). *Just Research in Contentious Times: Widening the Methodological Imagination.* New York: Teachers College Press.
Foucault, M. (1961/1964). *Folie et Déraison: Histoire de la folie à l'âge classique* (R. Howard, transl. [abridged version]). Paris, France: Plon.
Foucault, M. (1966/1970). *Les mots et les choses: Une archéologie des sciences humaines.* Paris, France: Gallimard; *The Order of Things: An Archaeology of the Human Sciences.* New York: Pantheon.
Freire, P. (1970). *Pedagogy of the Oppressed.* New York: Seabury Press.
Gespe'gewa'gi Mi'gmawei Mawiomi (2016). *Nta'tugwaqanminene: Our Story, Evolution of the Gespe'gewa'gi Mi'gmaq.* Halifax, NS: Fernwood.
Greenhouse, C. J. (2009). *Ethnographies of Neoliberalism.* Philadelphia: University of Pennsylvania Press.
Guthrie, R. V. (1998). *Even the Rat Was White* (2nd ed.). Boston: Allyn & Bacon.
Hall, P. A., & Lamont, M. (2013). Introduction: Social resilience in the neoliberal era. In P. A. Hall & M. Lamont (Eds.), *Social Resilience in a Neoliberal Era* (pp. 1–31). New York: Cambridge University Press.
Henrich, J., Heine, S. J., & Norenzayan, A. (2010). The weirdest people in the world? *The Behavioral and Brain Sciences, 33,* 61–83.
Herman, E. (1995). *The Romance of American Psychology.* Berkeley: University of California Press.
Hilgard, E. R. (1982). Robert I. Watson and the founding of Division 26 of the American Psychological Association. *Journal of the History of the Behavioral Sciences, 18*, 308–311.
Kağitçibasi, Ç. (1996). The autonomous-relational self: A new synthesis. *European Psychologist, 1,* 180–186.

Klein, E. (2017). *Developing Minds: Psychology, Neoliberalism and Power.* New York: Routledge.
Kurtiş, T., & Adams, G. (2015). Decolonizing liberation: Toward a transnational feminist psychology. *Journal of Social and Political Psychology, 3*, 388–413.
Lacerda, F. (2015). Insurgency, theoretical decolonization and social decolonization: Lessons from Cuban psychology. *Journal of Social and Political Psychology, 3*, 298–323.
Law, J. (2011, September 25). What's wrong with a One-World World? Retrieved from http://www.heterogeneities/publications/Law2011WhatsWrongWithAOneWorldWorld.pdf.
Maldonado-Torres, N (2006). Cesaire's gift and the decolonial turn. *Radical Philosophy Review*, 9, 111–138.
Maldonado-Torres, N. (2007). On the coloniality of being. *Cultural Studies, 21*, 240–270.
Martín-Baró, I. (1994). *Writings for a Liberation Psychology* (A. Aron & S. Corne, transl.). Cambridge, MA: Harvard University Press.
Merleau-Ponty, M. (1945/1962). *Phenomenology of Perception* (C. Smith, transl.). London: Routledge & Kegan Paul.
Mignolo, W. D. (2011). *The Darker Side of Western Modernity: Global Futures, Decolonial Options.* Durham, NC: Duke University Press.
Mignolo, W. D., & Walsh, C. E. (2018). *On Decoloniality: Concepts, Analytics, Praxis.* Durham, NC: Duke University Press.
Mirowski, P., & Plehwe, D. (Eds.) (2009). *The Road from Mont Pelerin: The Making of the Neoliberal Thought Collective.* Cambridge, MA: Harvard University Press.
Nwoye, A. (2015). What is African psychology the psychology of? *Theory & Psychology, 25*, 96–116.
Owusu-Bempah, K., & Howitt, D. (2000). *Psychology Beyond Western Perspectives.* Leicester, UK: BPS Books.
Phillips, N. L., Adams, G., & Salter, P. S. (2015). Beyond adaptation: Decolonizing approaches to coping with oppression. *Journal of Social and Political Psychology, 3*, 365–387.
Pickren, W. E. (2018). Psychology in the social imaginary of neoliberalism: Critique and beyond. *Theory & Psychology, 28*, 575–580.
Pickren, W. E. (in press). Watching the detectives: The multiple lives of academic editing. *History of Psychology.*
Pickren, W. E., & Rutherford, A. (2010). *A History of Modern Psychology in Context.* New York: Wiley.
Pickren, W. E., & Schneider, S. F. (Eds.) (2005). *Psychology and the National Institute of Mental Health: A Historical Analysis of Science, Practice, and Policy.* Washington, D.C.: APA Books.
Pizarroso, N. (2013). Mind's historicity: Its hidden history. *History of Psychology, 16*, 72–90.
Rabinbach, A. (1990). *The Human Motor: Energy, Fatigue, and the Origins of Modernity.* Berkeley: University of California Press.
Rose, N. (1999). *Governing the Soul: The Shaping of the Private Self* (2nd ed.). London: Free Association Books.
Rutherford, A. (2018). Feminism, psychology, and the gendering of neoliberal subjectivity: From critique to disruption. *Theory & Psychology, 28*, 619–644.
Sandoval, C. (2000). *Methodology of the Oppressed.* Minneapolis: University of Minnesota Press.
Scarborough, E. (2004). Cheiron's origins: Personal recollections and a photograph. *Journal of the History of the Behavioral Sciences, 40*, 207–211.
Segalo, P., Manoff, E., & Fine, M. (2015). Working with embroideries and counter-maps: Engaging memory and imagination within decolonizing frameworks. *Journal of Social and Political Psychology, 3*, 342–364.
Shamir, R. (2008). The age of responsibilization: On market-embedded morality. *Economy and Society, 37*, 1–19.

Smith, L. T. (1999). *Decolonizing Methodologies: Research and Indigenous Peoples*. London: Zed Books.

Smith, L. T. (2012). *Decolonizing Methodologies: Research and Indigenous Peoples* (2nd ed.). London: Zed Books.

Smith, L. T., Tuck, E., & Yang, K. W. (Eds.) (2018). *Indigenous and Decolonizing Studies in Education: Mapping the Long View*. New York: Routledge.

Smith, R. (1997). *The Norton History of the Human Sciences*. New York: Norton.

Smith, R. (2005). The history of psychological categories. *Studies in History and Philosophy of Biological and Biomedical Sciences*, 36, 55–94.

Smith, R. (2013). *Between Mind and Science: A History of Psychology*. London: Reaktion Books.

Sugarman, J. (2015). Neoliberalism and psychological ethics. *Journal of Theoretical and Philosophical Psychology*, *35*, 103–116.

Taylor, C. (2002). Modern social imaginaries. *Public Culture*, *14*, 91–124.

Teo, T. (2005). *The Critique of Psychology: From Kant to Postcolonial Theory*. New York: Springer SBM.

Teo, T. (2015). Critical psychology: A geography of intellectual engagement and resistance. *American Psychologist*, *70*, 243–254.

Walsh, R. T. G., Teo, T., & Baydala, A. (2014). *A Critical History and Philosophy of Psychology: Diversity of Context, Thought, and Practice*. New York: Cambridge University Press.

Watkins, M. (2015). Psychosocial accompaniment. *Journal of Social and Political Psychology*, *3*, 324–341.

Winston, A. (2018). Neoliberalism and IQ: Naturalizing economic and racial inequality. *Theory & Psychology*, *28*, 600–618.

Autorinnen und Autoren

Balz, Viola, Dr. rer. nat., Studium der Psychologie in Marburg und Berlin, Promotion mit einer Dissertation zur Geschichte der Neuroleptika in der Bundesrepublik Deutschland (*Zwischen Wirkung und Erfahrung – eine Geschichte der Psychopharmaka. Neuroleptika in der Bundesrepublik Deutschland 1950–1980*, Bielefeld: Transcript, 2010), die u.a. mit dem Georg-Uschmann-Preis für Wissenschaftsgeschichte ausgezeichnet wurde. Von 2008 bis 2011 arbeitete sie am Institut für Geschichte der Medizin der Charité Berlin. Seit 2011 ist sie Professorin für Klinische Psychologie und psychosoziale Beratung an der Evangelischen Hochschule Dresden. Zurzeit arbeitet Viola Balz an einem Projekt zur Geschichte der Prävention psychischer Störungen nach 1945 und beleuchtet dabei insbesondere das Wechselverhältnis von Psychologie, Psychiatrie und Sozialer Arbeit.

Elberfeld, Jens, Dr. phil, hat Geschichtswissenschaft, Pädagogik und Soziologie in Bielefeld und an der Johns Hopkins University studiert. Danach war er Stipendiat der Hans-Böckler-Stiftung und hat an der Bielefeld Graduate School in History and Sociology mit einer Arbeit zur Geschichte der Therapeutisierung promoviert. Seit 2018 ist er wissenschaftlicher Assistent am Institut für Erziehungswissenschaft der Martin-Luther-Universität Halle-Wittenberg, wo er an einem Habilitationsprojekt zur Geschichte ‚jugendlicher' Sexualität in der Moderne arbeitet. Daneben forscht er zur Zeitgeschichte des Selbst, der Geschichte der Psychotherapie, Körper- und Sexualitätsgeschichte, deutsch-jüdischer Geschichte sowie Gesellschafts- und Sozialtheorien. Jens Elberfeld ist Mitherausgeber des Open-Access-Journals *Body Politics. Zeitschrift für Körpergeschichte* und Mitglied im „Arbeitskreis geschichte + theorie". Publikationen u.a.: *Anleitung zur Selbstregulation. Eine Wissensgeschichte der Therapeutisierung im 20. Jahrhundert* (Frankfurt a.M, New York: Campus; im Erscheinen); „Das Ich und das Wir. Gruppentherapie zwischen Sozialisierung der Psyche, Gemeinschaftserfahrung und Regierungstechnik", in: *Mittelweg 36. Zeitschrift des Hamburger*

V. Balz und L. Malich (Hrsg.), *Psychologie und Kritik*,
https://doi.org/10.1007/978-3-658-29486-1

Instituts für Sozialforschung, H. 6/2019–1/2020, S. 27–49; (Hrsg., zus. mit P. Eitler) *Zeitgeschichte des Selbst. Therapeutisierung – Politisierung – Emotionalisierung* (Bielefeld: Transcript, 2015).

Fiedel, Lotta, M.A., Studium der Psychologie und Gender Studies in Marburg. Seit 2016 ist Lotta Fiedel Doktorandin im Graduiertenkolleg „Selbst-Bildungen" der Carl von Ossietzky Universität in Oldenburg. In ihrer Dissertation untersucht sie die Subjektivierungstechnologien der Psychotherapie. Zu ihren Forschungsinteressen gehören kritische Perspektiven auf die Klinische Psychologie, qualitative Forschung und die Dimension von Geschlecht in den Life Sciences.

Keller, David, Dipl.-Psych., M.A., Studium der Psychologie, Kulturwissenschaft und Kunstgeschichte in Potsdam, Berlin und Vancouver. Von 2012 bis 2018 war er wissenschaftlicher Mitarbeiter am Institut für Medizingeschichte und Wissenschaftsforschung (IMGWF) der Universität zu Lübeck mit einem Dissertationsprojekt zur Medien- und Wissensgeschichte der Persönlichkeitsdiagnostik. Neben der Forschung und Lehre zur Geschichte, Theorie und Ethik der Psychologie und Psychiatrie ist er in der transkulturellen psychologischen Beratung tätig (Fokus: Flucht und Verfolgung). Jüngere Publikationen: „‚A direct Pipeline to the Soul'. Zur Geschichte von Tricks und Täuschungen als epistemisch motivierte Umwege in der sozialpsychologischen Forschung", in: *ilinx. Berliner Beiträge zur Kulturwissenschaft*, Nr. 4 (2017), 42–56; (Hrsg., zus. m. S. Siegel) *Psychologie und Fotografie* (= Fotogeschichte. Beiträge zur Geschichte und Ästhetik der Fotografie; Themenheft, H. 140, 2016); (Hrsg, zus. m. M. Dillschnitter) *Zweckentfremdung. ‚Unsachgemäßer' Gebrauch als kulturelle Praxis* (Paderborn: Fink, 2016).

Krach, Sören, Dr. rer. nat., Studium der Psychologie in Bielefeld, Promotion in der Arbeitsgruppe „klinische Neuropsychologie" an der Universität Bielefeld, im Anschluss wissenschaftlicher Mitarbeiter in der Forschergruppe „experimentelle Psychopathologie" an der RWTH Aachen. 2012 habilitierte er sich in kognitiver Neuropsychologie an der Philipps-Universität Marburg und war anschließend Leiter der Forschungsgruppe „Social Neuroscience". Seit 2012 ist er Professor für soziale Neuropsychologie an der Universität zu Lübeck. Sören Krach publizierte u.a. zur Neuropsychologie interpersoneller Emotionen, zu Schlafforschung, zu Gesichtserkennung und zu Aspekten von Rassismus in den Cultural Neurosciences.

Luckgei, Vera, M.Sc., Studium der Psychologie. Abschluss 2018 mit der Masterarbeit „Feministische Psychologie in Wien". Derzeit ist Vera Luckgei als wissenschaftliche Mitarbeiterin im Forschungsprojekt „The psychological is political. A recent history of feminist psychology in Vienna, 1972–2000" tätig.

Malich, Lisa, Dr. phil., Studium der Psychologie und Gender Studies in Berlin und Bloomington, USA. In ihrer Dissertation im Rahmen des Graduiertenkollegs „Geschlecht als Wissenskategorie" (Humboldt-Universität zu Berlin) untersuchte sie die Wissensgeschichte von Gefühlskulturen in der Schwangerschaft. Nach einer Stelle als wissenschaftliche Mitarbeiterin am Institut für Geschichte der Medizin und Ethik in der Medizin der Charité ist sie seit 2016 Juniorprofessorin für Wissensgeschichte der Psychologie und Psychotherapie an der Universität zu Lübeck. Lisa Malich publizierte u.a. zu Zeitkonzepten in der Wissenschaftsgeschichte, zu Werbung für orale Kontrazeptiva, zur Geschichte von Mutterschaft und zur Gruppenpsychotherapie in der DDR.

Mulvale, Susannah, M.A., Studium der Psychologie mit einem Schwerpunkt auf Geschichte und Theorie an der York University in Toronto, Kanada. Seit 2015 ist sie als wissenschaftliche Mitarbeiterin an der York University tätig. Susannah Mulvale publizierte u.a. zum Geschlecht in der Psychologie und zur Politik von Repräsentationen in Lehrbüchern der Sozialpsychologie. 2017 wurde sie mit dem Sigmund Koch Student Paper Award ausgezeichnet.

Nissen, Morten, PhD, Dr. psych., ist Professor für Erziehungswissenschaften an der Universität Aarhus in Dänemark. Er leitet das Forschungsprogramm „Rearticulating the formation of motivation" und unterrichtet in pädagogischer Psychologie und Erziehungswissenschaften. Zu seinen Forschungsinteressen gehören die Theorie der Kollektivität sowie Praktiken und Normen der Subjektivität in der Sozialarbeit. Nissen ist Vertreter einer kritischen Psychologie, die Transdisziplinarität und die Epistemologie der Praxis in den Mittelpunkt stellt. Zu seinen Publikationen gehört u.a. die Studie *The Subjectivity of Participation* (2012).

Oßmer, Carola, M.A., Studium der Kulturwissenschaften an der Universität Hildesheim; Promotion mit einem Stipendium der Heinrich-Böll-Stiftung an der Leuphana Universität Lüneburg. In ihrem Promotionsprojekt beschäftigt sie sich mit Konzepten normaler Kinderentwicklung und deren Verflechtung mit Medientechnologien in Arnold Gesells Entwicklungspsychologie. Ihre Forschungsinteressen liegen an Schnittstellen der Geschichte der Humanwissenschaften und Psychologie, der Wissens- und Kulturgeschichte und der Medien- und Kulturwissenschaften. Forschungs- und Studienaufenthalte führten Carola Oßmer ans Max-Planck-Institut für Wissenschaftsgeschichte, an die Yale University, die George Washington University und die University of Cambridge. Sie lehrt in den Feldern visuelle Wissenschaftsgeschichte, Geschichte der Psychologie und Humanwissenschaften und Wissensgeschichte vom Menschen.

Parzer, Elisabeth, Mag.a, Studium der Psychologie in Wien, Abschluss des Studiums mit einer Diplomarbeit über die Verhütungspraxis von Frauen. Sie ist Lehrbeauftragte an der Universität Wien und wissenschaftliche Mitarbeiterin im FWF-Projekt „The psychological is political" an der Sigmund Freud PrivatUniversität. Elisabeth Parzers Forschungsinteressen liegen insbesondere im Bereich der psychologischen Frauen- und Geschlechterforschung.

Pickren, Wade, PhD, Promotion in Psychologie und Wissenschaftsgeschichte an der University of Florida, zurzeit Independent Scholar in Toronto, Kanada, und Ithaca, NY, USA. Er ist Mitherausgeber des *Review of General Psychology* sowie Autor bzw. Herausgeber von elf Büchern, darunter die bald erscheinende Zeitschrift *Psychology & Health: Culture, Place, History*, und zahlreichen peer-reviewten Publikationen. In den letzten 20 Jahren konzentrierten sich seine Forschungen zunehmend auf Wissensentwicklung sowie auf die Zertifizierung und Anwendung von Wissen im historisch-kulturellen Kontext. Ein Großteil seiner Arbeit fokussiert auf Fragen der Unterdrückung und Befreiung mit besonderen

Schwerpunkten auf Rassifizierung, Ethnizität, Indigenität und zuletzt auf ökologische Effekte. Konstitutive Elemente seiner Arbeit sind die nachhaltigen Auswirkungen der Kolonialität des Seins und des Wissens auf menschliches Denken und Handeln. Wade Pickren erweitert derzeit seine Beschäftigung mit Wissenspraktiken durch alternative Ansätze: Neben dem westlichen Aufklärungsmodell der Rationalität entwickelt er einen pluriversalen Ansatz für psychologische Untersuchungen, der den historisch repressiven Charakter der Psy-Disziplinen verringern soll.

Ruck, Nora, Dr. phil., Studium der Psychologie in Wien und Toronto, Promotion zu Dimensionen von Geschlecht in der evolutionspsychologischen Schönheitsforschung in Wien. Nora Ruck ist Assistenzprofessorin für Psychologie an der Sigmund Freud PrivatUniversität Wien und koordiniert dort das Masterprogramm „Sozialpsychologie und psychosoziale Praxis" zusammen mit Katharina Hametner, Markus Brunner und Markus Wrbouschek. Zu ihren aktuellen Forschungsinteressen zählen das Verhältnis zwischen Psychologie, sozialer Ungleichheit und sozialem Aktivismus. Dabei untersucht Nora Ruck einerseits, auf welche Weise soziale Bewegungen wie Feminismus, der LGTBQ-Aktivismus und postkoloniale Bewegungen unser Verständnis von menschlicher Handlungsfähigkeit veränderten. Andererseits geht sie der Frage nach, wie Psychologie ihrerseits dazu beigetragen hat, soziale Ungleichheit und Unterdrückung aufrechtzuerhalten.

Rutherford, Alexandra, PhD, ist Professorin für Psychologiegeschichte an der York University in Toronto, Kanada. Zu ihren Hauptthemen gehören die Geschichte des feministischen Aktivismus in der Psychologie und seine Beziehung zur Gesellschaft sowie die Geschichte der Verhaltenstherapie. Sie ist die Gründerin und Leiterin des „Feminist Voices Oral History und Digital Archive Project" der Psychologie (http://www.feministvoices.com/), das die Beiträge von Frauen und Feminismus in der Psychologie dokumentiert und fördert. Alexandra Rutherford war Stipendiatin der American Psychological Association und der Canadian Psychological Association und gewann den Distinguished Publication Award 2012 der Association for Women in Psychology für das von ihr mitherausgegebene *Handbook of International Feminisms: Perspectives on Psychology, Women, Culture, and Rights* (2011).

Sayyad, Banafsche, M.A. med., Studium der Medizin in Hannover. Derzeit absolviert sie ihre Facharztausbildung in der Psychiatrie am Vivantes Klinikum Neukölln in Berlin und promoviert am Institut für Philosophie, Literatur-, Wissenschafts- und Technikgeschichte der TU Berlin zum Verhältnis von Geschlecht und Neurowissenschaften. Banafsche Sayyad ist Mitglied des „Social Neuroscience Lab" der Universität zu Lübeck.

Teo, Thomas, Dr. phil., ist Professor für Geschichte und Theorie der Psychologie an der York University in Toronto, Kanada. Er hat zahlreiche historische und theoretische Beiträge veröffentlicht, u.a. in den Zeitschriften *Theory & Psychology*, *New Ideas in Psychology*, *Canadian Psychology*, *Journal of the History of the Behavioral Sciences*, *History of Psychology* und *Humanistic Psychologist*. Seine letzte Monographie *The Critique of Psychology: From Kant to Postcolonial Theory* wurde 2005 bei Springer veröffentlicht. Zurzeit analysiert er die historische und theoretische Fundierung der Psychologie, inklusive ihrer kritisch-hermeneutischen, ontologischen, epistemologischen und ethischen Herausforderungen. Teo ist u.a. Fellow der Canadian Psychological Association.

Wanner, Lisa, Mag.a phil, studierte Psychologie an der Universität Wien, absolviert aktuell die Ausbildung zur psychoanalytisch orientierten Psychotherapeutin und beschäftigt sich mit queeren und feministischen Perspektiven in der Psychologie sowie mit psychoanalytischer Sozialpsychologie. Sie unterrichtete an verschiedenen Universitäten und war zuletzt als wissenschaftliche Mitarbeiterin an der Karl Landsteiner Privatuniversität für Gesundheitswissenschaften in Krems tätig.

Wieser, Martin, Dr. Dr. phil., Studium der Psychologie und Philosophie an der Universität Wien und der Freien Universität Berlin. Seit Oktober 2014 ist er wissenschaftlicher Mitarbeiter an der SFU Berlin und lehrt im Bereich Theorie und Geschichte der Psychologie sowie Allgemeine Psychologie. Von 2010 bis

2014 war er Mitarbeiter am Doktoratskolleg „Die Naturwissenschaften im historischen, philosophischen und kulturellen Kontext“ sowie Lektor an der Fakultät für Psychologie der Universität Wien. Von Oktober bis Dezember 2013 arbeitete er als Research Fellow am Graduate Program „History and Theory of Psychology“ der York University, Toronto, und von Januar bis April 2014 als Gastwissenschaftler an der HU Berlin am Lehrstuhl für Wissenschaftsgeschichte.

Made in the USA
Las Vegas, NV
05 November 2025

33755071R00199